谨将此书敬献给
我的导师公丕祥教授和师母刘凤玲老师

Guojia Yu Shehui
Chuantong Dongfang Falü De Yundong Jili

国家与社会：
传统东方法律的运动机理

唐宏强 著

人民出版社

序

公 丕 祥

欣闻唐宏强博士的学位论文《国家与社会:传统东方法律的运动机理》即将付梓面世,我谨致以学术上的衷心祝贺!

近些年来,国内外学术界对马克思的东方社会理论产生了愈益浓厚的兴趣,出版了许多研究著述。形成这一学术热潮的原因是多方面的。一方面,马克思的东方社会理论作为一个完整的研究对象,在过去的相当长一段时期内,不被人们所重视,特别是在描述马克思关于人类社会发展进程及其规律的论述时,很少被提及或展开分析。随着20世纪70年代以来马克思晚年人类学笔记的相继问世,人们发现晚年马克思的思想异常丰富,特别是关于古代公社制度以及传统东方社会的论述,构成了马克思对人类社会发展过程的全方位的历史反思,具有重大的理论价值。这就极大地激发了学术界的研究热情。另一方面,20世纪以来的东方社会发生了巨大的变化,对整个世界历史进程的走向产生了重大的影响。尤其是当代中国的社会转型及其历史性变革,处于变动之中的国际格局与中国的和平崛起,更是引起世人的广泛关注。因此,一系列重要的问题便摆在人们的面前:如何认识包括中国在内的当代东方社会的发展变化? 这一发展变化的内在机理怎样把握? 东方社会的未来发展前景如何? 实践是理论之母。现实的需要,推动着学术的进步。要回应这一系列问题,就有必要深入探讨东方社会历史发展进程中的传统与现代的相互关系。认识传统及其传统的创造性转换,就成为考察包括中国在内的当代东方社会运动机理的一个基本切入点。为此,就需要研读各种相关的思想资料。而在这方面,马克思关于传统东方社会及其变革的思想,无疑成为上述研究活动的重要理论工具,国际学术界特别是我国思想界对于马克思东方社会理论的高度重视,亦是势所必然。

应当看到,马克思的东方社会理论包涵着极其丰富的思想内容,其中关于东方社会法律文化的思想,乃是这一理论系统的不可或缺的重要方面。马克思关于东方法律文化的社会基础、基本特性、转型发展等等问题的论述,构成了马克思主义法律发展学说的有机组成部分。而国内外学术界对马克思的东方法律文化思想的研究,则显得较为薄弱。唐宏强博士的这部论著,对马克思的东方社会法律文化思想作了深入的阐述,并以此为理论分析工具,系统地探讨了传统东方社会法律文化的运动机理。这确实是难能可贵的!作者坚持以马克思东方法律文化思想为指导,运用国家与社会的分析范式,着力考察了传统东方社会法律发展中的国家与社会的互动格局,分析了变革时代东方社会与法律文化的运动方向,进而在此基础上,对社会变迁与法律发展的基本原理作出了有深度的概括总结,达到了较高的学术水准。这不仅有着重要的理论价值,而且具有鲜明的现实意义。

我衷心祝愿唐宏强博士在紧张繁忙的行政公务之余,继续保持不竭的学术热忱,在法学园地里不懈耕耘,力争收获更为丰硕的学术成果,以无愧于我们这个伟大的时代。

2007 年 12 月于南京

目　录

1

绪论 作为一种分析工具的 "国家—社会" 范式

在拟定好所要研究的主题之后,选择切中要害的分析工具是首先应着力解决的极其重要的问题。因为,分析工具的选择决定着在整个研究过程之中是凭借何种型号的"透镜"去"观察"问题、沿着何种思维路径去判断问题、采取何种措施去解决问题。若分析工具选择恰当,可对所确立的研究主题的内核及其发展的脉迹有一清晰的把握。否则,就犹如盲人摸象,不仅达不到预期的目的和目标,而且既浪费"资源",又可能产生本不应有的负面性。

第一节 "国家—社会"的两分架构及其方法论意义

国家与社会是人类自我创造并生存于其中的两个最基本的组织体。自学术史发端以来,国家与社会不仅是一般国家和社会理论中两个最基本的概念,而且两者间的关系问题也成为社科人文领域尤其是法律思想领域的元命题。在发达的资本主义社会关系形成之前,西方传统学术一直混淆国家与社会两者间的区别,①而学术界对之关怀的结晶便是国家与社会的二元对立的理论框架的构建或曰思维模式的形成。长期以来,国家与社会的二元界分一直是一个不倦的话题,其思想不仅发轫于西方历史的早期,更是与以不同形式的反专制主义思潮为核心的西方民主、法治及宪政化运动相伴和发展的,经典论述最初出现在近代政治经济学著

---

① 例如亚里士多德既把希腊城邦看做是一种"社会组织",又认为是一个"政治团体"。在近代广为流行的社会契约论,其核心是把人们通过契约所构成的社会共同体视为国家本身。这种混淆国家和社会的思维,实际上是赋予了国家永恒的非历史性质。

述之中,成熟于黑格尔,发展于马克思①。当然,此研究成果乃非一日之功所能获,不仅是长期探索的积淀,也是以市民社会的兴起、成长和独立为"推进器"及体现社会内在需求且源于其中的法律发展为表征。随着全球化进程的不断推进,包括中国在内的各国所出现的意义深远的状态是社会的急剧变迁、价值的再次定位、权力的重组和对国家与社会的二元化模式及市民社会理论予以前所未有的关注,法治氛围得以空前的营造,能够真正体现社会历史和时代需求的法律发展有了勃发的强劲动力和良好的环境。

"国家—社会"两分架构对研究法律发展问题的功用　社会在不同的历史阶段、不同的文化传统和不同的民族背景中确有着不同的内涵,国家源于社会,要厘清两者的关系,基础在于对社会的认识和定位。社会并不单纯是经济的或者说是"前政治"或"非政治品格"②的范畴,它包括一个公众的或公共的"但却不是根据政治予以架构的领域"③,"在社会自主性得以展现的那些领域,政治权力应当尊重社会的自主权"④。只要一个社会是依凭政治结构而规定的,只要还认为政治权力可以侵吞社会,那么面对国家的强权对社会的侵逼,社会便会缺乏原则性的抵抗和道义或现实的制衡力量。可见,社会分立于国家的状况从某种意义上决定着国家与社会的界分程度,所产生的现实成效并不是通过国家的僵硬且严格的一般规则来加以确定的,而是由其内在的强劲动力源发挥作用的结果,故万不可忽视或低估社会所拥有的整合作用和功能。社会制度的变革正是源于社会内部的整合能力的增强与诸要素间矛盾的变化,对国家与社会进行明确界分的关键在于社会⑤。故我们认为社会是"国家—社会"两分架构建立的基础,唯有认清社会才能明辨国家,才能定位好国家与社会两者间的关系,进而才能真正了解、掌握、导引与两者相关的一切——当

---

① 参见公丕祥:《法制现代化的分析工具》,载于《中国法学》2002 年第 5 期,第 40 页。

② [英]查尔斯·泰勒:《市民社会的模式》,载于邓正来、[英]J. C. 亚历山大:《国家与市民社会》,中央编译出版社 2002 年版,第 24 ~ 25 页。

③ [英]查尔斯·泰勒:《市民社会的模式》,载于邓正来、[英]J. C. 亚历山大:《国家与市民社会》,中央编译出版社 2002 年版,第 22 页。

④ [英]查尔斯·泰勒:《市民社会的模式》,载于邓正来、[英]J. C. 亚历山大:《国家与市民社会》,中央编译出版社 2002 年版,第 21 页。

⑤ 参见[英]查尔斯·泰勒:《市民社会的模式》,载于邓正来、[英]J. C. 亚历山大:《国家与市民社会》,中央编译出版社 2002 年版,第 4 ~ 5 页。

然包括法律及其发展。

国家是社会发展到一定历史阶段的产物,它植根于社会,对社会具有一定程度的渗透甚或统合功能,只要国家与社会两者同时存在,它们就能够相互交织并达到一定程度的动态平衡状态,只不过无论两者间的关系达至何种程度,社会还有必须依赖于国家对其进行相应调控、引导及关怀的方面,否则是不会产生令人满意的结果的。所以,"国家—社会"两分架构建立的前提条件是应将国家的角色定位准确,从而使之扮演好自身的应然角色。因为,如果国家的角色定位不好,必然角色扮演不好,而这一状态的出现,无论从何角度而言,社会都不可能得到能够自强、自立和对国家形成必要制约的生存环境,从而国家与社会两者间的界分及互动必成为空谈。可见,社会虽是"国家—社会"两分架构建立的基础,但并非是与国家完全分离和一块丝毫不受国家制约或影响的"飞地",而是与国家存在于一种相别又相依的彼此无法割断的互动性联系的关系之中,两者"若完全分离,便不可能是社会整体的一部分"①。即国家与社会在时过境迁中有分离的同时,也存在必须融合的一面,完全可以说两者的分离是为了更好地融合及融合是为了更恰当地分离,从而最终使两者协和和良性互动。就现实而言,随着国家的角色转换与社会的变迁,两者间的关系变得更为复杂和模糊,只有将两者之间的张力施至适可的程度,才能使各自得到最佳的发展空间。唯此,一方面社会才能使得其中所包括的一个公众或公共但不是根据政治予以架构的领域得以保留,另一方面由于认同而限制了实际损失的潜在渊源并补偿了某些实际损失,若国家不能在导致实质性冲突的限度内与社会达成并维持在协和和良性互动的状态,社会就将因此而失去维护自身和谐、有序、高效运作的根基。

当然,我们不否认两者存在时常相互冲突的现象,但诚如奥尔格·西梅尔和刘易斯·科索尔(Georg Simmel and Lewis Coser)所言:"冲突是对合作的必要完善,因为冲突不仅提供了一条释放日常紧张的安全通道,而且也为建立和维护有关规范与规则创造了条件。"②那种认为国家与社会

---

① [美]爱德华·希尔斯:《市民社会的美德》,载于邓正来、[英]J. C. 亚历山大:《国家与市民社会》,中央编译出版社 2002 年版,第 33 页。

② 转引自[美]魏斐德:《市民社会和公共领域问题的论争》,载于邓正来、[英]J. C. 亚历山大:《国家与市民社会》,中央编译出版社 2002 年版,第 384 页。

是一对完全对立的矛盾体的观点是极为不妥的，此主张"乃是西方近代早期和近代经验中高度抽象出来的一种理想"①。东方传统社会是完全依附或曰奴役于国家的，当下国家应当控调、导引、关怀社会使其具有必要的自立性和与国家相分离的能力，并力求两者形成协调与良性互动，而不是非理性的、自耗式的对立。

正因国家与社会始终处于一对矛盾的统一体之中，为使两者能更好地协和和良性互动，必须有一套可行的制约机制，以便既有益于使两者的分化，也有利于使两者的融合，而在诸多的制约机制之中法律又居于可发挥极为重要的、突出的和不可或缺的作用及功能的地位。一方面，法律作为一定历史时期的现象和产物，始终动态地受诸多因素所制约，而国家与社会是诸多制约因素之中最为关键的两个环节，要认识法律及其制度、体系和价值追求，就必须对两者的性质作出正确的判析，而达此目标的要害之处又在于对两者作必要而准确的区分。另一方面，人类社会一定历史时期的法律及其制度、体系和价值追求也是国家与社会之间关系的表征，所以，法律就成为"国家—社会"两分架构的纽带。"法律一旦不是居于国家与社会之间合适的位置，担当国家权力与社会权利的衡平器，而是臣服于国家之下，充当国家欺凌社会的'刀把子'，法律便不能成其为法律"②。一定历史时期由国家与社会两者关系所决定的法律及其制度、体系和价值追求是当时社会秩序得以建立的基础之一，亚当·塞利格曼认为："社会秩序的基础或渊源在传统上被认为存居于某些外在于社会世界的现实之中……上帝、君主甚或传统规范和行为本身。到了 17 世纪末，这些关于秩序的原则开始受到越来越多的质疑。18 世纪，人们开始越来越把视角转向内部，从社会自身的运作来解释社会秩序的存在"③。那么，是什么赋予了社会一个明确的身份？什么才是一个社会不可或缺的特征？是什么使一种社会变成另一种社会？——这些都源于一定历史时期的法律。

---

① 转引自邓正来：《中国发展研究的检视》，载于邓正来、[英]J. C. 亚历山大：《国家与市民社会》，中央编译出版社 2002 年版，第 458 页，第 1 注。

② 齐延平：《国家与社会：一种法学思维模式的重新解读》，载于《文史哲》2000 年第 2 期，第 69 页。

③ [美]亚当·塞利格曼：《近代市民社会概念的缘起》，载于邓正来、[英]J. C. 亚历山大：《国家与市民社会》，中央编译出版社 2002 年版，第 51 页。

　　社会因自身固有的局限性必然依赖于国家对其内部进行必要的制约,但这种制约必须立足于对社会有益并给予其必需的自治范围,从而最大限度地推动社会进行符合其内在发展规律要求的原则变迁。若国家对社会进行不恰当的限制和干预,则不仅会阻碍社会的变迁,而且还会制约自身的发展和角色的恰当扮演。要克服这一现象的发生,唯有依赖来源于社会并经国家这一中介而产生、变革与发展的法律。良好的法律秩序与社会的认同性有着不可割断的关联,为此需思考和研究如何最大限度地发挥国家的相应功能,使得所要建构的法律秩序能在符合社会内在需求的同时,也使社会的认同性得以最大限度的提高。此外,必须认识到现实的法律同国家与社会间冲突的产生和张力形成的最为根本的原因是社会渊源而非文化渊源,如果认为是源于文化,那么,所勾画出的仅是一个不切实际的乌托邦式的或空想的改革者关于建立一个毫无冲突、没有生机、刻板的社会虚幻图景。法律发展的重心在社会的需求而非国家的活动①,如果法律不能为社会的应然权利的实现提供便利,那么它就因失去存在的社会现实基础而被彻底否定。总之,法律的独立品格来源于国家、来源于社会又独立于国家、独立于社会。唯此,社会方能成其为"社会",国家方能成其为"国家","国家—社会"两分架构方能真正形成且具生命力。

　　很显然,只要现代国家还趋向于动员、重组社会主体的生活和规制其行为,只要社会还要求国家恰当扮演好自身的应然角色,国家与社会的界分就一定会继续起作用。所以,应以理性的方式将国家与社会区分开来,以便一方面为社会的自由发展争取最大的空间,另一方面使国家不断提高自身的素质和效能及积极、充分而有效地发挥自身的作用,从而扮演好自身的符合有利于社会变迁的内在需求的应然角色。也可以说,在对国家与社会间的不可回避的张力进行必要的"检讨"和合理"调适",并在"现实批判性和吸取性创新的"②基础上和前提之下重新调整国家与社会间的关系,进而使两者能尽可能地处于良性互动状态之中尤为重要。作

---

　　① 参见公丕祥:《法制现代化的分析工具》,载于《中国法学》2002 年第 5 期,第 42 页;[奥]欧根·埃利希:《法社会学方法——关于"活法"的研究》,载于《山东大学学报》(哲学社会科学版)2000 年第 3 期,第 12 页。

　　② 邓正来:《市民社会与国家》,载于邓正来、[英]J.C.亚历山大:《国家与市民社会》,中央编译出版社 2002 年版,第 77 页。

为国家与社会批判性自我反思的基础的"国家—社会"两分架构的研究范式,对于考量、限制和规范国家与社会的各自行为,防止国家始终存在着的对社会的逼近、扩张和膨胀,克服社会对国家的依附性和非协和性制约具有相当重要的功用。可见,洞识两者间的内在关联,并将之导引至符合历史和时代发展要求的轨道具有相当重要的意义。

"国家—社会"两分架构研究法律发展问题需作的几点说明 为能恰当地应用好"国家—社会"两分架构的论述方法,以达到对法律的运动机理准确、深刻、全面揭示的目标和目的,我们认为应对下述几点作必要的说明。

（一）应以自身的发展逻辑为出发点

由于国家与社会间的关系原本就具有相当的繁复性,加之"传统东方的"社会长期依附于国家及所具有的对国家的依赖性基因,使得我们要理清两者之间的关系本非易事,即要对"传统东方的"国家与社会同法律发展间的关系的内涵进行准确的梳理和厘定是十分困难的。为了更好地把握其内在特征,在研究的过程中,我们确应通过适当的与西方相比较的方式,尽可能地探寻出自身的优劣之处,并在一定程度和范围之内借鉴"西方的"成功做法。不过,我们应力求克服用"西方的"眼光来观察自我、以"西方的"国家与社会同法律发展的关系模式为母本而禁锢我们的思维和捆住我们的手脚,即我们要防止在对"传统东方的"国家与社会同法律发展的内在关联的揭示时,在不知不觉之中丢失对"西方的"辩证的、理性的批判力,或有意识地以"西方的"思维为标尺,甚至以"西方的"模式为判断标准,在"东方的"国家与社会的关系中寻求、发现或希冀两者有相似之处,从而不仅忽视自身所固有并一直在发挥积极作用的有益因素,而且将同样具有十分重要意义的有益成分同不合"西方的"的现象进行批判,机械地构建自身的法律同国家与社会间的相互关系范式。东方本具有自身的特殊的品格,要是以"西方的"眼光来观察或套用自己,对事实进行考察、研究的结果必定是不真实的,由此所形成的理论对现实而言必定是一个"乌托邦"甚至误导。所以,若要想通过采用"西方的"式的思维方式或观察视角能得出"东方的"真谛必定是一种幻想。只有以"东方的"自身发展逻辑为出发点在国家与社会同法律发展的互动性关系中进行必要的探索和研究才是理性的、现实的、可行的、有益的、远见的。

　　总之,毋庸置疑的是:要使以"国家—社会"两分架构作为论述问题的切入点能发挥较好的作用,就应对传统的思维路向作出有效的批判,清除以前不适当的研究方式的印痕和记忆,从而探索、揭示法律发展的深层导因。当然,不可否认,一方面由于研究者在建构理论时的价值取向的差异性,另一方面由于国家与社会间的关系的开放性与包容性及复杂性,使得在论述的过程之中必定会表现出不同的意图和采用别样的方式及达至相殊的目标和目的,进而产生相异的效果。即便如此,亦不应奇怪,更不能扼制,因为从某种意义而言此现象的存在是十分有益的。

　　(二)应对社会与市民社会两者加以区别

　　采取"国家—社会"两分架构的方法研究法律发展问题,是否有借用或套用当下方兴未艾的国家与市民社会关系的论述范式的情境存在呢?如果不是借用,能对自身法律发展过程中的实际进行批判意义的阐述吗?如果是借用,与其他国内外学者的相关论述又有何相异或突出之处?事实是并不存在借用或套用之嫌,仅是作为一种分析和论述问题的范式——且确实是一种十分切实可行的,以此可以揭示国家、社会历史发展的互动性并对产生于社会之中、通过国家这一中介现实化和为两者服务的法律发展的内在机理有更为准确地认识和把握。当然,目前学者们在论述法律发展问题时,尤其是从社会学、法社会学、法理学、历史学、政治学等角度进行分析时,确实是常与市民社会这一概念相连。市民社会话语发端于西方,最早的使用者可追溯到古希腊的先哲亚里士多德①,由黑格尔将之引入法学领域后,马克思对其内涵和特征作了深入而科学地揭示,从而为后人进一步正确认识法律以及法律与社会、法律与国家、法律与国家和社会间的互动性关系提供了极为重要的认识视角和方法论。当然,哈贝马斯及其他20世纪晚期的历史学家、社会学家认为,市民社会的产生、发展、壮大及成熟是与源出于西方的法治理念的形成和宪政运动联系在一起的,"作为人类伦理生活展开中的一个阶段,是一种现代现象,是现代世界的成就,它的出现,归根结蒂使现代世界与古

---

　　①　参见梁云祥:《东亚市民社会与国家的统治》,载于《国际政治研究》2004年第3期,第75页。

代世界发生了质的区别"①。不可否认,这样的论述具有正确合理之处。

因本书研究的定位点是揭示在"国家—社会"两分架构下法律发展问题,为此,我们既不能囿于市民社会或机械地搬用这一情境或话语,也不能用它作为对问题研析和论述的判准或切入点。但我们也不可否认,在社会与市民社会两概念的内涵之中有交织的成分。市民社会是人类社会历史发展至近现代而出现的景观,是人类历史长河之中的特定时段而必有其特殊性,但我们不可否认其存在的理论及实践意义,相反或许能从中深受启发和教益。因为市民社会的出现是人类历史长河奔流不息所致,而非断流使然,它在产生、发展、壮大及成熟的过程之中必定蕴含着人类社会发展的一般性规律。传统的东西有可能至此因推陈出新而在被否定中由新的"产品"所替代,也可能具有一些对社会发展一直在起作用的成分,只不过在传统阶段因种种原因没能显现出来而无法发挥相应的作用,直到市民社会能够产生、发展、壮大和成熟时期才获得表征其功能发挥的重要性的机会而已。所以,我们不能因市民社会是近现代才出现的现象,而将包含于其中的符合人类社会历史发展规律但至此才表露出来的内容也排拒于在"国家—社会"两分架构下对法律发展问题的论述的使用之列。应该相信,借鉴此方法论述,在一定程度上会使我们以更高的视角和更为清晰的思维,获得更切实的效果,充分挖掘、分析、揭示法律的运动机理,并为对现代国家与市民社会间的关系的研究提供一定的可鉴之资。不过,对于近现代市民社会与国家能真的分得那么精准或清晰可能很难说,就连当今世界西方十分杰出的学者、创立第三域理论——市民社会理论的哈贝马斯本人,在其努力构建这一理论的过程之中,还会自觉不自觉地"最终又退回到将国家与社会做简单的二元对立"②的地步。这或许从一个侧面向人们传达了这样一个信息:对任何事情求全是愚蠢的,是不切实际的,同样也是导致停滞或倒退的根源。

(三)应对传统加以界定

现代由传统而来,传统中隐含着向现代转型的深厚的正面资源,研究

① 邓正来:《市民社会与国家》,载于邓正来、[英]J. C. 亚历山大:《国家与市民社会》,中央编译出版社 2002 年版,第 88 页。

② [美]黄宗智:《中国的"公共领域"与"市民社会"?》,载于邓正来、[英]J. C. 亚历山大:《国家与市民社会》,中央编译出版社 2002 年版,第 427 页。

法律发展问题必然要涉及传统,只有正视传统、认清传统,才能立足现实、展望未来;只有通过研究并力求寻得传统与现实的平衡点,才能使国家与社会为法律发展提供各种有利条件,而要研究好作为法律发展历史长河之中一部分的传统,首先应对传统加以界定。对"传统"这一概念的内涵的理解概括起来有两种:一种是把传统理解为一个表征时间属性的概念。这种意思上的"传统"与"现代"相对应,表示现代之前的那种历史状态或属性。在使用时往往被当作定语与一个中心词组合使用,诸如传统文化、传统社会、传统观念、传统农业与现代文化、现代社会、现代观念、现代农业相对应。根据这种理解,"传统"是一种不同于"现代"并已为"现代"所取代的状态或属性。另一种是把传统理解为一个表征实体内容的概念,即从过去延续至今的事物①。《布莱克维尔政治学百科全书》如此解释:"传统(traidtion)从字面上来看,凡是我们文化中从过去流传或遗留下来的内容,都可以称之为传统。这就是说,文化中那些明显是新的或是短暂的内容才不能是传统。然而,在日常使用中,传统特指风俗、礼仪、信仰、习惯等,这些内容不仅仅是古老的,而且我们还赋予它们以现代的价值。"②美国社会学家希尔斯在其《论传统》一书中指出:"就其最明显、最基本的意义来看,它的含义仅是世代相传的东西,即任何从过去延传至今或相传至今的东西。"③这种意义上的传统概念往往被作为中心词与一个界定其类别的定语组合使用,如经济传统、政治传统、法律传统。与这种意义上的"传统"相对应的便是历史上存在过但对今天而言已没有任何影响的事物以及当代所创造或产生的新事物。据此理解,传统非但不是为现代所取代或所废弃的东西,反而是现代所必不可少的组成部分。传统的事物与新创造的事物一起构成了现代生活的内容。所以,应注意不能割断历史看待现实,及由此引发的因忽视自身传统中的优势而非理性地排拒之。

由于研究法律发展所涉及的传统的落脚点是从历史的纵向而言的,那么,如何对其进行界定呢?这对于做好所确立课题的研究是不可忽视

① 参见黄文艺:《论法律传统》,《中共长春市委党校学报》2001年第2期,第75页。
② [英]戴维·米勒:《布莱克维尔政治学百科全书》,中国政法大学出版社1992年版,第774页。
③ [美]E.希尔斯:《论传统》,上海人民出版社1991年版,第15页。

的问题,可以说,它是能否在所确立的框架下对法律发展问题进行深入阐述的一个重要关节点。依照经济学者罗斯托(W. W. Rostow)的简单定义是:"所谓传统性社会,是一个生产能力发展有限,基于前牛顿期的科学与技术,与前牛顿期的宇宙观的社会。"①而另一位经济学者艾弗雷特·E.哈根(Everett E. Hagen)则从人类学、社会学与心理学的角度,刻画出传统社会的特征是:假如一个社会的行为方式代代相因,很少改变,那么这就是一传统社会。在这个社会里,传统主义色彩明显,其他的特征也可发现。行为受习俗而非法律所支配,社会结构是有层阶性的,个人在社会中的地位通常是承袭而非获得的。并且,就世界史而言,此阶段社会生产力是极其低下的。故简言之,一个传统性的社会是:习俗支配,层阶性、身份取向性及非生产性的。②

不可否认,西方对人类社会整体从"传统"步入以"现代化"为表征的"现代"作出了重大的贡献,但并不能因此而否定东方曾起过的不可或缺的作用及所作出的西方远不能及的贡献,否则就犹如否定东方的存在一样而令人不可接受。当下西方总是带有一种近乎霸权性地要求世界所有国家均据其现代化所取得的成就的时限而确定"传统"转入"现代"的时段。就"现代化"而言,"原本是西方学者对西方社会在工业革命和科技革命前后阶段的思考,但当它被用以解释非西方的发展问题并为非西方学者所接受时,这种思想和理论就摆脱了其发生学意义上的限制,而成为一种较为普适的关于各种传统社会向现代社会转型

---

① W. W. Rostow. *The Stages of Economic Growth*,(Cambrigde,Mass:MIT Press 1960.)转引自金耀基:《从传统到现代》,广州文化出版社 1989 年版,第 7 页。罗斯托何以把牛顿(1642—1727)作为传统性与非传统性社会的界线? 他的解释是:"牛顿这一大科学家的名字,在这里是用作为历史分水岭的象征,因为从牛顿的时代开始,人类才逐渐了解外在世界是由少数可知的法则所支配,人类在掌握这些知识后,能有系统地利用外在环境为本身造福。"所以,他的经济发展史观的第一个阶段的传统性社会(traditional state of society)是以一个社会能否具有牛顿的宰制自然环境的心态为条件的,故他又说:"从历史观点而言,'传统性社会'这个名词包括了全部前牛顿期的世界,君主时代的中国、中东与地中海的文化,以及中世纪的欧洲等。此外,我们还可以加上后牛顿期的某些社会(如今日非洲的部落社会),它们未受人类运用外在环境改善其经济地位的新能力所影响。"W. W. Rostow. *The Stages of Economic Growth*,(Cambrigde,Mass:MIT Press 1960.)转引自金耀基:《从传统到现代》,广州文化出版社 1989 年版,第 7 页。

② 参见金耀基:《从传统到现代》,广州文化出版社 1989 年版,第 8 页;E. E. Hagen,*On the Theory of Social Change*,Linois,The Corsey Press,1962,p. 5.

的'思想框架'"①。这实际上就是一个"西方化"的意识——无论是主动抑或被动。将西方发展过程中的偶然性强行地定位于一种具有普适性的历史必然性,此举不仅意味着目的层面的世界必须依西方已然获致的成就水平向西方趋同,而且认定就西方取得此成就水平的方式而言亦具有普遍的有效性。② 西方学者依其社会历史条件、视角、思维及价值取向而产生的所谓的现代化思想,会使东方的现代化所面临的困难最终成为西方式的现代化在东方的实现困难——这其中当然地包括法制现代化。

为便于对"东方的""传统"的法律发展问题的论述更为切合实际而言,的确应该确立具体的时间点,但事实上是无法十分明确的。"现代中隐含有传统,而传统中又往往存在着现代这一极为复杂的现象。"③"传统"与"现代"是相对的、交汇的,"传统"和"现代"均是一个渐进的过程。就本书所要论述的在"国家—社会"两分架构下"传统东方法律的运动机理"这一核心主题而言,我们的定位是将在近代西方对东方入侵从而打破东方固有的发展格局之前视为纯"传统"阶段,然后步入"传统"和"现代"的混合——"变革时代传统"及"现代"阶段。④ 这一阶段的特征是:自给自足、自我封闭、生产力水平低下、国家与社会是一种依赖性统合在一起——社会依赖、奴化于国家,所追求的价值取向是"义务本位"和"国家主义",所采取的治理手段是"人治",国家政权的性质是专制,社会的运行规则之中虽然包括法律,但它不仅处于所确立的规范体系的次要地位,而且只是"驭民之具"。当然,这种时段的划分方式只是从总体上而言的,因为东方各国在受到西方冲击的时间和程度不同,回应的形式和效果有别,从而也就有特殊性表征。

---

① 邓正来:《中国发展研究的检视》,载于邓正来、[英]J. C. 亚历山大:《国家与市民社会》,中央编译出版社2002年版,第452页。

② 参见[美]C. E. 布莱克:《现代化的动力》,浙江人民出版社1994年版,第5~7页;[美]C. E. 布莱克:《比较现代化》,上海译文出版社1996年版,序言,第2~3页。

③ 邓正来:《中国发展研究的检视》,载于邓正来、[英]J. C. 亚历山大:《国家与市民社会》,中央编译出版社2002年版,第454页。

④ 如何从对传统的法律发展的历史长河之中,概括出其历史演进的轨迹及特点? 是本书的关键之处。但笔者坚信,也会得到认同,虽然传统的儒家法律文化和印度法律文化形成了东方法律文明的历史背景,但真正的历史是各国的历史。不能否定东方各国自身法律发展的独特性,日本在近代法律发展的特点、实质及成效就是一个特例。——笔者

诚如洪川先生所认为的："如果把文艺复兴以前以神为依归、以宗教为主要社会控制手段的西方社会视为传统社会，那么，文艺复兴以后兴起的以人的理性为基础、以法律为主要社会控制手段的欧美社会就可以用现代社会来形容。"①就东方而言，在其原自有的封闭式的体系及价值要旨中就有受到来自西方的影响。所不同的是当时程度小且东方的包容性及转化性强而没有什么特别的表现或反映罢了，而当所受到的冲击使自身原有的封闭体系及价值要旨有实质性动摇时，就开始了近现代化的历史进程。

此外，在整个论述的过程之中，我们还必须时刻注意到"传统"不是一种静止凝滞的"实体"；相反，"生成流变"和"自我超越"是"传统"成为可能的基本条件，或者说，"传统"根本就不是一个名词，而是一个时刻保持创造态势的动词。

（四）应明确研究的目标定位

采用"国家—社会"两分架构研究的定位点是以国家与社会及两者对法律及其制度、体系和价值追求的影响为视角。我们究竟要从这一研究范式之中得出怎样的结论呢？如果法律的历史现象不能单从国家与社会间的关系及其各自和两者的状态来理解，我们就得严格依照国家行为的特质来理解它吗？是否必须依照国家与社会二元对立的所预设的那样只可在两者之间选择一个呢？如前所述，虽国家与社会对法律的运行轨迹和发展的境况都有影响，但却不会造成法律消融到国家里或社会里抑或同时消融到国家和社会里的错觉。同时，还应该将法律看做具有超出国家与社会之影响的自身特殊性和逻辑性的一面，倘若仅机械地从国家、社会的影响的角度去讨论法律，就不仅容易在忽视比国家与社会的影响更大的简单化论断上纠缠，而且容易忽视法律自身内部固有的成长因素所导致的发展，以及所具有的对国家和社会的反作用。相反，就不会陷入国家与社会的简单化的对立及两者对法律的影响的机械认识，而把握其是一种互动性的特征；同样也不会将法律消融到国家与社会之中——完全由国家或社会抑或两者共同制约。

① 洪川：《法学中的现代与后现代》，载于《北大法律评论》2001年卷第1期，第15页。

总之,对国家与社会同法律发展间的关系问题的研究,最重要的不是揭示国家与法律发展、社会与法律发展的单项性关系,而在于探究国家与社会各自及共同对法律发展的影响,研究法律在同国家与社会的互动之下所具有的自身特质的历史趋势。即探究为何会如此发展及其所产生的后果,形成对国家与社会间的关系的清晰认识,从而能对法律发展的内在机理及特征有一合理性裁断,并能在对传统作辩证的否定、"对现实的批判并实现精神的整合"①的更高层面上研究,在揭示国家与社会协和和良性互动的基础上,为以后探索中国在全球化进程迅急推进的历史和时代背景下的法律发展问题创造有利条件。

"国家—社会"两分架构研究法律发展问题的方法论意义 "法律命题是基于迄今法学领域中的研究方法而产生的思考。"②要想深刻揭示法律发展的核心问题,如何正视国家与社会各自及两者互动对法律特质的影响至关重要。诚如熊彼特(Schumpeter)曾告诫的,一个没有界定的政治概念不能提供政治组织与民众日常生活之间的清晰界线。同样,若不能对国家与社会各自的品格进行精心、准确地梳理和对在特定的历史条件之下的真实境况有一独特而准确的洞识,就不可能对国家与社会两者之间的联系作出一种互动性理解,从而最终也就不可能真正揭示与两者息息相关的法律发展的内在机理。可见,研究国家与社会相互间的关系不是目的,只是对所确立的核心问题进行论述的一种手段。如果说无需采取"国家—社会"两分架构的研究范式就可望准确探求出法律发展的内在机理,那必定是痴人说梦或一种恶意欺骗性的许诺。因为国家与社会间的互动性平衡以及共同发展的最为重要的因素是依赖于由两者的冲击、协调与融合而形成的法律来完成的,若不能从国家、社会两方面反观法律是不可能真正把握生存于其中的法律的运动机理的。所以,为有益于法律的发展及发挥其应然功用,唯有通过对国家与社会之间的界分,重新审视国家与社会之间的关系,并思考国家与社会各自的行为范式与

---

① 邓正来、[英]J. C. 亚历山大:《国家与市民社会》,中央编译出版社 2002 年版,导论,第 12 页。

② [奥]欧根·埃利希:《法社会学方法——关于"活法"的研究》,载于《山东大学学报》(哲学社会科学版)2006 年第 3 期,第 13 页。

限度,深刻揭示和加深理解这两个领域及共同对法律的影响方式和成效,以及法律对两者的反作用,所探究的核心话题才有现实意义。"方法如同科学本身一样是无限的。"①"国家—社会"两分架构的研究方法运用于法律发展的分析,②不仅具有解构法律发展的根源性价值,而且对在全球化背景之下建构适时的本国法律体系极为有益。与此同时,国家与社会良性互动之法律发展观还为反思自身法治建设中出现的困惑提供了解决思路。换言之,这一认识不仅具有视角方面的新颖性,更重要的还在于能穿透法律形式而把握其实质,亦不妨说是形式性与实质性相结合来研究法律发展问题。③

在研究过程中,对研究问题的设定以及解读方式的确立在某种意义上决定了研究者的思维逻辑起点。如果在研究法律发展问题时将本不在一个层面上承担不同的职能、发挥不同的作用的国家与社会混为一体认识和考虑,还能理清思路吗?还有什么能成为并产生切合实际、具有积极意义的成效的问题呢?而当我们进行一个思维方式的转换和切入点的重新确定,就会使我们在直面国家与社会在本质、功能、利益追求、发展路径上有对立、相殊及一致等特征存在这一事实时,还将发觉大量全新的、极富挑战性的问题会扑面而来,从而为自身在全球化背景下进行创造性的法律发展增加有益且必不可少的"激素"。解决问题的难易程度是与所采取的方式恰当性相伴的,而难以确立的正是新的思维方式,一旦新的思维方式得以确立,旧的问题就会消失,实际上人们很难再意识到这些旧问题,因为这些问题是与所采取的表达方式相伴随的,一旦采用一种新的形式来表达自己的观点,解决旧的问题已不难。④ 同样,在研究法律发展问题时,若能正确采用"国家—社会"两分架构这一方式来表达自己的观点

① 〔奥〕欧根·埃利希:《法社会学方法——关于"活法"的研究》,载于《山东大学学报》(哲学社会科学版)2006年第3期,第19页。

② 从"法治"目标的实现、法律发展的角度而言,不可能一定非要两者达到"对立"的程度才能实现。我们认为要是两者能处于良性互动状态则效果会更好,若能达到良性互动,还一再强调要二元对立,其结果必定会不可能达到预期目的,且必定会浪费资源和造成动荡。

③ 参见吕世伦、任岳鹏:《根本法、市民法、公民法和社会法——社会与国家关系视野中的法体系初探》,载于《求是学刊》2005年第5期,第65页。

④ 参见邓正来:《国家与社会——中国市民社会理论的研究》,载于《中国社会科学季刊》1996年夏卷,第18页。

和引导对问题的研究,昔时的顾虑必是多余的,原有的问题即可迎刃而解,这是显示"国家—社会"两分架构研究法律发展问题的方法论的意义之一。

在将国家与社会高度统一的基础上和前提之下解读法律及其制度和价值追求、建构法律体系、实施法律内容,从表面而言似乎是一个完美的方式,但实质是假象掩盖了真相,因为这种统一性掩盖和否定了原本就存在且不可能消除的不一致性,就是掩盖或否定实质性,不利于对与其息息相关的法律发展的认识、把握和催发。相反,若对"统一强调的越迫切则说明对立越明显"①,国家与社会的二元性问题在国家存在的社会里是不可能消灭的,法律发展同两者间的关联亦然,通过"国家—社会"两分架构去研究法律发展问题就显得不可或缺。正视了这一点,就会因有一理性的切入点而将问题解决了一半,因为正视问题本身就已说明找到了解决问题较为科学的理论范式和手段及适当、务实、高效、经济的路径。运用国家与社会的相互关系这一分析工具探讨法律发展问题,有助于揭示法律发展的社会基础和国家的制约性,认识不同的社会条件对于不同文明系统中法律发展进程的影响程度,进而对现代法律发展的社会机理获得一种整体性的把握。②

不过,在研究的过程之中,一定要既防止被西方的模式所禁锢,也要摆脱传统思想的奴役。因为,通过"国家—社会"两分架构的分析范式弄清楚自身由国家与社会所决定的法律的特质、变迁的路径、价值追求的内本质比懵懵懂懂套用"西方的"或一味地受政治国家与市民社会关系理论所左右的思维路向要强得多、现实得多、有意义得多。就此,还应既要防止对历史事实的曲解,也要防止对历史材料的机械罗列,否则不利于正确认识国家与社会各自及两者互动对法律发展的影响,或者说在其所决定下的法律的特殊品质。总之,应坚持用正确的方式统合、支配、导引研究思路,否则,若干重要的在国家发展与社会变迁中同把握法律发展的内在机理关系密切的变量就会被

---

① 齐延平:《国家与社会:一种法学思维模式的重新解读》,载于《文史哲》2000 年第 2 期,第 68 页。

② 参见公丕祥:《法制现代化的分析工具》,载于《中国法学》2002 年第 5 期,第 42 页。

"西方的"或"传统的"思维所损害，因为它会被误解为似乎与既定的旨趣无关而遭到藐视，结果是不可能达到预期的论证目的、目标及效果的。

小　结．按照历史唯物主义的基本观点，现实是历史的产物，只有在充分研究传统的基础之上，才能准确地把握现实。这就从一个侧面映射出本书所研究的内容的重要性。然而，关于法律发展问题的研究是一项十分艰巨的工作，要拓深这方面的阐述力度，不仅需要对已有的研究成果进行系统的梳理，更需要对支撑这些研究成果和范式的思想框架作出充分的分析和批判，唯此，才有可能达到预设的目的、目标及效果。利用"国家—社会"两分架构来分析、解读或批判基于各自自存的法律发展的内在逻辑和自主性，进而有利于使现时和将来的法律发展既能吸纳传统中符合自身特质的成分，有利于合理借鉴域外对己有益的成功经验，也有利于面对在新世纪全球化进程迅猛推进情势下的挑战，最终使得生存于其中、变革于其中、发展于其中，并为两者服务的法律能具有一个坚实的根基。中国现时的以法制现代化为表征的法律发展始终面临着严峻的国家与社会的结构性挑战，为适应全球化的要求，国家与社会两者及相互间必须作相当幅度的结构性调整，即形成推进自身法制现代化所必需的良性的国家与社会的"结构性基础"①，为自身法律发展创造必要条件，而此又须利用"国家—社会"两分架构的范式，并以此为分析工具和价值标准来完成。所有这些，既是本书阐述的目的所在、核心所在，也是在法理学研究过程中所采用的"国家—社会"两分架构的研究范式的方法论的意义所在。

第二节　"国家—社会"与法律发展

国家与法律发展　法律的生命维系于社会的内在需求，然而要使社会内在需求的"法律"能及时、充分地转化为现实之中的"法律"，是不能

---

① 参见邓正来、[英]J.C.亚历山大：《国家与市民社会》，中央编译出版社 2002 年版，导论，第 14 页。

脱离国家①这一中介的。只有国家扮演好自身的与社会内在要求相适应的角色,才能使体现社会内在需求的法律能适时而有效的发展,并反推社会变迁。所以说,无论我们怎么评述法律,其自产生之日起即与国家间存在着无法割断的内在关联,这是不争的事实。"法与国家是同时平等形成的(而且在某种意义上还早于国家),它们的产生是彼此相互联系和相互依赖的。国家发展的每一步都导致了法律体系的进一步发展,反之亦然。"②所以,我们在探索法律发展的内在机理时,不容忽视这一点。当然,要想真正揭示国家与法律发展间关系的内在逻辑,如果我们仅从规则、规范与制度体系的角度或层面入手,那就既不可能对两者间的关系做出富有历史精神的解释,也不可能把握影响或制约自身法律发展的更为深厚、更为久远的深层机理。③ 就国家同法律发展间的关系而言,我们认为主要体现在以下几个方面。

(一)法律境况的国家决定性

马克思主义经典作家认为,国家是政治统治的工具,是阶级矛盾不可调和的产物,它随着阶级的产生而产生,也将随着阶级的消亡而消亡。同样,法律也是阶级矛盾不可调和的产物,在一定程度上是统治阶级用于巩固自身的统治地位和表达其意志的工具。当然,就国家与法律间的决定性关系而言,理论界观点不一,概括起来主要有:一种观点认为国家优于法律,法律的产生是为了满足国家统治的需要;另一种观点认为国家受制于法律,两者之间的关系来自于自然法的不可违背性和建立在自然法基础上的公共权力的不可转让性;再就是认为,国家与法律不具备一致的因

---

① 要准确地揭示国家与法律发展间的内在关联,一个重要方面就是必须对国家作一界定。凯尔森指出:"'国家'的定义由于这一术语通常所指对象的多样化而弄得很难界定。这个词有时在很广的意义上用来指'社会'本身,或社会的某种特殊形式。但这个词也很经常在狭得多的意义上用来指社会的一个特殊机关,例如,政府,或政府的主体;'民族',或其居住的领土。政治理论(它实质上是国家理论)之不能令人满意的情况,多半是由于不同作者以同一名义对待很不同的问题,甚至同一作者不自觉地在几个意义上使用着同一个词。"([奥]凯尔森:《法与国家的一般理论》,中国大百科全书出版社1996年版,第203页)根据本书的论述核心,我们所言的"国家"是与"社会"相对的主体,而不是"'民族',或其居住的领土"之意。

② [俄]B.B.拉扎列夫主编:《法与国家的一般理论》,法律出版社1999年版,第69页。

③ 参见沈宗灵主编:《法理学》,高等教育出版社1994年版,第248~250页。

果关系,不过,作为人类社会一定历史阶段现象的法律,与国家有着不可割断的互动性关系,有什么样性质和状态的国家,就对应着与之相适应的法律。① 我们认为国家与法律间的关系主要体现在国家的状态决定着法律的状态与特质和有什么样性质的法律也决定着什么样的国家性质,即表现为"国家和法律的必然的统一性"②两方面。当然,就这两者间互动性关系而言主要具有以下几点表征:

1. 国家是统一社会总体法律需求现实化的中介

如前所述,就法律的生命之源而言,其是由社会所决定的。然而,由于生活于其中的社会主体的不一致的目的性,导致了盲目性、专断性、自发性、准自发性、非理性等诸多因素交织在一起,所有这些都决定了社会既具有自身无法克服的局限性,也不能区别其他的"个特性"(particularities)③,这就必然导致无法由自己将自身的内在法律需求转化成规范统一的形式化的法律。而国家却不同,它居于社会之上并拥有社会所让渡的公权力,进而既具有相应的统合社会内在法律需求的权威和条件,也具有将之概括成一般的较为普遍的形式化的法律并保证其实施的能力。这就是说,虽然法律的生命源于社会,但要使之真正成为是有"生命"的,还要通过国家这一中介,由此表征了国家在法律发展过程中的功能是不容忽视的。

2. 法律品格的国家决定性

凯尔逊在其著作《法与国家的一般理论》中阐述道,国家与法律之间具有内在关联性,国家是一种法律现象,是法律秩序的人格化。从某种意义而言,法律是国家权力运作的结果,从而使得这种权力的不同运作状态决定了法律的相异的品格特征。可就国家权力的运行限度而言,正如洛克曾精辟地论述的,不受限制的国家权力不仅可能会被滥用而且相当危险,因为它极易产生与社会内在需求的法治精神不

---

① 李正东先生认为:"国家和法之间不存在谁决定谁的问题,它们相互依存,是一种职能关系,并带有相互从属的性质。"见李正东:《论国家与法的关系》,载于《华东政法学院学报》2000 年第 4 期,第 27 页。

② 参见[奥]凯尔森:《法与国家的一般理论》,中国大百科全书出版社 1996 年版,第 215 页。

③ 参见[英]约翰·基恩:《市民社会与国家权力形态》,载于邓正来、[英]J.C.亚历山大:《国家与市民社会》,中央编译出版社 2002 年版,第 115 页。

符的情形。① 所以说,法律的优劣与否不能仅从法律自身去认识,而必须深入到法律背后的国家中去探讨,因为,国家的品格对法律有着重大影响。比如建立在个人或集团强力基础上的往往是"专制国家",而建立在社会合意和协商基础上的往往是"民主国家"。"专制国家"实行的必然是"人治"性法律,而"民主国家"则定会推行"法治"性法律。②

3. 法律现实的国家决定性

法律是受社会内在需求所决定和制约,但因社会的内在需求在任何时候都不可能期望其所有成员均能有较高的认同性,因此,国家的统辖力就必不可少。在现实之中,法律现实状态的国家决定性是非常明显的。在通常情况之下,国家权力对于法律现实来说具有本质性意义。国家既是创制法律的一个决定性因素,也是实施法律的主导性力量。国家通过下列活动,一定程度上反映和实现社会的法律需求:第一,国家实施立法活动,给法律的产生、变革与发展提供机会,通过立法机关确定某一关系对法律的需求性,确定相应的法律的内容和形式。第二,国家对法律和由法律所确认的法律关系进行保护。第三,国家保证法律的实施。③ 总而言之,法律的现实性维系于国家,国家的状态发生变化,法律的特征必然随之发生相应的变化。

(二)法律运行模式的国家决定性

就法律运行模式的国家决定性而言,其表现形式固然是有多方面的,但我们认为主要是以下几点:

1. 国家权力运作状态决定法律的角色

虽然,法律的生命源于社会,但由于形式化的实在法离不开国家权力的相应适用。这就使得法律又成为掌控社会所让渡的权力者的意志的体现和维持其统治地位及运用权力的工具,从而不仅从一个侧面决定了现

---

① 参见 John Locke. *An Essay Concerning the True Original*, Extent, and End of Civil Government, in Two Treatises of Government, Peter Laslett 编, New York 1963, pp. 305～541。转引自约翰·基恩:《市民社会与国家权力型态》,载于邓正来、[英]J. C. 亚历山大:《国家与市民社会》,中央编译出版社 2002 年版,第 105 页。

② 参见田有成:《国家的契约、合法性与法律在乡土社会中的效果》,http:/article. chinalawinfo. com/article/article/user/article-display. asp? Articleid = 1132。

③ 诚如 B. B. 拉扎列夫所认为的"国家的积极性是社会生活中确定法律原则必不可少的条件"。见[俄]B. B. 拉扎列夫主编:《法与国家的一般理论》,法律出版社 1999 年版,第 78 页。

实之中的法律的角色在一定程度上取决于国家权力的运作状态,而且也会在所制定、实施的法律之中得到相应的体现。国家就好比一匹被套了缰绳的烈马,只能在缰绳允许的范围内自由选择。即为使作为社会权力让渡者的国家不至于任意操握社会,就必须通过体现社会内在要求的法律来规制自身的行为。就其内本质而言,"国家的权力是由实在法组织起来的权力,是法律的权力,也就是实在法的实效"①。也可以说,"政治权力就是被承认为法律的强制性秩序的实效"②。这就要求"国家是不可能离开法而存在"的③,"法凌驾于国家之上是为了使国家不站在社会之上"④。因为,"能否保证国家行政活动合乎法律,真正服务于民众的利益,是衡量一个社会的法治水平的重要依据"⑤。总之,就本质而言,国家的存在和发展,不应当对社会形成压制和专制,而是应为满足社会的某种特殊的和共同的需要与利益服务的,不是与社会相对抗的对立物,仅是社会的内在要求的反映而已。然而,专制/人治性法律的状态,其价值追求和角色扮演定位于首先要求的是民众守法,崇尚于社会本位和义务本位。由于这种法具有强制和侵害的特征和能力,统治者与被统治者间的利益和意志发生冲突时,它就有可能成为镇压(专政)的工具,即便是通过正当的程序而制定的法律同样可能是恶法。⑥ 而在民主/宪政的状态之下,法律所扮演的是规制国家权力的运行,维护社会主体的正当、合法权益的角色,这样的法律才是"良法"。当然,不可否认的是,任何权力都不可能完全免于专横之虞,而不论掌权者在行使权力时的动机是多么高尚,凡国家权力运行触及的地方就有可能产生专横的情形。不仅专制独裁者在行使权力时如此,就是以民主的方式产生的相互制衡的权力也是不可避免的。但在民主/宪政的状态之下,掌握国家权力者若在运用权力管理社会时,利用法律损害社会主体权益的情形是大大减少的。

2. 推行宪政是国家与法律形成良性互动状态的表征

---

① [奥]凯尔森:《法与国家的一般理论》,中国大百科全书出版社1996年版,第214页。
② [奥]凯尔森:《法与国家的一般理论》,中国大百科全书出版社1996年版,第214页。
③ 李正东:《论国家与法的关系》,载于《华东政法学院学报》2000年第4期,第29页。
④ [俄]B. B. 拉扎列夫主编:《法与国家的一般理论》,法律出版社1999年版,第81页。
⑤ 李正东:《论国家与法的关系》,载于《华东政法学院学报》2000年第4期,第29页。
⑥ 参见刘军宁:《从法治国到法治》,载于《公共论丛》第3期,生活·读书·新知三联书店1997年版。

国家只有按照体现社会内在客观需求的法律规制自身的行为,达至推行宪政的境地才能真正实现此等性质的法律的存在价值。再说,国家行为也必须遵循它自身的规律。"所谓国家行为,就是国家为了实现其阶级统治的职能而建立的一整套管理国家日常事务的机构代表它行使职权的一切活动。"①国家的兴盛与衰弱取决于国家行为的正确与否,而国家行为正确与否又取决于国家是否遵循自身的规律。国家要兴旺发达、繁荣昌盛,就必须探寻自身符合社会变迁内在要求的行为规律,并据此制定出相应的规则,即使国家行为的法律化,而所制定和实施的法律又应体现社会的内在需求,国家也应遵守这种行为规范。国家行为的法律化,就是把国家的一切活动都纳入法制化轨道,使国家普遍而严格地按照法律程序行使职权。国家行为的法律化状态,是由社会历史发展的规律和国家的本质所决定的。国家是社会历史发展的必然产物,它不仅要调整统治阶级与被统治阶级之间的关系,而且还要调整两者各自内部的关系。国家必须通过制定法律来调整这些关系,以便保证整个统治阶级的利益,规制各社会主体的行为,以及将国家与社会调协到一个适度的状态之中。而要使国家管理社会的行为能卓有成效,自身不仅在立法,而且在司法和行政等一系列活动之中,都必须遵循社会历史发展规律。凡是遵循这一规律的,其职能就能得到充分发挥,并推动社会快速向前发展;反之,就会使社会停滞不前甚至倒退。此外,国家的运行是由人来掌握的,个人对社会历史发展规律和国家运行规律的认识是有限的,统治阶级内部的不同阶层、不同集团、不同个人切身利益和价值追求的不尽相同,见解和主张也就不尽相同,要消除掌权集团或个人在认识和行为上的偏私性、狭隘性和随意性,就必须依照法律来统一和规制统治阶级的整体行为,使国家机器能够正常和稳定地运转。② 而所有这些,都依赖于推行宪政。

(三)创制体现社会内在需求的法律是国家促进法律发展的基础性任务

在不同的历史条件之下,在国家与社会两者之间选择法律的价值重心时,不能忘记,正如国家的基础是社会一样,法律的真正基础与源泉也是社会,而非国家。体现社会总的发展方向的法治之法不是靠国家创立

---

① 马维聪:《国家行为的法律化》,载于《学术探索》1999 年第 4 期,第 58 页。
② 参见马维聪:《国家行为的法律化》,载于《学术探索》1999 年第 4 期,第 59 页。

出来的,而是社会自身不断发展而建构起来的。因此,法律必须回应社会的内在需求,应充分认识到体现社会内在需求的法治之法的价值追求是整个法治体制和运行机制得以建构的关键。从表面上看,法律是国家制定或认可的,即由国家创制出来的,然而实际上,无论立法者有何等的智慧或者法律专家有何等渊博的知识,也无论他们可能如何的没有私利,其均不可能对任何特定社会中的秩序的形成、秩序的构成条件和复杂的因果关系有完全的、透明的并且预见性的了解;他们所掌握的知识哪怕是人类所拥有的终极真理,也不可能同时又是操作手册。因此,从本质上说,体现社会内在需求的"良法"必然是而且只能是在社会不断变迁过程之中建构起来的,而国家的制定与认可只具有形式意义。就此角度而言,法律是人类共同创造的文明成果。[1]"法律渊源不仅包括立法者的意识,而且包括公众的理性和良知。"[2]"如果一个国家的法律不是回应社会的需要,而是国家的特别是作为国家代表的少数利益集团的需要,这样的法律仅仅是靠国家创立的,而不是由社会不断发展、壮大而建构起来的,这至多只能带来法律的统治而不能带来法治。当这种利益集团的需要与社会的需要发生尖锐冲突时,这种法律也就变成了'恶法',它将导致的也只能是法律专制与法律独裁。"[3]若过分地依赖国家的强制力去营造所谓的社会需求的法律秩序,尽管社会可能呈现出有序的境况,但因这种秩序是靠国家强制力来保证的,与社会之间缺乏内在的、必要的亲和力,往往无法调动社会主体运用自身的能力采取有效措施,去促进彼此间的相互合作,进而形成、发展更为社会主体所喜欢的、有效的、有益的社会秩序。再说,这样的社会尽管有序,但却是僵死的、非人性的,也容易成为国家利用这一条件而滋生法律专制、法律独裁等的诱因。所以我们认为,创制体现社会内在需求的法律是国家促进法律发展的基础性任务。

(四)国家促进法律发展的表现形式

就国家促进法律发展的表现形式而言,主要体现在以下几点:

---

① 参见杜承铭:《国家、社会与现代法治》,载于《广东行政学院学报》2000 年第 5 期,第 58 页。

② [美]伯尔曼:《法律与革命——西方法律传统的形成》,中国大百科全书出版社1993 年版,第 13 页。

③ 杜承铭:《国家、社会与现代法治》,载于《广东行政学院学报》2000 年第 5 期,第 58页。

1. 国家从把法律作为实现公权力的工具向维护社会主体的私权利措施的转化促进了法律发展

从社会变迁及其内在特质的角度而言,国家是一个源于社会并为其服务的机构。当然,要真正实现这一目标,还需有一个过程,而这一过程的长短取决于对国家权力还是对社会权利作为核心价值追求的定位。就本质而言,是以权力还是以权利为核心乃是国家与社会在对法律的价值定位问题上的实质性区别。当法律只不过是实现公权力的工具的时候,权力就把法律当作自己的奴婢,把私权利的获取仅视为一种施舍——既可给予又可剥夺。而法律的功能一旦被置于权力的价值定位之下,社会主体希求通过法律保护自身的正当权益就是荒唐可笑的,因为法律连自己都处在随时被毁弃的境遇之中,遑论救护他人。由此,国家中的权力至上、全社会媚权、几乎社会资源的所有配置都以服从和服务于权力为标准也就自然而然了。在国家之中,所确立或所崇尚的政治理念和逻辑关系是权力既支配法律又支配社会主体的权利。以这种价值观构筑的法律体系必然是公法优先、国家至上和权力本位,权利对权力来说只能处于从属的地位。在这种状态下,法律是不可能按社会的内在需求这一价值判准而发展的。当然,随着社会变迁的加剧、社会力量的不断汇集和壮大,逐步具备了制约国家权力的运行模式和防止国家扮演与维护社会利益这一应然角色相悖的可能,从而促使国家的角色发生相应的转换。随着国家角色的转换以及与之相适应的价值追求定位的转化,逐步确立了维护社会主体的应然权利这一核心。在权利价值追求的定位体系之中,权力处于被强制的地位,权力的性质被重塑为实现权利和保障权利的工具。即在这种权力与权利的关系体系中,权力就要以为权利的实现及维权这一宗旨为标准而被改造。以体现社会内在需求、制约国家权力的社会就是权利通过法律来控制、防范、引导和使用权力的社会。从而制定和实施的法律的价值追求所体现的是权利本位,权力处于对权利的服从和遵奉的地位。而此在一定程度上又集中体现在公法与私法的发展状态之中。从法律发展的表征来看,有一显著的特点就是公法与私法有渐进式明确划分,并以此规制国家的行为。当然,在公法与私法的最早划分之时,其意并不在于要指出两类法律有什么不同,而在于当宣布某些权利为私权利的时候,同时也就宣布了国家权力不得介入的界限。总之,国家从把法律作为实现公权力的工具向维护社会主体的私权利的转化就已有力地促进了法律的发展。

2. 国家从"人治"向"法治"的价值定位的转化推动了法律发展

"法治"理论的基础是人类管理国家和社会的智慧结晶。人类社会和国家一旦出现,就产生了相应的管理现象,即便在原始时代,虽人类管理能力和水平都极为低下,但还是与当时的状态基本相适应的。随着社会的变迁和国家职能的变革与扩展,需要对国家和社会进行管理的情况变得愈来愈繁杂,范围越来越广泛,使得国家自身及其对社会的管理手段也愈来愈丰富,逐步产生了道德、风俗、习惯、教规、法律等管理规则并形成相应的体系。各种管理规则都在国家管理活动中发挥着重要作用,尤其是法律更是为国家管理活动所必需的。在人类探寻国家对自身及其对社会管理的范式的过程之中,曾经进行了而且至今依然继续进行着复杂的实践,其中有成功的经验,也有失败的教训。可以说,人类就是在不断总结国家自身管理及对社会管理的经验和教训的基础上从事相应活动的。人类曾经尝试过许许多多管理国家和社会的手段、方式或模式,有人治、礼治,也有法治。通过古今中外无数次的实践,发现只有法治才是最可靠的。① 在这一过程之中,虽然出现过这样那样的不尽如人意之处,但还是不断地促进了法律的发展。再说,国家所创制的法律不过是一定程度上对社会内在需求的发现或反映,因而可以说是次位性的"法"。所以,法治承认人类所制定的法律必须服从于更高的与当时的社会状态相适应的社会内在的法律需求。法治的正当性和必要性来自于这样一个观念:一切人订的法律之上还有时时处处适用于每个人的普适性的法律。这就意味着一切人订法律都必须服从于来自社会的内在需求的这一根本性的活法原则,且这一原则不能因时间和场合的变化而改变。② 总之,国家从"人治"向"法治"的价值追求的转化,从另一侧面推动了法律发展。

3. 国家渐次完善法律体系促进了法律发展

在传统的专制时代,君主官僚只知道运用法律规范民众、维护"人

---

① 参见胡建华:《论法律文化与法治国家的应对》,载于《涪陵师范学院学报》2002 年第 4 期,第 103 页。

② 参见刘军宁:《从法治国到法治》,载于《公共论丛》第 3 期《经济民主与经济自由》,生活·读书·新知三联书店 1997 年版。

治"性权力运行机制,历经数千年的传衍浸渗,深入人心,几乎成为难以破除的基因。掌控奴役社会权力的统治者一方面拒绝让法律体现平等、正义与民意;另一方面又迷信法律的"统治功能",动辄制颁法律,企图以强有力的刑法和行政法为后援,来解决所面临的政治、社会和经济等问题。同时,他们又借助宣扬"人治"的观点,如"法是人定的,徒法不足以自行"、"法不外人情"等论调,来否定法律规范的客观性及其存在的应有价值,践踏法律的应有尊严。当然,在这一过程之中,由于统治者的价值定位的错位,使得相应的部门法不可能及时产生而无法形成法律体系。这种把法律视为"呼之即来,挥之即去"的统治之具的传统恶习,当然会严重妨碍法律的发展及"法治"理论的有效形成。随着由人类社会生产力水平不断提高所引发的社会变迁以及由此所带动的国家角色的定位的转换和内在运行机制的变化,从一定程度上迫使国家逐步完善法律体系,并使与社会变迁相适应的体现社会内在需求的部门法得以逐步产生并细化。当然,两者其实又是相互促进、互为因果的。也正基于此带动了法律的发展。

4. 国家渐次打开法律的透明度促进了法律发展

就法律的内在本质而言,其包含着的是一个行为规则的特征。既然是一种评判行为是非的规则,就必须有可知性,这就要求法律必须是可知的。要使法律能让社会主体普遍性知晓,它就必须是公开的、普遍的、稳定的、明确的和有针对性的,而为达到这一既是基础性也是最为重要的要求就必须增大法律的透明度。法律的透明度越增大,一方面迫使法律不能只是针对一部分人特别制定的,而必须是对所有人同等适用的要求和压力也就越大;另一方面,依法维护自身权益的意识渐次增强,从而法律与社会内在要求间的偏差就越小;再一方面,掌握国家权力的行权者为维护自身的利益而利用手中的权力草率立法的可能性也会大大减少。——因为,草率立法必然造成法律条文的含糊不清、自相矛盾和朝令夕改,从而无论是对社会还是对国家自身来说都会造成不应有的危害。所以我们可以说,国家渐次打开法律的透明度,促进了法律的发展。

(五)国家与社会适度而有效地分离是法律发展的保障

纵观人类社会的发展史可知,在一定历史时期内,由于社会没有与国家分离而奴化于国家,虽然许多专制者和暴君都曾把自己的权力宣称为来自"人民"的意志，但其实是凌驾于社会之上的，因而，所谓"法"，只是他以代表上帝或者"人民"的名义一人包揽而来的，他就是最高的权力，他的话就是法律。① 这就使得，在专制为主导性的国家统治之下，由于统治者的权力过于庞大，尤其是缺少经过普选而产生的代表机关，也就与其说很难不如说不可能有效地制约国家依社会内在需求的法律行权的措施及效果。若依"法治"之理念，每个人对现行的法律是否合乎人性、正义都拥有平等的发言权，对法律的制定、修改和完善都有相应的参与权、决定权。而在"人治主义"占统治地位的状态之下，统治者的意志之所以能成为法律，往往是因为他（们）宣称，只有他（们）才有能力发现、支配法律，普通臣民则因不具备这种能力而没有必要拥有这种权力。当然，在这种状态之下，普通臣民即便有能力，也不可能允许其拥有这种权力。相反，法律也就不会"异化"为专门惩罚人的工具，而成为人人必须遵守、信服的游戏规则。而要达到这一目标，只有使国家与社会适度而有效地分离，并形成和保持相互间"必要的张力与平衡，最终达到国家与社会的协调发展"②，营造必要的民主/法治氛围。从另一角度而言，真正意义上的民主/法治型国家必须打破不平等的观念和专制制度，而铲除专制和不平等的办法就是把国家建立在与社会的分离的基础之上，也就是说国家的合法性要建立在与社会协商和合意的基础之上，而不是把国家建立在个人或集团的强力和不平等的基础之上。大凡民主/法治型国家就是在依靠与社会协商和合意的基础上获得对其非暴力垄断权的社会认可。国家的合法性权力是由社会授予的，一句话，国家应是许多人依据法律组织起来的联合体。我们知道，在西方，宪法的概念从其产生始就同国家与社会间的有效分离有着密切的联系。纵观人类发展史，可清楚地看到，国家与社会的分离是近代商品经济、市场经济发展的必然结果，这种分离在18世纪的欧洲得以基本完成。在此基础上，建立起宪政与法治制度，市场经济、国家与社会的分离、民主/宪政/法治和现代法制四者之间具有某种程度的天然耦合关系，③从而形成法治国家与法治社会的良好局面。所以

① 参见龚祥瑞：《比较宪法与行政法》，法律出版社1985年版，第74～75页。

② 杜承铭：《国家、社会与现代法治》，载于《广东行政学院学报》2000年第5期，第56页。

③ 参见杜承铭：《国家与社会的二元化：政府机构改革的宏观参照》，载于《广东商学院学报》1999年第1期。

说,国家与社会的适度而有效地分离是法律发展的保障,即要达到法律能合乎社会内在需求的发展这一目标,一个基础性条件是国家与社会的适度分离并形成良性互动。

（六）合理利用国家权力推动法律发展

因为国家拥有社会所让渡的公权力,其本身就具有改变或影响社会主体的思想意识和行为方式的力量和条件,当然也具有一定程度上改变人们法律意识与社会法律需求状态的能力。因为"权力就是影响他人行为的能力。权力能让人去做本来不想做的事。它可能使用强迫（通常称为强制）、说服或奖励等手段,但它的本质是以某种方式改变他人行为的能力。支配他人的权力越大,使他人改变越大、越容易。拥有更大的权力也意味着能影响更多的人"①。虽然强制难以甚至不可能运用于体现社会内在需求的法律发展,但是影响现实之中的法律的成效却总是可以的。在所有的权力中国家权力是最大的,在权力的影响上,也以国家权力的影响为最甚。我们可以肯定地说只要方法得当,运用国家权力来发展法律,必然是一个有效的捷径。所以,要使法律能高效、经济、有序地合乎社会历史发展的内在需求的发展,就必须合理地利用好国家权力来助推这一运动,此乃是明智之举。

国家与法律之间是相互联系、互为作用的矛盾体。法律的存续状态及其发展的速度、效率等存在着国家的制约性,而法律发展对国家也具有一定程度的影响力。因为本部分内容是从国家对法律发展的影响的角度来判析法律的,所以,我们从法律境况的国家决定性、法律运行模式的国家决定性、创制体现社会内在需求的法律是国家促进法律发展的基础性任务、国家促进法律发展的表现形式、国家与社会的适度而有效地分离是法律发展的保障以及合理利用国家权力推动法律发展等方面进行了阐述,使我们在国家对法律发展的制约与影响方面有了一个初步的认识,并为后续论述打下了一个必要的基础。

社会与法律发展　法律是人类社会发展到一定历史阶段的产物,就两者的关系而言,"社会不是以法律为基础的。……相反地,法律应该以社会为基础。法律应该是社会共同的、由一定物质生产方式所产生的利

---

① ［美］沃塞曼:《美国政治基础》,中国社会科学出版社 1994 年版,第 4 页。

益和需要的表现"①。也就是说,法律的生命力维系于社会的同时,还发展于社会、制约于社会、服务于社会、着眼于社会。所以,要想真正"把握作为活生生的人类经验之一部分的法律的脉动"②,就必须以社会为背景,站在历史的、时代的高度审视它。就现实而言,面对迅捷变化的世界,面对越来越强烈的社会法律需求的压力,若不将视角更多地转向影响法律发展的最基本的机体——社会,就不可能认清其在新的历史条件下的发展走势,从而也就不可能充分发挥其应然功用和产生预期的效果。当然,法律的产生、变革与发展并非有了社会的非物质性需求就能成为现实,从事物矛盾的多样性、复杂性而言,不可忽视其同时受其他因素所制约的这一事实。

(一)法律生命的社会决定性

马克思主义经典作家从历史唯物主义出发,认为对人类社会起决定性作用的乃是物质生产方式,而包括法律、政治、文化、意识形态等等在内的上层建筑是由经济基础——一个社会的物质生产方式——所决定的。③ 就法律的属性而言,其固然是上层建筑的重要组成部分,但对其起决定性作用的真正泉源并非从社会中分离出来并凌驾于其上的国家而是

① 马克思:《对民主主义者莱茵区域委员会的审判》,《马克思恩格斯全集》第6卷,人民出版社1961年版,第291~292页。

② 梁治平:《书斋与社会之间》,法律出版社1998年版,第153页。

③ 而同为德国人的另一位伟大的思想家马克斯·韦伯则认为:人类的社会生活不是由单一的经济因素所决定的,而是处于宗教、文化、政治、法律和经济等多种因素的交互影响之中。他承认经济因素在法律发展过程中起着关键性作用,但他否认法律是经济力量的直接产物。他认为,法律构成一种自治的社会状态,它与其他社会要素——包括经济、政治、宗教、文化等等——是相互作用、互为因果的关系,很难说哪一种因素具有决定性作用,而对于"过去之所以缺乏某种特定的法律制度,绝不能简单地解释为是由于缺乏一种经济需要。正像工业上使用的技术方法一样,为法律提供保障的理性化法律技术模式首先必须被发明出来,然后才能服务于某种既存的经济利益。……经济现实并不会自动孕育出新的法律形式,它只能为一种已经发明出来的法律技术提供传播和扩散的机会"。(Max Weberon:Law in Economy and Society, p. 131. 转引自郑戈:《韦伯论西方法律的独特性》,载于《思想与社会》第一辑,《韦伯:法律与价值》,上海人民出版社2001年版,第83页)且"一般而言,社会组织的法律结构决不是完全由经济因素决定的"。(Max Weberon Law in Economy and Society, p. 176. 转引自郑戈:《韦伯论西方法律的独特性》,载于《思想与社会》第一辑,《韦伯:法律与价值》,上海人民出版社2001年版,第83页)也就是说,马克斯·韦伯对法律的生命力的维系和性质特征的基本结论是:法律是应被视为一种与经济密切相关但不是完全由经济所决定的相对自治的社会系统。

社会本身——社会物质产生方式。法律的性质和内容是由一定历史阶段的社会物质生活条件所决定的,因为"那些决不依个人'意志'为转移的个人的物质生活,即他们的相互制约的生产方式和交往形式,是国家的现实基础"①。就此我们可以说,这既是国家的权力基础,也是国家制定法律的基础。而作为直接从生产和交往过程发展起来的社会,"在一切时代都构成国家的基础以及任何其他的观念的上层建筑的基础"②,且上层建筑受这种社会物质生活条件所决定的社会状态的制约。这就使得作为上层建筑的重要组成部分的法律的实质并非总是服务或服从于统治者,它更应是人们日常生活的行为规范,是社会组织行为的依据,是民众心态的反映,是社会主体应然权益的守护神。诚如涂尔干及亨利·布律尔等著名法律社会学家所言:法律如同社会群体一样是可变的、多样的,它或多或少完善地表现了社会群体的意志;它像语言、艺术、宗教等等一样,是社会生活的反映,不能把它与另外那些同其关系甚密的社会现象割裂开来。③ 所以,法律的产生、变革与发展,离不开最庞大而复杂的社会,离不开日新月异的社会生活,离不开始终处于变迁状态的社会结构,离不开社会对法律的需求和认同性。也正因此属性,使得"作为社会构成要素的法,与知识一样,会渗透到社会的每一个角落,欠缺法律的社会是不可想像的"④。"任何生活领域里只要没有法,就没有持续的社会秩序。"⑤凡此,均告诫我们在研究法律及其制度、体系和价值追求以及探究其运动机理时,首先应充分认识其生命的源泉——社会的内在需求。社会才是法律的生命所在。

　　社会对法律的影响和决定作用,既可以在其自治性"私域"之中培育出诸多多元性利益集团,并通过一定方式在法律上体现;也可以通过各种民间约定的而又是国家所认可的方式或渠道来对法律产生影响,从而使

---

①　马克思、恩格斯:《德意志意识形态》,《马克思恩格斯全集》第 3 卷,人民出版社 1960 年版,第 377 页。

②　马克思、恩格斯:《德意志意识形态》,《马克思恩格斯全集》第 3 卷,人民出版社 1960 年版,第 41 页。

③　参见[法]亨利·莱维·布律尔:《法律社会学》,上海人民出版社 1987 年版,第 98 页。

④　[德]卢曼:《法社会学》,[日]岩波书店 1977 年版,第 1 页。

⑤　[德]卢曼,《法社会学》,[日]岩波书店 1977 年版,第 1 页。

法律发生符合社会变迁的总体方向和社会内在需求而变革与发展。其实符合社会变迁的总体方向和社会内在需求的"必然是而且只能是由社会不断地建构起来的,国家的制定与认可只具有形式的意义。……如果一国的法律不是回应社会的需要,而是国家的特别是作为国家代表的少数利益集团的需要,这样的法律仅仅是靠国家创立的,而不是由社会不断建构起来的"①。这种法律就可能属"恶法"类,所导致的后果也就只能是国家以法律为工具推行"人治"并愚弄社会。

此外,在研究法律的社会制约性因素的过程之中,万不可忽视社会习惯这一重要方面。因为不仅原始社会的习惯是法律的最初渊源,就是现代社会,法律的制定和实施仍要考虑社会习惯这一重要因素的影响。可以说,违背社会习惯总体性要求的法律不仅很难推行,而且极有可能成为一纸空文。因为这还是一个很重要的社会认同性问题,没有必要的社会认同性基础,法律就无生命力可言。不可否认,习惯成为法律或具备法律效力,还是必须经国家这一中介的,但它因毕竟同作用于人的内心精神世界的宗教、道德规范有别,而只能依靠国家强制力保证实施的人们的外部行为规范,诚如 R. 科特威尔所认为的,"法起源于或者说应该起源于民德,民德渐渐演化为法律……立法必须在原有的民德中寻找立足点,立法为了自强必须与民德相一致"②。因此,法律的产生可以说是经历了原始习惯同宗教、道德逐步分化到相对独立的过程,虽然法律一旦从其他社会规范中分化出来后,就在整个社会调整系统中占有特殊的地位,并起着特殊的作用,但它在产生及实施的过程之中还是要受当时的社会内部价值追求所制约的,至少是允许其存在着非法律性的内在一致性。

(二)法律发展的社会制约性

就本体论而言,法律不可能创造社会,人类社会的变迁历史和各个发展阶段及其所表现出来的特征不是由法律所产生的;相反,法律只是与其所对应的社会的内在本质的表征。当然,这表征有全面而真实的,也有偏

---

① 杜承铭:《国家、社会与现代法治》,载于《广东行政学院学报》2000 年第 5 期,第 58 页。

② [英]R. 科特威尔:《法律社会学导论》,华夏出版社 1989 年版,第 22 页。通过研究东方社会的法律的历史渊源可知,社会习惯对于法律及其制度、体系和价值追求的影响要远大于西方社会。所以,研究东方社会的习惯,借此判析东方社会的法律的内在本质,以及对如何在立足于本土的基础上投入法制全球化进程并进行本土的法制现代化相当重要。

片面和不真实的。不过,一旦所实施的法律不再适应当时社会内在的需求,它就会成为一文不值的具文,终会被社会无情地抛弃,并在相应的规范体系之中被删除。"旧法律是……旧社会关系中产生出来的,它们也必然同旧社会关系一起消灭。"①"法也和宗教一样是没有自己的历史的"②,法律的历史完全从属于社会的历史。

马克思主义经典作家虽从根本上主张社会生产力发展水平及与之相对应的社会经济状态对当时的法律起到决定性作用,但并非认为是唯一的因素,法律的内容和形式还要受当时社会的其他因素的影响和制约,而这种影响和制约的结果最为明显的是法律发展同社会内在需求的不同步性。因为,就理想状态而言,随着经济基础的变化,全部庞大的上层建筑也将或慢或快的发生变化。虽然生产力发展水平的提高所决定的"经济结构的变化固然注定要导致上层建筑的变化,但法律则不可能随着社会经济结构的变化而立刻发生变化"③。它具有一定程度的滞后性。"政治、法律、哲学、宗教、文学、艺术等的发展是以经济发展为基础的。但是,它们又都互相影响并对经济基础发生影响。并不是只有经济状况才是原因,才是积极的,而其余一切都不过是消极的结果。"④在急剧变迁的社会之中,不仅社会新的法律需求与已有的旧的法律之间必然存在着一定的沟壑,而且宗教、伦理、道德等其他既存的规范与法律之间也存在着一定的相互影响力,而假若其势力很强大,那么,无需利用公权力的强制力量就能实现其宗旨。因此,国家为调和新的社会法律需求,必定改废依原有的公权力所制定实施的法律,并用新立的法律取而代之。⑤

再次,"法者,力也;法者,社会力也,于公权力状态之下而为行为之规

---

① 马克思:《对民主主义者莱茵区域委员会的审判》,《马克思恩格斯全集》第6卷,人民出版社1961年版,第292页。

② 马克思、恩格斯:《德意志意识形态》,《马克思恩格斯全集》第3卷,人民出版社1960年版,第71页。美国学者伯尔曼亦有类似的论述:"法律表现为没有自己的历史。"见[美]伯尔曼:《法律与革命——西方法律传统的形成》,中国大百科全书出版社1993年版,第44页。

③ 葛洪义:《法律与社会理论的批判意识——略论马克思社会理论中的法律思想》,载于《法律科学》2000年第2期,第42页。

④ 《恩格斯致符·博尔吉乌斯(1894年1月25日)》,《马克思恩格斯选集》第4卷,人民出版社1972年版,第506页。

⑤ 参见[日]穗积陈重:《法律进化论》,中国政法大学出版社1997年版,第286页。

范者也"。① 法律是社会力量发展到一定历史阶段的产物。就社会力量的特性而言,"社会力有静态,有动势。法律既为社会力之一种,故亦有静态与动势。所谓法律之静态,即法现象仅为行为规范而表现之社会力量也。所谓法之动势者,即为行为之规范而表现之社会力之实质或形体,因时之经过,而生变化者是也"②。即法律随着社会的变迁,其形式、内容、制度、体系及价值追求等必然作相应的变革与发展。就社会而言,它无论处于何种时期,也不论其内部结构状态如何,都能构成一个有机体,并由于无时不是处于动态的变化之中,从而其内部组织须臾没有静止过。正因社会力量时刻处于变化之中,作为社会行为规范的法律,也必然处于动态的变化之中。也就是说,法律作为社会力量变化的"显示器",是绝对不可能不随着社会力量的变化而独自处于静止状态之中的。这变化决不是杂乱无序的,而是遵循一定的规律的,这一规律性就是法律发展的制约因素,而这制约因素又是由时间、地域、民族、文化传统、生产力发展水平等因素所决定。此外,就是在同一历史时期,即便是处于同一地域的、相同环境的民族,由于传统及价值取向的差异性,也不可能有相同的法律存在,且随着时空的变化而相异。当然,我们不是也不能因此而否定其存在共通之处。

(三)社会变迁予法律发展以动力

马克思主义辩证唯物观认为,事物是运动、变化和发展的,作为客观存在的社会现象的法律也不例外。但由于法律受制于社会,所以其发展必定从属于社会变迁。单就法律产生的历史而言,它就是在社会变迁的漫长的历史过程中随着社会生产力水平的不断提高所带来的社会分工和社会结构变化,私有制和建筑于经济利益冲突基础上的阶级的出现,使原有的维护氏族成员之间平等、民主的原始公社组织的习惯因日益显得过时和不适应而被逐步否定的必然结果。在这一过程之中,法律现象的产生是与私有制、阶级和国家的出现这一社会变迁图景分不开的,是人们从日积月累的生活经验中逐步提炼出来的一套调整相互之间关系的行为规范,是在社会需要对争议、纠纷的解决确定相关依据时而发挥权威性作用的,是社会内部多种因素共同作用,并"逐渐积淀出某些有形无形的规则

---

① [日]穗积陈重:《法律进化论》,中国政法大学出版社 1997 年版,第 1 页。
② [日]穗积陈重:《法律进化论》,中国政法大学出版社 1997 年版,第 1 页。

体系,制约着人们的具体行为"①的结果,具有历史的必然性。同样,在法律产生之后,也正是由于社会变迁而否定了原有的政治制度或规则、价值体系,必定要求建立另一套政治制度或规则、价值体系,从而导致一种全新的法律及其制度、体系和价值追求的形成。在这一过程之中,即便保留了旧的形式,也被注入了当时社会变迁所要求的新的内涵,原有的形式只不过是为利于新的社会变迁的目的服务的,但其内容和价值旨趣均已与过去有本质的区别。当然,这其中还要一定程度地受非社会的因素所制约和影响,但所有的非社会性的因素都只能对法律及其制度、体系和价值追求起到次要的影响作用,而不能决定其实质性内涵。此外,就法律的完善而言,绝非一日之功,而需经过一个漫长的发展历程。但"社会的迫切需要必须而且一定会得到满足,社会必然性所要求的变化一定会给自己开辟道路,并且迟早总会使立法适应这些变化"②。

生产力和生产关系的矛盾运动是社会变迁的基本矛盾或者说是生命性矛盾,它们相互作用、相互冲突,产生了川流不息的社会变迁的洪流,并由此使社会物质生活和精神生活等得以变化和发展,社会关系发生相应的变革。而法律只有不断地调整与社会间的关系,才能跟上时代的步伐,适应于社会,服务于社会,发展于社会;反之,却因脱离了社会而使得自身失去必要的存在基础,形同虚设,没有任何存在的必要,不仅发挥不了作用,而且还会产生掣肘社会变迁的负面影响。因此,作为社会内在需求反映的法律应该与社会变迁的内在要求相合拍。"法律既为社会力,则社会变迁,法现象不能不与之俱变。"③当然,由社会力量所决定的、一旦在新的历史条件之下所形成的法律及其制度、体系和价值追求,无论其表现形式如何具有相对静止性,但因社会处于永恒的变迁之中的实质,使得所实行的法律、建立的法律制度和确立的法律价值追求与社会现实之间必定存在着一定的间隙,即"不能及时地回应社会中正在发生的变化"④。而

---

① 胡玉鸿、彭东:《试论法律渊源的理论基础》,载于《中国法学》2000 年第 3 期,第 41 页。

② 马克思:《论土地国有化》,《马克思恩格斯选集》第 2 卷,人民出版社 1972 年版,第 452 页。

③ [日]穗积陈重:《法律进化论》,中国政法大学出版社 1997 年版,第 53 页。

④ [美]伯尔曼:《法律与社会——西方法律传统的形成》,中国大百科全书出版社 1993 年版,第 24 页。

由于当时的价值取向所决定的社会中实行的法律的发展速度和社会的现实需求之间间隙的大小与政治国家的变革、社会结构的变革、社会经济的发展、社会自身存续的状态、生产力水平的提高、自然环境的变化等都有关系。这就要求我们必须时刻注意在社会变迁的历史进程之中认真研究法律发展问题,而"法律发展问题研究关注的重点,乃是社会变化与法律的变革之间的相互作用关系,特别是研究社会变化对法律制度的影响"①。即法律及其制度、体系和价值追求只是社会变迁需求的反映,只要社会变迁没有创造出足够的否定现存法律及其制度、体系和价值追求的力量,现有的法律就不可能被废除。而"如果已经预见到变革不可避免并在既存的法律秩序之内进行必要的根本性变革——那么,可以认为不会避免这些革命,及时变革是所有面临不可抗拒变革压力的法律制度获得生命力的关键。革命的历史含义是冲破法律制度凝聚力的急剧的、打破连续过程的和激烈的变革"②。也就是说,当社会的发展达到自我变革的时候,就引起了对原有的法律及其制度、体系和价值追求的相应否定,并被新的所代替。因为,如果原有的法律及其制度、体系和价值追求已不适应社会新的内在需求,还去继续施行它,就不可能保证自身能始终与社会变迁的方向相一致,从而法律与社会均得不到进步。"把法律看作是可变的、看作是随着社会变迁而不断调整和变动的、看作是实现某种社会目标的一种工具"③,是我们认识法律时应把握的原则之一。不过值得注意的是,社会的"量变"可能导致了法律、法律制度、法律体系、法律关系以及法律的价值追求的实质性变化,且"某一部门法律的产生可以宣告一种法律体系的消亡,但不能表明法律彻底变革时代的到来"④。

此外,社会本身是一个矛盾的统一体,也必须是一个矛盾的统一体才有活力,只不过它不能使社会达到自身消耗甚至"残杀"的程度。要预防这一现象的出现,就得使社会在法律所设定的框架内运作。而要能达到这一要求或目标,就必须使得法律随着社会的变迁而适时的发展。也正

---

① 公丕祥:《东方法律文化的历史逻辑》,法律出版社2002年版,第4页。

② [美]伯尔曼:《法律与社会——西方法律传统的形成》,中国大百科全书出版社1993年版,第25页。

③ 朱景文:《关于法理学向何处去的一点看法》,载于《法学》2000年第2期,第8页。

④ 张仁善:《中国法律社会史的理论视野》,载于《南京大学法律评论》2001年春季号,第97页。

因如此,就表现了法律对社会的调整作用在不同的历史时期,其侧重点是不同的,在社会秩序井然、民主法治意识强的社会中,法律的侧重面是它的特殊的预防功能,即对实施违法犯罪行为的行为者进行惩罚而矛头不指向社会多数。而当一个社会局势动荡不安,政治权力贯彻不力,社会主体民主法治观念淡薄,所呈现的又是另一种情形。①

　　所以说,真正意义上的法律发展同社会变迁是紧密地交织在一起的,无论是古代、近代还是将来,也无论是东方还是西方,没有决定性的社会变迁,就不可能有实质性的法律发展,也只有经过决定性的社会变迁,才能使新的法律及其制度、体系和价值追求得以萌发、成长和系统形成,进而发挥相应的符合当时社会变革的内在要求的功用。西方为何较东方先步入法制现代化时代就是因为社会的变迁带动了法律及其制度、体系和价值追求的变革,而其中起决定性作用的有:一是从 11 世纪后期和 12 世纪起,除了社会变迁的某些时期,其法律制度持续发展达数代和数个世纪之久,且每一代都在前代的基础上有意识地进行建设性的发展。二是这种自觉的持续性发展不仅仅是一个"量"变过程,而且也是一个有机的"质"变历程。在这一过程中社会的作用是巨大的,并越是到近现代越明显。如 1517 年的德国宗教改革运动,1640 年的英国革命,1776 年的美国革命,1789 年的法国革命。② 从另一角度而言,即使社会当时没有明显的变迁迹象,而仅仅在进行法律发展的情况下,因法律的发展是源于社会的变迁,它也应是社会变迁的一个重要环节和表现形式之一。所以,必须充分利用好法律及其制度、体系和价值追求的发展的作用,将之作为社会积蓄力量、准备条件的重要的也可以说是不可或缺的有机组成部分,因为恰当的法律发展可为形成和充分发挥社会变革力量创造有利条件。当然,

---

　　①　当然,即便在一个民主与法治占主导性的国度里,依靠法律调整的社会关系的范围也是有限的,道德良知在社会中还是发挥着十分重要的作用。而在一个专制、落后的国家里,则有可能出现另外两种情况:一是把法律的作用过分抬高,一切社会关系均由法律调整甚至追求法律的残酷和不人道,信任超越个别威慑所需的酷刑和重刑;另一是干脆不需要法律,以统治者的个人意志来管理国家,造成社会的极端无序和恐慌。参见李正东:《论国家与法的关系》,载于《华东政法学院学报》2000 年第 4 期,第 30 页。

　　②　伯尔曼先生将俄国列入西方社会,并在其著作《法律与革命——西方法律传统的形成》中数次阐述了 1917 年俄国社会革命对西方法律制度变革的影响。这种划分与马克思在建构东方社会理论以及恩格斯对东方社会的论述时所持的观点有别,因为马克思和恩格斯均是将俄国划入东方加以阐述的。

由于世界文明的发展和交流的不可阻却性,也会因从另一侧面决定或制约而产生不同的结果,即便社会变迁了,也可能由于其对吸纳域外文明的不同态度,而产生不同的结果。如近代东方在其变革时代所持价值取向主要不是通过吸纳域外文明的方式,而是以一个保存或继承的形式,这就使得西方法律文明在东方传播及为东方所吸纳的过程之中,始终存在着与东方固有法律文明相融合十分困难的问题。这是一直在解决,但一直没有解决好的难题。就此,我们还是应该努力从社会中去寻找解决问题的钥匙。

(四)社会力量的积聚是法律发展的关键

"要之,法律之进化,为社会力之自觉史。"①法律的进化史就是社会力量的自觉发展史。"一定时期之法,非成于一旦,乃过去数世纪间社会的势力之积聚而成之者也。"②当法律尚处于萌芽状态时,社会主体还不能意识到将各自的力量联合起来的重要性及所能达到的效果,因而拘束了自我。而当法律及其制度、体系和价值追求在向前发展的过程中,因有关法律知识为统治者所掌握,社会主体虽知道有羁绊自身权益的体现和实现手段或路径的相关规则存在,但因当时社会力量的局限性,同样只能受统治者控制或拘束。社会主体能够有效地维护自身的合法权益,并能对法律作相应的变革与发展,应是在社会生产力水平提高到一定程度而使社会力量扩大到足能与国家相抗衡,从而经历必要的法律的内容、形式发生相应的变化的形式化运动的过程。也只有到法律的形式化运动时期,社会主体才能对自身应遵守的法律规范有全面知晓的可能和条件,从而有利于促进与社会变迁内在要求相应的法律及其制度、体系和价值追求的发展,并以此维护自身的应然权益,规制自身的行为,监督公权力的正当行使。

社会力量是决定法律及其制度、体系和价值追求的发展的关键性因素,就社会力量的状态及其效能的有效发挥而言,又主要集中体现在市民社会的力量上。所以,市民社会力量的壮大是近现代法律发展的决定性因素,且以市民社会与政治国家之间的关系的变化为表征。市民社会力量的壮大,迫使政治国家的体制及运行机制作相应的变革,而这又势必使得对政治国家的存亡起到决定性作用的法律及其制度、体系和价值追求

---

① [日]穗积陈重:《法律进化论》,中国政法大学出版社 1997 年版,第 275 页。
② [日]穗积陈重:《法律进化论》,中国政法大学出版社 1997 年版,自序。

也随之发生了变革。也就是说,作为社会力量对比状态体现的法律,其所维护的内容及实质,必定会随着市民社会的综合实力的变化而变化。由此又常常表现在公法的发展与私法的发展两个方面:由于市民社会力量的壮大,导致政治国家的政治变革及政权的交替,并常常反映在公法的内容及价值追求的变化上;而经济的发展及由此而导致的社会结构的变化,新宗教、新思想的传播及科技的进步等,如果能使市民社会的内部状态发生变化,那必定会影响到私法的发展。当然,如果两者同时发生作用,必定引起一国的公法和私法一并发生变化。① 同时,我们既不能忽视或否定由于受政治国家的影响,常常使公法先行发展,私法反而有一定程度的滞后性现象存在;也不能忽视或否定由私法的先行发展,公法反而存在一定程度的滞后性现象的出现的可能。总之,法律的发展,社会力量的汇集是决定性因素,而在导致法律发展的社会力量中又以市民社会的力量的状态变化最为明显。所以,市民社会是近现代法律发展的最终决定性因素。市民社会与政治国家之间的关系问题及对法律发展的决定性作用,我们可以从西方的法律发展的历程得到例证,这也迫使东方应进行必要的反思。近现代西方,市民社会中的精英操纵着政治国家制定对己有益的法律,从而使法律有发展的可能性,且同时反过来促进政治国家沿着符合社会变迁的内在要求的方向进行必要的转化,并进而促进了与社会变迁要求相适应的法律发展,走上了良性循环。东方却不同,由于自身品格的局限性,市民社会始终被政治国家所奴化,并只有依赖于政治国家才能生存,从而想产生能对政治国家的各种行为形成必要的扼制,制定符合社会生产力水平提高的总方向,并因此而符合推动社会变迁的要求的法律是不可能的。所以,东方不能简单地通过市民社会自发行动来实现所谓的法制现代化,这也是东方的法律发展所具有的共同历史渊源性特征,由此也形成了具有共性的法律原则和价值旨趣。不过,要彻底改变这一状态,我们认为既要将传统东方法律发展的历史作为一个整体来研究,也要通过对国别法律的发展轨迹进行深入揭示,以此勾画出法律发展的全球化态势之下东方自身的法律发展的背景,从而找寻出真正适应各国自身特点的法制现代化道路。

---

① 参见[日]穗积陈重:《法律进化论》,中国政法大学出版社 1997 年版,第 229~232 页。

从"法制"的发展历程的角度而言,其经历了一个由"他治"转向"自治"的过程,在国家刚从社会中产生出来时,社会主体尚不能有效地协调好自身行为与公共利益之间的关系,若欲将当时的社会力量凝聚起来,既能对外抵御敌人的入侵,又能使内部保持相应的安定秩序,就必须强化团体凝聚力,从而使社会主体能团结成为一个充满生机和活力的整体。因此,在一个家庭之中形成了强大的家长权,一部落中有强大的酋长权,一国建立强大的君主权,这确实是原始社会团体生活的首要条件,并由此促使社会主体对成为社会凝聚力中心的君主或贵族有敬畏之心,久而久之就养成了绝对的"他治"的生活习惯,从而由于社会制约力的消失,统治者或特权阶级必定会滥用其所掌控的权力,歪曲法律应有的社会之意,损伤社会主体的合法权益。而随着社会生产力水平的不断提高及由此引发社会渐次变迁,社会主体的法权意识逐步强化,一方面否定统治者独断的法律制定或实施权,并通过各种可能的途径产生影响,要求在相应的法律规范之中,明确各自相应的必要的权利义务并以此来维护自身的与当时社会状态相对应的权益,也就是说,通过各种有效途径改变自身只是作为法律的客体,只是尽服从统治者的命令的义务的角色;①另一方面,经过一定时期的社会变迁,社会控制了政治国家滥用权力的"人治"行径或"他治"范式,从而逐步走上了能体现社会生产力发展方向和社会变迁的历史和时代的要求,有效地维护社会主体的合法权益的"自治"需求的道路。

(五)社会结构性变化决定法律发展的范式

霍布斯鲍姆认为:"社会的历史是社会结构的变化的一般模式同实际发生的特殊现象之间的纽结,无论我们研究地理的或年代的逻辑尺度如何,这都是正确的。"②社会结构同社会生活本身一样由于社会生产力水平的提高和社会环境的改变而处于不断地变化之中,尽管有时幅度并不大,也并非总是十分剧烈,但有一点是肯定的:它始终在变,也就是说,"量"变是永无止境的,"质"变是不可避免的,而始终处于变化之中的社会结构又深深地影响和制约着法律的发展。由此,我们可以认识到,从属于社会的法律在其发展的历史进程之中所表现的范式特征与社会结构变

---

① 参见[日]穗积陈重:《法律进化论》,中国政法大学出版社1997年版,第127页。

② [美]E.J.霍布斯鲍姆:《从社会史到社会的历史》,转引自蔡少卿主编:《再现过去:社会史的理论视野》,浙江人民出版社1988年版,第9页。

化的方向是基本一致的,也可以说,社会结构的状态是我们研究法律的发展模式和走向的一把钥匙,无论是研究传统、近代、现代抑或未来的法律,也无论是研究东方、西方还是全球性的法律,都是如此。也诚如弗里德曼先生曾精辟地论述道:"法律史不是也不应该是研究古代的化石,而是研究那些展现于所有时代的社会发展"①。我们唯有真正研究透展现于我们眼前的因社会变迁而导致的社会结构的变化的历史脉迹,才有可能了解、揭示各种法律范式所构成的多彩的法律发展的历史,进而才能将法律的发展、法律体系的建立、法律价值追求的确立与校正等与社会变迁的方向相一致,并形成良性互动。当然,要达到这一要求,尚应清楚社会的复杂性和人的认知能力的局限性。只有充分认清社会的复杂性和努力克服我们认知能力的局限性,才能使得与社会变迁相伴的法律形成有机的整合机制并发挥相应的功能。从另一角度而言,法律系统是社会总系统中派生出来的一个子系统,它作为社会总系统的构成要素,伴随着整个社会的复杂性增长而呈现出各种不同的形态,从而使得法律发展的动力又源于社会结构不断增进的复杂性。

法律发展具有一种内在的逻辑性和历史的承继性,它不仅仅是旧对新的适应,而且也是范式的变革,更是一种价值追求的嬗变。当然,这种变化过程受某种规律所支配,虽然人们当时不一定能够完全认识到,但至少在事后能基本掌握,其过程反映了一种内在的需要——与社会变迁的历史阶段的状态相一致的法律需求。它要求"在社会发展的每一个阶段上,在社会交往的历史进程之中,都有与其相适应的法律形式"②。这种嬗变不一定就体现在表面,也有可能形式没有改变,但随着社会的变迁,对原有的内容产生了新的理解,并由此推动了自身在适应社会结构性变迁需求的过程中有了发展。西方的社会结构变化较东方快,对法律的社会需求量比东方大,同社会变迁的内在要求相适应的程度比东方高等特征就是极好的说明。但若总是必须创制出新的法律与社会结构性变迁相对应,就会使得法律处于不断地更替之中,由此而导致将法律的范式的变

---

① 参见[美]Lawrence M. Friedman. *A History of American Law*, Atouchstone Book, Published by Simon and Schuster, 1973, p. 9. 转引自何勤华主编:《二十世纪百位法律家》,法律出版社 2001 年版,第 83 页。

② 公丕祥:《东方法律文化的历史逻辑》,法律出版社 2002 年版,第 5 页。

革和价值追求的嬗变的正面功能及积极性意义带向了反面。事实上,法律的形式和内容并非随社会变迁而及时或随意变化,就此西方即是极好的佐证。西方的法律及其制度、体系和价值追求的发展历史显示,其变化并不是随机发生的,其中相当一部分是由对过去的内容重新解释来完成的,以此满足当时和未来的社会变迁的需求。这方面最为突出的例子就是美国的宪法。美国建国 200 余年,推行宪政 200 余年,当初立宪时的情况与现今相比可以说是天地之别,但这部宪法一直在适用,不仅适应了社会变迁的要求,而且产生了良好的效果。当然,不可忽视呈现这一局面的背后有社会诸方面的不断进步而长期积累的因素,但这还是社会对法律的制约和影响的结果。所以,就法律发展与社会结构变化间的关系而言,其不仅仅是处在不断发展中,而且有自身的历史,并时刻描绘着一个与自身对应的范式的产生、发展及灭亡的历程的图景。

法律发展的范式是决定于社会的结构性变迁,社会总是希望其能始终适应新的形势,改革自我,并能与社会共同持续发展。不过,这发展部分是被计划的,如以成文法为依据的国度,就是根据社会变迁的内在要求和发展走势确立相应的立法计划。但现实并非全是如此,部分法律的发展的实况不可能如设计那样而显现,因为具体的社会境况在不断变化,当初所确定的计划又会随时间的推移和因社会自身的不息变迁而变得不合时宜,部分内容似乎与其说是计划的,不如说是偶然发生的,这最为突出的是推行判例法法律制度的国家的法律发展。

当然,由社会结构性变迁所决定的法律发展的途径是多方面的,美国学者弗里德曼从体现法律精髓的法律制度的发展同社会结构性变迁间的关系的角度对此进行了有力的论证。他以变动的起源和结果为判准进行分类,指出了四种可能出现的范式:一是起源于法律制度外部的变化,即在社会上,但只影响法律制度并像用过了的子弹一样在那里结束。二是起源于法律外部的变化,但通过它(经或未经某种内部加工)到达法律制度外部的影响点,即在社会上。三是开始于法律制度内部的变化,可能具有的影响也发生在法律制度内部。四是起源于法律制度内部的变化,然后通过法律制度发挥作用,结束时影响在外部,在社会上。① 这就告诉我

---

① 参见[美]劳伦斯·M.弗里德曼:《法律制度——从社会科学角度观察》,中国政法大学出版社 1994 年版,第 315 页。

们如何思考和利用好社会结构性变迁的契机而引导法律的发展。

此外,不可忽视的是法律发展具有自身的相对独立性的一面。它与社会结构的变化之间存在着某种不平衡的关系。即"在特定社会条件下,法律并不紧跟着社会经济条件的变化而发生相应的变革,它有时会落后于社会生活并与其发展要求相矛盾,因而它的发展决不是同社会经济条件的一般发展成正比例的"①。

总之,法律的产生绝非突发偶成的社会现象,必须有其产生、变革与发展的社会根源。虽法律生命的存在不能缺少掌握公权力的政治国家这一中介,也必须通过公权力这一中介作用,社会内部的非法律性质的内容才能成为现实中的法律,但促使法律产生的原动力是社会而非国家。②基于此,本部分从法律生命的社会决定性、法律发展的社会制约性、社会变迁予法律发展以动力、社会力量的积聚是法律发展的关键、社会结构性变化决定法律发展的范式等方面逐层展开论述,使我们认识到作为人类社会发展到一定历史阶段的产物的法律的生命是维系于社会的内在需求这一实质。这既对我们研究、把握传统东方法律的运动机理十分有益,也对我们在正视历史和传统的基础上展望未来,从而正确、及时、经济、有序地应对全球化背景下的法律需求,准确把握解决问题的切入点,正确掌握解决问题的方法和时机等均甚为重要。

国家与社会互动中的法律发展 国家与社会间的互动性同法律发展之间的关系的境状,或许因各自的特殊性而呈现出不同的景致,然而就一般性而言,我们认为主要体现在以下几点:

(一)国家与社会的适度张力催化法律发展

国家与社会之间要想能协和互动就需建立一系列独特的运作机制,从而保障两者间的有效联系。当然,这独特的运作机制的内容是相当复杂且要受诸多因素所制约,不过只要两者共存,无论是国家与社会合一抑或分离,法律总是其中十分重要的组成部分。因为作为人类社会发展到一定历史阶段的产物的法律,它与国家和社会间总有着不可割断的联系,这种联系细分可有三个方面:一是国家与法律之间的关系,二是社会与法

---

① 公丕祥:《东方法律文化的历史逻辑》,法律出版社2002年版,第5~6页。
② 参见[日]穗积陈重:《法律进化论》,中国政法大学出版社1997年版,第281页。

律之间的关系,三是国家与社会互动而共同与法律之间的关系。通过剖析社会变迁过程之中的法律发展的轨迹可见,国家与社会间所达成的一定限度内的协和互动并形成与社会变迁的总体方向和价值追求相一致的张力而共同建立的与法律的关系又是重中之重,即法律是国家与社会之间张力的"调适器"。不过,又该如何调整两者间不合适的关系的格局?更何况从历史和现实的角度而言,无时不在呈现和证明国家以不同的形式、从不同的向度对社会的渗透或侵吞的境状呢?① 在拥有政治权力的国家不能为社会正当利益提供有效的服务时,凭借社会应有权力和权利去确立或取消政治权力,也就是通过适度的形式在法律上得以确认并保证相应的法律得以充分实施。"没有社会制约的国家权力总是危险的和不可要的,它是对专制主义的放纵。"②

国家通过制定法律来界定社会主体和不同领域的自主性及权利义务的外在疆域。社会在其不同的历史发展时期也根据自身的特点从总体上设定了相应的国家行为的界限,国家与社会由传统和现实及以法律为主导的规则体系而结合在一起,法律强调和规制着各自及彼此间的权利和义务。当然,由于国家与社会各自的由经济、宗教、文化、知识等因素所构成的并非完全自主、也非毫无互为渗透的多元性及个殊性,决定了这一现象的复杂性,并伴随国家与社会各自状态的变化而范围与内涵等方面随之改变。社会在要求限定国家的行为范围及其受与一定历史时期相适应的社会内在需求的法律的约束的同时,又要求国家能够及时制定和有效实施能够保障社会多元性及其必要的自由的法律,从而形成社会对国家的制约机制。凡此,就为社会维系国家奠定了基础,并对国家的行为范围及权力的行使预设了界限,即社会需要有一套独特的国家运行机制,以维护自身免受国家扩侵。当然,在所有能够保障国家与社会有效分离的制度之中法律是不可或缺的,它是基础。否则,社会要求国家扮演好自身的自然角色、发挥其相应的职能就会成为空中楼阁。国家必须依法履行对社会规制、导引、保护等职能,不然社会就会在自身无法解决的矛盾之中

---

① 就此问题,邓正来先生曾作过系统阐述。详见邓正来:《市民社会与国家——学理上的分野与两种架构》,载于《中国社会科学季刊》,1993 年总第 3 期。

② [英]约翰·基恩:《市民社会与国家权力型态》,载于邓正来、[英]J. C. 亚历山大:《国家与市民社会》,中央编译出版社 2002 年版,第 120 页。

处于"自杀"性状态,从而社会自身的能量被无端地消耗,不能形成对国家进行有效制约的合力的局面,影响着社会通过国家这一中介使法律适应自身内在需求而发展的成效。

所以,我们完全可以认为国家与社会之间的张力是一把"双刃剑",制约和影响着法律与国家、法律与社会以及法律与国家和社会两者互动之间的关系。即在此张力之下所制定与实施的法律既能够约束和导引国家角色的恰当扮演,也能够在约束、引导社会主体的各种行为的同时影响着社会变迁的速度和方向。所以说,如果社会不能形成对国家的适度的制约力,国家的角色扮演就会走样,而经过国家这一中介而形成的现实的法律也就不能有益于社会的变迁。即虽法律发展的原动力在于社会,但若社会总是被国家所挟制,是始终不可能生发出能够既有利于自身变迁也有益于国家角色恰当定位并适时调整的法律的,而很可能成为国家权力非理性运作的玩物。相反,若国家没有必要的统辖社会的能力,社会就既会在其多元性冲突、非自在自为性等因素的制约和影响之下,秩序混乱,无端内耗增大,掣肘自身的变迁,也会因没有必要的制约国家的力量而使得国家不能扮演好相应的角色。所以,国家与社会之间必须存在一定程度的张力。如果社会的各构成部分能"依据法律生气勃勃地维系在一起,并按照共同利益的要求"①促使国家依法行事,为其服务;那么就既实现了国家的存在价值,也能使自身得到快速发展。在这样的氛围之中所产生的法律就可能充满生机和活力。

(二)国家与社会的互动状态决定法律发展的模式

作为上层建筑重要组成部分的法律是国家制定和组织实施的,自国家产生之后,随着国家的力量的逐步强大,法律发展的速度也随之加快,状态在不断改变。但就本质而言,建立于社会之上而游离于社会之外的国家是没有自己独立的利益和意志的。因为,国家虽凌驾于社会之上,但其"只不过是一种特殊化了的社会组织,其拥有的法律渊源制定权或许要高于其他组织、团体等社会单位,但同为社会组织"②。这使我们认识到

---

① ［英］约翰·基恩:《市民社会与国家权力型态》,载于邓正来、［英］J. C. 亚历山大:《国家与市民社会》,中央编译出版社 2002 年版,第 108 页,第 1 注。

② 葛洪义:《法律与社会理论的批判意识——略论马克思社会理论中的法律思想》,载于《法律科学》2000 年第 2 期,第 46 页。

作为特殊的社会组织的国家虽有法律的制定和实施的权力,但它没有脱离社会这一现实基础的特权。所以从内本质而言,社会力量的壮大程度还是决定法律发展及其权威性建立的直接动力,因为随着社会力量的逐步增强,其就可成为能够左右立法及法律体系的建立、法律制度的确立、法律的价值追求形成的重要力量,而"民众参与立法权,乃法之社会力量彰明之表现……关于公共生活一般智识之进步,实质上舆论渐为立法之原动力……法律者可谓为社会心之直接发现也"①。因此,国家制定的法律就具有以下几个方面的特点:第一,只有在客观地体现或反映当时的社会物质生产的特征以及历史发展规律性时才能发挥推动社会变迁的作用。第二,由于社会生产力水平的总的变化趋势是不断提高的,而社会"生产力的总和决定着社会状况"②,使得社会生产力每提高到一定程度,就有相应的社会分工、所有制形式以及社会结构等与之相适应,从而导致作为社会发展到一定历史阶段的产物并随着它的变迁而发展的法律也必然作相应的发展。所以,法律总是随着生产力水平的提高而发展,随着社会状态的变化而变化。第三,由于社会生产力发展水平既决定着与之相对应的法律体系的特征,又决定着法律制度的建立和法律的价值追求的确立的实现途径和手段。所以,制定法律必须符合这一要求,否则或被社会所废弃,或因种种原因而成为社会变迁的掣肘。

国家虽是使社会主体的应有权利法律化的机构,可它既非法律的渊源,也非权利的有效性基础。权利始于个人和民众在正在出现的社会公域中主张其权利要求之时。权利可以由实在法加以保障,但是,权利并不等同于法律或起源于法律,在权利领域中,法律保护着社会主体所自主实现的东西,并使之确定下来。权利不应被理解为"零和博弈"(zero-sum-conflict)。③ 必须把权利看作是社会内在价值追求的组织原则,它既是研究国家与社会之间的关系及其两分的旨趣之一,也是决定法律发展模式的因素。

---

① [日]穗积陈重:《法律进化论》,中国政法大学出版社1997年版,第52页。

② 马克思、恩格斯:《德意志意识形态》,《马克思恩格斯全集》第3卷,人民出版社1960年版,第33页。

③ 参见[美]简·科恩、[美]安德鲁·阿雷托:《社会理论与市民社会》,载于邓正来、[英]J. C.亚历山大:《国家与市民社会》,中央编译出版社2002年版,第204页。

"法律是权力的一种特殊秩序或组织"①。没有国家权力的介入，就无所谓法律的产生、变革与发展，同样也就无所谓法律的实施，从而法律就会因缺乏必要的形式和保障而失去其存在的应然价值。"从社会控制本身而言，社会与国家必须形成某些规则，关键即在于要保证社会的有序，就必须对社会进行控制，而控制又需要以权威的方式进行。"②这种权威性方式就源于国家权力行使的有效性。因此，国家与社会的互动性既是决定法律及其制度、体系和价值追求的生命力的重要要素之一，也是决定法律发展模式的重要方面。马克思主义认为：不是国家决定、统辖社会，而是社会主体的利益之间的客观关系决定国家，进入阶级社会的社会主体间的客观关系又集中体现在法律之中。为此，我们在研究和揭示法律的生命本质时，应清醒地认识到社会的基础性。国家与社会不仅不应是对立的，而且两者的统一也不能依赖于国家理念的发展，但必须取决于社会的变迁。为能通过国家这一中介使反映社会内在需求的法律得以产生、变革和发展，并能在现实中产生实效，最终还是必须以社会为基础。再说，法律的有效性有赖于国家相应的职能部门的职能行使，但若仅仅依靠这些部门的行动，决不能产生实效。因为"守法的倾向还必须由相信法律或规则的合法性（legitimacy）的信念来强化"③。

（三）国家与社会的内在关系的特殊性决定法律发展的多元化

"社会在发展过程中分裂出国家，由国家来管理社会，这是社会发展历史过程中的一个必经阶段。在这个阶段中，社会由国家管理到多大程度，实际决定于社会自身的发展程度。当社会处于落后的幼稚状态时，国家有可能管理社会的一切活动。但是在国家把社会的权力都占为己有时，并不有助于社会的正常发展。"④纵观人类历史可知，自国家从社会中产生之后，与社会间的亲疏轨迹是：国家凌驾于社会、社会依赖于和隶属

---

①　[奥]凯尔森：《法与国家的一般理论》，中国大百科全书出版社1996年版，第137页。

②　胡玉鸿、彭东：《试论法律社会渊源的理论基础》，载于《中国法学》2001年第3期，第46页。

③　[美]爱德华·希尔斯：《市民社会的美德》，载于邓正来、[英]J.C.亚历山大：《国家与市民社会》，中央编译出版社2002年版，第46页。

④　荣剑：《马克思的国家和社会理论》，载于《中国社会科学》2001年第3期，第30页。

于国家→国家与社会的分离、对立→国家与社会的相互渗透,两者之间的界分变得相对模糊→社会权力取代国家的权威,国家的"社会化"与社会的"国家化"的辩证交融。这样就使得发源于其、运行于其、服务于其、变革于其、发展于其的法律在不同的历史时期、不同的民族、不同的国度具有不同的"情结",呈现不同的"色彩"。国家与社会都在发生根本性转变之时,两者之间的互动性关系——从社会整合与国家政权建设而形成的国家整合两方面的关系衡量——无疑又是把握法律发展的运动脉搏的核心之一。这就要求我们能从国家与社会两者相互关系之中抽离出法律的运动机理,从而为法律发展创造各种有利条件。国家与社会的相互作用、影响和运动,产生不同的法律类型。从另一方面而言,通过对法律的特质的分析,也可以折射出国家干预社会(国家化)与社会僭取国家权力(社会化)的双重过程所呈现的特征。当然,法律发展还需要有民主氛围,而"从社会整合为一种全国性公众(a national public)和国家经由现代科层机构而扩展的两重过程里,民主才浮现出来。在这种脉络里,国家权力与社会力量就不仅在地方层面相互渗透,而且在国家层面上亦相互渗透。为民主成长确立了根本背景的正是这两方面之间的相对平衡其或是社会发展的实力超过国家政权建构"①。新的法律及其制度、体系和价值追求的形成,为国家与社会之间的新的关系的建立开拓了许多可能性途径,对这一有利条件的利用具有相当重要的意义。就本质而言,国家控制的巨大强化力只是其中的一种形式,要对其进行全面定性,应从社会整合与国家政权建构的两过程中并行来衡量。从国家与社会的关系来讲,社会是基础性力量,国家则是凌驾于其上的力量。两者以相殊的功能存在着,国家的作用主要是政治性的,是统治集团的能动作用,其手段主要是强制性的;社会的作用主要是经济性的,是社会主体的能动作用,其手段主要是自治性的。"国家与社会的关系表现为承认社会的独立性,并为社会提供制度性的法律保障,为社会活动确定普遍规则,协调社会矛盾;社会反过来具有制衡国家的力量,能够使自己免受国家的超常干预,国家永远无法代替社会。"②

---

① [美]黄宗智:《中国的"公共领域"与"市民社会"?》,载于邓正来、[英]J. C. 亚历山大:《国家与市民社会》,中央编译出版社 2002 年版,第 435~436 页。

② 付子堂、胡仁智:《论法律的社会功能》,载于《法制与社会发展》1999 年第 4 期,第 8 页。

　　从根本上说,国家与社会的关系是各类规则尤其是法律的制定与实施的关系。法律的产生、变革与发展确是不能缺少国家这一中介的,但因国家由自身与其产生基础的社会关系的特殊性而导致的法律的个殊性同样不容忽视,这一点自法律和国家产生时即是如此。在国家产生之初期,虽尚未形成具体的可供遵守的规则,但是关于社会运动的最基本的规范——社会主体与其所从事的社会活动基本相适应的各自应遵守的规范——就已出现,在当时的社会历史条件之下,该做什么、不该做什么的基本观念已初步形成,"基本的社会统制力"①就已与社会同步存在及变化与发展着。这些规则具有民族性、地域性特征,而作为其特殊的构成要素的法律当然也不例外,它主要表现在:"在法规背后,有为其根据之民族法,成法之规则,总不外此民族精神之发现及民族法适用而已。"②即人类社会的法律文明,因不同的民族或国度的特殊性,不仅多姿多彩,而且表现出各自独特的变化、发展路径,尽管在漫长的法律文明演进的过程之中,不同的法律之间常常有相似之处,但这种相似性并不能湮没其个性色彩。③

　　所以,在社会与国家这一对矛盾统一体之中,又会因各种不同因素决定了相互之间关系状态的特殊性。如前所述,国家、社会间的关系的差异性都决定着法律的特殊性,而国家、社会又各具其特质的表征,由此,运行其中的法律也必受制约和影响。从应然的角度而言,要依法规制由社会委托给国家行使的权力既是社会对当时法律的必然和终结要求,也是防止国家利用所拥有的权力对社会进行不适当的干预,使之能有效地利用好公权力为社会服务的重要手段。为此,就必须有符合社会有效而良性运行要求的法律及其制度、体系和价值追求作保证,从而将国家权力的运作限制在一个以社会内在要求为基础的严格范围之内。

　　此外,就法治的特征之一而言,其是法治国家与法治社会的有机统一。任何一个民族选择以法治精神规制国家行为与建构和谐、有序、高效、经济的社会运行秩序时所面临的历史条件各异,因此法律发展必因此而呈现出特殊性色彩。这种特殊性从大的范围而言,我们可从东西方的

---

① ［日］穗积陈重:《法律进化论》,中国政法大学出版社1997年版,第11页。
② ［日］穗积陈重:《法律进化论》,中国政法大学出版社1997年版,第11页。
③ 参见公丕祥:《东方法律文化的历史逻辑》,法律出版社2002年版,第21~22页。

相异上进行深入探究。西方法律为何到了近现代能向"法治"目标飞速跃进，根源就在于国家与社会的分离、制约和互动。两者相分离，使得社会能脱离国家的控制，从而在争得必要的自我发展空间的同时，尚能利用好和有能力要求国家正确行使社会所委托的权力为其提供必要的服务。否则，西方的法律是不可能按有利于社会变迁和使社会与国家形成良性互动的方向发展的。当然，我们并不能因此而认为西方的国家与社会之间的运行机制对于建立同社会变迁的内在需求相适应的法律及其制度、体系和价值追求已完美无缺。诚如哈贝马斯所言：晚期的资本主义存在着全球性斗争和四种危机倾向——经济危机、合理性危机、合法性危机、动机危机。① 由此，哈氏提出了沟通理论和对话理论以解决资本主义社会所出现的各种危机。这从侧面告诫我们，国家与社会两者分离的"度"应当掌握在一个适可的范围之内。② 再说，晚期资本主义之所以存在全球性斗争和四种危机的倾向，我们在研究由于国家与社会过于分离所导致的负面性的同时，不能忽视初始的国家与社会合一及社会依赖于国家应经历相应时期的必要性，现时的西方的法律难道就无因此而存在着一定程度的先天性缺陷吗？绝非如此。

东方国家与社会的关系却明显不同，传统东方的显著特点有：一是，"君为上智，民为下愚"，社会依赖于国家，社会的力量十分微弱。掌握国家政权的统治阶级为保证其统治地位的确定性和永久性，不仅将法律制定得具有相当的神秘性，而且无论其形式还是内容，也无论其表面还是实质均具不平等性。其不是将法律视作国家为社会做好服务、保护广泛的社会主体的权益及规制两者行为的依据；而是当成治民的工具，以及为保护统治者的利益不受损而极力维护法律的威严性。二是人为地将法律披上一层神秘的面纱。因为由于恐惧法律公布后，社会主体一方为依法维护自身的合法权益而扼制统治阶级的权力及其私欲的"法治"意识和能力的增强，民众的维权心绪提升，诉讼率上升，掌握国家政权的统治者所拥有的非合乎社会内在需求的合法性权力的缩小，获利的降低，控制力的

---

① 参见［德］尤尔根·哈贝马斯：《合法化危机》，上海人民出版社 2000 年版，第 63～120 页。

② 当然，何为适可，很难有一个量化标准。不过从定性的角度而论，就应以各自国家、社会两者达到和谐、高效、经济、有序、协同、互动为原则。

下移,使得法律失去对统治者有益的弹性。当然,现时东方的法律随着受西方"法治"思潮影响程度的渐次加深,和在全球化浪潮的不断冲击之下,应该说与传统法律的性质已有质的区别。但我们不可否认传统之中的与"法治"的价值追求不相适应的成分还常在发挥作用,与现时在全球化背景等方面的要求相比之下,将整体的一般性要求与自身的特殊性愿望有机结合,并形成良性互动的措施、思路、方针等还是力度不足,效果不佳。这不能不说是一件憾事,也是我们需加倍努力克服之处。

小　结　法律是一种极其复杂的社会现象,它的产生、变革与发展受诸多因素的影响和制约。所以,不仅不同社会形态的国度的法律是形形色色、复杂多样的,即便是在同一社会形态之中,由于各个国家和民族的经济、文化和思想发展水平的不一致,历史发展、民族习惯和传统以及所处的地理位置、自然条件、人口状况的差异,也会造成各国、各民族的法律制度、法律体系、法律学说及心理的巨大差别,并由此而形成各种独具个性的、特殊的法律及其制度、体系和价值追求。

我们论述的最终归宿是研究和描绘法律在国家之内及在与之相对的社会之内的发展,对于国家与社会如何共同对法律起作用,或国家变革与社会变迁可能会怎样相互结合而影响法律的特质是我们应关注的焦点。通过对法律的运动机理的研究,重新调整国家与社会两者之间的关系,从而能最大限度地促进和有利于法律的发展。不过,国家与社会何者以及两者怎么互动才对法律发展的影响更大,这可不是计算简单代数式"1＋1＝?"那么容易得出一个结论。法律及其制度、体系和价值追求应是受历史、文化、国家、社会等诸多方面的因素综合影响而形成的,即国家与社会各自对法律发展的影响表现得极为复杂和模糊,尤其是两者在互为关心、互为培养、互为渗透的时候更是如此。但是,国家与社会的关系,确实构成为决定法律及其制度、体系和价值追求特征的两个变数,这两个变数决定着法律的品格。我们通过对这两个变数的研究,就可一定程度地探究出每个时期由其所决定而对应下的法律为何形式不同和性质有别了。

第三节　本书的主题说明

本书的选题缘由　博大精深的马克思主义法学是在西方自由资本

主义向垄断资本主义过渡的历史阶段中萌芽、发展并逐步走向成熟的,是在批判吸收西方法律文明发展过程中的精华的基础上形成的辩证唯物主义和历史唯物主义的法律思想体系。在这一法律思想体系形成以后,一般而言,马克思应在此基础上向西方法学领域的横向和纵向进行更为深入的研究。但马克思没有这么做,相反,到了晚年,即从19世纪70年代中期到逝世前夕,在其生命最后的岁月中,放慢了《资本论》这一巨著的写作进度,拖着重病之身,倾注大量心血,以极大的毅力潜心研究当时人类学研究的最新成果,特别是进一步探索东方问题,个中原因当时并不为人所知。

自从1972年美国学者劳伦斯·克拉德将马克思在研读路易斯·亨·摩尔根的《古代社会》、约翰·菲尔的《印度和锡兰的雅利安人村社》、亨利·萨姆纳·梅恩的《古代法制史讲演录》、约·拉伯克的《文明的起源和人的原始状态》四本著作时所作的笔记加以整理,并以《卡尔·马克思的民族学笔记》为题公开发表以来,一直引起世界学术界的广泛关注,通过对这一笔记的研究,也使世界逐渐了解马克思当时的苦心,及所要解决的问题所在。

马克思在其人类学笔记之中,"不仅进一步探讨了公社所有制形态的演变,揭示了国家和历史起源的一般规律,而且分析了古代社会法权关系的本质特征,以便进一步阐述前资本主义生产方式历史运动的规律性问题,阐明社会发展与法律进步的内在关联"①;而且从更深的角度和更高的视野揭示了法律及其制度、体系和价值追求的"世界历史"性的真正内涵,进而,为后人研究其一般性规律及特殊性特征提供了极为重要的理论启示。

人们在探寻马克思放慢《资本论》的写作而研究人类学的原因的过程之中,说法不一,就此,我们不予一一概括和评价。不过,可以肯定的是,无论持何观点,均不可忽视认清马克思写作《资本论》期间的世界经济状态。此时,资本主义的经济形式以资本主义资本的原始积累为主要特征向世界范围内扩张,并带动法律的世界性发展,也可以说法律的世界性发展有益于为西方资本主义的资本向世界扩展开辟道路。这虽然产生了一定的效果,但同时也遭到了民族或国别传统法律的阻却。由此表明了不同民族或国家的法律在走向世界的过程中,还必须以民族或国别法

---

① 公丕祥:《东方法律文化的历史逻辑》,法律出版社2002年版,第26页。

律文化为基础,不可割断各自法律的社会及其历史基础。也就是说,马克思之所以放慢《资本论》的写作,而潜心研究当时人类社会的最新学术成果,我们认为其中一个重要原因就是因为他在写作《资本论》的过程之中发现了这一点,或者说在原有的基础上进一步深化了对这个问题的认识,从而要通过专门研究的途径去解决他认为比写作《资本论》更为重要的问题。即马克思在通过从研究本国法律,到探索地域性法律文明,继而揭示人类社会法律文明发展的内在机理的过程中发现:一方面,随着世界经济的产生和发展,各国法律的发展必须在遵循人类社会法律发展的一般规律性的基础上,既要与本国法律文化的特殊性相吻合,又要与隶属于地域性法律文明发展的客观要求相契合;另一方面,由于经济活动必然向全球化发展,法律文明的发展及传播的不可限制性,民族性或国别性法律文明在其成长的过程中,还会和必须在相互冲突与融合状态下向全球化方向发展,这是任何力量都无法阻却或否定的历史事实。"历史向世界历史的转变,不是'自我意识'、宇宙精神或者某个形而上学怪影的某种抽象行为,而是纯粹物质的、可以通过经验确定的事实,每一个过着实际生活的,需要吃、喝、穿的个人都可以证明这一事实。"[①]

就与全球化的历史运动相伴随的现代法律的产生而言,它是发端于西方,并随着西方资本主义的世界性扩张而推向全球,同时也在不断发展。在这一过程之中,"东方的"现代法律文明的产生与发展就存在一个如何正视域内法律文明的历史和如何评判西方法律文明的问题,也就是说存在着一个怎样正确、有效地处理好东西方法律文明之间关系的问题。晚年的马克思为此倾注了大量的精力和心血,潜心研究人类学和进一步升华东方社会理论,并在前期和前人研究的基础上最终形成了独特的马克思主义东方社会理论体系。从而不仅使马克思主义法律思想体系更为丰满,而且更为东方社会如何在全球化浪潮下推进法制现代化进程指明了方向。

中国正在积极应对新一轮的全球化的机遇和挑战,诚如恩格斯所言:"经济发展总是无例外地和无情地为自己开辟道路。"[②]纵观人类社会经

---

①　马克思、恩格斯:《德意志意识形态》,《马克思恩格斯全集》第 3 卷,人民出版社 1960 年版,第 52 页。

②　恩格斯:《反杜林论》,《马克思恩格斯全集》第 20 卷,人民出版社 1971 年版,第 199 页。

济发展的历史轨迹可见,它为自己开辟道路的一个重要方面或手段就是使法律及其制度、体系和价值追求能为自身保驾护航。这就要求在全球化进程迅猛推进的 21 世纪,中国必须对现行的法律及其制度、体系和价值追求进行必要的、适时的、有效的发展。但同时,马克思对东方的研究成果显示,其法律及其制度、体系和价值追求的发展,绝不可脱离自身的社会基础和历史传统,否则,就成为无源之水、无本之木。面对这一对矛盾,探究和准确把握马克思对传统东方法律的特征的论述并以此指导当代中国在全球化背景之下的法制现代化,我们认为是相当有意义的。

我们正处在一个社会发展极其迅捷的开放、变革的时代,无论是中国的发展,还是世界的发展都表现出不平衡的一面。在人类社会生活的各个领域,既有传统的承继,又有现代的变革,还昭示着未来的勃发,并且传统、现代及未来、发达与不发达都交织在一起,它们共同构成当今缤纷多彩、多元化的人类社会的图景。无论怎样去评判人类社会的历史与现状,传统都是不容忽视的。从这个角度而言,我们可以说,传统决定着现代,同样决定着未来。也只有研究传统、认识传统、把握传统,才能直面现代,恰当把握未来。从这一点而言,要真正把握新世纪全球化背景之下中国法律发展的核心,研究传统东方法律的运动机理的意义之大已无需多言。

也就是说,从世界范围来看,各国法律的发展和体系的建构、价值追求的确定及其过程、速度、走向虽或多或少地受域外先进法律文明的冲击,但其在一定程度上总是受本国传统所影响或左右,而这种影响或左右的程度又是由本国的法律及其制度、体系和价值追求所固有的特质所决定的。后发的东方国家,经济落后,"人治"传统影响深远,在特殊的历史条件和特殊的时代背景下,如何和谐、有序、高效、经济地构建特殊的法制现代化模式是值得且必须思考、研究和探索的难题。中国,由于几千年的历史积淀,一方面,传统总是在一定程度上发挥着既不可忽视也不可或缺的功能;另一方面,本国的法律及其制度、体系和价值追求的发展不可能阻隔域外法律文明的冲击,并在一定范围内必须和必定吸纳域外法律文明,且对之具有强大的同化功能;再一方面,由于社会自身发育一直不全,整个社会的每一个实质性变迁都必须依赖于国家的强大推动力来进行,而以法制现代化为目标的法律发展所要求的加强国家自身的建设才刚刚起步不久,要承担如此重任,国家自身角色的恰当扮演、快速定位的难度又是可想而知的。这三点是我们在研究当下和未来中国法律发展问题时所不容忽视的。对这些问题的处理态度及所采取的措施直接决定着中国当下和未来法律发展的进程和质量。马克思对传统东方法律的运动机理的研究已为我们探讨当代中国当下和未来法律发展及法制现代化等一系列问题提供了坚实的理论基础。这正是本书的选题缘由。

本书研究的意义　本书既是关于传统东方法律发展的"根源"、"路径"的研究，也是关于中国在当下和未来全球化进一步深入的大的历史背景下如何尽可能地向理想的目标跃进的问题的思考，且前者是后者的基础，后者是前者的发展和升华。为了达到这一目标，我们既必须以遥远的历史视角，考察东方法律的产生和发展、生存基础及制约因素，并力图揭示其内在特质的形成过程及其影响力，从而使中国在全球化不断深入的挑战面前，既能找到摆脱目前困境的出路，也可避免在近现代化进程中所曾出现过的尴尬。

中国在加入 WTO 后所面临的法律环境的困惑已向国人敲响了警钟，如不积极采取措施，那么，在随着全球化浪潮的进一步冲击的背景之下，将处于何种尴尬境地可以想像。本书的研究，从某种意义上说，也是顺应中国现阶段法理学研究的要求。我们认为，提出中国的法律及其制度、体系和价值追求的走向只是基础，而不是最终目的，重要的是要能有一个既依一般性原则又符合自身特点的切实可行的具体方案。为此，本书在论述过程中始终致力于挖掘马克思东方社会理论中有关法律的运动机理的国家和社会的制约因素的论述精华，从而为在全球化背景之下中国进行脱离传统负面影响的法律发展提供条件和打开思路。即借以揭示传统东方法律发展的运动机理，为界定和评估中国现状，构设和规划中国在全球化进程高效推进的背景之下，所应确立国家与社会在法律发展过程之中功能发挥的目标及其实现路径提供思路。

此外，本书的研究，既是一个探索、挖掘的过程，也是一个严肃的理论反思过程，我们将坚持反观固有的"国家本位"统辖下的法律观的危机、危害及局限性，转向对"社会本位"的必要关怀和对法律发展起到十分重要的作用的社会力量予以关注，从而放弃原有的做法及存在的种种不切实际的虚想，在慎重地探索中夯实中国法制现代化及民主与法治建设所赖以建立的社会结构性基础。

本书拟要解决的主要问题　对传统东方法律的运动机理的理论阐述是马克思主义经典作家对东方问题论述的核心内容之一,我们研究的目标就是要挖掘其精华,并以此为指导思想和理论基础,解读和揭示传统东方国家与社会在法律发展过程之中所扮演的角色和所发挥的作用,为思考、分析在全球化进程高速推进的背景下中国法律发展中国家角色的扮演和社会功能的发挥预设实现路径,及解决在这一进程中所遇到的主要的理论和实践问题提供启示。为此,本书拟要论述的主要问题有:一是传统东方法律及其制度、体系和价值追求的基本内涵和特征;二是"东方的"社会的变迁、功能的发挥和法律发展的态势及相异于西方的规律性特质和内在机理;三是传统东方国家在法律发展中的地位和所扮角色的特征;四是西方法律文明对东方法律文明的冲击和影响;五是东方法律文明对西方冲击的回应及其后果;六是中、俄、印等东方主要国家在变革时代法律发展的基本状态;七是从理论角度总结社会变迁与法律发展之间的关系,力求为如何利用法律发展助推社会变迁提供启示。

本书拟要达到的理论目标　本书拟以马克思主义经典作家对传统东方国家与社会的特质及相关的研究成果为主要理论资源,力求深入而系统地挖掘其对传统东方法律发展问题的阐释精华,立足于关注整个东方社会的历史变迁(societal change)与国家角色定位和职能发挥的种种变化中各自及共同对法律发展的影响,勾勒出一幅传统东方法律在国家与社会所构成的矛盾体之中的运动图景。从而为深入研究如何在新世纪全球化进一步推进的背景下进行符合中国实情的法制现代化,也就是研究如何将马克思主义经典作家关于传统东方法律运动机理的理论阐述与当代中国法律发展的理论与实践有机结合起来,剖析当代中国法律发展进程中应如何利用好社会变迁这一有益因素的问题,以及如何处理好法律发展同社会变迁、国家角色的转换及两者互为一体之间的关系问题,从而为这个伟大的时代工程的有效实施和顺利完成提供一点具有一定时代意义的启示尽微薄之力。

本书的主要框架　根据研究重点及拟要解决的主要问题,本书的结构安排如下:在绪论部分,主要是就"国家—社会"两分架构及其方法论意义和国家、社会及国家与社会互动同法律发展间的关系作了相应的理论性阐述,可以说,这是本书的研究能否达到预期目的和目标的基础。在第一章中,主要论述传统东方国家与社会的结构特征。在这一章中,我们首先论述传统东方国家与社会的起源及结构特征,概括出其内在运行状态、功能特征、职能范围等。其次,论述传统东方国家与社会的内在关联,主要研究传统东方专制国家赖以存在的社会基础、经济结构与政治体制之间的关系、国家与社会之间的互动特性等。从某种意义而言,本章是为后续章节的研究作必要的铺垫。在第二章中,主要论述传统东方国家与法律发展间的关系。我们首先研究了传统东方国家的法律的价值取向,然后阐述传统东方国家职能与法律运行模式、传统东方影响法律发展的国家因素等内容,从而揭示传统东方国家与法律发展之间关系的内在特征。在第三章中,主要论述传统东方社会与法律发展间的关系。要想准确把握传统东方法律的运动机理,必须认真研读马克思主义经典作家对传统东方社会与法律发展间的内在关联的阐述。为此,本章首先从论述传统东方社会调控机制的内在特征入手,概括出传统东方社会内在调控机制的架构,揭示了作为传统东方社会调控机制之一的法律的地位及与其他调控机制的内在关联。在此基础上,又重点研究了传统东方社会土地所有制、宗法结构、宗教伦理文化、生产力水平的提高、社会分工的发展、社会主体的劳动私有化程度的提高以及城市制度、婚姻家庭制度等的变化对法律发展的影响。在第四章中,主要论述变革时代东方国家、社会与法律发展间的关系。在这一章中,我们在对传统东方社会变革时代进行界定、阐明其动因和历史后果的基础上,研究了在外来冲击与内在变化所形成的合力下,国家和社会各自和共同对法律发展的影响。为使论述有力,我们以既具特色又有代表性的东方主要国家——中、印、俄三国作佐例单独阐述各自在变革时代法律发展的状态。在结语部分,就社会变迁与法律发展的关系作理论总结,并从理论上探讨法律发展对社会变迁的影响,进而就如何合理利用法律发展反推社会变迁阐述自己的观点。这部分内容应既是点睛之笔,也是伏笔,为以后进一步研究全球化背影下中国法律发展的社会机理提供理论基础。

第四节　本书的论述方式

　　为使本书的论述能达到预期目的和目标,我们坚持以马克思主义的辩证唯物主义、历史唯物主义方法论对马克思主义经典作家就传统东方法律的特征的理论阐释作较为系统地挖掘。在整个论述的过程之中，我们注重采取逻辑与实证、动态与静态、历史与现实、抽象到具体及具体到抽象的有机统一等研究方法。同时，注意比较研究方法的得失，力争使本书的整个论述达到思路清晰、论证有力的效果。在学科知识的运用上，注意运用法理学、社会学、人类学、伦理学、历史学等学科的知识和最新研究成果，从而为本书的论述提供良好的基础。具体来说，我们力争做到以下几点：

明确主线，统贯全文　按照马克思主义理论，古代民族的社会形态是由两个自发产生的社会关系即血缘亲属关系和生产资料公社所有制决定的，直到资本主义社会确立以前，在所有社会特别是发展比较缓慢的社会中，都程度不同地存在着这两种社会关系或其变种的影响，在社会生活的各个方面也都留有其不同程度的印记。研究传统东方法律的运动机理，不能不研究农村公社，不能不研究其同国家与社会间的关系，及两者对法律发展的影响。法律发展的内驱力在于社会变迁，而社会变迁的真正动力在于社会生产力水平的提高，并由此导致农村公社的兴亡。所以，本书是以传统东方农村公社兴亡史为线索、以农村公社同国家与社会间的关系史为主干统贯全书所作的研究。

统分结合，齐头并进　传统东方各国法律产生、变革与发展具有相同或相似的历史渊源，由此形成了一定的原则和共同的价值。要想准确把握其共性，就必须在对东方国家的国别特征进行研究的基础上加以概括。就国别而言，我们认为具有代表性的当数中国、俄国、印度三国。所以，在整个论述的过程中，我们始终注意以这三个国家为实例而展开。不过，在研究过程中，我们既将传统东方法律产生、变革与发展的历史作为一个整体来研究，也要通过对国别法律发展轨迹的探究，以此作为勾画当下法律发展的背景，从而找寻出真正适应自身特点的路径。

中西比较，寻求对策　在人类历史发展的长河之中，西方到了近现代是走在东方的前头，且引领着世界法律文明的发展方向与潮流。所以说，我们要想真正揭示传统东方法律的运动机理，还要注意研究东方在近现代出现落后于西方的内在根源,这将有利于我们在现实之中克服、引导、转化那些不利的因素,为此,还需要与西方进行比较。所以,我们在论述的过程中,注意总结、概括出西方的一般性特征,并与东方作相应比较,从而进一步探寻出东方的特殊性。

　　抓住核心,循序渐进　本书研究的对象是传统东方法律的运动机理,立足点是揭示国家与社会各自及共同对法律发展的影响,就社会的核心而言是"人",其他只是其派生而来的。为此,我们在论述的过程之中,注意从"个人"→"家庭"→"部落"→"民族"→"国家"等逐步展开。这样既可形成一渐进式的阐述路径,也可以把握传统东方法律发展的历史脉搏。

　　立足历史,展望未来　在新世纪全球化迅猛推进的背景下,国家角色不断调整,社会变迁异常,国家与社会间的关系的调协空前繁复、艰难,由此带动和迫使国别法律及世界法律不仅随之发展,而且要有一定的超前性。因为法律发展和社会变迁的互为交织,已使得最有希望的前景是以区域和世界范围为基础的经济、科学和文化的相互依存。东方的各种传统,即传统的形象和隐喻首先是不把特殊事实置于一种普遍性的前后关系之中,因为特殊的事实往往是靠不住的。同样,我们在研究传统东方法律的运动机理的过程之中,如果不从全球化运动这一大背景来审视和把握,那么,就不可能对法律的内在精神有一个全面的认识,即对法律内在精神的认识必然带有狭隘性,而这狭隘性不仅阻碍了我们对法律的内在本质的客观感受与认识以及我们审视问题的历史和时代视野,而且导致我们在新世纪所进行的法律的发展和法律体系的架构及其价值追求的再确立时,就不可能完全是以历史与时代相结合的眼光,而只是局限于现行的政策和价值定位。这又怎能达到预期的目的和目标呢?

第一章 传统东方国家与社会的结构特征

由于现实之中的"法律"的境况受制于国家与社会各自及两者间的互动性状态,而此又要受两者的内在特征所左右,所以,可以说,国家与社会的结构特征又是法律发展图景的最为基础性的决定因素。基于此,我们认为,在深入探究传统东方法律的运动机理之前,必须首先细致地研究传统东方国家与社会各自的内在特征及两者间的互动性特质,否则,后续章节的论述就成为无源之水、无本之木。在本章中,我们拟首先论述传统东方国家的起源及其结构特征、传统东方社会的结构特征,然后阐述传统东方国家与社会间的内在关联,主要研究传统东方专制国家赖以存在的社会基础、经济结构与政治体制之间的关系、国家与社会之间互动的运行状态,为后续章节的研究作必要的理论和实证铺垫。

第一节 传统东方国家的起源及其结构特征

东方的界定 "东方国家"(Oriental Countries)是一个容易产生歧义、内涵很不确定的名词。中国古籍大都以中国为中心,将中国以西的地区称做"西天"、"西域",而中国以东的地区才是"东方"。

从东方学范畴的角度而言,它是以西方学者的目光为判准来界定传统东方的。"传统东方"的范围从狭义上而言一般指地理意义上的亚洲和北非,即将欧洲以东的地区称"东方",离欧洲近的地区比如西亚、东北非称为"近东"或"中东",离欧洲较远的东亚自然就被称为"远东"。① 而

---

① 参见周青主编:《当代东方政治思潮》,广东人民出版社 1993 年版,第 2~3 页。地理学以子午线为界,子午线以东的东半球称"东方",子午线以西的西半球则称"西方"。传统东方分为几大区域,它是由以中国为代表的远东地区,以埃及、西亚、伊朗为代表的西亚地区,以印度、中亚、俄罗斯为代表的中亚与南亚地区所构成。

从广义上讲,可泛指社会史意义上的存在过农村公社和与之相联系的专制政府的一系列社会。由此在空间上它可能超出地理上的东方范围,在时间上则可能仅仅涉及某一特定的历史时代,特别是人们称其为"亚细亚形态"、"半亚细亚形态"的社会存续的时代。①

国际政治领域还有学者以第三世界理论为依据,将亚、非、拉的殖民地、半殖民地和民族独立国家统称为"东方国家",而发达国家则自然成为"西方国家"。甚至冷战时期的意识形态之争也影响到东西方社会的划分,社会主义国家一律被划为东方阵营,而资本主义国家则成为西方阵营。②

当然,从国家形态的演进、社会形态的变迁的角度而言,是具有作为东方国度的共性的。我们不可否认,就具体的国度而言又具有强烈的特殊性。东方的共性特征正是通过各国的特殊性来体现的,也可以说,越具特殊性的内涵,就越显现共性特征以及区别于西方的独特性。

因为本书所要论述的是传统东方法律的运动机理,涉及国家与法律发展、社会与法律与发展、国家和社会两者间的互动性状态与法律发展等一系列问题,所以我们所确定的范围应是上述三点的交汇处。

对"国家"概念的一般解读　从古到今,人们对"国家"这一概念的内涵众说纷纭,主要原因在于,不仅国家本身是一个非常复杂的社会现象,而且形式亦多种多样,从而使得很难对它下一个十分准确的定义。目前,在学术讨论、法律文献中往往以不同的视角、从更为广泛的意义上看待、研究和解读它,并力争能更为确切、更为深刻地把握其精义,从而更为有效地扼制其负面性,进而充分发挥其功能。如在讨论近现代国际关系时,"国家"一词往往指由政府、人民和领土所组成并拥有主权的政治实

---

① 参见刘学灵:《东方社会政治形态史论》,上海远东出版社 1995 年版,第 365 页。马克思在论述东方社会的特征时,首先是从"亚细亚"这一概念开始的,而此概念是源出于古希腊的有关古代东方问题的文献记载。古希腊是西方文明的首创国,在其文明发展到一定历史阶段后就进入向域外侵略扩张的历程,当古希腊人驾船穿越爱琴海航行而途经黑海时,称呼其所见到的东西两岸大陆分别为"亚细亚"和"欧罗巴"。自此以后,"亚细亚"就作为地域名称而被使用。而以古希腊悲剧诗人埃斯库罗斯在公元前 472 年创作的悲剧《波斯人》为发端,"亚细亚"又被赋予了政治含义。总之,随着古希腊人与古代东方人交往的渐次深入,有关东方社会的记述就自然越来越多。马克思在青年时期,通过研究古希腊文献作为了解和认识东方的一个途径,并在其早期的著作中留下了相应的印迹。

② 参见周青主编:《当代东方政治思潮》,广东人民出版社 1993 年版,第 2~3 页。

体,即认为"国家最根本的属性是主权,指拥有充分的权力维护对外独立,对内政治秩序以及在其领土内拥有制定、适用和解释法律制度的最高权和独立权"①。而在国内法意义上,"国家"一词则是指在法律上代表公共利益的具有法人资格的特殊的利益主体。从法现象视角而言,国家具备作为参与社会活动一般主体同样的特征,即国家同自然人一样有独立的人格和意义,享有一定的权利并承担相应的义务和责任。从而认为"国家一词是指法律上组织起来的并且人格化的社会。由于国家人格化和被看成一'法人',国家可以拥有财产,从事工业和商业活动,提供服务设施,对犯罪分子加以起诉等等"②。

简而言之,我们认为,"国家"一词的内涵丰富,一方面,是指掌控着国家政权和行使政权的国家机构体系,是由军队、警察、法庭和官僚集团组成的一套机构,是来自社会又凌驾于社会之上的特殊的公权力拥有者,是从社会中分化出来的一种机构,是由专门从事管理或主要从事管理的人组成的——公法主体。另一方面,是具备与一般社会主体同质的特征——享有一定的权利并承担相应的义务和责任——私法主体。③ 由于本书确立的所要研究的核心问题是国家与社会各自及两者互动之下的传统东方法律的运动机理,故取其公法主体的角色的一面而论之。

国家产生的导因 就国家产生的导因而言,学者们观点有别,于此不作概括性罗列。恩格斯认为:"国家并不是从来就有的。曾经有过不需要国家、而且根本不知国家和国家权力为何物的社会。在经济发展到一定阶段而必然使社会分裂为阶级时,国家就由于这种分裂而成为必要了。"④就古代最早的国家的初步形成问题,谢维扬先生曾作了系统化的研究,在其观点之中,早期国家的形成因素概括起来主要有:

(一)人口的增长一定程度上导致国家的产生

为何认为人口的增长而导致国家的产生呢? 首先,增长了的人口使

---

① 《牛津法律大辞典》,光明日报出版社1988年版,第851页。

② 《牛津法律大辞典》,光明日报出版社1988年版,第851页。

③ 就对如何看待作为私法主体的国家的特质问题的阐述,具体内容请见拙作《我国国家私法主体特质的法理学探析》,载于《法律科学》1998年第6期。

④ 恩格斯:《家庭、私有制和国家的起源》,《马克思恩格斯全集》第21卷,人民出版社1965年版,第197页。

人类生活的社区规模扩大,人们相互间的行为也随之复杂化,从而从一个方面促进人类社会产生较为复杂的政治组织。更为重要的事实是,在一个有限的地区内人口压力的存在必然导致不同血缘的人们在同一个地区内混居,从而发生某种相互关系。作为政治组织的酋邦便是人类在较大规模上打破血缘界限而组成的一种新型政治联合体,它距国家比距部落还要接近。其次,较高的人口密度使某种中央权力的存在有了物质基础。在较高的人口密度的基础上,生产的进步使得社会剩余产品的总量增多,社会因此而有能力支持一个需要较多消费的政治权力中心的存在。可以说,一定的人口密度是国家出现的先决条件。最后,人口密度的增长和人口压力的增大使资源的分配出现紧张,这对社会分层的发展起了重要作用。① 总之,除战争以外,人口压力的增大或人口密度的增长被普遍认为是国家的形成所特有的一种因素。即"取代了狩猎—采集经济社会的早期农业经济社会所处的新石器时代是在人口方面出现急剧增长,从而使人口形势与国家的形成发生关系的时代"②。

(二)社会生产力水平的提高一定程度上导致国家的产生

人类社会的变迁与发展的最为根本性的动力是社会生产力。作为社会发展到一定历史阶段的产物的国家也受社会生产力状态这一因素的影响,并在一定程度上两者形成互动性。——两者也必然形成互动,只不过形式不同,目的有别,结果相殊罢了。"生产的进步与国家形成之间有着明显的相关性。这里说'相关性',是因为二者之间可能有互动的关系。从有些方面来看,生产的进步是国家产生的条件;而从另一些方面来看,生产的进步反过来又是由国家进程推动的。"③当然,"单一的生产因素也不能解释整个国家进程。因此,简单地说生产的进步是国家产生的'最终原因'似乎也不是十分确切的说法"④。

(三)局部战争一定程度上导致国家的产生

通过研究人类社会的发展史可知,在人类社会发展史上,无论是从氏族阶段,还是后续发展阶段,甚或现今,战争总是不可避免的事,且在一定

---

① 参见谢维扬:《中国早期国家》,浙江人民出版社 1995 年版,第 53～54 页。

② 恩格斯:《家庭、私有制与国家的起源》,《马克思恩格斯全集》第 21 卷,人民出版社 1965 年版,第 35 页。

③ 谢维扬:《中国早期国家》,浙江人民出版社 1995 年版,第 58 页。

④ 谢维扬:《中国早期国家》,浙江人民出版社 1995 年版,第 58 页。

程度上影响、制约着国家的主权。当然,"关于战争是否可以被看作是国家进程发生的原因和必要条件这一点,在学术界还有许多争论。因为毕竟不是所有地区的战争都导致国家的产生"①。但"在有些早期国家进程中,战争对国家的形成是起了相当重要作用的"②实为不可否认的事实。

(四)社会分工一定程度上导致国家的产生

社会生产力的发展必然导致社会分工,只有社会分工才会出现社会分层、产生阶级、权力异化,从而为国家的产生做好必要的准备。所以说,同战争和生产力水平提高一样,社会分工与阶级分化同国家进程之间的关系也是互动的。诚然,单独的社会分工并不能构成促进国家形成的因素。但可以说,在所有早期国家的产生进程中,社会分工是一个非常重要的因素。

总之,早期国家的产生,不外乎上述几个原因的部分抑或全部所引发的,但应清楚的是:每一个具体国家均是在一系列特殊条件下出现的,此乃为何不同的早期国家相互之间有着较大差异的原因所在。我们只有认识到这一点,后续论述才能思路清晰。

早期国家的形成模式　马克思主义的辩证唯物主义观点认为,任何事物都是矛盾的普遍性与特殊性的有机统一,作为客观存在的事实的早期国家,因种种原因,是在不同历史时期和地域所形成的,其构成模式也应是普遍性与特殊性的有机统一。不过,"从早期国家产生和发展的进程的角度来看,可以认为有两种模式是客观存在着的。第一种模式是指早期国家直接从氏族社会中演化出来的那些个案:这可以称为'氏族模式'。第二种则是指早期国家是从氏族社会解体后出现的酋邦社会中演化出来的那些个案:可以称为'酋邦模式'"③。

---

① 谢维扬:《中国早期国家》,浙江人民出版社1995年版,第61页。
② 谢维扬:《中国早期国家》,浙江人民出版社1995年版,第61页。
③ 谢维扬:《中国早期国家》,浙江人民出版社1995年版,第69页。"酋邦模式"的主要特征为:(1)"在酋邦类型的社会中,酋长具有真正的实权。与群队与世系群的头人不同,(酋邦的)酋长一般是实权人物,他的权力在一切事务中,在任何时候都足以把他的共同体团结在一起。"(谢维扬:《中国早期国家》,浙江人民出版社1995年版,第183页)"酋长的权力表现在许多方面,在对经济生活的管理中,最典型的做法就是酋长控制社会产品的再分配和对劳动力的支配。后者显然是由部落社会中首领在再分配交换中的特殊作用演变而来,但它比起部落社会中首领在这方面的特殊作用来要更带有强制性,而且有固定

相对于氏族模式,酋邦模式的主要特点是,有关社会在进入国家社会前就已经在一定程度上产生了中央集权的权力,亦即社会最高权力在一定形式下被占据社会特殊地位的个人所掌握。用哈维兰的话来说就是:"在这种社会中,政治权力集中于一个人(酋长)身上。"这种社会在现代人类学中往往被称为"酋邦"。……总之,酋邦社会的权力结构同国家已十分相像,只是还不如国家权力那样正规罢了。而事实上,从这些社会的国家进程中,国家权力正是直接从酋长即酋邦首领的权力演变而来的。①

而就其统治的性质而言,"总的来说,由氏族模式形成的国家,至少在其最初的发展上,倾向于形成一种民主型的政治运行机制。……而对于酋邦模式来说,它所产生的国家在最初的发展上则相反,比较倾向于形成专制型的政治运行机制"②。从生产方式而言,传统东方国家是被定位于"亚细亚"型。而从对早期国家研究的角度来说,"亚细亚生产方式实际上是对人类政治组织演进的一种模式的概括。这种模式大体上相当于我们所说的酋邦模式"③。它的特征是:

整个社会存在着一种基本的两分状态,其一端是拥有政治、经济

———————

的规则。……酋长实权的另一个确切无误的表现,是他们对共同体成员人身具有处置权。这是酋邦社会出现的一个全新的现象。"(谢维扬:《中国早期国家》,浙江人民出版社1995年版,第184页)(2)"酋邦制度下的酋长拥有听从他们旨意的各种官员,组成一个较正式的政治机构。……酋邦社会有一固定的核心政治机构,以管理范围明确的区域之内一切经济、社会和宗教的活动。这个政治机构可以有很多人参加,但其最高层却是一个独裁的邦主。"(谢维扬:《中国早期国家》,浙江人民出版社1995年版,第185页)(3)"酋长及其所属的官员拥有特权。"(谢维扬:《中国早期国家》,浙江人民出版社1995年版,第187页)(4)"酋长的地位逐渐成为'永久性'的。"(谢维扬:《中国早期国家》,浙江人民出版社1995年版,第189页)(5)酋邦与人类专制主义政治的起源有内在关联。(参见谢维扬:《中国早期国家》,浙江人民出版社1995年版,第213~222页)剖析谢维扬先生的观点,可以明显地看出,实际上,包括中国在内的绝大多数东方社会国家的最初形态都是属于酋邦形态的。因此,研究他对于这一形态的阐述十分有助于我们对传统东方国家与社会关系问题的探究。

① 谢维扬:《中国早期国家》,浙江人民出版社1995年版,第73~74页。
② 谢维扬:《中国早期国家》,浙江人民出版社1995年版,第76页。
③ 谢维扬:《中国早期国家》,浙江人民出版社1995年版,第84页。

和意识形态权力的国家;另一端是被一个唯一的高高在上的国家制度所包围的农业或游牧(村落)共同体。然而,除了缴税和服役的义务外,村落是自由地按其自身的方式生活的。在这种生产方式盛行的地方,土地私有制是明显不存在的。向平民征税在很大程度上是建立在他们对神圣统治者的效忠上,并由残存的互惠原则证明是合理的。①

不难看出,这个表述同马克思主义经典作家对亚细亚生产方式的描述是基本一致的。由于我们所要研究的是传统东方国家与社会的状态对法律发展的影响,所以,我们最为关心的是传统东方国家的历史特征,这一点又可从传统东方国家起源的独特性去把握。

传统东方国家起源的独特性　就对国家的起源问题的认识而言,马克思起先在对西方社会的特征研究时认为,国家是阶级冲突和私有制社会的产物,但他在研究了传统东方社会的历史发展轨迹后发现,古代东方国家的起源具有与西方相异的特殊性,并提出古代东方为何能在土地公有制的社会运行机制的基础上产生了专制性国家的疑问。在《不列颠在印度的统治》一文中,马克思回答了这一自设的问题:"在东方,由于文明程度太低,幅员太大,不能产生自愿的联合,所以就迫切需要中央集权的政府来干预。"②专制性的东方国家的产生与私有制社会结构没有直接的关系。可以说,这既是传统东方国家产生的一个特征,也是国家起源的另一途径。传统东方的这种专制性国家是以共同体的名义对社会实行政治统治的。也正因这一与西方有别的国家产生方式,导致了东方后来与西方相殊的发展态势的结果。诚然,传统东方国家之所以出现这一状况,除了以共同体的名义对社会实行着专制性的政治统治的原因之外,还在于其一直保留着国家产生以前的原始时代的社会制度的基本特征。对于传统东方国家起源的独特性,我们认为概括起来主要有以下几点:

---

① 谢维扬:《中国早期国家》,浙江人民出版社 1995 年版,第 82 页。
② 马克思:《不列颠在印度的统治》,《马克思恩格斯全集》第 9 卷,人民出版社 1961 年版,第 145 页。

（一）以农村公社为基础

农村公社是人类社会形成和发展过程之中一个重要的、基础性的、生命力极强的组织。它结成了村社联合体，筑成小城堡，形成了以城堡为中心的城堡小国或城市国家。即东方国家的起源经历了从村社联合体到城堡小国，从城堡小国到统一帝国的发展过程。研究东方各国文明史的初叶可见，这一过程几乎是共同的。大河流域的古埃及、苏美尔和巴比伦、古印度、中国的文明起源，以及东方边缘区域的小亚、叙利亚、巴勒斯坦、克里特、迈锡尼等地的文明起源，都是如此。总之，传统东方国家的起源是以农村公社为基础的，国家形成以后也是完全以生命力旺盛的农村公社为基础的。

（二）并非以土地私有制为前提

因导致国家产生的因素有各自的特殊性而存在相异之处，我们不可用同一模式机械地套用或者用西方国家产生的缘由看待东方。因为东方古国自古以来就存在着土地公有制，这就辩证地说明了东方国家的起源不是以土地私有制为基础的。当然，在西方国家起源之初虽然也存在以土地公有制为起点的情形，但是不仅东西方各自的土地公有制的内涵有别，而且抗裂变的能力也是相殊的。原因就在于在东西方国家产生之时，农村公社制度的存在与否或成熟与否所导致的结果是截然相反的。东方国家起源于村社制度下被强化了的土地公有制，土地私有制根本没有生存的土壤；而西方国家却是起源于无农村公社制度或农村公社制度不成熟及未被强化的土地公有制，这时的土地私有制不仅较易产生，而且在产生之后这种力量迅速得以发展和壮大，土地公有制反而没有相应的生存空间。可以说，西方国家是在土地公有制还没有成长起来的中途夭折中生存和发展起来的，而东方国家却是以土地公有制为基础，并在两者互动的状态下发展起来的。

（三）阶级矛盾不可调和的产物

马克思主义经典作家认为：国家是阶级矛盾不可调和的产物和表现。这一特征对于国家已作为政治强力凌驾于社会之上是如此，对于国家作为一种新生事物而刚刚从社会中产生出来时亦然。马克思主义经典作家在论述国家的产生过程之中虽未强调国家必定是土地私有制形成、发展的产物和表现，且认为传统东方国家的产生恰恰就不是土地私有制的形成、发展的产物和表现，但并不是就此而否定东方国家就不具有是阶级矛

65

盾不可调和的产物这一特征。在西方各国,土地私有制的产生和发展激化了阶级矛盾,国家是适应这种不可调和的阶级矛盾的需要而产生的。那么,传统东方在土地公有制条件之下,阶级、阶级矛盾是如何产生又如何激化到不可调和的程度而导致国家产生的呢?这是由于在古老东方国家,王权的形成及其与土地公有制的结合表现为所有权的人格化,君主成为民族共同体全部土地的当然代表和象征。当然,拥有虚幻的土地所有权的农村公社及其成员,不仅在传统习惯上具有土地占有者身份,而且给了每个人以人格独立、地位平等的虚拟资格。然而,公社成员事实上只是佃农身份,每个公社成员均是处于受支配、受奴役的不自由、不平等的地位。这就逐步形成了一部分人占有另一部分人的劳动,从而无需如西方那样必须以土地私有制为必要前提。在全社会的范围之内代表民族共同体行使管理权者,在土地公有制条件下通过行政权力实现了对另一部分人的奴役、剥削,即对他们的劳动的占有。在共同体这个虚拟的庞大的权力与传统的联合在一起的村社成员的集体力量之间的斗争逐渐激化,水利、道路和城堡等公共工程的建设,外敌的入侵和共同御敌等等,每时每刻都使斗争的天平借助这些共同事务而向共同体方面倾斜。行使国家公权力者每时每刻均在利用各种条件进行扩大自身利益和权力的滥用及统治者的各种特殊需要等等,通过加重敛赋而使斗争公开化、尖锐化,即东方国家的产生同样是阶级矛盾不可调和的产物和表现。诚然,由于东方是以农村公社及其土地公有制为基础的,从而通过另一种阶级斗争的形式,完成了国家起源的历史进程。

传统东方国家的结构特征 就传统东方国家的结构特征而言,其内部所存在的统治与被统治关系远比西方要复杂。从统治者的角度来看,君主、王族、官吏都是所有劳动者的统治者,但同时,君主、王族又是所有官吏的统治者,官吏仅仅以国家和君主的名义在劳动者面前象征统治权力,官吏本身又是君主的奴仆;从被统治者被统治的情况来看,村民在受村吏的管辖和当地国家税吏的统治的同时,还同当地税吏一起受更高职位的官吏以及王族的统治,最终还是受君主的统治。① 在这里,官吏是

---

① 参见刘学灵:《东方社会政治形态史论》,上海远东出版社 1995 年版,第 29~30页。

个介于统治与被统治之间并在不同场合分别扮演着统治者或被统治者角色的阶层。我们可以断言,传统东方国体中的复杂关系,决不亚于其土地公有制条件下的土地分级占有、多级所有的所有制关系的繁杂程度。总体而言,我们认为传统东方国家的结构特征主要表现在以下几个方面:

（一）君主一人拥有至高无上的"人治"性权力

就国家政权产生的历史过程和基础而言,它是从部落首领的权力变化与发展而来的,当部落首领既是君主又是家长时,国家还没有与以其发展起来的原始群相分离。就实质而言,最初的国家形态恰恰是对国家机构和一家之主的确认。一个人之所以成为君主,是因为他是国家的首脑,是国教的首领和道德的楷模。他集国家全部管理职能于一身,是权力的源泉,因而把臣民当作自己的孩子来看待,政府多少是王室/皇室的扩大,官吏同百姓一样不啻是君主之奴仆。如中国这个父权制国家,能把国家权力的内、外两方面有机而充分地结合起来。国家权力的内在两方面指的是君主和臣民之间的个人关系。社会主体对公共权力的依赖使得公共权力在社会生活中具有崇高的地位,掌控这一权力的君主具有最高的并且是独一无二的权威,他是整个社会公共权威的集中者与代表。而在外界方面,如何维护国家的主权又须以国家权力的内在方面为支撑,否则就不可能御敌。从另一角度而言,正是由于外界方面权力和职能的有效行使,从而才使自身的权威性更高,进而内在能力的发挥就更好。总之,传统东方国家的君主至上的权力有效地把国家权力的内外两方面有机而充分地结合起来,并互为促进。当然,所以能达到这一效果乃是源于"人治主义"的价值观及其实现手段的催发。

"人治"的特征如何?如奥斯丁所论述的:如果"**某一个社会的大多数人都习惯地服从一个确定的人上人**{human superiour},而这个人又没有服从类似的人上人的习惯,这个确定的人上人在这个社会中就是**统治者**,而那个包括人上人在内的**社会**,就是政治的和独立的社会"①。"**社会的其他成员受这位人上人支配**;或者说社会的其他成员都依附于**那位确定的人上人。面对那位确定的人上人,社会的其他成员所处的地位就是**

①　马克思:《亨利·萨姆纳·梅恩〈古代法制史讲演录〉一书摘要》,《马克思古代社会史笔记》,人民出版社1996年版,第507页。

服从状态或依附状态。那位人上人和他们之间的**关系**就可以叫作**统治者与臣民的关系**，或统治与服从的关系"。① 专制君主"**拥有不可抵挡的实力，这种实力不一定要付诸实施，但是它能够付诸实施**"②。传统东方就是这种情况。因为在传统东方，"政治国家只是一个人的独断专行，换句话说，政治国家同物质国家一样，都是奴隶"③。在传统东方专制主义状态之下的国体内，与其用君主、王族、官吏对村社农民的统治或君主、王族对官吏、村社农民的分别统治来解释，还不如用君主对任何人的普遍奴隶式的统治或君主代表国家（通过官吏）对农村公社的统治来说明。"在这个意义上，东方专制主义的国体实质上是国家通过官吏直接奴役村社而通过村社间接统治农民的统治关系。"④

（二）专制主义的中央集权

一种政体是否属于中央集权制，关键在于中央政权与地方政权之间的关系。中央与地方之间如果没有紧密的政治联系，地方政权就有较大的独立性，就称不上中央集权制，反之亦然。而集权对一个国家的运行机制而言，既是相当重要的一个方面，也是一种重要的选择。而能否利用好集权这一机制，即是专制的还是民主的关键还取决于中央本身。这就是说，要使国家权力的专制性达到君主凭个人意志左右一切而不受限制的程度，还需视其集权程度达到了什么水平。就此，诚如恩格斯所指出的：

> 每个国家必然要力求实现集权，每个国家，从专制君主政体起到共和政体止，都是集权的。美国是这样，俄国也是这样。没有一个国家可以不要集权，联邦制国家需要集权，丝毫不亚于已经发达的集权国家。只要存在着国家，每个国家就会有自己的中央，每个公民只是因为有集权才履行自己的公民职责。⑤

---

① 马克思：《亨利·萨姆纳·梅恩〈古代法制史讲演录〉一书摘要》，《马克思古代社会史笔记》，人民出版社1996年版，第507页。

② 马克思：《亨利·萨姆纳·梅恩〈古代法制史讲演录〉一书摘要》，《马克思古代社会史笔记》，人民出版社1996年版，第507页。

③ 马克思：《黑格尔法哲学批判》，《马克思恩格斯全集》第1卷，人民出版社1961年版，第285页。

④ 刘学灵：《东方社会政治形态史论》，上海远东出版社1995年版，第30页。

⑤ 恩格斯：《集权与自由》，《马克思恩格斯全集》第41卷，人民出版社1982年版，第396页。

此外,国家集权的实质并不意味着某个孤家寡人就是国家的中心,就像在专制君主政体下那样,而只意味着有一个人位于中心,就像共和国的总统那样。就是说,别忘记这里主要的不是身居中央的人,而是中央本身。①

在传统东方专制主义国家之中,同其他类型的专制体制一样,包含着集权与专断两层含义。为此,我们只有研究清楚集权与专制之间的关系,才能真正把握传统东方专制主义集权的实质以及与此相关的其他一切。就本质而言,"集权的历史是同专制的历史平行发展的"②,集权主义与专制主义既是相辅相成、相互浸透又是相互区别、彼此并行的。因为就两者的关系而言,集权的不一定专制,而专制的首先必须集权。集权主义是专制主义的前提。③ 集权是专制的伴随物,且同时又成为国家结构形式上的一种制度。

就传统东方专制性的中央集权而言,专制主义在政治上是个国体、政体、国家结构形式三大专题兼备的概念。从国家角度出发看传统东方专制主义,它当然主要是个政体问题。然而,由国家政权体系之中的中央与地方间的关系派生出的集权主义问题似乎主要是国家结构形式问题。可以说,没有传统东方集权主义,也就没有传统东方专制主义。就王权的角度而言,传统东方集权主义除了主要表现在国家结构形式上的中央集权之外,还表现为君主集权,所以传统东方集权主义又部分地与政体问题相关。因此,从国家角度出发看传统东方的专制主义及其集权主义,可以说一般而言,前者是个政体问题,后者是个国家结构形式问题。不过,传统东方专制主义、集权主义同时涉及政体问题,而传统东方专制主义仅涉及国体问题。④ 王权的集权或集中是中央集权制的核心,传统东方集权主义的内涵是王权的集中与中央集权制的有机结合。

从君主的专制程度而言,它其实是一种有限的东西,但其程度却取决

① 恩格斯:《集权与自由》,《马克思恩格斯全集》第41卷,人民出版社1982年版,第397页。

② 恩格斯:《集权与自由》,《马克思恩格斯全集》第41卷,人民出版社1982年版,第394页。

③ 参见刘学灵:《东方社会政治形态史论》,上海远东出版社1995年版,第83页。

④ 参见刘学灵:《东方社会政治形态史论》,上海远东出版社1995年版,第33页。

于社会的制约性。传统东方由于受农村公社的自给自足、闭关自守等因素所制约，使得社会分解为许多重复而又互不相关的独立组织，从而迫使其不得不把社会事务管理权完全转让给凌驾于其上的专制国家的权力机构。这就使得传统东方专制制度是一种既同农村隔离又与外界隔绝的专制政体。就社会而言，其既没有也无法形成与王权相抗衡的社会力量，因而"政府的形式必然是专制主义"①。也就是说，传统东方专制性集权主义从一个侧面还体现在国家与农村公社的关系上，国家的权力自农村公社集中而来：一方面，通过王权对官吏体系的管制以及官吏对农村公社的管理来形成和保证；另一方面，通过组织公共工程特别是水利灌溉工程而成为权力集中的象征和体现。国家统治村社除了通过官吏体系外，还通过赋税、徭役和组织水利等公共工程来实现。这就使得以农村公社为基础的社会必须依赖于专制性集权中央，从而使得其具有强大的社会根基。

（三）村社是国家权力有效运行的重要一环

由于传统东方村社制度和专制性中央集权的互动性，使得村社成为国家行政权与司法权的有效行使从而建立相应的社会秩序的重要一环。这一点在所有传统东方国家均有程度不同的体现。如古埃及统一帝国的社会基层组织就是农村公社，其具有悠久的历史，内部形成了完备的自我管理机制。国家之所以必须以农村公社为基础，村社之所以在土地所有权被剥夺而转换成土地占有权时无动于衷，完全是因为国家根本没有触动农村公社成员的平静生活和自成一体的内部组织，只是在上面改变了土地和村社组织的隶属关系，同时默认了村社历来奉为传统的自治权。从而在许多情况之下，村社机构负责相应的审判、经济管理和行政事务、维护水利灌溉网等等事务。这些村社机构就当然地成为国家最基层的行政机构，它的公职人员则当然地成为国家的基层官吏。不过，由于种种原因而导致了国家权力的交换以及激烈的阶级斗争，但这只是发生在村社外部，而在村社内部，其古老的村社组织所特有的屏障作用却使每个成员所感受到的变化是那么的轻微和不重要。

当然，对于村社的国家职权的行使问题，有时还可通过明确的规定予以确认，如印度的村社在孔雀王朝时被系统地组织在国家行政体制中，根据《政事论》所阐述的基层法院系统的作用、地位和功能等内容可以看

---

　① ［德］黑格尔：《历史哲学》，生活·读书·新知三联书店1956年版，第169页。

出,国家的行政与司法组织完全与农村公社的组织系统相一致。孔雀王朝的地方行政,一方面由村社系统组建,官员多由村社行政人员逐级选任,带有极大的自治性;另一方面各大行政区的总督自上而下地任命了一批对上负责的官吏,其职司和官名与村社系统大同小异。农村公社作为若干自然村组成的基层行政组织,有村长和一批村政人员,如会计员、水渠监督员、邮差、警卫等等。国家一般不过问其内部事务,所需征收的贡赋和劳役均责成村社集体承担,由村长和村政人员负责执行,不直接与农户发生关系。①

（四）宗教、宗法权力是国家权力机构构成的重要补充

传统东方,祭司权力几乎是各国都存在过的与专制君权相伴随的政治势力。在祭司权力强盛的埃及,祭司不仅是神庙和民众精神的主宰,而且是法老侧旁的最高行政、司法官,法律和司法程序中均浸透着祭司的绝技——巫术。就连祭司权力较弱的中国,商代的巫觋也曾一度参与政权、左右朝政,并把巫术法式(如占卜)贯穿到军事、行政、司法活动之中。总之,在埃及和中国之间,即在从希伯来人的国家到印度人的国家的整片亚细亚土地上,宗教精神和政教合一的政治传统成为祭司活动和祭司权力的自然产物,其宗教政治和宗教法对传统东方的一系列特征都有过极大的影响。

与此同时,就传统东方各国的国家结构体系而言,就是一个以"家"为中心的宗法体系,"国"是"家"的放大,且这种宗法运行机制是逐级传递的,形成了一个以"家"为起点,"国"为终点的"宗法关系链"。从社会管理的运行机制的角度而言,它是一统的、遵从着同一个价值追求。从社会认同性角度而言,又是"上"、"下"一致的,其"上"的强烈的愿望和要求大于"下",且影响、决定、制约着"下"。

综上所述,我们认为宗教、宗法势力是传统东方国家构成体系之中的重要补充。

传统东方国家的职能及其特征　要想全面认识、把握传统东方国家的结构特征,一个重要的途径就是必须了解传统东方国家的社会职能特征。就此,我们认为主要体现在以下几个方面:

---

① 参见刘学灵:《东方社会政治形态史论》,上海远东出版社 1995 年版,第 208～210 页。

(一)执行社会职能是保持其专制统治的基础

在传统东方专制主义①制度之下,"政治统治到处都是以执行某种社会职能为基础,而且政治统治只有在它执行了它的这种社会职能时才能持续下去"②。如"在亚细亚各民族中起过非常重要作用的**灌溉渠道**,以及交通工具,等等,就表现为更高的统一体,即高居于各小公社之上的专制政府的事业"③。——即承担的社会职能范畴。

也就是说,执行社会职能是为了保持专制制度,这是传统东方专制主义的一个特征。即在传统东方,使专制统治得以维持的不是对外界部落的征服,而在于一直执行相应的社会职能。这与西方有本质的区别。中世纪的欧洲,国家履行社会职能的情况就已发生了根本性的改变,类似于传统东方的各项社会职能并不是由国家而是均由封建领主承担,即封建领主在自己的领地上执行着相应的社会职能,在其之上没有作为个人而存在的专制君主。君主通常是从大的封建领主中推选出来的,他的权力一方面往往不超出自己的领地,另一方面是分散的,这也从某种程度上导致了向君主专制统治方向发展不仅较晚,而且受到种种限制。

(二)职能部门的有限性

传统东方由于国家执行社会职能的目的是为了维护、巩固、拓展其专制统治,这就决定了其职能范围内的相应的职能部门也极为有限。"在亚洲,从很古的时候起一般说来只有三个政府部门:财政部门,或对内进行掠夺的部门;军事部门,或对外进行掠夺的部门;最后是公共工程部门。"④这

---

① 东方专制主义的概念,产生于古希腊。古希腊人心目中的东方专制主义形象,除了埃及法老的权力之外,就是波斯帝国。因此,波斯帝国作为东方专制主义政治的原型,兼备了它的主要特征。波斯帝国以土地国有制为其经济基础,以农村公社为其社会基础,以征服和君主集权、专制为其政治基础。从以征服王朝的身份统治那些无历史主动性的、停滞的、安于现状而与世隔绝的村社这一点看,波斯帝国比东方其他奴隶制统一帝国的专制主义色彩要更浓、更鲜明些。(参见刘学灵:《东方社会政治形态史论》,上海远东出版社1995年版,第19页)

② 恩格斯:《反杜林论》,《马克思恩格斯选集》第3卷,人民出版社1972年版,第219页。

③ 马克思:《政治经济学批判(1857—1858年草稿)》,《马克思恩格斯全集》第46卷(上),人民出版社1979年版,第474页。

④ 马克思:《不列颠在印度的统治》,《马克思恩格斯全集》第9卷,人民出版社1961年版,第145页。

有限的职能部门的职能是以维护、巩固专制的中央集权者的利益和统治地位为核心而展开的,具体表现在以下几点:

1. 局限的经济职能

传统东方作为土地的真正所有者的国家的一个显著的特点是一切政府都执行举办公共工程的经济职能。"不管在波斯和印度兴起或衰落的专制政府有多少,它们中间每一个都十分清楚地知道自己首先是河谷灌溉的总的经营者,在那里,如果没有灌溉,农业是不可能进行的"①。因为,在传统东方,社会生产方式主要是农业,"农业的第一个条件是人工灌溉,而这是村社、省或中央政府的事"②。所以,农业的生产方式从本质上来说必然需要社会公共权力的集中行使,从而也就产生了社会个体——农业生产者对于公共权力的强烈依赖。正是这种依赖产生了传统东方国家的专制性集权式的政治制度、具备有限的职能等特征。

公共工程部门之所以成为东方自很古的时候起就有的三个政府部门之一,是由于气候和土地条件等因素使得人工浇灌设施成了亚细亚农业的基础所导致的。因为传统东方各国依农业为生,而从撒哈拉经过阿拉伯、波斯、印度和鞑靼区直到最高的亚洲高原的一片大的沙漠地带水源严重匮乏,使得利用渠道和水利工程的人工灌溉设施成了其农业的基础。而由于传统东方社会文明程度太低,幅员太大,不能产生自愿的联合,所以就迫切需要中央集权的政府来干预,从而一切政府都不能不执行举办公共工程的这一经济职能。③ 总之,传统东方国家在其原本极少的职能之中具有举办公共工程的职能,这是由正反两方面的因素所造成的。一方面,任何政治统治均不得不以执行社会职能为基础而保持自身的存续;另一方面,传统东方文明程度低下,村社的相互隔绝,迫使国家出面来组织和联合。④ 村社的状况使国家对社会组织的经济运行方式和状态的干

① 恩格斯:《反杜林论》,《马克思恩格斯选集》第 3 卷,人民出版社 1975 年版,第 219 页。

② 《马克思致恩格斯(1853 年 6 月 6 日)》,《马克思恩格斯全集》第 28 卷,人民出版社 1973 年版,第 260 ~ 263 页。

③ 参见马克思:《不列颠在印度的统治》,《马克思恩格斯全集》第 9 卷,人民出版社 1961 年版,第 145 页。

④ 参见马克思:《不列颠在印度的统治》,《马克思恩格斯全集》第 9 卷,人民出版社 1961 年版,第 145 页;恩格斯:《反杜林论》,《马克思恩格斯全集》第 20 卷,人民出版社 1971 年版,第 195 页。

预成为必要。传统东方国家之所以形成专制政府，很大程度上是由于村社制度下的农业生产的需要，水利在东方政治中的显著位置也是由这种需要所促成的。传统东方专制政府管公共工程而不管村社自治，既是村社制度的要求，又是村社受奴役的结果。中央政府如果忽视这一职能的发挥，社会就可能瘫痪。所以这一职能发挥的好坏就决定着传统东方经济发展状态，①它成为制约传统东方社会发展进程的主要原因之一。②

当然，经济职能的发挥不仅表现在举办公共工程方面，传统东方各国的贸易其实也是由专制政府所控制并成为其经济职能中的一个重要组成部分。就人类的发展而言，贸易能够出现是由社会生产力水平提高到一定阶段，社会分工的形成和发展而来的。它要求：一方面，必须有可供交易的产品。由于传统东方所推行、崇尚的是自给自足的自然经济运行机制，农村的手工业者的生活是自我负担的，城市的手工业者虽主要靠土地所有者的收入维持生活，但他们的产品也难以成为商品。凡此，必然导致因需求量和范围所限而工业发展速度极为缓慢，对外贸易几乎是专制国家的专有职能，也是其特权。从而使得一切供人享受的财富，只是那些有商人前来和他们交易的剩余产品的主要所有者即专制君主才有资格问津。另一方面，贸易必须有一个适可的场所，而传统东方由于在其土地公社所有制制度之下的自给自足、自我封闭，使得这场所只有可能是城市。然而，在传统东方，与乡村并存的真正的城市"只是在特别适宜于对外贸易的地方才形成起来，或者只是在国家首脑及其地方总督把自己收入的（剩余产品）同劳动相交换，把收入作为劳动基金来花费的地方才形成起来"③。正因如此，在传统东方，真正的城市只能看作"王公的营垒"和"真正的经济结构上的赘疣"④。从而也就使得国家的经济职能是不可能发挥好的。再一方面，贸易的产生和发展，还必须有一个按价值规律运作

---

① 参见马克思：《不列颠在印度的统治》，《马克思恩格斯全集》第9卷，人民出版社1961年版，第146页。

② 参见《马克思致恩格斯（1853年6月14日）》，《马克思恩格斯全集》第28卷，人民出版社1973年版，第271页。

③ 马克思：《政治经济学批判（1857—1858年草稿）》，《马克思恩格斯全集》第46卷（上），人民出版社1979年版，第474页。

④ 马克思：《政治经济学批判（1857—1858年草稿）》，《马克思恩格斯全集》第46卷（上），人民出版社1979年版，第480页。

的氛围和机制。价值规律的实现和作用范围的扩大是推动扩大再生产和摧毁自然经济结构的主要杠杆，是传统东方社会内部生产新的因素的前提。然而，传统东方由于专制制度的局限性而限制了价值规律的作用效果和范围，从而必然导致传统东方各国的商品经济的极不发达，并使得社会失去了快速变迁的勃发力。

2. 贪得无厌的掠夺职能

传统东方专制国家不仅在政治、精神方面，而且在经济方面拥有绝对的权力，是全国土地的唯一所有者，剩余产品不言而喻地归属于专制国家的唯一代表——君主所有。导致的结果是国家对其疆域内的土地、居民拥有无可争议的最高所有权，所有这些就犹如君主囊中之物，由他随意掠夺、占有、支配和使用。即：

> 凌驾于所有这一切小的共同体之上的**总合的统一体**表现为**更高的所有者**或唯一的所有者，实际的公社却只不过表现为**世袭的占有者**。因为这种**统一体**是实际的所有者，并且是公共财产的真正前提，所以统一体本身能够表现为一种凌驾于这许多实际的单个共同体之上的**特殊的东西**，而这些单个的共同体中，每一个单个的人在事实上失去了财产，或者说，财产（即单个的人把劳动和再生产的**自然条件**看作属于他的条件，看作客观的条件，看作他在无机自然界发现的他的主体的躯体）对这单个的人来说是间接的财产，因为这种财产，是由作为这许多共同体之父的专制君主所体现的统一总体，通过这些单个的公社而赐予他的。因此，剩余产品（其实，这在立法上被规定为通过劳动而实际占有的成果）不言而喻地属于这个最高的统一体。①

此外，我们在认识传统东方国家的贪得无厌的掠夺职能时，不可忽视或否定它在行使这一职能时，虽能注意到在发生灾荒时自身应发挥相应作用，但反映的还是为自身更好地实施统治这一本质。不过因受其能力所限以及受所处经济状态的制约，从而既不能发挥本应有的作用，且有时

---

① 马克思：《政治经济学批判（1857—1858 年草稿）》，《马克思恩格斯全集》第46 卷（上），人民出版社 1979 年版，第 473 页。

可能事与愿违。如在印度,当出现灾荒时,政府兴办

大规模的救济性的工程,把大批的人从家里吸引出来,聚集在面积有限的小地方;**大批的粮食从外地运到本地的某些集中点**,用来供养做工者,并在实际可行的范围内由当地的委员会分发给人们。**政府为这项非常工程进行的准备工作本身就大大妨碍了平时乡村交通线上的运输**;船、车等等得从四面八方调集来,甚至是强征来,锁着停放在那里,经过多少天多少个星期才真正用得着,这样做是为了确保需要时使用。这样,**不只是在政府运进物资的过程中**,而且是在它开始以前很久私家商贩就没有一件运输工具可用了。政府的做法的直接后果是**使村社马赫金和摩迪没有了盈门的大批主顾**,把他们所占**有的市场弄得更加不稳固**,因为**政府让尽可能多的人**,而且多是健壮者而非病残者,**离开了家**,而用的就是供给粮食的办法。——只要政府一宣布它预料会发生饥荒,将采取非常措施加以防止,**整个体系的村社那一端的一切自然的努力也就立即停止**①。

(三)传统东方国家的运行机理——专制性集权统治

传统东方由于基于落后、愚昧的社会,从而成为滋生官僚主义和野蛮式统治的温床的诱因。虽然,诚如恩格斯在《〈反杜林论〉材料》中所指出的:"一切社会形式为了保存自己都需要**暴力**,甚至有一部分是通过暴力建立的。这种具有组织形式的暴力叫做国家"②。也虽然"**国家和暴力恰好是到目前为止的一切社会形式所共有的**"③。但是,"各种不同的社会形式和政治形式不应该用始终一样的暴力来说明,而必须用**被施加暴力的东西**,被掠夺的**东西**来说明,——用那个时代的产品和生产力以及从它们自身中产生的它们的分配来说明。这样就会发现,东方的专制制度是基于公有制,古代共和国基于也从事农业的城市,罗马帝国基于大庄园,

---

① 马克思:《约翰·菲尔爵士〈印度和锡兰的雅利安人村社〉一书摘要》,《马克思古代社会史笔记》,人民出版社 1996 年版,第 404 页。

② 恩格斯:《〈反杜林论〉材料》,《马克思恩格斯全集》第 20 卷,人民出版社 1971 年版,第 681 页。

③ 恩格斯:《〈反杜林论〉材料》,《马克思恩格斯全集》第 20 卷,人民出版社 1971 年版,第 681 页。

封建制度基于乡村对城市的统治(这种统治是有它自己的物质基础的)"①。传统东方国家的专制统治是其奴役农村公社的一种统治形式和社会管理体制,其经济基础是亚细亚生产方式下的农村公社土地公有制和国家土地所有制。它的社会基础是农村公社的自治和政治上的静止无为状态,以及个人、官吏毫无私权和政治主动性被组织在社会机体中的状态。

概而言之,传统东方专制主义的特征主要表现在:其一,国家奴役农村公社,并以农村公社为其存在的基本条件。其二,国家管理农村公社并组织其从事跨村的大规模公共工程。其三,国家主权与土地所有权合一,官吏的政治权力与经济权力合一。其四,以税吏体系为主干的官僚体制同村社内自治的公务小制度相衔接。其五,国家管理形式上的独裁专断与国家结构形式上的集中专权相辅相成,专制主义与集权主义同时发展。② 这种状态的产生和长期存在的原因主要有:

一是以土地公有制为基础的自给自足的自然经济。传统东方,由于推行的是自给自足的社会运行机制,从而必然将自我局限在封闭性的状态之中,没有变革的勃发力,"公社的财产事实上是作为基础而存在的,这种财产大部分是在一个小公社范围内通过手工业和农业相结合而创造出来的,因此,这种公社完全能够独立存在,而且在自身中包含着再生产和扩大生产的一切条件"③。所导致的结果就诚如英国的经济学家詹姆士・穆勒和其子约翰・斯图亚特・穆勒父子及其他对传统东方有所研究的西方学者们所认为的:传统东方村社内部具有的顽强的、固有的自给自足的经济运行机制严重阻碍了社会分工的发展,并成为其稳定的纽带及停滞不前的致命因素。④ 由此社会对国家有一种天生的奴化式的依赖性。即在有农村公社这一特征的任何地方,"它总是把集权的专制制度矗立在公社的上面"⑤。

---

① 恩格斯:《〈反杜林论〉材料》,《马克思恩格斯全集》第 20 卷,人民出版社 1971 年版,第 681 页。

② 参见刘学灵:《东方社会政治形态史论》,上海远东出版社 1995 年版,第 4~5 页。

③ 马克思:《政治经济学批判(1857—1858 年草稿)》,《马克思恩格斯全集》第 46 卷(上),人民出版社 1979 年版,第 473 页。

④ 参见马克思:《哲学的贫困》,《马克思恩格斯全集》第 4 卷,人民出版社 1958 年版,第 187 页。

⑤ 马克思:《给维・伊・查苏利奇的复信草稿——二稿》,《马克思恩格斯全集》第 19 卷,人民出版社 1963 年版,第 445 页。

它"始终是东方专制制度的牢固基础"①。

二是父家长制权力运行的纽带没能切断。传统东方,当社会发展到一定历史阶段时国家得以产生,但因社会自身的局限性,当专制国家的运行机制成为一种社会需要时,以前的部落或公社组织并未随之瓦解,只是在功能上适应了新的需要,开始以公社组织履行国家职能,但社会组织内部与社会组织之间的血缘纽带并没有有益于社会自我发展的切断。其中最为突出的方面我们认为是父家长制的权力运行机制。正因为这种权力运行机制具有强大的约束力和持久的生命力,才使得传统东方形成"家"、"国"的轴心统一的金字塔式的社会等级制度、权力运行机制等等,"家"以父权为核心,只要"家"存在,在家庭之中的这种以父权为核心的运行机制就存在。而"家"是不可能消失的,所以以父权为核心的运行机制也就不可能被废除。又因为"国"是"家"的放大,且"家"、"国"处于统一的轴心之上,所以只要"家"存在,"国"就存在,进而以父权为核心的最高统治形式和价值取向就必然存在。所以,我们说,只要父家长制式的权力运行机制的纽带没有切断,政治上的专制统治就必然长期存续。

三是战争的需要。战争是传统东方专制制度形成的又一个重要因素。从人类社会发展的历程而言,战争是每一个自然形成的共同体的最原始的职能之一,这一方式既用以保护财产,又用以获得财产。因为在生产力水平极为低下的传统东方国家要想获得财产,扩大财富的拥有量,最为有效的方法就是广占人口。而军事征服自然成为国家所采取的常规手段。由此导致了在这一过程中建立起来的国家很容易是专制性的。②

总之,传统东方专制性集权制度产生的原因是由于经济形态的自给自足性,社会分工的极其有限性——农业与手工业的结合,社会生产的分散性、孤立性、封闭性。所有这些都深刻地说明了传统东方这一颇为奇特的社会现象。

小 结 传统东方国家的特征是专制性的中央集权统治,其存续的

---

① 马克思:《不列颠在印度的统治》,《马克思恩格斯全集》第 9 卷,人民出版社 1961 年版,第 148 页。

② 参见马克思:《政治经济学批判(1857—1858 年草稿)》,《马克思恩格斯全集》第 46 卷(上),人民出版社 1979 年版,第 490 页。

根基是以土地公有为基础的村社制度。其结构特征概括起来主要有以下几点：

一是传统东方国家大多是在公社所有制之上耸立着一个"总合的统一体"——君主。他既是"最高的所有者"，也是"唯一的所有者"；他以父家长的身份统治着国家，君臣关系也就是父子关系，所以，所有的国民甚至包括王公大臣在内都是其子民。他拥有至高无上的不受任何限制的特权。

二是传统东方之所以专制性集权政治制度具有极强的生命力，最根本的原因是它的所有制。确切地说，其土地公有制决定了自身的政治形式只能是以君权为中心的专制性集权政治制度存在。因为，在这种所有制形式之下，"国家既作为土地所有者，同时又作为主权者而同直接生产者相对立，……国家就是最高的地主。在这里，主权就是在全国范围内集中的土地所有权"①。

三是村社制度乃传统东方专制性集权政治制度赖以存续的另一个条件。这种村社经济是一种自给自足的自然经济，"各个小公社彼此独立地勉强度日，而在公社内部，单个的人则同自己的家庭一起，独立地在分配给他的份地上从事劳动"②。从而也就表现为绝对的利己性。此外，与自然经济紧密相连的是村社的孤立性，各个村社之间既没有在经济上的联系，也不可能联合起来构成必要的能够起到反抗专制统治的社会力量。在这一基础和背景下，传统东方的专制制度必然长期存续。

四是专制主义政治直接导致了传统东方社会的停滞不前，从而不可能形成动摇其统治基础的内在可能性。传统东方由于土地所有制形式所决定的自给自足、闭关自守的生产方式，无形之中使人们被动或自愿地局限在极为闭塞的小天地里，甘受奴隶般的"失掉尊严的、停滞的、苟安的生活"③。由此社会的发展必停滞不前。

---

① 马克思：《资本论》第三卷，《马克思恩格斯全集》第25卷，人民出版社1974年版，第891页。

② 马克思：《政治经济学批判（1857—1858年草稿）》，《马克思恩格斯全集》第46卷（上），人民出版社1979年版，第473~474页。

③ 马克思：《不列颠在印度的统治》，《马克思恩格斯全集》第9卷，人民出版社1961年版，第149页。

第二节　传统东方社会的结构特征

引　言　"社会"一词在中国出现得甚早。如《孝经·纬》上便有所谓"社，土地之主也，土地阔而不可尽孝，故封土为社，以报功也"。此处的"社"是指用以祭神的一块地方。《旧唐书·玄宗上》中记载有"礼部奏请千秋节休假三日，及村闾社会"。《二程全书》中也载有"乡民为社会"，此处"社会"意为村民集会。另外中国古时的"社"，既有指可供志同道合者集会之场所之意，如"文社"、"诗社"等；有时还指一种地区单位，如"二十五家为社"。"会"为"聚集"之意。因此，两词联用，就表示在一定地方，举行民间的演艺集合、祭神的庆祝活动；或者指许多人为了一个共同的目的而聚集在一个地方举行某种活动。① 今日汉语中"社会"一词是中西方文化交流和融合的结果。英语中的"Society"和法语中的"societe"均源于拉丁语"socius"，意为"伙伴"。日本学者在明治年间最先将英文"society"一词译为汉字"社会"。近代中国学者在翻译日本社会学著作时，袭用此词。而"社会"成为学人们研究的重要领域，乃自 19 世纪 30 年代法国哲学家孔德（August Comte，1798～1857）在其名著《实证哲学教程》中第一次使用了"社会学"这一词之后。当然就人们对"社会"的内涵的解读而言是多种多样的，仅社会学学者们的观点就甚为繁多，但概括起来，主要有两大派别：一派叫做社会唯物派或实体派，其认为社会不仅仅是个人的集合，而且是一个客观存在的东西，是真实存在的实体；另一派叫社会唯名派，认为社会是代表具有同样特征的许多人的名称，是个空名，而非实体，真实存在的只是个人。还有的学者认为，社会是具有共同心理的人们的集合；或者是一种包括人类行为习惯、情操、民俗等在内的遗产；或者是建立在个人意识之上的独立实体等等。② 因本书所论述的核心是传统东方法律的运动机理，故我们对"社会"的内涵定位是取与"国家"相对之意。

---

① 参见赵震江：《法律与社会》，时事出版社 1985 年版。

② 参见付子堂、胡仁智：《论法律的社会功能》，载于《法制与社会发展》1999 年第 4 期，第 7 页。

传统东方社会内在结构的构成因素及其特征 诚如马克思所论述的,社会结构并不是纯粹的形式,而是人类活动的存在方式。生产力是人与生产工具以一定的方式的结合,是社会的一个层面性结构。生产关系也是社会的一个层面性结构,所不同的是在各国度内社会主体间相互结合的方式有别。上层建筑更是如此,它同样是社会的层面结构,同样体现出不同的社会结构特征。就传统东方社会的结构特性而言,其本质上不同于西方的奴隶社会或封建社会,更不用说资本主义社会,要对之加以认识和区别,就必须历史地、具体地分析和把握传统东方社会的特殊矛盾和独特运行规律,即把握其"特殊逻辑"①。然而社会是由单个的社会主体、家庭、及社会组织综合而成,所以,为达此目的,我们认为应从这三点展开。

(一)社会主体的特征

社会是以物质生产为基础的无数个个体活动所构成的系统。社会的本质也就是人的活动系统的本质。人的社会总体活动包含着人与自然、人与人、人与意识这三个相互区别又相互依赖的基本关系。其特点决定着社会的状态和特征。我们在研究传统东方社会的结构特征时,不可忽视对人这一社会主体的特征的论述。当然,对传统东方的社会主体——人的特征的认识虽有不同的表述,但我们认为传统东方的社会主体的特征概括起来主要体现在以下几个方面:

1. 社会关系的孤立性

就社会主体间的关系状态而言,存在于社会之中的单个主体必然与外界存在一定的联系,联系的状态决定自身个性特征。人的本质是一切社会关系的总和,社会是人们相互作用的产物,即由一群存在着一种相互关系——社会关系的人所组成。而社会关系乃是由各种社会活动所形成的,没有社会活动,没有人们之间的交往,社会尚不存在,还谈何社会关系?同时,人们的交往首先是生产、分配和交换过程中的经济交往,社会存在和人们的一切活动的基础以及社会同动物群体的根本区别,是人们进行的物质资料的生产活动。从而以共同的物质生活为基础而相互联系的人类生活共同体,是人们相互作用的结果。"生产关系总合起来就构成

① 马克思:《黑格尔法哲学批判》,《马克思恩格斯全集》第1卷,人民出版社1956年版,第359页。

为所谓社会关系,构成为所谓社会。"①

在传统东方农村公社的农业生产之中,人们可以看到那种在劳动过程中占统治地位的协作。不过,那种协作,一方面以生产的公有制为基础,但另一方面人们在物质生活生产过程之中所形成的彼此之间以及他们同自然之间的关系是很狭隘的,因为"个人尚未成熟,尚未脱掉同其他人的自然血缘联系"②和以氏族或公社的脐带为基础。与此相对应,"人们在物质生活生产过程内部的关系,即他们彼此之间以及他们同自然之间的关系是很狭隘的。这种实际的狭隘性,观念地反映在古代的自然宗教和民间宗教中"③。当然,虽个体之间的关系是很狭隘的,但因所处的生存环境的局限性,这种协作又是十分必要的,只不过由于未脱掉氏族或公社,其范围的扩大、自主性和平等性增强、运行机制的建立和完善等等可能就会不尽如人意。总之,传统东方农村公社的孤立性,使得社会主体的孤立性不可能消除,从而也就使得传统东方社会结构既有特殊性,也具坚固性,更具有严重的局限性。

在传统东方,土地实质性私有是绝不可能的事,因为土地私有化的直接后果就是生产的私有化,私有化生产的是商品,商品是天生的平等派,它是为交换而存在和发展的。这就是说,私有化的生产必然需要生产者之间产生广泛的交往,而交往活动的形成、发展和扩大必然致使社会个体之间流动性增大,而此对公共权威的树立和维持是极大的威胁。因为水利是支撑传统东方国家和社会的重要命脉,而流动的人口增大是非常不利于有效地组织进行规模庞大的水利事业,从而又对农业经济的发展产生严重的影响。基于此,传统东方国家的政府职能中的一个很重要的方面就是对于户籍的管理,由此又成为导致其社会主体的孤立性的一个重要原因。

2. 权利主体角色的两重性

传统东方特殊的土地所有制形式,使得社会主体既是所有者又是占

---

① 马克思:《雇佣劳动与资本》,《马克思恩格斯选集》第1卷,人民出版社1972年版,第363页。

② 马克思:《资本论》第一卷,《马克思恩格斯全集》第23卷,人民出版社1972年版,第96页。

③ 马克思:《资本论》第一卷,《马克思恩格斯全集》第23卷,人民出版社1972年版,第96页。

有者,从而由土地所有制形式所决定的社会主体的权利主体角色必然具有两重性。作为公社成员,其既是公共财产的共有者、所有者,也是一块特定的土地的占有者,即私人占有。但在这种公有制的状态之下,公社是实际的所有者,不存在个人所有,即"单个人只是占有者"①。正因为所有者与占有者是同一所有制主体的不同部分,决定了权益性质的两重性。

按马克思在《政治经济学批判(1857—1858 年草稿)》中所论述的,人类社会从"人"的特性为核心的角度去判析的话可划分为三大形态:最初的社会形态是人的依赖关系。在这种情形之下,人的生产能力只是在狭窄的范围内和孤立的地点上发展着。它是与社会生产力水平极其低下,单个的社会主体的自立性没有建立也不可能建立的现状相对应的。第二大类是以物的依赖性为基础的人的独立性。在这种情形之下,才可能形成普遍的社会物质交换、全面的交往关系、多面的需求以及健全的能力体系。当然,处于此阶段时,由于生产力水平的提高,人的独立性有了现实的基础,并确实独立了,但就一定的实现主体而言,其除了能独立地出卖自己的劳动力之外并无其他自由。第三大类是建立在个人全面发展和他们共同的社会生产能力成为在自身的社会财富这一基础上的自由个性。② 在人的依赖性关系之中,统治关系表现为本质的占有。对土地等本质上不可能通过占有而发生任何统治关系,占有他人的意志是统治关系的前提,这种统治关系是自然发生的关系、家长制的关系,从而使得在这一状态之下,社会主体处于封闭性、孤立性、依赖性并存的畸形状态。这是传统东方社会主体的状态的写照之一。

3. 受土地公有制的制约性

由于传统东方的一切现象均与土地的所有制的性质有关,社会主体的特征当然也不例外。为此,我们在判析传统东方的社会主体的特征时不可忽视这一点。我们应认识到传统东方在以农业为核心的生产方式之下,作为占总人口绝大部分的生产者既与土地有着密切的联系,也以土地为纽带维系着绵延不绝的血缘关系。正基于此,当时的社会文化同社会

---

① 马克思:《政治经济学批判(1857—1858 年草稿)》,《马克思恩格斯全集》第 46 卷(上),人民出版社 1979 年版,第 484 页。

② 参见马克思:《政治经济学批判(1857—1858 年草稿)》,《马克思恩格斯全集》第 46 卷(上),人民出版社 1979 年版,第 104 页。

分层有着极其重要的联系,从而也就决定了传统东方社会主体的独特特征。张光直先生在《中国文明的形成及其在世界文明史上的地位》一文中指出,世界文明形成的方式主要有两种形态:一是东方式的,包括美洲的玛雅文明在内,社会财富的积聚主要是靠政治程序完成,贸易主要限于宝物;社会组织结构中的血缘关系从氏族到国家一直延续着起主要作用;文明社会的城市与以前的氏族聚落也有连续性;文字的出现是与政治、亲族的辨认和宗教仪式密切相关;因此,它的特点是连续性的。二是西方式的,从两河流域的苏美尔人的乌鲁克文化到地中海的爱琴文明社会的出现,在社会演进过程中是一个突破性的变化,生产的手段——人类对自然的征服是积蓄社会财富的主要方式,技术或商业程序是决定性因素;在社会组织结构中地缘关系代替了血缘关系;文字产生的主要动机是技术和商业的需要;城市成为交换和手工业的中心,城乡分离,它的特点是突破性的,也就是断裂性的。[①]

4. 未开化和半开化性

在传统东方,由于缺少交通工具,村社之间的交往、交换、交通很不发达;农村与朝廷之间缺少沟通的桥梁,两者之间的沟通渠道犹如毛细血管,既不发达,又不畅通。而朝野间的联络机构少得可怜。如在中国,专制君主即是把宫廷与外界隔离开来。村社作为自给自足的自治体,也是相当闭塞的,进而整个国家也是如此,只不过是放大了的村社。总之,传统东方由于朝廷与村社之间、村社与村社之间的关系与生产力发展水平低下相适应,缺乏沟通渠道,不仅横向传输不畅,而且自下而上与自上而下的沟通情况亦然。[②] 当然,这也就使得传统东方社会与西方社会有着本质的区别,因为由这种人与意识的关系状态所构成的社会生产机体要比西方资本主义社会要简单明了得多。

如果单个的人想改变自己对公社的关系,其就在改变社会和破坏公社,也在损毁着社会的经济前提,就会使得无论个人还是社会,都不可能得到自由而充分的发展,因为这样的发展是同个人和社会之间的

---

① 参见徐萍芳:《悼念张光直》,载于《读书》2002 年第 2 期,生活·读书·新知三联书店,第 64~65 页。

② 参见马克思:《不列颠在印度统治的未来结果》,《马克思恩格斯全集》第 9 卷,人民出版社 1961 年版,第 248~249 页。

原始关系相矛盾的,这也是导致传统东方社会未开化和半开化的原因之一。

当然,这种未开化与半开化状态的形成,除上述因素造成之外,一个重要环节是,作为农业社会的传统东方人的人性中的易满足性。诚如约翰·菲尔爵士在其著作《印度和锡兰的雅利安人村社》中对印度农民的描述的那样:"现在的农民像过去一样,一贯(!)都是不开化的人。他的衣服就是围在腰里的一块布,打着赤脚,住在简陋的茅屋里,每天吃最粗糙的食物,过着毫无奢望的平静生活。如果他一天吃上两顿饭,有简单的衣服穿,他对自己的命运就满足了;而如果他能积攒几个卢比给自己的妻子儿女买首饰,再积攒几个卢比做宗教仪式,那他就认为是自己的最大幸福了。"①

5. 自由度的两面性

由于传统东方国家通过推行土地国有制——实际的君主所有制而剥夺了农村公社及其成员的土地所有权,村社仅有从事农耕的土地占有权。国家行政机构以农村公社作为基层单位,定期丈量土地、清查人口、厘定税额。农村公社以集体身份承担国家的赋税和劳役,虽然君主常以整个村社封赠贵族、庙宇或显官,但这仅是将该村的赋税和劳役赏赐给受封者而已,并不是构成相应的领地或庄园。就使得传统东方各国的村社农民在村社内是自由民,在国家中却是尽人皆为一点没有自由的"普遍奴隶"。这些均活生生地体现了传统东方社会主体自由度的两面性。

6. 对生存状态的依赖性

在传统东方,社会主体还有一个普遍的、本质的特征,那就是人们在生产过程中所结成的生产关系具有人的依赖性——人对人的依赖关系,包括人对氏族或公社的依赖和单个的家庭成员对家庭的依赖。如"在孟加拉,**在所有各阶级中都普遍盛行家庭成员共同生活和共同享有财产收益的习惯**。例如,在**农民的家庭**中:父亲去世以后,他的儿子们,先前是从属的家庭成员,住在同一所住宅里,帮助父亲耕种他的**焦特**(= 焦泰 = 农民耕种的土地,又指他对土地的占有权),现在继续住在这所住宅里,耕种

---

① 马克思:《约翰·菲尔爵士〈印度和锡兰的雅利安人村社〉一书摘要》,《马克思古代社会史笔记》,人民出版社 1996 年版,第 386 页。

同一块焦特。……在占有很多财产的**富裕家庭**中,不论其财产是属于**商业性质**的,还是属于**柴明达尔领地**以及其他类型地产性质的,'不分居'状态通常都持续很久"①。在氏族公社内部,以人对氏族的依赖关系为基础,虽个人尚未脱掉同其他人的自然血缘联系的脐带②,但是,个人只能在对公社的一定关系中把个人再生产出来,即公社是凌驾于每个单个个人的,而个人则只不过是实体的附属物,成为实体的纯粹天然的组成部分。传统东方的公社所有制及其社会运行机制何以"保持得最顽强也最长久"③就是立基于"单个人对公社来说不是独立的"④。

同时,由于家庭工业和小农业的紧密结合,城市(乡村)和土地的密切结合,公社的单个成员的劳动对公社而言从来不是处于自由的关系之中的。即对公社来说不是独立的,其生产的范围仅限于自给自足,农业和手工业结合在一起。"这里,劳动的社会性显然不是通过个人劳动采取一般性这种抽象形式,或者个人产品采取一个一般等价物的形式。成为生产前提的公社,使个人劳动不能成为私人劳动,使个人产品不能成为私人产品,相反,它使个人劳动直接表现为社会机体的一个肢体的机能。"⑤即每一个单个的人只有作为这个公社的一个肢体,才能被看作所有者,才能融入这种社会结构之中。正因为这种依赖性才导致传统东方社会的长期发展缓慢有时甚至停滞不前或倒退。即"这种**与世隔绝的小天地**使它……不能有任何历史创举"⑥。这也诚如梅特(M. Mead)所指出的:就社会变迁的状态及其成效而言,那是取决于社会主体是否有思变的"欲望",思变的欲望强烈者,则所付的代价小而收获大,社会变迁的程度也大;反之,

---

① 马克思:《约翰·菲尔爵士〈印度和锡兰的雅利安人村社〉一书摘要》,《马克思古代东方社会史笔记》,人民出版社 1996 年版,第 388 ~ 389 页。

② 氏族公社进化到农村公社阶段,个人割断了这种牢固狭隘的联系,农村公社是最早的没有血缘关系的自由人的社会联合。

③ 马克思:《政治经济学批判(1857—1858 年草稿)》,《马克思恩格斯全集》第 46 卷(上),人民出版社 1979 年版,第 484 页。

④ 马克思:《政治经济学批判(1857—1858 年草稿)》,《马克思恩格斯全集》第 46 卷(上),人民出版社 1979 年版,第 484 页。

⑤ 马克思:《政治经济学批判》,《马克思恩格斯全集》第 13 卷,人民出版社 1962 年版,第 22 页。

⑥ 马克思:《给维·伊·查苏利奇的复信草稿——三稿》,《马克思恩格斯全集》第 19 卷,人民出版社 1963 年版,第 451 页。

若社会主体没有思变的欲望,或虽有但不强烈,则所付出的代价重而收获少,且社会变迁的程度也小。①

再者,传统东方落后的生产力、自给自足的自然经济,不仅为中央集权专制制度长期延续提供了必要的经济基础,反过来又使之在政治上能有超常发展的机会和可能。这是因为,落后的生产力和自给自足的自然经济局限着人们的视野,它不是促进人们之间的互相交往,而是使之相互隔离,从而无法形成任何一种政治组织——能与专制统治政权相抗衡的社会力量。他们不是力图摆脱由耕种小块土地所形成的社会生存条件,而是极力巩固这种社会生存条件,心甘情愿地将自己的命运交给高高站在他们之上的专制统治者去处置。因而社会主体像一袋马铃薯中的一个个马铃薯一样,他们不能代表自己,一定要别人来代表他们。他们的代表就是他们的主宰,是高高站在他们上面的权威,是不受限制的专制性国家权力,这种权力保护着他们不受其他阶级侵犯,并从上面赐给他们雨水和阳光。

7. 社会关系的血缘性

在传统东方,由于经济关系不发达,导致"**互相帮助和互相支持**"②成为"**公社－氏族团体的生命攸关的原则**"③。"**地广人多的公社**,特别有能力**减轻旱灾、瘟疫**和地方所遭受的其他临时灾害造成的后果,**往往还能完全消除**这些后果。他们由血缘关系、比邻而居和由此产生的**利害一致**结合在一起,能够抗御各种变故,他们受害只不过是暂时的;危险一过,他们照旧勤勉地工作。遇有事故,每一个人都可以指望全体。"④由此,在传统东方社会血统亲属关系和血统亲属制度曾十分发达且持久,如果不把握

① M. Mead. *New Lives for Old.* (Morrow Co. 1956.)参见金耀基:《从传统到现代》,广州文化出版社 1989 年版,第 103 页。

② 马克思:《马·柯瓦列夫斯基〈公社土地占有制,其解体的原因、进程和结果〉(第 1 册,1879 年莫斯科版)一书摘要》,《马克思古代社会史笔记》,人民出版社 1996 年版,第 92 页。

③ 马克思:《马·柯瓦列夫斯基〈公社土地占有制,其解体的原因、进程和结果〉(第 1 册,1879 年莫斯科版)一书摘要》,《马克思古代社会史笔记》,人民出版社 1996 年版,第 92 页。

④ 马克思:《马·柯瓦列夫斯基〈公社土地占有制,其解体的原因、进程和结果〉(第 1 册,1879 年莫斯科版)一书摘要》,《马克思古代社会史笔记》,人民出版社 1996 年版,第 92 页。

生产关系与血统亲属关系的各自特征及内在互动性关联,就不可能真正理解传统东方社会的结构特征。

传统东方社会主体间的血缘亲属关系的格局的形成和发展,不仅给公社所有制的演变打下了烙印,也为社会结构的建立和变革定下了一个无形的规则。如在印度,氏族公社、大家庭公社、按亲属远近而不均等地占有土地的形式等就一直被保存下来,即使是在公社所有制的最后阶段即农村公社中,土地关系仍然带着十分明显的血缘亲属关系的烙印。

以这种血缘亲属关系为纽带,社会主体被分隔成不同的群体,划分成不同的等级,又使得对公社土地的占有量的大小,以及土质的差异与以血缘亲属关系为纽带的社会结构相一致。它既是血缘制的产物,也是一种重要的制约因素。当然,这种由血缘关系制约下的等级制不是一开始就有的。在氏族时期,在印第安人当中,氏族的血缘纽带,就使每个人获得了"**相互保卫自由的义务,在特有权利和个人权利方面一律平等**;不论酋长或酋帅都不能要求任何优越权,他们是**由血亲纽带结合起来的同胞**。**自由、平等、博爱**,虽然从来没有明确表达出来,却是**氏族的根本原则**,而氏族又是**社会制度和管理制度的单位**,是**组织起来的……社会的基础**"[1]。每个人都不得违犯这种血亲共同体中的自由平等原则,即此时的血缘纽带不容产生任何完备的贵族;兄弟关系继续存在于平等感中。一旦在氏族的血缘亲属之间产生等级之分,这就同氏族原则发生冲突,而氏族就会僵化为自己的对立面即等级。而等级一旦出现,氏族的原则就破灭了,起初湮灭在氏族内的个性便获得一种驾驭氏族的力量,代之而起的是个性的较大发展——进入阶级社会阶段的以血缘性为基础的等级制的形成和发展,从而致使社会结构发生相应的变化。可以说,虽然随着传统东方社会生产力水平的提高而导致了社会的变迁,社会主体之间的血缘性纽带作用随之有所减弱,但是其从未脱离过这一最为原始、持续时间最长、范围最广的血缘性纽带关系的制约。

(二)"家"担当了一个重要的角色

传统东方社会结构中最为重要和特殊的角色当为家庭,家庭制度对

---

① 马克思:《路易斯·亨·摩尔根〈古代社会〉一书摘要》,《马克思恩格斯全集》第45卷,人民出版社1985年版,第416页。

社会结构的影响相当深远。"家庭制度就是社会系统。家庭制度是社会的基石。所谓国家,我们无妨称之为联合的家庭(united families)制度"①。家是社会的核心,是一个结合紧密的团体,是建构化了的从而使得整个社会的价值系统都是经由其"育化"(enculturation)与"社化"(socialilzation)作用而传递给个人的。"家"的角色不只是一个社会个体的生殖单元,更为重要的是一个社会的政治、经济、教育乃至宗教等单位维系整个社会的最为基础的力量。"家"是以血缘为基础的"身份取向"的团体。在一个简单的、农业的、交通不发达的、尚停留在散落状态的国度之中,它颇能担负起一般的社会功能。这一点与西方社会的特征是正好相悖的。如中国,在以宗法关系为出发点的家族主义的统辖之下,"家"一直扮演着一个重要的角色,并成为中华文化圈的显著特色。"在(中国)各层社会集合之中,'家'无疑是最重要最基本的一环,'国'与'天下'也都是以'家'为范本的。所以有'国家'、'天下一家'"②等观念。正因为传统东方"家"的过分发达,以至于一方面没能产生如同西方的"个人主义"的价值取向和社会运行机制,压制了个体的独立性意识的产生和发展;另一方面无法形成能对国家产生有力和必要影响的社会组织形态的力量。

也正因为传统东方"家"与"国"处于同一轴心,使得就单个的社会主体而言,其是把自己看作属于他们的家庭的,同时又看作是国家的儿女。同样,因为"国"与"家"是同一性质的,国家是家庭的放大,家庭是国家的缩小。社会组织以家庭为单位,而非以个人为单位,即所谓先齐家后治国也。东方社会虽然处于封闭式的社会运行秩序之中,但是并无独立的"家"存在。"家"与"国"是并列的,"家"有"家规","国"以家规维持一种秩序,或者说,国法就是家规,家规就是国法,因为国法是以家规为基础及价值追求而制定实施的。西方社会尊重人性,无与国法相等或相混合的家规而言,或者说,家规服从于国法。

由此而形成和决定的传统东方社会的特点主要有:一是父权制和家族统治或叫家长式的统治方式具有典型性。即国家政权的组织形式就是

---

① FunYu-Lan. *The Philosophy As the Basis of Traditional Chinese Society*, in F. S. C. Northrop, eds. *Ideolgial Difference and World Order*(Yale University Press,1949)。转引金耀基:《从传统到现代》,广州文化出版社 1989 年版,第 60 页。

② 《中国思想传统的现代诠释》,江苏人民出版社 1989 年版,第 28 页。

家长制政体,专制性集权式的统治推行了几千年,却不能改变。在家庭内和在国家里,人们都没有自己的人格保障。血缘关系和天然义务决定着他们的自由个性必须予以放弃,以便屈从于家长和君主的"普遍的意志"。二是这种统治方式与其内部特定的经济组织形态——自给自足的家庭经济——有着紧密的联系。三是其或多或少地带有一定的宗教特性,有一套借以支撑传统之不可动摇性崇拜仪式体系。即传统东方国家的官僚阶级,所掌控的统治权力或许是以不同的形式或原由而交替承继的,但其内部的权力运行机制及其价值要旨却保持不变。这种制度安排使原有的社会关系在原质的基础上具有持续性和稳定性,使得无论是社会中的成员还是代表国家行使相应的权力者都处于其规定好的社会运行规范的范围之内。从而使社会主体和社会运行状态均被规定在一定的明确的限度内,尤其是社会主体无时不被囚禁于这种社会制度之中,并成为对国家具有极大的依赖性的奴仆。一旦这种社会制度或运行机制发生动摇,其就会惊惶而不知所措;如果他们被某种力量从这种秩序中剥离出来,给予其如同西方的社会主体般的自由,那么,他们就会感到束手无策和无依无靠。

(三)农村公社的状态及特征

农村公社是传统东方整个社会结构中的重要一环,并承担与其社会运行机制相适应的举足轻重的作用。就本质而言,农村公社并不是传统东方特有的社会形态,作为人类社会历史发展过程之中所存在的现象,其作为与生产力的状态相适应的生产关系体系的基本单位,在西方也曾普遍存在过。全世界所有地区在一定阶段均具有过公社土地占有制这一特征。但若因有此表象而"把所有的原始公社混为一谈是错误的;正像地质的形成一样,在这些历史的形成中,有一系列原生的、次生的、再次生的等等类型"[1]。即"并不是所有的原始公社都是按着同一形式建立起来的。相反,它们有好多种社会结构,这些结构的类型、存在时间的长短彼此都不相同"[2]。由于存在这些差异性,必然导致制约农村公社的作用的发挥

---

[1] 马克思:《给维·伊·查苏利奇的复信草稿——初稿》,《马克思恩格斯全集》第19卷,人民出版社1963年版,第432页。

[2] 马克思:《给维·伊·查苏利奇的复信草稿——三稿》,《马克思恩格斯全集》第19卷,人民出版社1963年版,第448页。

和价值追求的相殊性确立。此外，应该清楚的是，不管是何种性质、何区域的农村公社，它还是具备下列两个共性特征："（1）原始公社的生命力比闪族社会、希腊社会、罗马社会以及其他社会，尤其是……资本主义社会的生命力要强得多;（2）它们解体的原因，是那些阻碍它们通过一定发展阶段的经济条件。"①这一点很重要，无论是东方还是西方，也无论是当时还是后来的社会变迁，都是如此，如果因此而导致社会不能进一步发展了，那么，阻碍其发展的条件就已形成。

　　农村公社状态的定位很重要，因为它对社会结构的变化与发展方向起到决定性的作用。社会生产力水平的提高，经济的发展，社会交换形式的变化，社会主体的价值追求的嬗变，社会结构的变革，社会运行机制的变换，如此等等均与之有一定的关系。传统东方农村公社的特征主要表现在内部缺乏催发商品经济孕育和发展的源泉。传统东方社会创造过灿烂的古代文明，到近代为何没有产生发达的商品经济并像西方国家那样走上资本主义的发展道路呢？这是一个很值得研究的重大历史性课题。列宁曾根据马克思主义学说指出，资本主义的最重要的特征有两个:①商品生产是社会生产的普遍形式。②不仅劳动产品具有商品形式，而且劳动本身即人的劳动力也具有商品形式。劳动力的商品形式的状况标志着资本主义的发展程度。我们从商品生产的这两个方面，从马克思在《资本论》中关于传统东方社会结构及其生产方式的论述之中，不难找出回答这一问题的答案。

　　黑格尔有一句名言:"凡是现实的都是合理的，凡是合理的都是现实的。""现实性在其展开中表明为必然性。"作为"现实性"的传统东方社会，历史上也曾有过发达的农业和手工业。然而，历史越向前发展，其中的这种"现实性"就越转化为"现存"的，丧失其"必然性"而走向反面，陷人长期停滞状态。究其原因，正是由于传统东方社会横向结构上的僵化，严重阻碍了社会生产力水平的提高和自身的发展，并导致在特殊的交换关系下缺乏催生商品经济运行机制的形成的动力。具体表现在以下几方面:

　　1. 社会生产以生产使用价值为基础，生产产品是主导性的，而商品

---

　　① 马克思:《给维·伊·查苏利奇的复信草稿——初稿》,《马克思恩格斯全集》第19卷,人民出版社1963年版,第432～433页。

生产处于从属地位

在传统东方各国的农村公社中虽然有各种不同程度的分工,但是"产品并不成为商品"①,或者说,作为传统东方社会根基的农村公社自身是一个在当时的历史条件下自给自足的生产整体,产品的主要部分是为了满足公社本身的直接需求,而不是当作商品来生产的,因而生产与整个社会以商品交换为媒介的分工毫无关系。从而使得"变成商品的只是剩余的产品,而且有一部分到了国家手中才变成商品,从远古以来就有一定量的产品作为实物地租流入国家手中"②。"产品变为商品,只起从属的作用。"③再说对产品而言,只有通过交换(让渡)才能成为商品。为了使让渡成为相互的,生产者必须彼此把对方当作让渡物的私有者,"然而这种彼此当作外人看待的关系在原始共同体的成员之间并不存在,不管这种共同体的形式是家长制家庭,古代印度公社,还是印加国,等等"④。因此,商品交换不是或很少出现在各个公社内部,而是出现在与其他公社的交往之中,"是在共同体的尽头,在它们与别的共同体或其成员接触的地方开始的"⑤。

2. 商品经济遭到了在生产关系"二元结构"束缚下的落后生产力的顽强抵抗

诚如马克思所指出的:商品资本对旧生产方式究竟在多大程度上起着解体作用,这首先取决于这些生产方式的坚固性和内部结构,而凡是以小农业与家庭工业的统一作为其广阔基础的生产方式,对于商业资本的解体作用具有最顽强的抵抗力。⑥ 因为,在传统东方,手工业始终作为家

① 马克思:《资本论》第一卷,《马克思恩格斯全集》第23卷,人民出版社1972年版,第55页。

② 马克思:《资本论》第一卷,《马克思恩格斯全集》第23卷,人民出版社1972年版,第395~396页。

③ 马克思:《资本论》第一卷,《马克思恩格斯全集》第23卷,人民出版社1972年版,第59页。

④ 马克思:《资本论》第一卷,《马克思恩格斯全集》第23卷,人民出版社1972年版,第105~106页。

⑤ 马克思:《资本论》第一卷,《马克思恩格斯全集》第23卷,人民出版社1972年版,第106页。

⑥ 参见马克思:《资本论》第三卷,《马克思恩格斯全集》第25卷,人民出版社1974年版,第371~373页。

庭的辅助性劳动而没能得到充分发展,这个依靠小农业与家庭工业相结合的社会经济结构,成为其商品经济得以迅速扩展的主要障碍。

3. 广大民众极端贫困,缺乏剩余产品,不可能作为平等的交易者走进商品市场

传统东方,作为社会经济机体上的赘疣的中央专制集权政府的巨额开支,使广大民众深受统治阶级的超常剥削之苦,陷入极端贫困之中。所以,虽然他们很早就同市场发生了联系,但是由于缺乏剩余产品而不可能作为平等的交易者走进市场,发展商品经济。此外,传统东方民众的极端贫困还与生产关系的“二元结构”有关。因为在血缘亲属关系包裹下的自给自足的社会生产中,他们不仅关心自己的劳动成果,更关心后代的繁衍。所以,用早婚、多育的方法来无限制扩大人类自身的生产,使之高于物质生产的增长率,造成两者比例严重失调,从而更导致几乎不可能有剩余产品进入商品市场。

4. 社会结构具有惊人的掣肘性

传统东方社会自给自足的村社组织是一种孤立的、独立的、封闭或半封闭的经济实体,它的存在与发展的基础均不仅是单个的人对公社原有关系的再生产,而且还包含着再生产和扩大再生产的一切条件。“公社本身及其条件表现为生产的基础,而公社的再生产表现为生产的最终目的。”①这种再生产必然既是旧形式的重新生产,同时又是对旧形式的破坏。自给自足的农村公社能够不断地按照同一形式把自己再生产出来。这种尚未脱离氏族或公社的脐带的生产机体被与当时的社会结构相适应的机制严重束缚和抑制着,缺乏自我发展的紧迫需求,使得分工和交换都缺乏真正社会化发展的强大动力,因而很难甚至不可能有商品生产的产生与发展的可能性。

5. 商品经济受到了中央专制集权政府的人为反对

在传统东方,中央专制性集权政府是将自给自足的自然经济视为其财源、兵源——即“国本”所在,认为商品经济是瓦解其权威的腐蚀剂,它的发展会导致世风日下、人心不古。因而,中央集权政府一方面在内部推行“重农抑商”和“官商合一”的政策;另一方面对外实行闭关锁国的政

---

① 马克思:《资本论》第三卷,《马克思恩格斯全集》第25卷,人民出版社1974年版,第940页。

策,由此严重地阻碍了自身的商品经济的发展。

就城乡经济关系而言,传统东方与西方是不同的:欧洲的城市走上独立于封建政权和领主经济之外的发展道路,成为经济上独立的工商业中心,并逐渐形成由市民控制的自治——自由城市,从而最终导致城乡分裂,出现了城市工业品生产中心和乡村农产品生产中心。这两个经济中心既相互独立又双向交流是商品经济得以存在和发展的必要土壤。但在传统东方,可以说,不存在经济意义上的城市,而只存在着政治意义上的城市,且政治上的城市是统领着作为其附庸的乡村;经济上乡村是财富的来源地而城市是财富的消耗地。这种经济上的单向运行模式,不仅使其真正的商品经济运行模式难以出现,而且城市不仅不可能成为瓦解自然经济的独立力量,而且只能成为自给自足的农业经济的附属物,无止境地向乡村掠取产品和劳役。总之,传统东方这种城市对乡村的依赖性,使得其自然经济运行模式难以解体,市场经济运行模式难以培育。

(四)作为政治中心的城市不能发挥促进社会经济发展的功能

中世纪西欧城市的兴起,是社会分工、商品生产交换的商品经济体制的建立与发展的产物和必然结果。手工业者和商人在整个中世纪都占城市居民的大多数,除工商业者外,其他职业和成分的城市居民微乎其微,且城乡处于二元化的经济结构状态。而传统东方却不同,虽除了遍布全国的村社之外,也有城市,但如前所述它的产生及其功能的发挥与西方有着本质的区别,基本上失去了经济的意义。如曾以制造业闻名于世的印度城市可作为传统东方城市的特殊性的佐证。① 其特殊性主要体现在以下两方面:一方面,城市不过是一座庞大的军营。因为"**国王是国中全部土地的唯一所有者**"②,由此也"是国内剩余产品的唯一所有者,他用他的收入同自由人手(斯图亚特的用语)相交换,结果出现了一批城市,这些城市实际上不过是一些流动的营房"③。"由此必然产生的结果是,整个

① 参见马克思:《不列颠在印度的统治》,《马克思恩格斯全集》第9卷,人民出版社1961年版,第147页。

② 《马克思致恩格斯(1853年6月2日)》,《马克思恩格斯全集》第28卷,人民出版社1973年版,第256页。

③ 马克思:《政治经济学批判(1857—1858年草稿)》,《马克思恩格斯全集》第46卷(上),人民出版社1979年版,第466页。

首都,如德里或阿拉格,几乎完全靠军队生活,因此当国王要在某个时期出征时,全城的人都得随同前往。这些城市一点也不象巴黎,**它们实际上是军营**,只不过是比设在旷野的军营稍微舒适一些和方便一些而已。"①"在德里开设小铺的商人,也有义务在行军中开设小铺,小贩等也是如此。"②另一方面,"只要国王的收入(也就是土地的全部多余收入)的新的分配中心一形成,这些首都就被它们的居民突然舍弃了……"③。这就是说,在传统东方,城市手工业者是靠国家及其官吏的收入来维持生活的,即"在亚洲,城市的发展——或者不如说是存在——完全有赖于政府在当地的开支"④,而不是社会需求而建立的市场。正由于土地国家所有制,形成了传统东方特有的官商合一、城市政治化和集权专制化的画面。

诚如马克思、恩格斯在《德意志意识形态》中指出的:"一个民族的生产力发展的水平,最明显地表现在该民族分工的发展程度上。任何新的生产力都会引起分工的进一步发展"⑤。城乡的分离是某一民族随着生产力的发展而发展起来的社会分工引起的。"某一民族内部的分工,首先引起工商业劳动和农业劳动的分离,从而也引起**城乡**的分离和城乡利益的对立。"⑥分工发展的各个不同阶段,既表现为所有制的各种不同形式,也在一定程度上反映着城乡的关系状态以及由此所决定的社会结构特征。就所有制形式而言,主要有:①仅限于家庭自然分工的部落所有制。此时,因为分工还很不发达,仅限于家庭中现有的自然产生的分工的进一步扩大,由于无所谓城乡的分离而不存在城乡关系问题。这时的社会及其运行机制均极为简单。②分工比较发达的古代公社所有制和国家所有制。这时城市已经出现,也存在了城乡关系,社会结构也由此发

---

① 《马克思致恩格斯(1853 年 6 月 2 日)》,《马克思恩格斯全集》第 28 卷,人民出版社 1973 年版,第 256 页。

② 《马克思致恩格斯(1853 年 6 月 2 日)》,《马克思恩格斯全集》第 28 卷,人民出版社 1973 年版,第 256 页。

③ 转引自[英]理查德·琼斯:《国民政治经济学教程》,哈特福 1852 年版,第 75 页。

④ [英]理查德·琼斯:《论财富的分配和税收的来源》(*An Essay on the Distribution of Wealth , and on the Sources of Taxation*),伦敦 1833 年版,第 136 页。

⑤ 马克思、恩格斯:《德意志意识形态》,《马克思恩格斯全集》第 3 卷,人民出版社 1960 年版,第 24 页。

⑥ 马克思、恩格斯:《德意志意识形态》,《马克思恩格斯全集》第 3 卷,人民出版社 1960 年版,第 24～25 页。

生了变化,但城市并不是有益于商品经济的产生和发展的经济意义上的而是政治意义上的。在马克思看来,城市最早是在古代公社所有制阶段由"几个部落通过契约或征服联合"①而产生的。于此阶段,分工已经比较发达,城乡之间的对立已经产生,国家之间的对立也相继出现。③分工更加扩大的封建的或等级的所有制。此时的城市随着社会分工的发展已有较大的发展,社会结构有了相应的变化。④分工与商业十分发达的资本主义所有制。此时的社会分工更为细致,社会结构变得更为复杂。

总之,传统东方城乡关系是不正常的,两者的发展是脱节的,乡村对城市不存在经济上的依赖关系。城市不是独立于乡村的经济中心,而是因国家首脑和地方官员及各级管理机构的所在地而成统治阶级对乡村加以控制、剥削的神经中枢,是典型的消费性城市,其政治性、军事性远重于其经济意义,城市在经济发展方面反而依赖于乡村。君主及其专制政府占有社会财富主要是靠行政手段向农村征收的贡赋,而城市往往不是工商业基地,而是贡赋的集散地。再者,正因为传统东方的城市是消费性城市,那里的工商业,主要是为统治者服务的,也就是说为消费而进行的交易是带有一定程度的强制性的,这一途径因无法带来增值而不能有效地刺激生产力水平的提高。此外,由于这一性质,商人与手工业者在经济生活中都不占重要地位。

传统东方社会结构所存在的内在矛盾　传统东方社会鉴于上述的内在结构特征制约了自身的变迁。因为它与人类社会的生产力水平不断提高的趋势而社会应该为其创造必要的条件之间构成了下述矛盾。②

（一）两种生产的内在矛盾

由于人类社会在其变迁过程之中,一直存在着如何处理好物质生活资料的生产和人类自身生产间的关系问题,只有使两者达到协和和互动的地步,才有可能使社会快速发展。传统东方社会由于自身所存在的内

---

① 马克思、恩格斯:《德意志意识形态》,《马克思恩格斯全集》第 3 卷,人民出版社 1960 年版,第 25 页。

② 参见谢霖:《东方社会之路——马克思关于东方社会非资本主义发展的理论》,中国社会科学出版社 1992 年版,第 166 ~ 170 页。

在结构性缺陷而未能达到这一点，并产生了下述两个层次的矛盾：

1. 共同生产、共同分配的"土地公社所有制"与"小土地经济和私人占有产品"①之间的矛盾

这一对矛盾是由劳动者与生产条件间的关系所决定的，表现为公有制与私有制之间的矛盾。一方面，公有制"使个人劳动直接表现为社会机体的一个肢体的机能"②；另一方面，私有制"促进了个人的发展，而这种发展同较古的公社机体是不相容的"③。这就是传统东方社会生产方式下物质生活资料生产中所包含的一种内在矛盾。就此，马克思将之概括为"贡赋关系"，而"接受贡物的国家才是产品的所有者"④。这种贡赋关系主要有地租和徭役劳动两种形式。地租往往采取实物形式，"这种支付形式反过来又维护着这种古老的生产形式"⑤。就本质而言，这种贡赋关系是与专制制度结合在一起的。东方专制制度就是建立在农村公社生产方式的基础之上的，它一旦建立起来，就如同贡赋关系一样，反过来维护着这种生产关系。

2. 摆脱了血缘亲属关系的自由人与"牢固然而狭窄的血统亲属关系的束缚"⑥之间的矛盾

诚如马克思在论述这一问题时所言："我们越往前追溯历史，个人，从而也是进行生产的个人，就越表现为不独立，从属于一个较大的整体：最初还是十分自然地在家庭和扩大成为氏族的家庭中；后来是在由氏族间的冲突和融合而产生的各种形式的公社中。"⑦在进行物质生产的公社中

---

① 马克思：《给维·伊·查苏利奇的复信草稿——三稿》，《马克思恩格斯全集》第19卷，人民出版社1963年版，第450页。

② 马克思：《政治经济学批判》，《马克思恩格斯全集》第13卷，人民出版社1962年版，第22页。

③ 马克思：《给维·伊·查苏利奇的复信草稿——三稿》，《马克思恩格斯全集》第19卷，人民出版社1963年版，第450页。

④ 马克思：《资本论》第三卷，《马克思恩格斯全集》第25卷，人民出版社1974年版，第364页。

⑤ 马克思：《资本论》第一卷，《马克思恩格斯全集》第23卷，人民出版社1972年版，第161页。

⑥ 马克思：《给维·伊·查苏利奇的复信草稿——三稿》，《马克思恩格斯全集》第19卷，人民出版社1963年版，第450页。

⑦ 马克思：《经济学手稿（1857—1858年）》，《马克思恩格斯全集》第46卷（上），人民出版社1979年版，第21页。

和进行自身生产的氏族和家庭中都从属于这个整体,人的发展与这两种关系(公社所有制的社会关系与氏族家庭的血缘关系)和矛盾反映了两种生产的内在矛盾。人类从这两种社会关系的束缚中获得解放的过程,就是社会进步和历史发展的过程,是人的发展与社会的进步相对立互补的统一过程。

(二)社会生产机体的内在矛盾

传统东方,农村公社是一个简单的社会生产机体,其生存的基础是手工业与农业的特殊结合而形成的自给自足的自然经济。所表现出来的主要特点是:"一方面以生产条件的公有制为基础"①,另一方面"以个人尚未脱离氏族或公社的脐带这一事实为基础"②。在这种社会生产机体中的劳动者"是同公社牢牢地长在一起的"③,其"只有作为这个共同体的一个肢体,作为这个共同体的成员,才能把自己看成**所有者**或**占有者**"④。

这种特点是农村公社生产机体的内在矛盾的表现,与这种矛盾相联系的就是农村公社生产关系的两重性。这种社会生产机体以及存在于其中的社会生产关系,"或者以个人尚未成熟,尚未脱掉同其他人的自然血缘联系的脐带为基础,或者以直接的统治和服从的关系为基础"⑤。当然,在不同类型的农村公社及其发展的不同阶段,这两种关系在社会生产机体中所占的比重是相异的,但总的发展趋势是:随着农村公社中私有制成分的增加,随着社会内在矛盾的发展与变化和向其他阶级社会类型的过渡与转化,血缘关系因素逐渐消失,统治与服从关系因素随之增长。

(三)再生产和扩大生产的内在矛盾

---

① 马克思:《资本论》第一卷,《马克思恩格斯全集》第23卷,人民出版社1972年版,第371页。

② 马克思:《资本论》第一卷,《马克思恩格斯全集》第23卷,人民出版社1972年版,第371页。

③ 马克思:《政治经济学批判(1857—1858年草稿)》,《马克思恩格斯全集》第46卷(上),人民出版社1979年版,第495页。

④ 马克思:《政治经济学批判(1857—1858年草稿)》,《马克思恩格斯全集》第46卷(上),人民出版社1979年版,第472页。

⑤ 马克思:《资本论》第一卷,《马克思恩格斯全集》第23卷,人民出版社1972年版,第96页。

传统东方社会建立在自然经济基础上的农村公社不仅完全能够独立存在,"而且在自身中包含着再生产和扩大生产的一切条件"①。这一点也是对传统东方社会生产方式的实质及其内在矛盾的重要揭示。这种内在矛盾表现为农村公社不断地再生产自身和破坏自身的矛盾,其主要包含如下内容:

一是个人与劳动的客观条件还没有分离,个人只有以公社为媒介才能发生对土地的关系。

二是这种再生产是生产关系的再生产。农村公社存在和发展的基础"都是单个人对公社的**原有关系的再生产**"②,这种生产关系甚至"象自然关系那样一成不变地再生产出来"③。

三是农村公社本身及其生存条件表现为生产的基础,而"公社的再生产表现为生产的最终目的"④,是为了使用价值而生产。因为在此因素所制约下,产品极难成为商品,使得在农村公社中商品生产处于从属地位。更有甚者,由于整个社会的运行机制是公社的放大,故对于整个社会也是如此。

四是这种再生产的基础是有局限性的。在这里,无论是个人还是社会都不可能有自由而充分的发展空间,因为它是同再生产出来的生产关系相矛盾的。"在这里,人不是在某一种规定性上再生产自己,而是生产出他的全面性;不是力求停留在某种已经变成的东西上,而是处在交易的绝对运动之中。"⑤"这种再生产必然既是旧形式的重新生产,同时又是旧形式的破坏。"⑥"旧共同体的保存包含着被它当作基础的那些条件的破

---

①　马克思:《政治经济学批判(1857—1858 年草稿)》,《马克思恩格斯全集》第 46 卷(上),人民出版社 1979 年版,第 473 页。

②　马克思:《政治经济学批判(1857—1858 年草稿)》,《马克思恩格斯全集》第 46 卷(上),人民出版社 1979 年版,第 485 页。

③　马克思:《资本论》第一卷,《马克思恩格斯全集》第 23 卷,人民出版社 1972 年版,第 161 页。

④　马克思:《资本论》第三卷,《马克思恩格斯全集》第 25 卷,人民出版社 1974 年版,第 940 页。

⑤　马克思:《政治经济学批判(1857—1858 年草稿)》,《马克思恩格斯全集》第 46 卷(上),人民出版社 1979 年版,第 486 页。

⑥　马克思:《政治经济学批判(1857—1858 年草稿)》,《马克思恩格斯全集》第 46 卷(上),人民出版社 1979 年版,第 493 页。

坏,这种保存会向对立面转化。"①

上述四个方面的矛盾,影响、制约并决定着传统东方社会发展的社会基因的培育与壮大以及社会管理机制的创立与运行,决定了传统东方社会变迁的进程与方向。

传统东方社会的内在特征 传统东方由于土地所有权统属于国家,使得专制统治不仅表现在对政治的垄断上,而且表现在对经济的超常干预的方式上。虽然国家承认个体农户拥有相对独立的土地占有权,但因国家拥有最高的所有权,而个体农户不得不一切听命于中央专制集权统治者的摆布。"普天之下,莫非王土;率土之滨,莫非王臣"就是真实写照。这种土地所有权的突出的外界表征就在于国家向其控制的每个农户按地收取赋税和要求每个农户提供相应的劳役,即"有田则有租,有身则有庸"。这就反过来又使其专制统治长期延续得到了深厚的经济支持。诚如马克思在考察亚洲中央集权制度对社会结构的影响时曾指出的:在亚洲,"国家既作为土地所有者,同时又作为主权者而同直接生产者相对立,那末,地租和赋税就会合为一体,或者不如说,不会再有什么同这个地租形式不同的赋税。在这种情况下,依附关系在政治方面和经济方面,除了所有臣民对这个国家都有的臣属关系以外,不需要更严酷的形式"②。

由于落后生产力和自给自足自然经济所导致的人们在政治上盲从的局限性,导致自然经济的独立性极为软弱。他们对农村公社"脐带"的挣脱是有限的,甚至从一开始就有赖于专制国家的干预和庇护,因而,在这种情况之下,最高的专制统治者被尊为全国的君父,而君主的每个官吏也都在他们所管辖的地区内被看作这种父权的代表,民众则被看作是子民。这种家长式的专制官僚统治体制和机制极大地扼杀了人的个性,使专制的中央集权制度得以在整个社会结构上打上强烈的政治烙印。由于传统东方国家普遍缺乏一个介于君主与民众之间的起稳定作用的社会阶层——上层与底层之间横着一条鸿沟,因而这种结构是在惰性中的稳定。

---

① 马克思:《政治经济学批判(1857—1858 年草稿)》,《马克思恩格斯全集》第 46 卷(上),人民出版社 1979 年版,第 494 页。

② 马克思:《资本论》第三卷,《马克思恩格斯全集》第 25 卷,人民出版社 1974 年版,第 891 页。

这就更有利于专制统治的长期存续,至于各王朝的更迭,作为底层的民众基本上没有什么反映。就传统东方社会的内在特征而言,主要体现在以下几方面:

(一)社会经济运作模式是自给自足的自然经济

从人类社会的发展历程而言,经济的运行状态与生产力水平和社会生产关系的特征是一致的。在传统东方,由于生产力水平低下,生产关系简单,自给自足的自然经济①在相当长的历史时期内一直占据主导性地位,直到向近现代过渡的后期,商品经济仍处于从属地位。

当然,这些田园风味的农村公社不管初看起来怎样无害于人,但均始终是东方专制制度的牢固基础。它们使人们头脑局限在极小的范围内,成为迷信的驯服工具,成为传统规则的奴隶,表现不出任何伟大的首创精神;②它们使人屈从于环境,而不是把人提升为环境的主宰;它们把自动发展的社会状况变成了一成不变的由自然预定的命运,因而造成了野蛮地崇拜自然的迷信,身为自然主宰的人竟然向猴子哈努曼和牡牛撒巴拉虔诚地叩拜。它们使得公社财产大部分是在一个小公社范围之内,通过手工业和农业相结合而创造出来的,因此,在此制度下的公社完全能够独立存在,而且在自身中包含着再生产和扩大再生产的一切条件,且具有强大的生命力和繁盛的自我繁殖能力。在这种所有制之下,"土地财产和农业构成经济制度的基础,因而经济的目的是生产使用价值,是在个人对公社(个人构成公社的基础)的一定关系中**把个人再生产出来**"③。

此外,自给自足的经济运行模式所以得以不仅维持而且具有强大的生命力,传统东方与西方有别的家庭模式也起了不可或缺的作用。家庭是社会的细胞,它与社会之间还存在着一个互动性关系,并可能发挥成为原有的社会运行机制能够维持的一个虽是基础性但确是必要性条件的作用。在传统东方,除了公社这个闭关自守的生产机体之外,个体家庭也是

---

① 自然经济是社会生产力发展水平低下和社会分工程度不发达的社会形态中必然产生和生存的经济形式。由于生产力不发展,生产规模狭小,各个经济单位处于分散、孤立的状态,经济生活缺乏联系,因而闭关自守、墨守成规等便成了自然经济的一个特征。

② 参见马克思:《不列颠在印度的统治》,《马克思恩格斯选集》第2卷,人民出版社1972年版,第67页。

③ 马克思:《政治经济学批判(1857—1858年草稿)》,《马克思恩格斯全集》第46卷(上),人民出版社1979年版,第482~483页。

一个自给自足的基本经济单位。"农民家庭为了自身的需要而生产粮食、牲畜、纱、麻布、衣服等等"①。对于此种性质的家庭而言，维持家庭成员的基本生活的各种物品都是其家庭内部劳动的不同产品，而非需要与外界交换而得。当然，家庭成员的基本生活用品的自我生产也有其独特性，即"家庭内的分工和家庭各个成员的劳动时间，是由性别年龄上的差异以及随季节而改变的劳动的自然条件来调节的"。② 此外，组成公社的各个家庭之间的联系也极为稀少，狭小的生产规模把公社成员束缚在家庭经济的蜗牛壳之中，把农业和手工业在一个家庭之中就能直接结合起来。这些均使得形成有利于或能刺激社会生产力水平总体提高的社会机制是极其艰难的。

也正因上述原因，导致虽然由于被异族所征服而改朝换代，也虽曾有过表面上的变化，但社会结构及其基本组成部分的村社，却没有改变。③这种村社因其固有的自给自足的性质阻碍着社会分工的发展，并成为维系社会稳定的纽带。与此同时，由村社制度的特殊性所决定的家族式的公社是建立在家庭工业之上的，它的经济基础就是"手织业、手纺业和手力农业的特殊结合而自给自足"④。或者说，是"建立在自给自足的工农业统一之上的"⑤。也就是说，传统东方的农村公社的自给自足的生产整体，完全能够独立存在，而且其自身包含着再生产和扩大再生产的一切条件，从而使其具有很强的生命力，其目的只是生产使用价值。这种经济形式虽有其本身的自然形成的分工，但与为便于社会整体发展和生产力水平提高的分工有本质区别，其特性是排斥社会分工或扼制社会分工的。因为每个生产者或经济单位不仅经营农业、畜牧业，而且从事手工业，几乎生产自己所需要的包括农产品和大部分手工业品在内的一切产品。这

---

① 马克思：《资本论》第一卷，《马克思恩格斯全集》第 23 卷，人民出版社 1972 年版，第 95 页。

② 马克思：《资本论》第一卷，《马克思恩格斯全集》第 23 卷，人民出版社 1972 年版，第 95 页。

③ 参见［英］詹姆士·穆勒：《不列颠印度史》(The History of the British in India)，伦敦 1820 年版，第 1 卷，第 175 页。

④ 马克思：《不列颠在印度的统治》，《马克思恩格斯全集》第 9 卷，人民出版社 1961 年版，第 148 页。

⑤ 马克思：《政治经济学批判(1857—1858 年草稿)》，《马克思恩格斯全集》第 46 卷（上），人民出版社 1979 年版，第 492 页。

种生产方式具有很强的生命力,诚如马克思所言:"在农业中,传统的方式是保持得很久的,而在东方的那种农业与工业的结合中,保持得更久。"①

总之,正是由于传统东方社会横向结构上的这种落后僵化,决定了其纵向发展上的停滞不前。因为只有当社会处于横向结构的不断运动之中,社会的纵向发展才是可能的。也正因为如此,"从遥远的古代直到十九世纪最初十年,无论印度的政治变化多么大,可是它的社会状况却始终没有改变"②。在传统东方社会,"这些自给自足的公社不断地按照同一形式把自己再生产出来,当它们偶然遇到破坏时,会在同一地点以同一名称再建立起来,这种公社的简单的生产机体,为揭示下面这个秘密提供了一把钥匙:亚洲各国不断瓦解、不断重建和经常改朝换代,与此截然相反,亚洲的社会却没有变化。这种社会的基本经济要素的结构,不为政治领域中的风暴所触动"③。此外,由于传统东方的所有制形式是自然形成的共同体,它是家庭的扩大,并保持着深厚的血缘成分和宗法情感,使得在从史前时期过渡到文明社会的过程中,它所采取的是内发型的渐变形式。就此,马克思精辟地论述道:一旦人类终于定居下来,这种原始共同体就将依种种外界的(气候的、地理的、物理的等条件),以及他们的特殊的自然习性(他们的部落性质)等等,而或多或少地发生变化。这与西方社会有本质的区别,西方在跨入文明的门槛时,采取的不是内界渐变的形式,而是外发型的突变形式。具体说,它是原始部落更为动荡的历史生活、各种遭遇以及变化的产物,即通过部落战争的血水浇灌了文明之花的盛开。而在日耳曼人那里,文明的起源则直接得自野蛮民族对文明民族的冲击,是在古代的罗马文明的废墟上建立起来的。

(二)村社制度是传统东方社会结构的基础并束缚了社会生产力的发展

要了解传统东方社会的村社制度,首先必须了解传统东方农村公社的特征。对此马克思于 1853 年在给恩格斯的信和在《不列颠在印度的统

---

① 马克思:《政治经济学批判(1857—1858 年草稿)》,《马克思恩格斯全集》第 46 卷(上),人民出版社 1979 年版,第 494 页。

② 马克思:《不列颠在印度的统治》,《马克思恩格斯选集》第 2 卷,人民出版社 1972 年版,第 65 页。

③ 马克思:《资本论》第一卷,《马克思恩格斯全集》第 23 卷,人民出版社 1972 年版,第 396～397 页。

治》一文中以印度的村社制度为例作了详细地论述。传统东方农村公社的特征主要表现为:从地理上看,一个村社就是一片占有几百到几千英亩耕地和荒地的地方;从政治上看,它像一个地方自治体或市镇自治区。每一个村社都是且实际上看来过去一直是一个单独的村社或共和国,其推行着简单的地方自治。官吏总管着事务。村社内部有铁匠、木匠、陶工、洗衣工、银匠和教员等分工。村社的边界很少变动,同一家族世世代代保存下来,等等。① 这是"一种特殊的社会制度,即所谓**村社制度**"②。这些家族式的公社是建立在家庭工业上面的,靠着手织业、手纺业和手力农业的"特殊结合而自给自足"③,并"带着种姓划分和奴隶制度的标记"④;在这样的村社中,"全村的土地是共同耕种的"⑤,正因如此,而使得"很难想象亚洲的专制制度和停滞状态有比这更坚实的基础"⑥。

村社制度是传统东方社会结构的基础并束缚了生产力的发展这一特征最为典型的是印度。印度是 19 世纪中叶才完全成为英国的殖民地的。可以说从很古的时候起,在印度便产生了一种特殊的社会制度——村社制度。它是由这样的两种情况结合而成的:一是印度民众把他们的农业和商业所凭借的主要条件即大规模公共工程交给政府去管;二是印度民众散处于全国各地——农业和手工业的家庭结合而聚居在各个很小的地点上。总之,从遥远的古代直到 19 世纪最初 10 年,无论印度的政治变化多么大,可它的社会状况却始终没有改变,是一个发展十分缓慢、长期停滞不前的社会。出现这一状态的根源何在? 就此完全可以用以下两种相

---

① 参见《马克思致恩格斯(1853 年 6 月 14 日)》,《马克思恩格斯全集》第 28 卷,人民出版社 1973 年版,第 271～272 页;马克思:《不列颠在印度的统治》,《马克思恩格斯全集》第 9 卷,人民出版社 1961 年版,第 147～148 页。

② 马克思:《不列颠在印度的统治》,《马克思恩格斯全集》第 9 卷,人民出版社 1961 年版,第 147 页。

③ 马克思:《不列颠在印度的统治》,《马克思恩格斯全集》第 9 卷,人民出版社 1961 年版,第 148 页。

④ 马克思:《不列颠在印度的统治》,《马克思恩格斯全集》第 9 卷,人民出版社 1961 年版,第 149 页。

⑤ 《马克思致恩格斯(1853 年 6 月 14 日)》,《马克思恩格斯全集》第 28 卷,人民出版社 1973 年版,第 272 页。

⑥ 《马克思致恩格斯(1853 年 6 月 14 日)》,《马克思恩格斯全集》第 28 卷,人民出版社 1973 年版,第 272 页。

互促进的情况来解释:①公共工程是中央政府的事情;②除了这个政府之外,整个国家分为许多村社,它们有完全独立的组织,自成一个小天地。这一方面是指传统东方的政府在执行举办水利公共工程职能的基础上形成了专制制度,另一个方面是指农村公社的孤立状态。而两者都是建立在自给自足、封闭的自然经济和村社制度的基础之上的。农村公社所具有的对自身及整个国家极为不利的特点是:社会分解为许多模式相同但互不联系的原子现象一直残留着。农村公社的孤立状态长久地存在下去,使公社处于很低的生活水平上,公社之间几乎没有来往,没有希望社会进步的意向,没有推动社会进步的行动。也正因为农村公社的孤立状态造成了公社的自给自足的惰性;反过来说,这种自给自足的经济基础又进一步加深了公社的孤立状态,互为因果,相互促进。总之,村社制度是传统东方社会结构的基础并束缚了社会生产力的发展。

(三)村社制度是奠定传统东方专制国家的最高土地所有者的基础

在马克思的理论成果中,东方社会理论是其中一个极为重要的组成部分,而在他的东方社会理论之中,又是以对东方专制主义长期存续的根源和特征的论述为重要内容的。诚如马克思所认为的,在人类社会伊始,由于东西方各自有着自己的文明的起源方式,从而两者的历史就朝着不同的方向发展,并体现着迥然相异的历史图景。在史前社会向文明社会的过渡过程中,东方所体现的是与西方突发性文明相异的发生模式——一种渐进的文明发生类型,它的"第一个前提首先是自然形成的共同体:家庭和扩大成为部落的家庭,或通过家庭之间互相通婚[而组成的部落],或部落的联合。……**部落共同体**,即天然的共同体,并不是**共同占有**(暂时的)和**利用土地的结果**,而是**其前提**"①。由此也直接决定了东方独特的历史发展路径。传统东方在经济上实行的是以公社为基础的土地公有制,与以土地公有制为特征的同以这一基本关系为基础的形式相适应的是"凌驾于所有这一切小的共同体之上的**总合的统一体**表现为**更高的所有者**或唯一的所有者,实际的公社却只不过表现为**世袭**的占有者。因为这种**统一体**是实际的所有者,并且是公共财产的真正前提,所以统一体

---

①　马克思:《政治经济学批判(1857—1858年草稿)》,《马克思恩格斯全集》第46卷(上),人民出版社1979年版,第472页。

本身能够表现为一种凌驾于这许多实际的单个共同体之上的**特殊东西**"①,即作为"许多共同体之父的专制君主"②是专制国家的最高的土地所有者。

(四)社会内部的交往是以自然经济为基础的宗法血缘关系为主导

在人类文明的初期,在生产力水平低下的古老社会形态中,生产劳动只能一方面以生产条件的公有制为基础,另一方面"以个人尚未脱离氏族或公社的脐带这一事实为基础"③,其状态就"像单个的蜜蜂离不开蜂房一样"④。在农村公社内部,单个的人同自己的家庭一起,独立地在所分配到的份地上劳动;每一个单个的人只有作为这个共同体的成员,才能把自己看成所有者或占有者。劳动过程的共同性,共同占有和利用土地的生产方式,农业和手工业结合的自给自足的自然经济形式,均决定了"单个人对公社来说不是独立的"⑤,"他是同公社牢牢地长在一起的"⑥。如在印度,农村公社身上带着种姓划分和奴隶制度的标记;在中国及中国的文化圈范围之内,"宗法与土地的分配关系如此密切,因而不论是统治阶级或被统治阶级,祖宗崇拜在意识形态里占唯一重要的位置"⑦。

在农村公社土地公有制的形式中,对劳动的自然条件的占有,直接要以个人作为公社成员为基础,否则他就不能与土地发生关系。也就是说,其与劳动的客观条件的关系需以作为公社成员的身份为媒介。与其说牢固的宗法血缘关系把单个的人锁在这个共同体上,不如说将之成为共同

---

① 马克思:《政治经济学批判(1857—1858年草稿)》,《马克思恩格斯全集》第46卷(上),人民出版社1979年版,第473页。

② 马克思:《政治经济学批判(1857—1858年草稿)》,《马克思恩格斯全集》第46卷(上),人民出版社1979年版,第473页。

③ 马克思:《资本论》第一卷,《马克思恩格斯全集》第23卷,人民出版社1972年版,第371页。

④ 马克思:《资本论》第一卷,《马克思恩格斯全集》第23卷,人民出版社1972年版,第371页。

⑤ 马克思:《政治经济学批判(1857—1858年草稿)》,《马克思恩格斯全集》第46卷(上),人民出版社1979年版,第484页。

⑥ 马克思:《政治经济学批判(1857—1858年草稿)》,《马克思恩格斯全集》第46卷(上),人民出版社1979年版,第495页。

⑦ 《中国历史简编》修订本第一编,人民出版社1964年版,第38页。

体的锁链上的一环。因此,在这种所有制形态之下,公社的单个成员不可能摆脱其与共同体间的联系而处于一种自由状态之中,而是同公社共同体是牢牢地长在一起、锁在一起了。这一状态隐含着一种相互作用、互为因果的关系:以自然经济为基础的原始的、自给自足的生产方式导致一种与之相适应的宗法血缘关系的形成,这种宗法血缘关系一经形成,就反过来增大了这个生产方式的牢固性、封闭性和排他性。从另一角度而言,这种血缘关系又延伸出一个矛盾——单个的社会主体必须与外界有联系,但是这种联系却只能局限在公社内部,就等于没有与外界联系。

如果从由于生产力的发展而产生资本主义生产关系的角度而言,这一过程是以劳动者把土地作为生产的自然条件和劳动者作为工具所有者的那种关系的解体,劳动者本身直接从属于生产的客观条件并作为这种客观被人占有(因而成为奴隶或农奴)的关系的解体为前提的。① 在这一系列关系解体的过程中既包括亚细亚所有制中宗法血缘关系的解体、古代的所有制中的奴隶制的解体和日耳曼的所有制中的农奴制关系的解体,同时也是人的孤立化、个体化、社会化并与劳动的客观条件相分离的过程。人的孤立化只是历史过程和结果。交换本身就是造成这种孤立化的一种主要原因,它使群体的存在成为不必要,并使之解体。这一狭隘的生产前提的解体既能代表人类社会的总体发展方向,也是决定东方社会未来发展的命运所在。总之,传统东方社会内部的以自然经济为基础的宗法血缘关系为主导的交往形式是由上述生产方式所决定的基本特征。这一特征从世界范围来看是特殊的,而就东方而言,又是普遍的,是其传统普遍存在过的社会形态,具有普遍性意义和作用。

（五）依附性社会缺少推动政治变革的动力

传统东方由于自身固有的特殊性决定了其是不相信政治应由民众自己来管的,而一直认为它应是统治者的事。坚守如有贤德者在位,则必以民之好为好、民之恶为恶的信条。其实这种专制性政治体制便不肯由民众自管自理。由此而缺少民治的观念和政治的自觉性;另一方面由于政治集团内部没有相互制约的机制和力量,政治体制变化与社会生产力水平的提高之间的互动性变革是不可能存在的。从而出现的格局是从遥远

---

① 参见马克思:《政治经济学批判(1857—1858 年草稿)》,《马克思恩格斯全集》第46 卷(上),人民出版社 1979 年版,第 498 ~ 499 页。

的古代一直到近代，尽管政局变化无常，但社会状态始终没有什么改变。① 就此亚里士多德论述道："野蛮民族比希腊民族更富于奴性；亚洲蛮族又比欧洲蛮族更富于奴性，所以他们常常忍受专制统治而不起来叛乱。"②当然，我们不能赞同将传统东方民族定位于"野蛮民族"的观点，但传统东方民众具有极为显著的奴性特征确是事实。

如在中国，奉行的是以皇帝为中心的专制君主制度，整个官僚系统并不是与皇帝平立或对立的，而根本是臣属于他（她）。从来就没有人对这种政治体制产生过怀疑，百姓对政治始终漠不关心，犹如韦伯所认为的，他们在持一种"非政治的态度"，认识不到在这种政治体制之外尚有其他更好的政体，即认为专制主义政体是唯一无二的政治体制。由此也就使得任何政治的变化都只限于掌握统治政权的主体的更换，而非政治秩序的变革。只有在除处于被统治地位的社会主体不可聊生、走投无路、忍无可忍的时候才会铤而走险地以"叛乱"的方式反抗暴君，变换占有统治地位的主体而非反抗或变革原有的政治体制外，别无其他途径，也从未想过或努力过用其他方式。再者，传统东方对政治体制的变革只是"对于人君的限制，不是在法律上，只是在道义上，所望者只是多出圣主贤君，君主能够自己好。倘若人君不好，也只能说'革命'……一件事是合于道德的，却不能说革命一件事是合于法律的，并且革命之后，也只是从一个君主换到另外一个君主，而不是说人民有任何控制之法"③。导致这一状态的最为根本的原因是传统东方缺少能与国家相抗衡的社会力量集聚的公共领域。而西方公共领域的存在首先采取了出自公共领域和私人领域的国家与社会的剧烈的两极化发展形式，这正是传统东方所缺少的，从而社会不得不从属于国家。

传统东方社会经济结构的特征　传统东方经济结构是有自身特点的，就此问题的研究的最先尝试从经济学角度分析的是西方学者、英国古典政治经济学家亚当·斯密。亚当·斯密在其力作《国民财富的性质和

---

① 参见马克思：《不列颠在印度的统治》，《马克思恩格斯全集》第9卷，人民出版社1961年版，第145页。

② ［古希腊］亚里士多德：《政治学》，商务印书馆1983年版，第159页。

③ 劳干：《中国历史中的政治问题》，载于《中国的社会与文学》，文星版。转引自金耀基：《从传统到现代》，广州文化出版社1989年版，第24页。

原因的研究》一书中,着力探讨了传统东方国家不同于西方国家的经济政策,大体勾画出其经济结构特征。在亚当·斯密看来,在亚洲,各国行政当局干预经济事务是相当普遍的现象。他说:"在中国,在亚洲其他若干国家,修建公路及维持通航水道这两大任务,都是由行政当局担当。据说,朝廷颁给各省疆吏的训示,总不断勉以努力治河修路;官吏奉行这一部分训示的勤惰如何,就是朝廷决定其黜陟进退的一大标准。所以,在这一切国家中,对于这些工程都非常注意,特别在中国是如此。"[1]古埃及国王和古代印度王公都曾为使河流灌溉各地而兴建水利工程。亚洲国家的这些政策,比较有利于农业而不利于制造业及国外贸易;与之相反,西方各国的政策,则比较有利于制造业及国外贸易,即城市产业,比较不利于农业,即农村产业。此外,古埃及和古代印度,都把全体民众分成若干阶级或部族,由父交至子,世袭某一特定职业或某一种类职业。在这两个国家中,农业家庭及农业劳动者阶级,在地位上都高于商人及制造阶级。[2]而导致这种状态是由各国君主收入来源的不同所造成的。"中印各国君主的收入,几乎都是以土地税或地租为唯一源泉。租税征收额的大小,取决于土地年产物的多寡。所以,君主的利益与收入,与境内土地的垦治状态,以及土地产物数和物量的多寡,土地产物价值的大小,有其极大的直接关系。而要尽可能地使这种生产物又丰盈又有价值,势必使它获得尽可能广泛的市场。要做到这样,必须使国内各地方的交通既极自由,又极方便。而维持这种交通状态,唯有兴筑最好的通航水道与最好的道路。"[3]但在西方却不然。总之,在传统东方,农村公社的孤立状态、社会的孤立状态、社会主体的孤立状态等是使其社会处于停滞状态的基本原因。手工业与农业的特殊结合而自给自足,农村公社是专制制度和停滞不前状态产生或形成的基础。自然经济占优势,而这种自然经济正是建立在小农经济和独立的手工业生产的基础之上的;小农业和家庭手工业

---

① ［英］亚当·斯密:《国民财富的性质和原因的研究》(下册),商务印书馆1974年版,第291页。

② 参见［英］亚当·斯密:《国民财富的性质和原因的研究》(下册),商务印书馆1974年版,第247页。

③ ［英］亚当·斯密:《国民财富的性质和原因的研究》(下册),商务印书馆1974年版,第291～292页。

的统一形成了农村公社的生产方式的广阔基础。①

小 结 传统东方的社会内在结构是由社会主体、家、农村公社、城市等要素交织在一起所构成的。社会主体具有孤立性、权利主体角色的两重性、受土地公有制的制约性、未开化性和半开化性、对生存状态的依赖性、社会关系的血缘性等特征。与"国"处于同一轴心的"家"过分发达,在社会结构中承担着极为重要也甚具特色的角色,它既压制了社会主体的独立意识的产生与发展,也使之无法形成能对国家产生有力的和必要的社会组织形态的制约力量。农村公社是整个社会结构中的重要一环,并承担着与社会制度、社会运行机制相适应的举足轻重的作用,社会生产力水平的提高、经济的发展、社会交换形式的变化、社会主体的价值追求的嬗变、社会结构的改变、社会运行机制的变革等均与之有相当密切的关系。城市虽然也是随着社会生产力水平的提高而出现并随之而发展,但它并不是真正经济意义上的城市,它不能独立于乡村而成为经济中心,只是一个国家君主和地方官吏及各级管理机构的所在地和对乡村加以控制、剥削的政治中心和消费场所,从而没能担当起如西方社会那样的在社会结构中所起的重要作用的角色。正因受这些因素所制约,导致了传统东方的经济运作模式是自给自足的自然经济、村社制度是其社会结构的基础并束缚了社会生产力的发展及奠定了专制国家的最高土地所有权者的基础、社会内部的交往形式以自然经济为基础的宗法血缘关系为主导、严重缺乏推动社会变革的社会力量和动力。传统东方社会的这些特征,既决定了社会自身的应有功能的发挥,也决定凌驾于其上的国家的角色的扮演;既决定了社会与国家两者间互动性状态,又决定了制约和影响着包括法律在内的规则的特征。我们为何在此用较大的篇幅力求对传统东方社会的结构特征进行深入的阐述,主要考虑到这一问题既是研究传统东方法律特征的要点,也是揭示传统东方法律的运动机理的关节点。

---

① 参见马克思:《不列颠在印度的统治》,《马克思恩格斯全集》第 9 卷,人民出版社1961 年版,第 147 页;《马克思致恩格斯(1853 年 6 月 14 日)》,《马克思恩格斯全集》第 28卷,人民出版社 1973 年版,第 272 页;马克思:《资本论》第二卷,《马克思恩格斯全集》第 24卷,人民出版社 1972 年版,第 538 页;马克思:《资本论》第三卷,《马克思恩格斯全集》第 25卷,人民出版社 1974 年版,第 373 页。

第三节　传统东方国家与社会的内在关系解读

按照马克思主义理论,古代民族的社会形态,是由两个自发产生的社会关系即血缘亲属关系和生产资料公有制的生产关系所决定的。直到资本主义生产关系确立以前,在所有社会特别是发展比较缓慢的社会中,都程度不同地存在着这两种社会关系或它们的变种的影响,并在社会生产的各个方面都留有它们不同程度的印记。所以,解读带有宗法制度遗存和公社土地所有制的传统东方国家与社会间的内在关系时,也必须抓住这一主线,并加以发散,才能论述透彻。在传统东方,随着最终作为个人而存在的更高的共同体的出现,社会结构愈益复杂化了,产生了各种新的社会关系即政治关系和法制关系,开始了社会的非政治组织——公社组织向政治组织的过渡。从而由自身固有的特殊性和局限性之故而导致在国家产生及国家与社会一同发展的过程之中,当专制性国家统治方式成为一种社会需求时,以前的部落或公社组织并未随之瓦解,只是在功能上适应了新的需求,开始了公社组织履行国家职能阶段,但社会组织内部及相互间的血缘纽带并没有切断。① 总之,由于传统东方自身的特殊性,使得国家与

---

① 就古代中国国家与社会的关系而言,中国学者有各自的观点,在此,我们列举几例:

张光直先生认为中国古代国家的形成与西方早期国家的形成有着重大的差异。首先,中国古代国家的形成与固有亲属组织的变化有关;其次,中国古代国家以血缘联系为纽带,西方早期国家的形成则以地缘关系为条件,因而中国古代的国家形态是家国不分、公私不分。(参见梁治平:《清代习惯法:社会与国家》,中国政法大学出版社1996年版,第6页)

梁启超先生曾指出:欧洲国家以古代的市府及中世的城堡为雏形,以向内团结、向外对抗为根本精神。而中国人自有文明历史以来,从未以国家为人类最高团体,天下(世界)才是政治之本,国家只不过是与家族某一历史阶段共同存在,所以向外对抗的观念极其微弱,向内团结愿望也不强烈。(参见梁启超:《先秦政治思想史》,东方出版社1996年版,第2页)

梁漱溟先生立足于对西方民族国家本质的研究,认为"国家起于阶级统治",得出了中国传统社会缺乏如西方社会的阶级对立而趋职业分途之见解,进而认为中国不属一般类型的国家,并将之定性为中国传统文化的特征之一。中国政治秉持消极无为之精神,以"不扰民"为最大信条,以"政简刑清"为最高理想。中国对内松弛,对外亦不紧张;中国人头脑中无西洋人强烈的阶级意识、种族意识、国家意识。"国家消融在社会里面。社会与国家相浑融。"(梁漱溟:《梁漱溟全集》第3卷,山东人民出版社1990年版,第163页)

社会之间的关系构成了一种动态的平衡并表现出一系列的特征。概括起来,我们认为传统东方国家与社会的内在关系特征主要表现为以下几方面特征:

土地公有:专制国家制度赖以存在的经济基础 传统东方是农业社会,土地所有制是其一切经济关系的基础。分析传统东方土地所有制,是研究其他诸方面的出发点,是"了解东方天国的一把真正的钥匙"①。"从印度到爱尔兰,大面积的地产的经营,最初正是由这种氏族公社和农村公社来进行的,同时,耕地或者以公社为单位共同耕种,或者分成小块,由公社在一定时期内分配给各个家庭去耕种,而森林和牧场总是公用的。"②虽然"在所有欧洲和亚洲的文明民族中都存在过原始的土地公有"③,但各自的土地公有的存在和崩溃形式有别。④ 在传统东方,"公社或国家是土地的所有者,在那里的语言中甚至都没有地主这个名词"⑤。"国家就是最高的地主"⑥,"主权就是在全国范围内集中的土地所有权"⑦,"因此也就没有土地私有权,虽然对土地来说,既存在有私人的也存在有共同的占有权和使用权"⑧。从而导致散布在广阔土地上的自给自足和闭关自守的经济运行模式,使整个社会分解为许许多多模样相同而又互不相关的分子,迫使它仍不得不把公共事物权利转让给凌驾于自身之上的中央集权政府及成为专制迷信的驯服工具。传统东方之所以在政治上表现为"专制制度",根本原因是由它的土地所有制所导致的,也就是说土地公有制决定了它的政治形态只能是以王权为中心的专制主义政治制度而存在。即在由土地公有、村社简单的自然经济所决定的所有制形式下,政治上所采取的是君主至上的专制主义政体。在这里,不仅只

---

① 《马克思致恩格斯(1853 年 6 月 2 日)》,《马克思恩格斯全集》第 28 卷,人民出版社 1973 年版,第 256 页。

② 恩格斯:《反杜林论》,《马克思恩格斯选集》第 3 卷,人民出版社 1972 年版,第 215 页。

③ 恩格斯:《反杜林论》,《马克思恩格斯选集》第 3 卷,人民出版社 1972 年版,第 215 页。

④ 参见恩格斯:《反杜林论》,《马克思恩格斯选集》第 3 卷,人民出版社 1972 年版,第 215 页。

⑤ 恩格斯:《反杜林论》,《马克思恩格斯选集》第 3 卷,人民出版社 1972 年版,第 215 页。

⑥ 马克思:《资本论》第三卷,郭大力、王亚南译,人民出版社 1966 年版,第 925 页。

⑦ 马克思:《资本论》第三卷,郭大力、王亚南译,人民出版社 1966 年版,第 925 页。

⑧ 马克思:《资本论》第三卷,郭大力、王亚南译,人民出版社 1966 年版,第 925 页。

有作为"许多共同体之父"的君主一人是至上的,共同体的所有成员都是他的臣民;而且,在这种社会关系之中,单个的人从来就没有真正成为自由自主的人,"实质上他本身就是作为公社统一体的体现者的那个人的财产"①,而这个"作为公社统一体的体现者的那个人"就是君主。而为何传统东方各民族没有达到土地私有制,从而导致专制主义的中央集权体制的建立呢?主要原因有:一是因受气候和土地条件等因素所制约而使得人工灌溉设施成了其农业的基础。二是文明程度太低,幅员太大,因而不能产生自愿的联合,迫切需要中央集权性政府来干预。②

当然,国家在其形成和发展过程之中,是不可能离开暴力的,但不能简单地或机械地以暴力定处。譬如在印度和俄国,"这种公有制在极为不同的暴力征服和专制制度下安然地继续存在下来,并且成为它们的基础"③。这也是认识传统东方社会一切现象的关键点之一。因为,对于各种不同的社会形态和政治制度而言不应该用始终如一的暴力观来说明,而必须用被施加暴力的东西、被掠夺的东西来论之。从而我们就会发现,东方的专制制度是基于公有制。恩格斯在《法兰克时代》一文中曾指出:东方社会的"国家政权的形式,也是由公社当时所采取的形式决定的。在有的地方,如在亚洲雅利安民族和俄罗斯人那里,当国家政权出现的时候,公社的耕地还是共同耕种的,或者只是在一定时间内交给各个家庭使用,因而还没有产生土地私有制,在这样的地方,国家政权便以专制政体而出现。相反地,在日耳曼人侵占的罗马领土上,我们看到,耕地和草地的各个份地,已成为自主地,成为占有者的自由财产,即只对马尔克负担一定赋役的财产了"④。

再者,"古代自然形成的公社,在同外界的交往使它们内部产生财产上的差别从而开始解体之前,可以存在几千年"⑤,例如在印度人和斯拉

---

① 马克思:《政治经济学批判(1857—1858年草稿)》,《马克思恩格斯全集》第46卷(上),人民出版社1979年版,第493页。

② 参见《恩格斯致马克思(1853年6月6日)》,《马克思恩格斯全集》第28卷,人民出版社1973年版,第263页。

③ 恩格斯:《〈反杜林论〉材料》,《马克思恩格斯全集》第20卷,人民出版社1971年版,第679页。

④ 恩格斯:《法兰克时代》,《马克思恩格斯全集》第19卷,人民出版社1963年版,第541页。

⑤ 恩格斯:《反杜林论》,《马克思恩格斯选集》第3卷,人民出版社1972年版,第188页。

夫人那里就一直如此。① 这是因为传统东方的农村公社有着顽强的生命力，以至于"专制制度和东征西讨的游牧民族交相更替的统治，几千年来都对这些旧的公社无可奈何"②。即土地公有制和村社的孤立性、封闭性及自然经济性质，决定着传统东方奉行的是专制政体。

传统东方的土地公有制也就是国有制，或更准确地说是一种王有制。诚如马克思所言："国家既作为土地所有者，同时又作为主权者而同直接生产者相对立，……是最高的地主。"③换句话说，传统东方由于没有自由小农的小块土地私有制，就不可能形成如西方那样的独立的自由主体及相应的意识。在这里，所有的土地都被视为是君主的，公社成员只能是占有者而不是所有者，单个的人实质上也就只能是财产的最高所有者即君主的财产。这种财产形式就是政治形态的基础，它所体现的是"主权就是在全国范围内集中的土地所有权"④。

总之，在传统东方，国家的政体大多是在公社所有制之上耸立着一个"总合的统一体"，即君主。他（她）既是"最高的所有者"，也是"唯一的所有者"，所有的国民甚至包括王公大臣均为其子民。在其所织成的统治网络中，社会虽按金字塔式的结构呈现着贫富与贵贱的等级层次，但实质上在其至高无上的权力面前，所有的国民都是处在被奴役的地位上。

综上所述，我们认为土地公有制是传统东方专制国家制度赖以存在的经济基础，并由此引发了国家与社会间的内在关系的其他特征。

农村公社：专制国家制度赖以存在的社会基础 在东西方早期历史上，就表象而言都经历过农村公社这一历史阶段，但东方的村社巩固、持久、不易瓦解，而西方的村社松散、短命、一触即毁。究其缘由，这完全是因不同的"遗传基因"所决定的内在特殊性使然。也正因为这一特殊

---

① 参见恩格斯：《反杜林论》，《马克思恩格斯选集》第3卷，人民出版社1972年版，第188页。

② 恩格斯：《反杜林论》，《马克思恩格斯选集》第3卷，人民出版社1972年版，第201页。

③ 马克思：《资本论》第三卷，《马克思恩格斯全集》第25卷，人民出版社1974年版，第891页。

④ 马克思：《资本论》第三卷，《马克思恩格斯全集》第25卷，人民出版社1974年版，第891页。

性导致了两者沿着相殊的道路向前发展,经济的、政治的、法律的等等一系列的制度就不能不分道扬镳,以及东方至近代因落后于西方而被其所推行的殖民主义政策所掠夺和统治的惨局。

就传统东方农村公社的特征,恩格斯在《家庭、私有制和国家的起源》一书之中,通过对希腊人、罗马人、日耳曼人等的氏族制度的研究作了精湛的论述。他把希腊人、罗马人、日耳曼人存在氏族制度的村社,同东方的村社制度作一番比较,概括出传统东方农村公社具有以下特征:①

第一,东方的村社经历了完整的从氏族公社、家庭公社到农村公社的演进过程,文明是农村公社形成后产生的;而西方各民族没有发展到农村公社阶段,就闯到或被推到文明的大门口,村社是因国家组建的需要而形成的。

第二,东方的村社发育得很成熟,内部结构稳定,村社制度具有很强的适应性和持久性;西方的村社是发育不良的“早产儿”,内部结构不稳定,村社制度历时不久就逐步解体,无法像东方那样长期成为国家行政管理的基层单位。

第三,东方社会的村社中导致社会制度滞后的因素是家族制尤其是家长制,社会管理适合于行政方式,国家制度适合于君主专制;西方各民族都是从游耕的父系家族公社转化为定居的“早期村社”后历时不久,氏族虽不再作为经济组织的氏族公社了,但仍是迁徙的基本单位(如军队组织以胞族为编制单位)和定居的基本单位(即氏族自然村)。所以,西方的村社在人为促成之后,作为社会制度滞后因素的仍是氏族制,因而从社会管理到国家制度无不渗透着氏族民主制的内容。

传统东方的专制主义,不仅仅是一种政治现象,还是一种社会、文化现象。那么,是一种什么样的社会环境使之产生、使之鼎盛而被后世沿续为政治传统呢? 是农村公社得以繁荣和长期留存的社会环境,是农村公社繁盛后所形成的一种特定的社会环境,是传统东方国家经以农村公社为基础而存在并以奴役农村公社为条件而获得发展所促成的社会环境。在此环境之中,到处都是虽由于各地发展情况存在不完全一致的情形,却均具有大体相同的社会细胞——农村公社。作为一种地域性社会组织的农村公社以家庭、家族为单位打破往昔的血缘组织,不再以亲缘关系维系

---

① 参见刘学灵:《东方社会政治形态史论》,上海远东出版社1995年版,第73页。

的、杂居的人们（以家庭为单位）因土地的共同占有、使用、管理和整治而联合起来，同时产生了规模愈益庞大的政治联合和社会公共管理的需求。国家适应这种需求而获得发展，根据这种需求而产生各种要求，在实践中创制并逐渐完善了一整套管理农村公社的政治机构，建立了与此相适应的官僚制度和官吏体系及管理和约束机制。与此同时，国家空前地成为一个真正的虚幻的共同体，它脱离了自身所产生的基础——社会而凌驾于社会之上，脱离孕育并赋予其特征的农村社会而奴役起农村公社来。即国家异化为一种社会之上的怪物或赘疣，并且在政治制度极其原始的状态之下，就达到了历史上绝无仅有的国体上的普遍奴隶制、政体上的东方专制主义和国家结构形式上的东方集权主义。① 当然，如前所述，农村公社作为生产关系体系的基本单位，并不是东方所专有的，全世界所有地区在其历史发展的一定阶段，均曾有过公社土地占有制这个特征，只不过由于各自的农村公社及其成员与土地的关系的发展轨迹不同，才既显示了各自的特殊性，也反映其历史命运与发展趋势及结果的相异性。

当然，还必须清醒的是，传统东方专制主义国家保留农村公社绝不是为了它的发展，而是愈来愈注重剥削和奴役它，以便更好地统治它而达到统治整个社会的目的，只不过因古老的村社组织的顽强抵御，才使得这种剥削与压迫及奴役的意图无法实行得很快罢了。诚然，随着社会生产力水平的提高，私有化程度的增加和范围的扩大，村社内互助氛围逐渐减弱及贫富分化加剧，阶级斗争也随之表现出来，从而导致各主体的自我保护能力逐渐衰弱。这为国家剥削、奴役、统治社会创造了更为便利的条件。

与此同时，应清醒认识到的是，如前所述，由于作为传统东方专制主义基础的农村公社本身就是一个工业和农业结合可以自给自足的经济组织，即这种村社变得完全能够独立存在，且在自身中包含着再生产和扩大再生产的一切条件。所以它的生命力特别旺盛，并可以不断再生。"全村的土地是共同耕种的，但是大多情况下是每个土地所有者耕种自己的土地。在这种村社内部存在着奴隶制和种姓制。荒地作为公共牧场。妻子和女儿从事家庭纺织业。这些田园共和国只是怀着猜忌的心情防范邻近村社侵犯自己村社的边界。……很难想象亚洲的专制制度和停滞状态有

---

① 参见刘学灵：《东方社会政治形态史论》，上海远东出版社1995年版，第3页。

比这更坚实的基础。"①也就是说,"这些田园风味的农村公社不管初看起来怎样无害于人,却始终是东方专制制度的牢固基础;它们使人的头脑局限在极小的范围内,成为迷信的驯服工作,成为传统规则的奴隶,表现不出任何伟大和任何历史首创精神"②,而且还带着种姓划分和奴隶制度的标记。它使人们"很难想象亚洲的专制制度和停滞状态有比这些更坚实的基础"③。直到中世纪,在传统东方国家仍存在着这种类型的生产方式。古代和中世纪的东方专制国家就是靠这种"与世隔绝的小天地"④——农村公社来维持的,从而使得"那种最专横的、邪恶的、堕落的专制政治横行无忌"⑤。

此外,传统东方国家组织公共交通与水利灌溉工程的统一行动,与农村公社的孤立性和消极性形成一种对立统一关系,国家的公共工程职能不是在消除村社的孤立性与消极性,而是在维护和强化村社的这两大特征。于是,一方面是村社制度要求国家通过公共工程干预村社经济的发展,另一方面国家的兴衰、政府的优劣取决于是否组织好村社经济而促进农业丰收。在这一过程中,在这种对立统一关系中,又使得国家的专制主义统治得以牢固地建立起来。因此,我们认为,传统东方社会的停滞性问题发端于农村公社的两大特征,而东方专制主义的国家也正是以具备这两大特征的农村公社为基础的。总之,村社制度是传统东方专制制度的根基,专制制度是其所建立村社制度运行的必然结果。

专制制度:社会的超强制管理机制　在传统东方土地所有制形式下,统治者及整个社会所以奉行专制主义制度,主要是由村社的封闭性及自然环境的特殊性所决定的。传统东方社会大多为灌溉农业,生产行为常常遭到旱涝灾害的袭击,而一家一户的小农业经营和画地为牢的村社

---

① 《马克思致恩格斯(1853年6月14日)》,《马克思恩格斯全集》第28卷,人民出版社1973年版,第272页。

② 马克思:《不列颠在印度的统治》,《马克思恩格斯选集》第2卷,人民出版社1972年版,第67页。

③ 《马克思致恩格斯(1853年6月14日)》,《马克思恩格斯全集》第28卷,人民出版社1973年版,第272页。

④ 马克思:《给维·伊·查苏利奇的复信草稿——初稿》,《马克思恩格斯全集》第19卷,人民出版社1963年版,第436页。

⑤ [德]黑格尔:《历史哲学》,生活·读书·新知三联书店1956年版,第204页。

组织是无力应对这种自然灾害的,为了生存其必须依赖于政府,依赖于最高的统治者利用其至高无上的权力来调动人员,兴修水利工程,从而保障每一个单个家庭乃至单个的村社不至于在自然灾害的袭击下失去生存的可能性。即由于特殊的村社制度和地理环境,孤立和分散的村社需要在他们自身之外供养一位至尊的君主,心甘情愿地让自己处于普遍的奴役形式下的依赖关系之中,并总是"把集权的专制制度矗立在公社的上面"①。

正由于传统东方社会结构的特殊性,国家实行专制性统治也就有其历史的必然。孟德斯鸠在其著作《论法的精神》一书中指出:对传统东方来说,专制政体是最为合适的政体类型,实际上已经成为亚细亚的政体。在东方,诸如土耳其、波斯、中国、日本、印度、鞑靼、俄国和蒙古,专制权力已在某种程度上融化为当地化的了。从另一角度而言,由征服形成的地域辽阔的帝国,只能实行专制。② 传统东方国家政权中的专制、集权等问题,向来与农村公社本身的作用无关,农村公社仅是国家政治之外的社会实体,总且这一性质是其自愿接受的。由此也导致了征服与王朝更迭,这对村社及其旧有的平静生活和相似的经济剥削与超经济强制来说,显得类同而毫无意义。本族统治者与外族征服者组成的国家都十分容易地把农村公社当作自己的简单的统治基础。与此同时,正因专制国家的至上统治和以村社制度为基础的社会主体的奴性,导致了各种类别的统治者和国家在任何时候、任何条件下都不曾也不可能让农村公社作为政治主体参与国家政治生活。因此,从国家政治的角度来看,农村公社是个典型的政治无机体。③ "在东方,在村社制度下,**人民实际上是自己管理自己的**,贵族阶级的首领们的权力之争主要是争夺**卡查里—塔比尔**的控制权。"④

当然,不可忽视的是,虽传统东方农村公社不能对专制国家产生任何制约性影响,但"从政治上看,它像一个地方自治体或市镇自治区"⑤,是

---

① 马克思:《给维·伊·查苏利奇的复信草稿——初稿》,《马克思恩格斯全集》第19卷,人民出版社1963年版,第436页。

② [法]孟德斯鸠:《论法的精神》(上册),商务印书馆1982年版,第275页。

③ 参见刘学灵:《东方社会政治形态史论》,上海远东出版社1995年版,第36页。

④ 马克思:《约翰·菲尔爵士〈印度和锡兰的雅利安人村社〉一书摘要》,《马克思古代社会史笔记》,人民出版社1996年版,第433页。

⑤ 马克思:《不列颠在印度的统治》,《马克思恩格斯全集》第9卷,人民出版社1961年版,第147页。

一个封闭式的自治体,如在印度,除了中央政府之外,"整个国家(几个较大的城市不算在内)分为许多**村社**,它们有完全独立的组织,自己成为一个小天地"①,只不过这种简单的自治性管理形式强调的或者说强化了的是村社的自给自足的惰性。其表征是:他们一方面把农业和商业所凭借的主要条件即大规模公共工程交给政府去管;另一方面,他们散处于全国各地,只因农业和手工业的家庭结合而聚居在各个很小的地点。也正基于此,从很古的时候起,"便产生了一种特殊的社会制度,即所谓**村社制度**,这种制度使每一个这样的小单位都成为独立的组织,过着闭关自守的生活"②。这种以手工业、手纺业和手力农业的特殊结合而自给自足为特征的农村公社"不管初看起来怎样无害于人,却始终是东方专制制度的牢固基础"③。在传统东方,正因文明程度太低、幅员太大、私有经济不发达,人们不能产生自愿的联合,所以就迫切需要中央集权的政府来干预。而西方的情况则恰恰相反。它之所以采取民主政体形式,主要是因为私有经济发达,尤其在农业方面更是如此。"例如在弗兰德斯和意大利,曾使私人企业家结成自愿的联合。"④在私有制经济不发达、村社式的小农业广泛存在的传统东方世界,个体劳动者无力举办如治水等大规模的公共工程,其只有依靠并屈服于一种最高权力,然后在这种努力的庇护和组织下从事自己不能举办的事情。传统东方社会组织形式,是与其生产力水平低下相适应的。

总之,传统东方的统治阶级具有较好地利用和驾驭地方自治制度对整个社会进行统治的能力。国家管辖村社而不管理人,村社内部的自治国家并不干预,国家只需利用好村社这一桥梁而统治每个人,而不管村社是如何自治的。当然,要是存在村社联合或被其他力量控制而形成国家与村社之间的政治力量的话,国家是不允许的,因为这种地方自治超出了

① 《马克思致恩格斯(1853 年 6 月 14 日)》,《马克思恩格斯全集》第 28 卷,人民出版社 1973 年版,第 271 页。
② 马克思:《不列颠在印度的统治》,《马克思恩格斯全集》第 9 卷,人民出版社 1961 年版,第 147 页。
③ 马克思:《不列颠在印度的统治》,《马克思恩格斯全集》第 9 卷,人民出版社 1961 年版,第 148 页。
④ 马克思:《不列颠在印度的统治》,《马克思恩格斯全集》第 9 卷,人民出版社 1961 年版,第 145 页。

国家的许可范围而与统治利益直接发生冲突。

等级制度：国家与社会的联系纽带　从人类社会的发展历程来看，社会主体的度的产生是同生产力水平的提高而导致的分工的出现之间存在着必然的联系。分工的不同形式是不同的社会组织形式的基础。最高等级是君主，他（她）处于金字塔的尖端，而整个等级的基础是社会。就这金字塔式的等级结构形成的历史来说，"君主（！）**等级制**最初就是**在村社基础上建立起来的**；但是，君权（！）一旦建立了起来，随着时间的推移，就会成为一个**工具**"①。也就是说，传统东方之所以产生等级制度，其根源就在于此。诚如马克思、恩格斯在《德意志意识形态》中所言：由于不同部门内部的分工，在某一劳动部门共同劳动的个人之间的分工也愈来愈细致了，"这些种种细致的分工的相互关系是由农业劳动、工业劳动和商业劳动的经营方式（父权制、奴隶制、等级、阶级）决定的"②，如"印度人和埃及人借以实现分工的原始形态在这些民族的国家和宗教中产生了等级制度"③。印度村社成员所从事的职业与等级身份是相一致的，低级的主体通常是不可能也是不允许向高等级跨越的，这就使得"曼德尔——村社首领；**卓基达尔**——村社守夜人或警察；**理发师**和**洗衣师**同样都是重要的人物，木匠、陶工、织工、**渔人**也是一样；**雅卡瓦拉**——有权利捕鱼的人；还有**木工**等等"④。

印度的等级制还通过"种姓制"⑤来体现，在印度，种姓制度的起源可以追溯到《梨俱吠陀》时期。在梨俱吠陀的圣歌中，不难探索到一种模糊形态中的种姓制度，只不过此时尚不明显，此时对职业、通婚和共餐并没有严格的限制。但在经过一定历史阶段的演化后，至焚书时期就开始慢

---

①　马克思：《约翰·菲尔爵士〈印度和锡兰的雅利安人村社〉一书摘要》，《马克思古代社会史笔记》，人民出版社 1996 年版，第 421 页。

②　马克思、恩格斯：《德意志意识形态》，《马克思恩格斯全集》第 3 卷，人民出版社 1960 年版，第 25 页。

③　马克思、恩格斯：《德意志意识形态》，《马克思恩格斯全集》第 3 卷，人民出版社 1960 年版，第 44 页。

④　马克思：《约翰·菲尔爵士〈印度和锡兰的雅利安人村社〉一书摘要》，《马克思古代社会史笔记》，人民出版社 1996 年版，第 379 页。

⑤　《马克思致恩格斯(1853 年 6 月 14 日)》，《马克思恩格斯全集》第 28 卷，人民出版社 1973 年版，第 272 页。

慢凝固成为我们所熟悉的那种形式了。僧侣的职位和贵族变为世袭的，在吠舍和首陀罗之下开始被区分为数量愈来愈多的同族通婚的世袭集团，每一集团从事一种职业，或至少被限制在为数不多的若干种职业之内。有关种姓内部婚姻的条规开始严格起来。首陀罗的地位部分地有了改进，他们不再是奴隶，而变成了低贱的自由民。吠陀后期种姓制度已凝固成型，社会逐渐分化为几个等级。那些专门研究吠陀经并主持宗教仪式的人称为婆罗门。专门从事政治、军事活动的人则称刹帝利，雅利安种族的一般群众称为吠舍，主要职业是经商、务农。首陀罗在社会中构成一个特殊的种姓即等级，其地位极其低下，成为别人的奴隶，所有者可以随意驱逐，随意残杀。当然，这个时期的种姓制度还是很有伸缩性的，种姓之间的通婚并未被禁止。有些刹帝利不仅研究吠陀经，而且主持祭祀。而到了孔雀王朝时期，这种等级制就变得更为严格起来，它规定每一个姓都有各自特殊的权利和义务，并必须严格遵守。如《摩奴法典》记载：无上至尊者"命婆罗门学习和传授吠陀，执行祭祀、诵读圣典、摒绝欲乐，规定为刹帝利的义务。照料家畜、布施、祭祀、学习经典、经商放贷、耕地，给予吠舍的职司。但无上至尊者对首陀罗只规定了一种义务，即服役于上述种姓而不忽视其功绩"①。前三个种姓为"再生族"，而第四个种姓，即首陀罗，为"一生族"。这就是说，高等种姓的成员至少已经经历了一次生命，而最低贱的种姓成员只是开始他们的生死轮回。因此，人的生命从首陀罗开始，自愿而恭顺地服务，然后通过种姓体系一生又一生地逐渐上升到婆罗门等级。可见印度社会早就分成了固定的等级，只有以再生的形式，等级之间才得以流动。印度社会之所以表现为这种等级制度，归根结蒂，是因那个时期社会生产力水平低下所导致的。② 也正因为这种种姓制度成为印度社会生产力水平提高的一大阻力，从而成为印度进步和强盛道路上的基本障碍。

---

① 《摩奴法典》第1卷，第31节。

② 在资本主义社会，主张所有社会主体在法律上一律平等，等级划分已被消灭，至少在原则上已被消灭。阶级剥削主要是通过经济法则来实现的，所以已不再是等级的了。传统东方社会，由于生产力水平低下，经济剥削更多地采取政治暴力，即所谓超经济强制的办法来实现的。在这种情况之下，只能出现政治权力支配经济这一结果。等级越高，政治地位越高，攫取的经济利益也愈多。这就使得传统东方社会与资本主义社会呈现明显的差异。

当然，传统东方的等级制还体现于宗教信仰方面，或者说宗教信仰与等级制是互为因果关系。传统东方的宗教信仰，使得除君主之外的社会主体毫无"自由"与"人格"可言。为了加强等级制而有利于自身的统治，掌握至上权力者以最高统治者谕旨方式发布的所谓圣谕（训），同社会中的宗族组织相结合，从而成为各地宗族制度、宗族家法约束民众的指导思想。最高统治者的所谓圣谕（训）是具有法律效力的，有其至上的权威性，并成为它与宗族制度、宗族家法等相互作用的决定性因素。

此外，应清楚的是，在传统东方的等级制度之中还存在着一定程度的奴隶制特征，可以说它是一种特殊的奴隶制。因为它既没有希腊罗马那样残酷的奴隶制剥削形式，又没有自由的公社成员与非自由的奴隶之间的明显的对立与斗争。这里的奴隶制是"普遍的奴隶制"，即除了君主一人之外，所有的臣民都是不自由的，"除了所有臣民对这个国家都有的臣属关系以外，不需要更严酷的形式"①，即所有臣民都是君主的奴隶。当然，这种奴隶与希腊罗马的奴隶又是大不相同的，他们既不破坏劳动条件，也不改变本质关系，因而既不可能形成对公社所有制的强大冲击力，也无法形成冲击。也就是说，在传统东方，由阶级压迫所形成的等级制是"普遍的奴隶制"，所体现的是君权与民众的对立，这里的阶级压迫是君主对全体民众的压迫。这性质非但与传统东方社会的生产方式不相矛盾，而且本身就是与之对应的生产方式的一个主要内涵。或者说，这种压迫又是传统东方社会生产方式得以维护的决定性的根本保证和前提。

总之，传统东方各国是具有特殊性的等级制国家，在一国之内形成了一个严格的等级网络体系，从而决定了其特殊的社会结构。由此所导致的结构特征是：在这些"等级制度占统治地位的国家里，人类简直是按抽屉来分类的，那里伟大圣者（即神圣的人类）的高贵的、可以自由转化的成员被割裂、拆散和隔绝"②。当然这体系在各个国家又是有区别的，也就是说，对一般的社会主体而言，可否通过适当的方式进入不同的等级是

---

① 马克思：《资本论》第三卷，《马克思恩格斯全集》第 25 卷，人民出版社 1974 年版，第 891 页。

② 马克思：《第六届莱茵省议会的辩论（第三篇论文）》，《马克思恩格斯全集》第 1 卷，人民出版社 1956 年版，第 142 页。

因国别而相异的。如在中国,虽然各等级的层次非常明显,且层次较多,并构成一个复杂的、庞大的体系,但是这个体系是开放型的,社会主体在其中的位置不是固定不变的,而是既可能通过一定的方式获得一定的"能量"而跃升到较高的层次,也可能因某种原因失去"能量"而下降至较低的层次。在这不封闭的体系内的社会成员都希望能获得一定"能量"而跃向更高级的层次。所以,这个体系的生命力极强,能使得在此基础上建立的等级制度极为牢固,从而使得社会变迁及与之相对应的法律的变革与发展变得十分艰巨和复杂。而日本则不同,各阶层之间区别十分明显,商人、高利贷者、大封建领主和武士等相互之间不可转换,彼此之间构成封闭式的社会结构体系。但是这种体系在日本的社会变迁之中却容易汇集社会力量,从而就更容易打破等级体系和废除等级制度。这也是为何日本的明治维新能卓有成效,并在近现代化的过程之中,能成为地处东方的西方国家的原因之所在。① 我们可以说,传统东方等级制度使人们的注意力集中于一点,一个人的等级决定其所从事的活动,"等级"实际上参与着社会的每一项事务,村社之上的国家通常被看作外人强加的寄生性赘疣。

贡赋关系:专制国家榨取社会无酬劳动的独特形式　传统东方独特的土地所有制形式和专制制度,决定了其榨取无酬劳动的形式和手段与西方有本质区别。在这一状态之中,农村公社的一部分剩余产品不言而喻地"属于这个最高的统一体"②——专制君主这个凌驾于所有共同体之上的更高的共同体,既表现在贡赋等形式上,也表现在为了颂扬统一体而提供的服务上。

这种贡赋关系的主要形式由地租和徭役劳动所构成。地租即是土地所有权的表现形式,诚如马克思所论述的,在地租产生的历史上,"在亚洲各民族中还是在最大范围内"③"表现为剩余劳动的普遍形式,即无偿地

① 参见夏锦文、唐宏强:《儒家法律文化与中国法制现代化》,载于《法律科学》1997年第 1 期,第 81 页。

② 马克思:《政治经济学批判(1857—1858 年草稿)》,《马克思恩格斯全集》第 46 卷(上),人民出版社 1979 年版,第 473 页。

③ 马克思:《资本论》第四卷,《马克思恩格斯全集》第 26 卷(Ⅲ),人民出版社 1974年版,第 440 页。

完成的劳动的普遍形式"①。即一般不归劳动者自己所有的剩余劳动和剩余产品的大部分归土地所有者所有——"国家所有"②。而地租往往采用实物即产品地租的形式,它是建立在"像自然关系那样一成不变地再生产出来的生产关系的基础上的,这种支付形式反过来又维护着这种古老的生产形式"③。如在印度和亚洲其他国家的农民向全部土地的最高所有者——专制君主缴纳的就是实物租税。

也正是由于传统东方独特的土地所有形式,决定了其分配关系也主要表现为贡赋关系。它是以农村公社为基础的公共土地所有制的经济运行模式,是通过为共同体之父的专制君主之土地所有权借以实现的形式。作为国内剩余产品的唯一所有者的专制君主,同手工业者相交换的是其一种消费形式,他的另一部分收入直接分给他(她)的侍从。④

总之,传统东方独特的贡赋关系和贡赋制度所具有的特点主要有:

第一,这种占有剩余劳动的独特的经济形式正是传统东方土地所有制的重要特征。它具有普遍性,与欧洲以徭役劳动为主的地租——以实物地租为主——是不同的。当然,即便如此,也不能完全否定传统东方会有徭役劳动形式的地租存在。

第二,在传统东方,这种贡赋关系是与专制制度紧密地结合在一起的。它既是自给自足的自然经济的产物,又完全适合于为其静止的社会状态提供基础性条件。⑤ 因为这种形式反过来又维护着古老的生产形式,束缚了商品经济因素的生长和社会生产力水平的提高及社会的变迁。资本主义商品经济因素不能在古老的东方社会内部顺利产生和发展,这种与其土地所有制相适应的贡赋关系和贡赋制度是一个十分重要的制约因素。

---

① 马克思:《资本论》第四卷,《马克思恩格斯全集》第26卷(Ⅲ),人民出版社1974年版,第440页。

② 马克思:《资本论》第四卷,《马克思恩格斯全集》第26卷(Ⅲ),人民出版社1974年版,第463页。

③ 马克思:《资本论》第一卷,《马克思恩格斯全集》第23卷,人民出版社1972年版,第161页。

④ 参见马克思:《政治经济学批判(1857—1858年草稿)》,《马克思恩格斯全集》第46卷(上),人民出版社1979年版,第466页。

⑤ 参见马克思:《资本论》第三卷,《马克思恩格斯全集》第25卷,人民出版社1974年版,第897页。

第三,农村公社的发展道路东西方有别。在欧洲,原始的农村公社在解体的过程中,可以向奴隶制和农奴制过渡和发展,农奴制就是从徭役劳动中产生的。而在东方,以土地公有制为基础的农村公社却走的是一条非资本主义的发展道路。从这种独特的贡赋关系和贡赋制度中可以看出东西方不同发展道路的深刻的社会经济根源。①

地理环境:专制制度和社会运行机制产生的外因 被称为"医生之父"的希腊名医希波克拉底在其《论空气、水和地域的影响》一书中,从气候和政体的差异性角度解释东西方的社会主体——人的气质、生活方式的独特性。他认为:"精神上的迟钝和性格上的柔顺,使得亚洲人不像欧洲人那么好战,性情沉静,这主要是由一年四季的气候所造成的;亚洲地区一年四季的气温变化不大,使亚洲人感受不到气候的剧变。众所周知,在气候剧变的影响下人就会情绪激动,甚至达到丧失理智和狂热的地步。始终处于同一心境的人就不会如此。"亚里士多德就传统东方的社会特征受地理环境因素的影响有如下论述:

> 寒冷地区的人民一般精力充足,富于热情,欧罗巴各族尤甚,但大都拙于技巧而缺少理解;他们因此能长久保持其自由而从未培养好治理他人的才德,所以政治方面的功业总是无足称道。亚细亚的人民多擅于机巧,深于理解,但精神卑弱,热忱不足;因此,他们常常屈从于人而为臣民,甚至沦为奴隶。唯独希腊各种姓,在地理位置上既处于两大陆之间,其秉性也兼有了两者的品质。他们既具热忱,也有理智;精神健旺,所以能永保自由,对于政治也得到高度的发展;倘使各种姓一旦能统一于一个政体之内,他们就能够治理世上所有其他民族了。②

在马克思看来,传统东方的专制主义政治,很大程度上也是跟其所处的地理环境有关,就此,在《不列颠在印度的统治》中作了详述。

---

① 参见谢霖:《东方社会之路——马克思关于东方社会非资本主义发展的理论》,中国社会科学出版社1992年版,第91页。

② [古希腊]亚里士多德:《政治学》,商务印书馆1983年版,第360～361页。

在亚洲,从很古的时候起一般说来只有三个政府部门:财政部门,或对内进行掠夺的部门;军事部门,或对外进行掠夺的部门;最后是公共工程部门。气候和土地条件,特别是从撒哈拉经过阿拉伯、波斯、印度和鞑靼区直至最高的亚洲高原的一片广大的沙漠地带,使利用渠道和水利工程的人工灌溉设施成了东方农业的基础。无论在埃及和印度,或是在美索不达米亚和波斯以及其他国家,都是利用河水的泛滥来肥田,利用河流的涨水来充注灌溉渠。节省用水和共同用水是基本的要求,这种要求,在西方,例如在弗兰德和意大利,曾使私人企业家结成自愿的联合;但是在东方,由于文明程度太低,幅员太大,不能产生自愿的联合,所以就迫切需要中央集权的政府来干预。因此亚洲的一切政府都不能不执行一种经济职能,即举办公共工程的职能。这种用人工方法提高土地肥沃程度的设施靠中央政府办理,中央政府如果忽略灌溉或排水,这种设施立刻就荒废下去,这就可以说明一件否则无法解释的事实,即大片先前耕种得很好的地区现在都荒芜不毛,例如巴尔米拉、彼特拉、也门废墟以及埃及、波斯和印度斯坦的广大地区就是这样。同时这也可以说明为什么一次毁灭性的战争就能够使一个国家在几百年内人烟萧条,并且使它失去自己的全部文明。①

马克思虽然也认为地理环境和由之而引发的治水工程是东方专制主义产生并长期延续的原因之一,但应清楚地认识到:①他既没把地理环境看作是影响传统东方社会特征的主要因素,更没将之看作唯一的影响因素;②相对于所有制形式和农村公社的自然经济性质,马克思在对东方专制主义问题的论述中也没有将治水工程看作是主要因素,更不是唯一因素。

总之,无论从何角度去透视传统东方社会的特征,均可以觉察到其特殊的地理环境对专制制度和社会运行机制所产生影响的烙印。

---

① 马克思:《不列颠在印度的统治》,《马克思恩格斯选集》第 2 卷,人民出版社 1972 年版,第 64 页。

停滞不前：专制统治与依附社会互动的直接后果　要判析传统东方停滞不前的特征，从亚细亚的状态及其持续期就可明了。由于传统东方固有的特殊性，亚细亚形式必然生命力最顽强也保持得最长久。①　就合乎亚细亚形式应具备的条件这一问题，马克思列举了三条：一是单个人对公社的非独立性地位；二是生产范围仅限于自给自足；三是农业与手工业的结合。②　这些前提造就了农村公社的两大特征：首先是"社会分解为许多模样相同而互不联系的原子"③，村社间相互孤立、与世隔绝；其次是村社内部没有更新、发展的机制，在传统方式之下不断地将自己复制出来，"偶然遭到破坏时，会在同一地点以同一名称再建立起来"④，人们没有希望社会进步的意向，没有推动社会进步的行动。在这种状态下，村社自身是一个有机体，但由村社组成的社会就成为一个无机体。虽出现政治上层建筑的不断更迭，即国家不断瓦解、重建和经常改朝换代的情形，但社会基础却并不为政治风暴所触动，坚固而没有变化。

上述原因是束缚传统东方社会生产力水平提高的根源。马克思主义经典作家认为传统东方的停滞状态是由两种相互促进的因素所导致的：一是社会依赖于中央政权，自身缺乏生产力水平的提高及打破原有的局限性的内在活力；二是整个国家除了政府之外，"分为许多**村社**，它们有完全独立的组织，自己成为一个小天地"⑤，即"从远古以来……居民就生活在……简单的地方自治的形式下。村社的边界很少变动；虽然村社本身有时候受到战争、饥荒和疫病的损害，甚至变得荒无人烟，但是同一个名

①　参见恩格斯：《"论俄国的社会问题"一书导言》，《马克思恩格斯全集》第18卷，人民出版社1964年版，第643页；马克思：《给维·伊·查苏利奇的复信草稿——初稿》，《马克思恩格斯全集》第19卷，人民出版社1963年版，第436页；马克思：《给维·伊·查苏利奇的复信草稿——二稿》，《马克思恩格斯全集》第19卷，人民出版社1963年版，第539页；马克思：《经济学手稿(1857—1858年)》，《马克思恩格斯全集》第46卷(上)，人民出版社1979年版，第484页。

②　参见马克思：《政治经济学批判(1857—1858年草稿)》，《马克思恩格斯全集》第46卷(上)，人民出版社1979年版，第484页。

③　马克思：《不列颠在印度统治的未来结果》，《马克思恩格斯全集》第9卷，人民出版社1961年版，第249页。

④　马克思：《资本论》第一卷，《马克思恩格斯全集》第23卷，人民出版社1972年版，第397页。

⑤　马克思：《马克思致恩格斯(1853年6月14日)》，《马克思恩格斯全集》第28卷，人民出版社1973年版，第271页。

称、同一条边界、同一种利益,甚至同一个家庭却世世代代保存了下来。居民对于王国的覆灭和分裂漠不关心;只要村社仍然完整无损,他们并不在乎村社受哪一个国家或哪一个君主统治;因为他们的内部经济仍旧没有改变"①。而"要破坏这些村社的自给自足的性质,必须消灭古老的工业"②。

也正因为亚细亚式的生产方式下的专制主义政治直接导致了传统东方社会发展的停滞不前,使得人们被局限在闭塞的小天地里,并心甘情愿地受着奴隶般的境遇,过着"失掉尊严的、停滞的、苟安的生活"③。也就是说,传统东方社会的停滞性完全是因为农村公社自给自足的自然经济结构没有改变和国家长期专制统治所导致的。

总之,在传统东方,一方面,农村公社制度安然存续并不为外界情形所影响或撼动,甚至对因征服而引起的国家的兴亡、王朝的更迭亦无动于衷。农村公社失去了应有的政治性,不是国家的有机组织和有机体,而成为完全消极地任凭国家、任凭统治者奴役的社会无机体。农村公社内部具有一定成效的自治功能,村吏亦不可能归入统治者阶层,村社成员在村社内也似乎不是被奴役者。村社自我封闭、与世隔绝的生活日益严重,仿佛永恒地保持着古朴的、半贫困的状态。另一方面,国家并无创造社会的能力,它只能简单地把村社当做自己的经济基础,不仅不触动它反而强化它,使之成为单纯的赋税机器。组织水利工程逐渐失去往日村社联合与农业兴旺的象征意义,而成为征服者为确保赋税不得已而才运用的国家职能,成为其强化对农村公社的超经济强制与奴役的手段。这两方面的结果,不仅恶化了农村公社的处境,强化了东方专制主义国家的政治基础,同时也从另一层面印证了东方社会发展停滞的本源。换言之,传统东方社会的停滞性既使东方专制主义统治找到了最能与之相适应的有利的社会环境,同时传统东方国家的专制主义政治统治又强化了社会发展的停滞性。农村公社这种活力减退、闭塞守旧但安稳宁静、不求进取的制

---

① 《马克思致恩格斯(1853 年 6 月 14 日)》,《马克思恩格斯全集》第 28 卷,人民出版社 1973 年版,第 271～272 页。

② 《马克思致恩格斯(1853 年 6 月 14 日)》,《马克思恩格斯全集》第 28 卷,人民出版社 1973 年版,第 272 页。

③ 马克思:《不列颠在印度的统治》,《马克思恩格斯全集》第 9 卷,人民出版社 1961 年版,第 149 页。

度,培植并维护了专制主义的政治统治及其制度与价值追求,而这种政治统治及其制度和价值追求又进一步强化了村社制度的这些特性。传统东方专制主义政治能在这种以停滞为特征的制度和价值追求上获得发展,恰好说明了传统东方社会停滞性问题的实际内容,即一方面是村社制度的那些特性,另一方面是村社制度与东方专制主义政治的这种密切关系。

　　小　结　"国家并不是从来就有的。曾经有过不需要国家、而且根本不知国家和国家权力为何物的社会。在经济发展到一定阶段而必然使社会分裂为阶级时,国家就由于这种分裂而成为必要了。"①相对于社会来说,国家应是从属的东西,社会则是决定性因素和基础性力量因素,即"国家决不是从外部强加于社会的一种力量……国家是社会在一定发展阶段上的产物;国家是表示:这个社会陷入不可解决的自我矛盾,分裂为不可调和的对立面而又无力摆脱这些对立面。而为了使这些对立面,这些经济利益互相冲突的阶级,不致在无谓的斗争中把自己和社会消灭,就需要有一种表面上驾于社会之上的力量,这种力量应当缓和冲突,把冲突保持在'秩序'的范围以内;这种从社会中产生但又自居于社会之上并且日益同社会脱离的力量,就是国家。"②就本质而言,国家的角色扮演、职能的发挥、目标的确立等均应服从于社会、服务于社会,均必须与社会的需求相一致。当然,这仅是一种理想状态,要使国家达到这一目标,既不是件易事,也与社会自身的状态有本质的、必然的联系。传统东方,由于以宗法等级制度和土地的实际由君主所有的公有制为核心所决定的专制性国家制度与社会的内在需求之间出现偏差,由此形成了上述一系列的国家与社会的独特的内在互动性关系。这极大地影响了传统东方国家与社会的成长和发展的历程,并必然制约和影响着源于社会但又不能脱离国家这一中介的法律及其制度、体系和价值追求的特点、走向等。对传统东方国家与社会内在关系进行深入细致地研究将为我们在后续章节中对

---

　　①　恩格斯:《家庭、私有制和国家的起源》,《马克思恩格斯选集》第4卷,人民出版社1972年版,第170页。

　　②　恩格斯:《家庭、私有制和国家的起源》,《马克思恩格斯选集》第4卷,人民出版社1972年版,第166页。

传统东方国家与法律发展、社会与法律发展及变革时代的东方国家、社会与法律发展等问题所进行的专题研究,既是一个重要的铺垫也有利于把握问题的核心。

第二章　传统东方国家与法律发展

在绪论中,我们已较为详细地论述了,虽然社会是法律的生命之源,但不可脱离国家这一中介,否则,社会内在需求的"法律",就既不能成为现实之中的"法律",也不可能产生应有的实效。费希特曾精辟地论述到,社会和国家不是一回事,国家不是目的本身,而纯粹是手段。① 这一论点对于我们在判析法律同国家与社会间的关系时同样适用。从某种意义而言,只有认清国家这一"手段"性中介与法律之间的关系,才能既准确地透过"法律"表象把握其内在本质,并可能起到有力地正面推动其发展的作用;又能有效地利用好有益于法律发展的相应条件,反推国家与社会变迁内在要求相适应的角色的准确扮演和功能的充分发挥。所以,我们在阐述传统东方法律的运动机理时,必须研究其与国家间的关系。当然,诚如马克思主义经典作家以历史唯物主义的视角所科学揭示的,由于作为人类历史发展的产物和阶级统治机器的国家是"独立于社会之上又与社会对立"②的"超自然的怪胎"③,从而要想准确地把握两者之间的关系,并达到我们预设的目标绝非易事。更何况如我们在第一章中所述及的传统东方国家与社会之间又具有极为繁多地交织在一起的成分呢?就本章而言,我们拟从以下几个方面作相应的阐述。

第一节　传统东方国家的法律价值取向

由于传统东方国家是凌驾于对自身完全依附的社会之上的,推行

---

① 参见[德]费希特:《论学者的使命》,商务印书馆1982年版,第17~18页。
② 马克思:《法兰西内战(初稿)》,《马克思恩格斯选集》第2卷,人民出版社1972年版,第409页。
③ 马克思:《法兰西内战(初稿)》,《马克思恩格斯选集》第2卷,人民出版社1972年版,第411页。

的是"人治"主义的权力运行机制,凡此决定了国家所确立的法律的价值旨趣完全受制于秉权者对法律的态度。正因如此,传统东方国家所确立的法律的价值旨趣概括起来,我们认为主要体现在以下几个方面。

为维护统治者的专制统治①地位服务 "在任何时间和地点,法律都有一个最为显著的普遍特征,这就是它的存在意味着特定种类的人类行为不再是任意的,而是在某种意义上具有强制性。"②且这种强制性的程度和范围又受国家权力及其运作方式所制约。"自古以来,权力这个词意味着对人的支配,而富裕则意味着对物的支配。"③为了支配人和物就必须有必要的权力和相应的规则。传统东方历来崇尚权力,具有浓厚的权力崇拜倾向和秉权者对物的强烈的占有欲,极为轻视民众权益。由此,使得建立在农村公社基础上的国家乃是专制性集权政体,君主不仅独掌着国家的军事、行政等最高权力,而且国家法律的制定和实施权均完全控制在其一人手中,并享有可以为所欲为的至高无上的权力,对臣民实行残暴的专制统治,从而法律的存在意味着与对权力的崇拜和对物的疯狂占有相对应,迫使被统治者只有尽有益于专制统治的强制性的义务,而无本应享有的权利可言。即作为国家控制社会的手段之一的法律,就是朝着这一目标而努力的。当然,也产生了相应的实效。

在这一情形之下,传统东方国家内部是严重缺乏以法律制约专制权力的"法治"精神的,本应受到法律限制的权力,秉权者却凭借自己的某种身份优势而不受任何约束地任意行使。在这里,君主的心愿和愿望就是未来的国家的根本法律,君主就是整个国家制度,一切都由他一个人决定。他所做的或者人家要他做的,他所讲的或者人家要他讲的,就是国家所做的和所想的。④ 从而形成了以君权至上为表征的权力本位的价值体系,这就必然使得法律被置于次要的地位,出现了专制性权力与社会内在

---

① 当然,不可将专制主义与暴政等同看待。因为,诚如拉策尔所言:"暴政不是以个别人的强大意志为基础的,而主要是以阶级压迫和等级压迫为基础的。"([德]拉策尔:《民族学》,1894/1895 年莱比锡和维也纳第二版第 1 章,第 268 页。转引自[德]弗兰茨·奥本海:《论国家》,商务印书馆 1994 年版,第 84 页)

② [英]哈特:《法律的概念》,中国大百科全书出版社 1996 年版,第 7 页。

③ [德]弗兰茨·奥本海:《论国家》,商务印书馆 1994 年版,第 11 页。

④ 参见 公丕祥:《东方法律文化的历史逻辑》,法律出版社 2002 年版,第 10 页。

需求的法律严重相冲突的情形。"在这种冲突面前,最终的胜利者总是绝对的专制权力。"①如在中国,所崇尚及体现和实现的法与术一样"皆帝王之具也"②。以君权为中心的国家权力,对社会生活进行无孔不入的干预与控制,甚至人们的衣服样式、门墙用什么颜色,都按等级严格规定,从而使得关于社会相对独立于国家和社会生活不受国家干预的社会自主观念在其政治文化中是不存在的。"在印度,那种最专横的、邪恶的、堕落的专制政治横行无忌。"③在俄国,"各个公社相互间这种完全隔绝的状态,在全国造成虽然相同但绝非共同的利益,这就是**东方专制制度**的自然基础。从印度到俄国,凡是这种社会形态占优势的地方,它总是产生这种专制制度,总是在这种专制制度中找到自己的补充。不仅一般的俄罗斯国家,并且连它的特殊形式即沙皇专制制度,都不是悬在空中,而是俄国社会条件的必然和合乎逻辑的产物"④。所有一切只是靠专制制度在表面上勉强维持着,这种专制制度的专横,在西方甚至是无法想像的。⑤ 诚如美国当代政治学家乔·萨托利提出的:"极权主义是指把整个社会囚禁在国家机器之中,是指对人的非政治生活的无孔不入的政治统治。"⑥美国学者尼斯比特也说:当"一切皆属国家,没有任何东西存在于国家之外,没有任何东西反对国家时,就是对人类私生活的绝对侵犯"⑦。当然,传统东方之所以在一开始就体现为专制主义政治及与之相对应的法律及其制度、体系和价值追求,关键之处就在于其国家政治是家长制的放大,君主亦由家长演变而来,家长在家庭中的至上地位直接导致了君主在国家中的至上地位。再者,由于传统东方文明是以一种渐进的方式发展起来的,由家庭到部落再到国家,在这一过程之中,始终不可能遇到一种能与君主所拥有的权力相抗衡的力量。从而使其从未经受过来自社会的致命的外

---

① 公丕祥:《东方法律文化的历史逻辑》,法律出版社 2002 年版,第 11 页。

② 《韩非子·定法》。

③ [德]黑格尔:《历史哲学》,上海书店出版社 1999 年版,第 166 页。

④ 恩格斯:《流亡者文献》,《马克思恩格斯全集》第 18 卷,人民出版社 1964 年版,第 618～619 页。

⑤ 参见恩格斯:《流亡者文献》,《马克思恩格斯全集》第 18 卷,人民出版社 1964 年版,第 622 页。

⑥ [美]乔·萨托利:《民主新论》,东方出版社 1993 年版,第 203 页。

⑦ [美]理查德·尼斯比特:《寻求共同体》,第 202 页。转引自[美]乔·萨托利:《民主新论》,东方出版社 1993 年版,第 204 页。

力冲击。"统治集团的特殊利益就是维护其强加于人的、作为政治手段的有效法律"①,掌控国家政权的统治者通过制定相应的法律,就可以使得中央政权"依然会牢固地掌握在那些强有力的君主的手中。他们的权力就会演变成为彻头彻尾的独裁主义和迫害狂"②。而西方却不同,由其社会状态及运行机制所决定,无论是民众还是掌握国家政权的统治者,都能接受"法律至上"的"法治"的理念。即在西方具备了无论是国家还是社会均能把"法律至上"的理念看作一种深入人心的大众法律心理,从而国家在处理自身同法律发展间的关系时是能有益于合乎社会变迁的内在需求的。当然,在具体实践中,西方也难免发生以权力践踏法律的专制性国家权力运行机制的情形,如欧洲著名暴君英王詹姆士一世和法王路易十四等人,就曾鼓吹过"国王创造法律,而非法律创造国王,国王应居于法律之上,不受世俗法律限制"等独裁理论。不过,他们的理论不但不能得到民众的认同,反而使自己被民众推上了历史的断头台。由此可见,东西方在权力和法律关系上的观念是多么的不同,可以说,当西方人已极力反对权大于法和以权压法的价值定位和现象的时候,东方人却对权力蹂躏法律的现象熟视无睹,泰然处之,甚或大加褒扬。总之,正因为传统东方在土地公有制基础之上形成的专制主义的特质,决定了法权特征和法律价值追求围着为推行和维护专制主义统治这一轴心转。③

不可否认,传统东方曾有过推行"法治"的提法,但它与西方及东方近现代所追求的"法治"有本质的区别。如中国古代法律文献之中曾出现过"法治"的话语,即在中国春秋时就已有使用,但它是个多义词,其内涵诚如管仲所说的:"有生法,有守法,有法以法。夫生法者君也,守法者臣也,法于法者民也。君臣上下贵贱皆从法,此之谓大治。"④这里虽然也说的是"法治",但法律的创制和实施的权力统辖于君主一人,且其目的是使民众服从法律的管束,也就是说,其价值所追求的定位点是君主凌驾于法律之上,法律只是君主实行专制统治的工具,是为"人治"服务的。主张君主"垂法而治"、"以法治国"等等,均只不过是强调要用法律来治

---

① [德]弗兰茨·奥本海:《论国家》,商务印书馆1994年版,第40页。
② [德]弗兰茨·奥本海:《论国家》,商务印书馆1994年版,第81页。
③ 参见恩格斯:《〈反杜林论〉材料》,《马克思恩格斯全集》第20卷,人民出版社1971年版,第681页。
④ 《管子·任法》。

国、治臣、治别人,并不涉及君主本人守法与否。① 总之,可以说,传统东方只存在法律规范,而不可能有符合社会变迁内在要求的"法治"意识和成效出现,所追求的只是利用法律为巩固其专制统治服务,而非出于维护社会主体的应然合法权益之目的。

为维护国家权力的私有化服务　由于传统东方有"家""国"不分、两者同轴心这一显著特征,臣民与土地、牲畜一样是统治者的私有财产,至于社稷,那是统治者认为合法使用暴力的依据。在这种情况下,其统治形式必为"人治"性的,从而此时的法律必然是为维护这一统治形式服务的工具,而不是臣民权益的保护者。臣民既无力控制其价值定位的取向,更不可能有维护自身权益的意识和能力,只能由统治者决定自己的命运。这一格局不仅统治者极力维持,而且因社会自身的依附性而决定其也希望如此。就诚如汉代儒学集大成者董仲舒所鼓吹的"民为言困犹瞑,也于是为之立王以善之,此天意也"②。就这一特征,马克思阐述道,亚洲的专制制度与现代国家制度是截然不同的,在这种专制制度中,"政治国家只是一个人的独断独行,换句话说,政治国家同物质国家一样,都是奴隶。"③我们认为这一状态的出现,其中一个隐含性目的是要将国家的公权力能始终控制在专制性统治者手中,使其私有化。如在传统东方常出现这样的情形:某一个官员死后,"政府就任命另一个官员;但在挑选这种人员的时候,**死者的长子**通常首先被任用,这就奠定了既**继承职务本身**又**继承与职务有关的土地**这样一种**长子继承权的原则**"④。而作为最高统治政权的所有者,更是如此,若非朝代的更替,这种权力是不可能落到异族/异姓之手的,且即使如此,其性质还是没有改变。而在西方却是不同的,其遵循的是契约性规则,国家必须运用好社会让渡出来的由国家行使的公权力。虽然,我们不能否定西方国家的统治者在行使权力时会有违

---

　　① 参见俞荣根:《儒家法律思想通论》,广西人民出版社 1998 年版,第 34 页。

　　② 《春秋繁露·深察名号》。

　　③ 马克思:《黑格尔法哲学批判》,《马克思恩格斯全集》第 1 卷,人民出版社 1956 年版,第 285 页。

　　④ 马克思:《马·柯瓦列夫斯基〈公社土地占有制,其解体的原因、进程和结果〉(第一册,1879 年莫斯科版)一书摘要》,《马克思恩格斯全集》第 45 卷,人民出版社 1980 年版,第 215~216 页。

背"契约"要求的情形存在,但绝不会也不允许出现传统东方的情形。总之,在传统东方国家的法律价值追求之中,具有极力维护源于社会的国家公权力为统治者私有化服务这一特征的。

为维护统治者自由服务　　法律是社会需求的产物,法律理应是广大社会主体的应然自由的保护神。但在传统东方,不仅法律的制定权统辖于专制君主一人,而且法律的实施也是以其为中心。从自由的角度而言,传统东方只有一个人——专制政体下的君主——是自由的。这一点,黑格尔《历史哲学》中精辟地论述道:

> 在东方的国家生活里……虽然具有一切理性的律令和布置,但是各个人仍然被看作是无足轻重的。他们围绕着一个中心,围绕着那位元首,他以大家长的资格——不是罗马帝国宪法中的君主——居于至尊的地位。……东方观念的光荣在于"唯一的个人"一个实体,一切皆隶属于它,以致任何其他个人都没有单独的存在,并且在他的主观的自由里照不见他自己。想像和自然的一切富丽都被这个实体所独占,主观的自由根本就埋没在它当中。它只能在那绝对的对象中,而不能在它自身内觅得尊严。一个国家的一切因素——甚至于主观性的因素——或许在那里可以找着,但是跟实体还是不相调和。因为在这唯一的权力面前,没有东西能够维持一种独立的生存,在这个"唯一的权力"范围以外,只有反抗的变乱,但是因为这种变乱是出于中心势力的范围之外,所以随意动荡而没有什么发展。因此,那些从高原冲下来的野蛮部落——冲进这些东方国家,把它们踏为荒土,要不就定居那里,放弃他们的野蛮生活;但是无论如何,他们终归是要无结果地消失在那中心的势力里面的。①

在这一状态之下,控制代表国家一切的统治者所制定、实施的法律只有可能是维护其一人之专制自由。

而西方却不同,因为在西方的法制史上,由于对神灵的崇拜并没有衍变成神的人格化,因而很难产生像传统东方那样被神化了的集权君主。

---

① ［德］黑格尔:《历史哲学》,生活·读书·新知三联书店1956年版,第150页。

无论是古希腊或古罗马的法律,还是近代资产阶级宪法,都没有公开宣布法权渊源出自君主,这一做法有力地否定和扼制了统治者的权力的"人治"式的运作方式的产生。诚然,虽即使如此也不可能杜绝"人治"性情形的出现,但是达到了在当时的历史条件之下的良好的效果,并为后继形成更为有力的"法治"氛围创造了一定的条件和产生了较好的影响。在西方人的心目中,法律源于自然和神灵,而神灵只是远在天边的虚幻偶像,近在眼前的人都是上帝的子民,他们既平凡又平等,所以他们永远也不能超越代表神灵意志的法律之上。正是由于西方人所认为的法权源于神灵而非君主,所以西方的立法至少在形式上是大众制定的。如古希腊的立法工作由"人民大会"这一立法机关负责,人民大会是由每个公民投票选举出来的,它所制定的法律可以说基本是民众意愿的真实体现。在古希腊城邦克里斯提民主时代(公元前 509 年—公元前 508 年)即已出现,非常明确地规定任何个人的权力都被置于"贝壳放逐法"的监督之下,所有公民都可以通过"人民大会",用投票的方式决定放逐危害国家的分子,表决时每个公民在贝壳或陶片上写下他认为应予放逐的人的名字,如对某人所投贝壳票超过六千,该人将被驱逐出境,10 年内不许返回。古罗马的第一部成文法典《十二铜表法》也不是当时的执政官(相当于传统东方的君主)下令制定的,而是由平民和贵族各推出相等的人数拟订对两个等级彼此有利的法律而产生出来的。①　在这里,法律已不是统治者的专宠之物,诚如孟德斯鸠所言,是由民众组织起来制定法律,因为他们希望获得有所保障的"法律下的自由",而不希望任何强权在破坏法律之时剥夺了他们的自由。

　　总之,传统东方专制主义国家的法律价值取向与西方社会变迁过程之中所推行的体现宪政、民主、法治思想——既约束一般的社会主体也约束行政机关且同时约束国家权力的最高掌握者的法律——是有本质区别的,它只是约束平民百姓和一般官吏,不仅对掌握国家最高权力的君主没有任何约束力,而且是极力保护和实现其随心所欲的自由。虽然"一个国家衰亡的通常的原因,是由于政府的滥用权力和施行暴政"②,这种现象在传统东方经常出现,但是,即使出现这一状态,且在改朝换代的开始阶

---

① 参见[古罗马]李维:《罗马史》第 3 卷,商务印书馆 1980 年版。
② 参见[法]魁奈:《魁奈经济著作选集》,商务印书馆 1979 年版,第 132 页。

段,专制性自由虽有所收敛,可由于其自身无法克服并极力维护的固有局限性,并不能从根本上改变其实质,最终只不过是在原有的状态之下反复。

为维护专制统治者通过村社制度实现其最高土地所有者地位服务 诚如马克思所论述的,传统东方一切现象的基础是其土地所有制形式,在农村公社内部虽然在某些地方"确实存在土地私有制"①,但是土地公有制还是处于决定性地位。当然,从土地的实质性所有者的特征而言,这仅是表象,其实传统东方的全部土地的绝对所有者是君主②。因为凌驾于所有小的共同体之上的"**总合的统一体**表现为**更高的所有者**或**唯一的所有者**,实际的公社却只不过表现为**世袭的占有者**"③,即"**这种统一体**是实际的所有者"④,"是由作为这许多共同体之父的专制君主所体现的统一总体"⑤。

作为土地的最高或唯一的所有者的专制统治者——君主——对于土地的最高所有权是通过一种与自身特点相适应并达到预设目的的方式剥削农村公社成员来实现的。虽然,在传统东方农村公社内部,基本上实行着以家庭为单位的村社自治,整个村社在经济上自给自足,并且拥有自己的管理机构,国家极少直接过问村社的内部事务;但是,专制主义国家是通过赋税的方式来影响和全面统辖村社的变化和发展的。尽管随着社会生产力水平的提高,社会制度所有改变,出现了土地的私人世袭占有制,城市和村庄的商业经济联系随之逐步加强,但是,闭关自守、自给自足的农村公社不仅依然存在,而且具有极强的生命力。在这种价值追求的左右之下,传统"东方社会经济关系的超经济强制性质,与东方国家土地所

---

① 《马克思致恩格斯(1853年6月14日)》,《马克思恩格斯全集》第28卷,人民出版社1973年版,第272页。

② 参见《马克思致恩格斯(1853年6月14日)》,《马克思恩格斯全集》第28卷,人民出版社1973年版,第272页。

③ 马克思:《政治经济学批判(1857—1858年草稿)》,《马克思恩格斯全集》第46卷(上),人民出版社1979年版,第473页。

④ 马克思:《政治经济学批判(1857—1858年草稿)》,《马克思恩格斯全集》第46卷(上),人民出版社1979年版,第473页。

⑤ 马克思:《政治经济学批判(1857—1858年草稿)》,《马克思恩格斯全集》第46卷(上),人民出版社1979年版,第473页。

有制关系是密切相关的"①,"国家既作为土地所有者,同时又作为主权者而同直接生产者相对立"②。它使得"依附关系在政治方面和经济方面,除了所有臣民对这个国家都有的臣属关系以外,不需要更严酷的形式。在这里,国家就是最高的地主。在这里,主权就是在全国范围内集中的土地所有权。但因此那时也就没有私有土地的所有权,虽然存在着对土地的私人的和共同的占有权和使用权"③。而西方恰恰相反,土地并非完全属统治者所有,存在着广泛的社会主体私有的情形,经济运行模式不是自给自足的自然经济而是商品经济,法律的总体原则是维护整个社会的私有权的不可侵犯性和促进商品经济的发展。总之,传统东方的一切现象均是基于土地所有制形式,其目的是达到为维护专制君主通过村社制度实现其最高土地所有者的地位服务的,由此也就产生出野蛮性的专制统治制度和维护及促进至多只能产生把法律作为专制君主统治工具的价值定位。

为维护有益于确立统治阶级统治地位的伦理道德观服务 在社会现实生活中,生活方式的变化和精神世界的控制状态对法律的性质、表征及功能的发挥等均具有一定程度的影响作用。而"法律控制精神生活的效能主要取决于精神生活与法律的适应度。如果社会精神生活与法律要求基本一致,两者之间就能保持相应的协调性,法律的常规功能就能得到很好体现。反之,法律的常规功能就会受到削弱,代之而起的将是超常规权力"④。"法律对精神生活的控制越是有力,传统的生活观念和生活方式越是占据上风。一旦法律失效,专制政府往往采取超越法律程序之上的行政手段,实施监控,正常的司法手段被行政行为所取代。"⑤

伦理道德既体现了人们关于善与恶、美与丑、公正与偏私、诚实与虚

---

① 公丕祥:《传统东方法律文化的历史逻辑》,法律出版社 2002 年版,第 198 页。

② 马克思:《资本论》第三卷,《马克思恩格斯全集》第 25 卷,人民出版社 1974 年版,第 891 页。

③ 马克思:《资本论》第三卷,《马克思恩格斯全集》第 25 卷,人民出版社 1974 年版,第 891 页。

④ 张仁善:《中国法律社会史的理论视野》,载于《南京大学法律评论》2001 年春季刊,第 105 页。

⑤ 张仁善:《中国法律社会史的理论视野》,载于《南京大学法律评论》2001 年春季刊,第 106 页。

伪、正义与非正义等观念形态,也包括与这些观念相对应的伦理道德行为规范作用于社会舆论、内心信念和传统习惯等精神力量。凡此,实际上是通过社会成员的自觉性来发挥作用的。虽然,诚如马克思所指出的"**道德的基础是人类精神的自律**"①,但传统东方作为国家化身的统治阶级的伦理道德观对法律的影响极为深重,从而国家的法律价值追求的定位,又反过来为维护有益于统治阶级统治地位的伦理道德观服务。例如传统中国的法律都是建立在伦理道德原则基础之上的。而西方却不同,虽然伦理道德是社会的调控机制的重要组成部分,但两者能形成良性互动,且法律并不是完全为维护统治者伦理道德观服务的。总之,传统东方国家所确立的法律价值追求之中的不可忽视的一环是为维护有益于统治阶级统治地位的伦理道德服务的。

为维护统治阶级推行有益于专制统治的宗法等级制度服务 由传统东方以农村公社为基础所决定的社会体系之中,存在着一种金字塔式的森严的等级关系。在社会活动和社会交往之中,社会主体所凭借的不是自己的才能、智慧和主观能动性,而是自己的血统、地位、财产多寡等等。人与人之间的关系是不平等的,利益是不等价的。这又使得国家的法律价值取向的基本定位的内容之一便是以确认等级依附关系为核心和目标,即确认不同等级的人们的不平等性,极力维护专制君主至高无上的独尊地位。从社会结构而言,传统东方表现出亲贵合一、家国一体的特点,国家不过是宗法家族的延扩,其内部组织是按宗法家族的原则建立起来的。同时,家庭又似国家的缩影,父祖是其家庭内的最高统治者,所有权力均集中于他一人手中,家庭内部的所有成员均处于他的绝对权力之下,没有任何个人权利而言。虽然随着社会的变迁,宗法制度不再直接表现为国家的政治制度,但其基本精神和原则却完全被继承下来并得到广泛而深入的发展,逐渐渗透到社会的每一个角落,内化为每个人的思想观念,左右其言行,并由此形成了一个强有力的宗法性社会秩序。

从社会秩序的角度而言,所谓"宗法社会",就是以"宗法"为本位建构起来的一整套相互关联的价值体系、政治制度和经济结构的制度体系。

---

① 马克思:《评普鲁士最近的书报检查令》,《马克思恩格斯全集》第1卷,人民出版社1956年版,第15页。

传统东方的社会秩序是以君权为后盾的,或者说是为其服务的,所构建的是一种人为的秩序。其法律及其制度、体系和价值追求只是对这种主观秩序的价值确认、反映和维护。当然,就本质而言,它又是以强制性命令来维持的。为此,必定要建立一个等级森严、特权无限、不可更改的社会秩序。即"在这一价值秩序体系中,个人的权利意识是极其薄弱的,个人的权利来自主体的特定的社会地位和社会身份,来自对某种职责和义务的充分履行,来自主体对伦理纲常名教的认同"①。也就是说,传统东方社会主体所具备的一个显著特点是其对共同体的依附性,这种人身依附关系有其经济成因。由此决定了"古代东方法律文化价值的基本特点是以确认等级依附关系为核心和目标"②的。

从经济运行的角度而言,在传统东方,由于自给自足的自然经济长期占据统治地位,社会主体被局限在一定的地域内,这又势必使得宗法势力十分强大,任何人只是所构成的宗法网络体系之中的一环,而不是如西方那样的在商品经济发展过程之中所要求的独立、平等、自由的地位。这种人身依附关系巩固了其宗法等级制度,却束缚了商品经济的发展。如在古代印度的法律文明的成长过程之中,几乎是同宗教的存在和发展同步的。早期雅利安人盛行自然崇拜。父权制家庭出现以后,又产生了祖先崇拜。公元前7世纪左右,出现了专门的祭司阶层——婆罗门和婆罗门教。婆罗门教以《吠陀》为经典,极力鼓吹人世轮回,善恶皆有因果报应,要求人们遵循"达摩",以便来世转生于较高的种姓等级,归于梵天。《法经》是诠释吠陀经典的集结作品,涉及古代印度社会民事、刑事及社会行为的基本规则。由于婆罗门教是维护种姓制度的有力的精神工具,因而随着古代印度社会的进一步发展,出现了与婆罗门教分庭抗礼的佛教。《摩奴法典》所确立的法律的内在机理之最大特点,就是在法律适用过程中的种姓等级性质。③ 它与中国的"家族"或阶层在社会中的地位和作用虽有形式上不同之处,但性质是一致的。如黑格尔所认为的,"在中国,既然一切人民在皇帝面前都是平等的——换句话说,大家一样是卑微的,自

---

① 公丕祥:《东方法律文化的历史逻辑》,法律出版社2002年版,第12页。
② 公丕祥:《传统东方法律文化的价值取向——马克思的理论分析》,载于《法律科学》2002年第1期,第3页。
③ 参见公丕祥:《东方法律文化的历史逻辑》,法律出版社2002年版,第14~15页。

由民和奴隶的区别必然不大"①。我们认为在传统东方，其实卑微地位就算是平等的——因为在传统东方除君主一人之外根本就没有真正意义上的"自由民"存在，所有的臣民相对于君主而言，都处在奴隶等级的地位上。但法律地位还是有区别的——在法律实用方面有本质的区别。如中国所崇尚的"刑不上大夫"，在印度因种姓的不同而享有相殊的法律权利。凡此，均是极好的佐例。而西方却不同，它是一种自然秩序，法律及其制度、体系和价值追求只是对自然秩序的确认或反映和维护。法律虽然在为创造"法治"秩序的过程之中有被当作工具的一面，但也是认识、反映和维护自然秩序的理想工具。

总之，传统东方由"家"、"国"同轴而构成了宗法社会最主要的特征之一。国家政治制度表现为君权，家族形态则对应为族权、族规家法意识形态和族人私有经济的结构形式。"国"是"家"的放大，政治制度管理国家，族权管理家族，联系两者的桥梁则是宗法伦理。这种宗法政治结构使家庭生活政治化，使政治生活家族化，既有敬老扶幼的祥和，又有称兄道弟的江湖义气对政治生活的扭曲，人性与残酷的胶合造成了"非我族类，其心必异"的狭隘心态。凡此等等，均使得传统东方国家的法律对于确认等级特权关系的特殊功用，即其是确认不同等级人们的不平等的宗法等级性法律地位。这就显示了传统东方国家所确立的法律的价值追求的又一重要特征。

为维护义务本位和社会本位价值定位服务　传统东方是自然经济的一统天下，与自然经济相联系的法权体系所注重的是社会等级和人身依附，法律调整的基本特点是确认及维持社会等级和依附关系为其基本的价值目标。正是基于这一特质的法律调整机制，从而构建了以义务本位和社会本位为特点的自然经济型法律体系。受自然经济所制约的法律调整机制，把权利与义务的分配作为巩固专制制度和强化宗法等级结构的重要手段。在这里，个人的权利来自其特定的社会地位和社会身份，来自其对某种职责和义务的充分履行，来自其对伦理纲常名教的认同。因此，在传统东方国家所确立的法律价值追求之中，不仅个人权利意识极其淡薄，而且个人也不存在西方式的绝对权利，只存在随着某种社会境遇

① ［德］黑格尔：《历史哲学》，生活·读书·新知三联书店1956年版，第174页。

的改变而不断变化的相对权利,并且因个人的权利缺乏应有的独立性,使得它必须以其义务的充分履行为基本前提。即对于传统东方的社会主体来说,义务是首要的、神圣的、绝对的,它是一种无声的命令,规约着人们的思想和行为。在义务本位的价值定位之下,重刑轻民,权利被权力吸收和消融也就成为必然,人们的人格不独立,身份不平等,行动不自由,国家处于绝对的主宰地位。权力违背社会主体的应然权益必须得到必要保障的宗旨而行使,国家颠倒了"权利是权力的基础"这一内在逻辑前提,从而引起权力肆意侵犯权利,使社会丧失普遍的正义和公正的基础,强化了权利分配的不平等性。这样对社会主体而言就根本不存在"法不禁止即自由"的含义和情境,私法一直没有取得应有的地位,所具有的只是以对私权利持极度轻视的态度而强调以国家公权力为中心,各种私权利的社会关系被强行纳入国家直接控制体系之中而以权力服从关系表现出来,民众唯有无条件服从之义务。也就是说,作为国家公权力拥有者的统治者为了维护自身的利益,不惜牺牲社会变迁的整体利益。他们是"**社会改革的最大敌人**"①。而西方却不然,由于其固有的特征,导致了商品经济运行体系有产生、发展和完善的内在条件,并伴之而来的是对权利的追求和对个人本位的价值观的确立。从而有利于营造一个权利与义务对等、个人本位与社会本位有机结合的"法治"氛围。当然,我们不是因此而认为西方自始至今就没有不合理、不恰当的法律的价值追求之问题存在。总之,传统东方国家所确立的法律价值追求之中包含着绝对的社会本位、义务本位的成分。在其控制之下,臣民甚至不能对法律进行议论和思考,只能盲目、绝对地服从。所以,我们认为为维护义务本位、社会本位是传统东方国家所确立的法律价值定位的又一方面。

小 结 综上所述,由于传统东方所崇拜的核心对象有别于西方,从而使得国家所确立的法律的性质和价值追求相殊,即传统东方推崇的是君主,法律是为维护君权服务的,也就是为特殊的"人"服务的,是用来"治人"而自己处于法律的统治之外,从而使得在这种氛围之下所形成的法律有其特殊性,即法律的制定和执行都具有随意性、经验性和不平等

---

① 马克思:《约翰·菲尔爵士〈印度和锡兰和雅利安人村社〉一书摘要》,《马克思古代社会史笔记》,人民出版社 1996 年版,第 386 页。

性,它是"人治"、"权力本位"、"社会本位"、"义务本位"和暴力的助推剂,且国家所制定的法律只不过是宗法的扩大。而西方社会却不同,由于其所崇拜的核心对象是神,法律是代表上帝而对所有人进行"统治",法律是针对所有人的,谁也没有超越法律的特权,在这种理念之下所确立的法律的价值追求和维护的是在同一法律下的具有普遍性的平等,营造的是一种宽容、和平和人本主义的"法治"环境。同时,因从没有制约性的人为因素而使得法律发展具有内在的规律性——符合社会变迁的客观的内在需求。如上所述,传统东方国家的法律的价值旨趣是为其推行专制统治服务的,即为了对付国家与社会的矛盾、对立和冲突,为了便于压迫和剥削,为了应对社会的反抗和斗争,从而使得国家自身角色的恰当扮演及生长于社会、原本应体现社会内在需求但需经国家这一中介而转化为现实之中的法律均受到一定程度的制约和影响。当然,我们也应清醒地认识到,历史并不是直线发展的,而是呈螺旋式向前递进的。就在传统东方专制国家所确立的价值追求控制之下制定和实施的法律而言,除了履行剥削与镇压民众的反抗的职能以外,不仅一定程度地起到有利于社会变迁作用的职能,而且因专制国家的需要和在一定程度上发展经济,以利于巩固有益于自身统治的经济基础,必定会适度地按社会变迁的内在要求使法律能有所发展,以及调整权力的运作状态,以便在不危及自身的统治地位的基础性前提之下充分调动社会发展生产、维护社会稳定的积极性。因此,传统东方国家的法律价值旨归中还是包含着少许为适应社会变迁的需要、调整专制国家的权力运作方式及社会主体的行为以维护社会稳定的成分的。否认这一点是极不切合实际的。

第二节　传统东方国家职能与法律运行模式

国家的行政职能与法律的功用　就传统东方国家的行政职能与法律功能之间的内在关系而言,我们认为主要体现在以下几点。

（一）国家行政职能的有限性决定和制约了法律应然功能的发挥

传统东方国家的行政职能的范围与其职能部门的构成有关,而其职能部门的构成是受其自身所处的自然环境、权力运行机制、社会内在结构状态以及价值定位等因素所制约的。传统东方专制国家的有限职能的特点主要表现为:"在这里,国家就是最高的地主。在这里,主权就是在全国范围内集中的土地所有权。但因此那时也就没有私有土地的所有权,虽然存在着对土地的私人的和共同的占有权和使用权。"①国家通过租税合一的与西方不同的形式而榨取剩余劳动,这就使得劳动者赖以生活的那些收入都集中在一个人或少数人的手里,从而,一方面,专制国家欲想兴建必要的工程这一类事业成为可能,产生的效果是不仅意味着国家大权独揽,而且也损害了社会主体的权利;另一方面,对于本国经济社会发展和生产水平提高极为有益的对外贸易几乎成为专制国家的专有职能。这就使得传统东方国家的内在运行机理及其功能发挥的特征表现为:第一,一般来说,传统东方各国的职能,大体上由财政部门、军事部门和公共工程部门所组成。第二,由于一些传统东方国家的特殊自然和地理条件,兴建人工灌溉设施成为发展本国农业的重要基础,并且成为自身的一项重要的公共管理职能。第三,在传统东方,中央集权政府之所以要对社会经济生活进行干预,一个重要的原因就在于受自然条件所限而文明程度较低,并且由于地域广阔而不能像西欧那样产生自愿的联合。从而决定了在传统东方有一个重要的社会与政治的运行规律:"我们在亚洲各国经常可以看到,农业在某一个政府统治下衰弱下去,而在另一个政府统治下又复兴起来。收成的好坏在那里决定于政府的好坏,正像在欧洲决定于天气的好坏一样"②。这就决定着东方国家的管理活动及其职能发挥的价值取向。就此,概而言之,乃是传统东方国家政权形式及其运行机理,同根深蒂固的由土地公有制所决定的社会状态有着千丝万缕的内在联系,并影响和决定了法律的功能发挥的境况。

(二)国家行政职能的发挥与法律工具性功能的互动

恩格斯曾在《家庭、私有制和国家的起源》中精辟地论述道:"国家是文明社会的概括,它在一切典型的时期毫无例外地都是统治阶级的国家,并且在一切场合在本质上都是镇压被压迫被剥削阶级的机器。"③虽然国家镇压被压迫、被剥削阶级时所采取的手段是多样性的,但法律是必不可

① 马克思:《资本论》第三卷,《马克思恩格斯全集》第 25 卷,人民出版社 1974 年版,第 891 页。
② 马克思:《不列颠在印度的统治》,《马克思恩格斯全集》第 9 卷,人民出版社 1961 年版,第 146 页。
③ 恩格斯:《家庭、私有制和国家的起源》,《马克思恩格斯全集》第 21 卷,人民出版社 1965 年版,第 200 页。

少的。传统东方国家在自身的各典型时期都有通过法律来镇压被压迫和被剥削阶级的情形存在。由此,使得传统东方国家所确立的法律价值追求之中包含着一个重要特征即是发挥其工具性功能,即传统东方国家所确立的法权特征和法律的价值追求是体现及维护专制性政体的工具。虽然各国的表现形式不同,但就其实质而言却是一致的。其主要特征为:其一,法律是和国家的暴力手段联系在一起的,法律的功能在于通过刑杀,使得臣民谨于守法,不敢犯上作乱。其二,法律的外在强制性特别大,统治者通过动用国家的暴力手段,对被制裁的当事人施以肉体、精神惩罚或使其承担其他不利的后果,因此,将法律与刑等同起来。当然,尽管法律规范的调整的最初出发点和最终根本目的还是为统治阶级维护其统治地位和利益服务的,且其工具性功能不仅未减弱甚至强化了;但在客观上还是起到了一定程度的维护社会稳定的作用,若否定这一点就不是马克思主义者。

(三)国家职能行使范围的局限性对法律应然功能发挥的制约

诚如亚当·斯密在其极具影响力的《国民财富的性质和原因的研究》一书中所探讨的,传统东方不同于西方的经济结构类型、经济政策及国家的经济职能发挥等方面问题,使其自我封闭性的农村经济结构有利于农业而不利于制造业及商贸业的生存和发展,国家的经济职能主要体现在组织修建公路及维持水路畅通等方面。① 这一有限的职能必然影响到法律的发展状态及走势,从而制约着法律应然功能的发挥。这不仅有利于我们解开传统东方国家职能的三个方面的奥秘,而且由此揭示了出现这一格局的根源。

也就是说,在传统东方特有的形式下,"政治统治到处都是以执行某种社会职能为基础,而且政治统治只有在它执行了它的这种社会职能时才能持续下去。不管在波斯和印度兴起或衰落的专制政府有多少,它们中间每一个都十分清楚地知道自己首先是河谷灌溉的总的经营者"②。浇灌是传统东方专制国家的经济职能和社会职能的极其重要的方面,充

---

① 参见[英]亚当·斯密:《国民财富的性质和原因的研究》(下册),商务印书馆1974年版,第291页。

② 恩格斯:《反杜林论》,《马克思恩格斯全集》第20卷,人民出版社1971年版,第195页。

分表明了传统东方专制国家职能行使的极其有限性。当然,由于受公社土地所有制的性质所制约,传统东方专制国家如不能行使好这一与西方有别的职能,也就必将导致自身的社会生产力不能发挥到维持其最低的要求。即诚如恩格斯所指出的:"在那里,如果没有灌溉,农业是不可能进行的。只有文明的英国人才在印度忽视了这一点;他们听任灌溉渠道和水闸毁坏,现在,由于经常发生饥荒,他们最后才发现,他们忽视了唯一能使他们在印度的统治至少同他们前人的统治具有同等法律效力的那种行动。"①所以,传统东方国家的法律的价值追求是与其职能的有限性和独特性密切联系在一起的。诚然,国家职能的发挥与社会内在要求和社会发展的需要相比确实存在不小差距,但其不可或缺,由此也就导致和加固了"法治"资源极为有限的"人治"型的统治模式,从而最终制约和决定着传统东方国家对法律发展及其功能发挥的影响。

国家司法权的行使与法律功能 司法是国家法制实践的重要组成部分,它从法律适用领域反映了国家与法律功能及其发展间的关系的基本特质。就本质而言,司法活动通常应当是国家机关的专有活动,司法权具有国家统一性特征,任何个人或团体均不得染指国家司法领域。国家的司法职能是由国家的本质所决定的,司法的公共性乃是司法活动的内在要求和基本属性。② 从社会的内在法律需求的现实化角度而言,"司法应该视为既是公共权力的义务,又是它的权利,因此它不是以个人授权与某一权力机关那种任性为其根据的"③。然而,传统东方国家在行使司法职能时所表现出的特征并非如此。其总体特征是,最高统治者口含天宪,掌握着国家的最高司法权,定罪量刑缺乏明确而固定的标准,因人因事而异的定罪处罚的现象时有发生,从而法律根本无法发挥其应然功能。

当然,传统东方国家由于受以农村公社为其存续基础这一特殊性所制约,警察职权和司法职权固然由国家来行使,但作为社会生活基本组成形式的农业村社不仅也行使着相应的司法权,而且构成了传统东方国家

---

① 恩格斯:《反杜林论》,《马克思恩格斯全集》第20卷,人民出版社1971年版,第195~196页。

② 参见公丕祥:《东方法律文化的历史逻辑》,法律出版社2002年版,第254~255页。

③ [德]黑格尔:《法哲学原理》,商务印书馆1961年版,第230页。

所建构的司法体制的重要组成部分。即传统东方村社是社会的基本单位,公社氏族团体和农村团体也被用于实现司法的目的。在《耶遮尼雅瓦勒基雅》和《那罗陀》这两部法典中,农村公社社员是用公社团体或亲属会议的名称来体现的;中央行政机关将警察职权和司法职权即治安的责任委托给他们。再如根据柯瓦列夫斯基在《公社土地占有制》一书中关于印度社会司法体制的叙述和分析可知:直到 18 世纪,印度公社氏族团体和农村团体被用于司法的目的,以亲属会议名称来体现的农业村社行使着村社内部日常的司法功能。村社的这一特殊职能得到了国家立法的确认,在规定氏族团体对于其管辖区域内破坏治安的案件必须负责的各个法典中载有一系列的法令。显然,中央行政机关将警察职权和司法职权(即治安的责任)委托给这些氏族和农业公社,这就意味着它们已经由与执行这些职能无关的独立机构变为国家最下级的警察和保安机构了。当然,在古代印度,农村公社内部的司法机构审级及其运行程序是很复杂的,其中包括公社法庭(亦称公社共同占有者会议)、乡亲法庭(即潘查亚特)、家庭法庭(亦称家庭会议)、工匠法庭(亦称工匠会议)等。公社法庭是村社内部的最高等级审判机关,其他诸种法庭都受其制约,但其上又有君主任命的高级官吏及其本人。乡亲法庭处理的司法对象,其性质同中世纪时日耳曼的马尔克式社会的司法对象一样,或同 19 世纪在瑞士和俄国的乡法庭或区(地方)法庭的司法对象一样,家庭法庭审理的是不分居的家庭成员的案件;工匠法庭审理的则是手工业和商业团体的成员的纠纷案件。也就是说,根据划分各自发挥不同的司法职能成为所构建的司法体系的重要环节。当然,公社法庭在审理案件过程中受血缘因素的影响也就势所难免。总之,传统东方在特定的历史社会条件之下所建构的司法运行机理既是同当时的社会、经济与政治制度联系在一起的,也发挥了相应的功能。①

从另一角度而言,正因原先掌管一般的非政治职能的农村公社接受国家的托付而具有司法的性质,专制王朝的统治者便得以有效地把阶级统治与农村公社的组织机制有机地结合起来,利用村社内部根深蒂固的亲属连带关系实行其政治统治。当然,在传统东方专制国家的司法权和

---

① 参见公丕祥:《东方法律文化的历史逻辑》,法律出版社 2002 年版,第 257～260 页。

农村公社的司法权之间存在着明显的界限,刑事审判专属于专制国家的最高等级法庭——君主法庭,大量日常的纷争诉讼案件由公社法庭来处理。这样一方面因为刑事犯罪是危及统治阶级统治秩序的最严重的反社会行为,所以国家直接掌管着刑事司法权,便可以强化专制国家的集权秩序;另一方面由于农村公社充分利用连带关系来维系内部结构的稳定性,有利于形成村社内部的自治型的法律秩序,因而它在一定意义上可以起到专制国家政权所难以具备的作用。正因如此,农村公社也就成为专制君主政治统治的社会基础。① 诚如马克思所指出的:"很难想象亚洲的专制制度和停滞状态有比这更坚实的基础。"②从而使得在这两者结合的基础之上,可以说既有专制国家统一的司法价值定位,也无统一的司法规则。从司法的内在本质而言,它又必须有统一的规范,唯此法律发展就有必要的动力和合力。再说,由统治者掌握的不被社会所制约的法律制定权,在这种非理性的价值定位的支配之下,导致法律发展只能在变态的状态之中运行,不可能按社会变迁的内在要求进行——不仅专制主义国家不可能为之创造条件,就是社会也不会有此意识。此外,正因为刑事司法权直接由国家掌管,而大量日常的纷争诉讼由村社行使管辖权,从某种意义而言,这一做法也是导致重刑轻民的根源之一,从而使得整体的法律及其制度、体系和价值追求的发展出现与社会内在要求不符的畸形。

国家职能特征与法制模式　国家是社会的内在法律需求现实化的中介,而这一中介作用的发挥状态又是由其政体的特征所决定的。传统东方的国家政体是专制性的,由此也就决定了其法制模式也具有专制性。当然,由于各国社会内部矛盾的特殊性,必然反过来影响着各自国家所采取相应的方式,而与这一矛盾的特殊性相对应的必定使各自的法制模式又表现为多元化。在中国,不仅把大家长作为原则,而且对这一原则在不断思考的基础上加以修正,以便使之有组织的世俗国家生活得以发展。君主好像是大家长,地位最高,其意志就是"普遍的意志",并充分体现在所颁布实施的法律之中。在印度,虽然社会各阶层是由宗教的教义所规

---

① 参见公丕祥:《东方法律文化的历史逻辑》,法律出版社 2002 年版,第 267 页。

② 《马克思致恩格斯(1853 年 6 月 14 日)》,《马克思恩格斯全集》第 28 卷,人民出版社 1973 年版,第 272 页。

定的,并导致国家组织与机构是破裂的。但是,这种表面上的分散与破裂实际上是由宗教的统一性而汇合起来的,由此产生了既是神权贵族式又是专横的、邪恶的、堕落的、横行无忌的专制主义政体,没有可以与之相抗衡的社会力量存在。

诚然,要想真正清晰地把握传统东方国家与法制模式的总体特征以及各国度的具体状态绝非易事,也不是通过与西方进行简单、机械地比较就能达到目的的。虽然,"国家在其完全形成之后,根据它的本质,在它存在的最初阶段几乎完全是一个社会机构"①。但在其后,随着各自内在的差异性起作用,出现不同的运行轨迹,产生了相殊的结果。传统东方是表现为不同于西方的特殊性的社会形态,可由于国家是源于社会,加之社会与国家之间的互动性,使得传统东方国家有着与西方不同的特质。正如马克思在其人类学笔记中所持的观点一样,传统东方的历史条件和历史环境有其特殊性,我们认为这种特殊性当然包含其法制模式。而要想有利于自身的法律发展,要想建立起符合自身特点和有利于社会生产力发展的法制模式,就应当坚决拒绝将东西方社会作简单的类比的做法,反对用西方的模式去套用、约束东方国家,同时,也不能把西方的法制变革的起源当作一种固定的模式去剪裁东方各国。

再说,自国家产生之后,国家与社会相互间的矛盾运动就一直存在着,传统东方亦然。有所不同的是,传统东方虽社会完全奴化于国家,但两者之间的矛盾、冲突和对立还是不断的,它并不因统治者的严厉镇压和以有利于其统治的方式而有所减少或彻底消除。统治者都是竭力想把造成国家与社会之间的矛盾、冲突与对立等因素,通过国家所确立的法制模式去调整与革易,并尽可能在不危及其政权统治的基础上,对社会习俗惯例加以吸收、采纳及两者进行适度的融合,从而形成国家与社会之间的协调发展,减少社会的动荡,实现国家对社会的控制与整合,并最终达到把社会牢牢地控制在国家政权的绝对统治之下的目的。但由于传统东方国家毕竟是高度专制主义的中央集权政体,君主的意志就是"公理",就是法律。加之国家职能的极其有限性,在巩固政权的统治、维护社会稳定这一根本利益的前提之下,这些矛盾、抵牾、冲突和对立往往能够得到暂时的缓解与调和。实际上,这些稳定是以牺牲社会生产力水平的提高和社

---

① [德]弗兰茨·奥本海:《论国家》,商务印书馆1994年版,第7页。

会发展速度为代价的。

小 结 法律的运行离不开国家权力的行使,可以说有什么样的国家权力的运作状态就有与之对应的法律运行模式。而国家权力的运行状态又在很大程度上通过其职能行使来体现的,所以国家职能的行使必然要制约和影响着法律的运行模式。传统东方国家由于以法律为工具为其履行有限的专制统治职能服务,从而不仅使得这种法律的运行模式也是专制性的,而且根本发挥不了其应然功能,由此,其发展状态可想而知。专制统治是存在随着社会力量的不断壮大的情况下,为缓和其与社会之间的矛盾而调整法律的运行模式的情形,但这仅是在统治阶级认为没有危及自身的统治地位的前提下所作的微调。虽然,这一调整也会换来短暂的稳定,但它不仅存在扼制社会发展潜力的培育和社会变革力量的有效汇集的情势,而且在社会力量壮大到一定的历史阶段时会出现不可逆转地社会变迁,从而使得国家职能行使的范围及其性质发生根本性的改变,法律的运行模式得以变革,法律得以快速发展。

第三节 传统东方影响法律发展的国家因素

传统东方,影响法律发展的国家因素固然是多方面的,但判析其深层原因可见,均与其专制性权力运行方式有关。正是在此基础上,我们概括出传统东方国家影响法律发展的因素主要表现在以下几点。

行政运行机制与法律发展 就传统东方国家的官僚体制式的行政运行机制特征而言,行政人员是没有明确的职权范围的;上下级之间没有合理的等级制度,决定事务的权限不明确、不固定,有时依照先例,有时统治者派员决定或个人亲自干预;没有基于自由契约的任用制度和法规化的晋升、奖惩规划;行政人员缺乏与社会变迁内在需求相适应的专门技术训练,责任人员无视实际工作能力,从而任何法律不可能是经由严格的立法程序而制定的,在实践上也许可能会有创新的内容,但即使是这部分内容也须在古已有之的文献记载或先例中找到根据,才有可能取得合法性地位。法律的基本面貌只是统治者治民之具,既不具有至高无上的地位,也不可能成为进行社会管理的根本依据。法律规范不是基于有利权衡或价值合理性（或两者兼而有之）经由协议或强制来建立的，而是要求这种统治类型的组织成员都要服从其专制性的最高权力。法律实体基本上是由一些抽象的规则组成的协调体系，行政管理过程或各组织间不是在法律规定的界限内理性地追求利益并遵守形式化的原则。社会主体是在依附性的基础上以自愿加入的成员身份而服从专制统治者的主观臆断式的命令，即服从最高统治者本人，因而个人对执掌权力者的服从义务，也限于由此而形成的法律秩序所承认的范围以内，除君主之外的官员和普通民众，在法律面前不是一律平等的，他们必须服从这一人格化的法律秩序。当然，他们的任何决策和命令，也要受这一秩序所辖制。这就使得在传统东方的行政运行机制之下，"统治者允许的，就是他命令的，因为他在任何时候都能够以毫不含糊的命令来代替他的默许；也还未有过使人印象如此深刻的教训：从统治者在真正的立法方面的更大的积极活动中，可以期望获得深远的、整个来说**十分有益的结果**"①。可就统治者而言，其合法性基础乃在于传统的固有尊严及其规则遗产，在于传统所赋予他的任意专断，而这种传统的任意专断，主要是由于恭顺义务的服从，原则上讲是不受任何限制的。总之，从本质而言，传统东方国家所确立的法律乃是君主意志的产物，"朕即法律"这一断语集中地体现了其基本性质及长期特征；而君主的意志是至高无上的，是神圣不可侵犯的，体现着社会主体生活间的关系赖以发生和变化的法律依据，因而具有最高的法律效力。② 即这种"专制政体是既无法律又无规章，由单独一个人按照一己的意志反复无常的性情领导一切"③。民众没有任何政治权力，不可能形成一种能够与之抗衡的社会力量，君主完全凭着自己的意志办事，而不管自己的意志是明智的，还是昏庸的。在这里，"没有任何基本法律，也没有法律的保卫机构"④，君主的权威的树立及维护所依仗的是神权或者是神化了的习惯势力，其统治依仗的是暴政和恐怖。在这种氛围和价值定位之下，是根本不可能形成有益于体现社会变迁过程之中社会内在需求的

---

① 马克思：《亨利·萨姆纳·梅恩〈古代法制史讲演录〉一书摘要》，《马克思古代社会史笔记》，人民出版社 1996 年版，第 522 页。

② 参见公丕祥：《传统东方社会的法律调整机理——马克思的阐释》，《江苏社会科学》2001 年第 1 期，第 17 页。

③ ［法］孟德斯鸠：《论法的精神》（上册），商务印书馆 1982 年版，第 8 页。

④ ［法］孟德斯鸠：《论法的精神》（上册），商务印书馆 1982 年版，第 26 页。

法律的发展的。

法律创制与法律发展 就人类社会的总体运动规律而言,社会生产力总是不断地向前发展的,从而社会一直处于无间隔的变迁之中,由此必然要求和迫使社会的运行规则作相应的变化,否则迟早要被淘汰。而作为掌握国家政权的统治者,为从根本上维护和巩固其统治地位,必定力求保持对自身所推行的统治模式极为有利的社会秩序的稳定。为此,掌握国家政权的统治者必然在主动或被动之中适时地对相应的运作规范进行必要的调整,且对作为社会运行规范的重要组成部分的法律也不例外。这一点无论东方还是西方,也无论是中国抑或别国,同样也无论是历史、现在抑或未来均是如此。如在中国的明清时期,伴随着社会生产力水平的提高而出现了商品经济运行模式的产生、发展和市场的扩大等情形,社会经济发生了结构性变化。在商品经济发达的江南地区,明代中后期社会内部已出现了资本主义生产关系的萌芽。至清代前期,这一资本主义生产关系的萌芽进一步由手工业领域扩展至农业和其他经济领域,土地买卖关系、租佃关系、人身依赖关系、雇佣关系等方面都发生了较大的变化。为适应这一系列的变化,统治者适时对法律规范进行了调整,一批专门处理户婚、田地、租佃、钱债、争占以及斗殴等民事纠纷与民事诉讼的法律规范大量出台,有关户籍管理、田宅等不动产产权、收益权、典权、质权、永佃权、婚姻、继承、雇佣等方面的规定详尽而具体,有些甚至达到了相当完备的地步,呈现出由单行法规向法典化发展的趋势。① 之所以会出现这一情形,确是由于社会生产力水平的提高,社会发生结构性变化,社会可制约国家的力量的增强所致。但我们也不可否认或忽视的是,国家为适应社会变迁的需求,而适时、适度地进行相应的法律创制活动所发挥的作用及产生的正面影响。国家在不断地适应社会内在要求变化的过程之中,法律也随之相应地发展,从而原有的法律及其制度、体系和价值追求逐步失去其存在的价值而被淘汰。可以说,这一做法还是具有十分重要和积极的意义的。

此外,还应意识到的是,传统东方法律规范固然有严格的一面,但在

---

① 参见卞利:《国家与社会的冲突和整合——论明清民事法律规范的调整与农村基层社会的稳定》,《荆门职业技术学院学报》2000 年第 4 期,第 41 页。

实际执行中常常是官官相护、上下勾结,总是想方设法逃避法律的追究,横征暴敛之后逍遥法外是司空见惯的现象,立法与司法的不一致普遍存在,等等。凡此,均会在一定程度上激化国家同社会间的矛盾,从而迫使一些比较明智的君主整饬法制,缓和阶级矛盾,稳定社会秩序。尽管他们整饬法制的目的是维护统治阶级的利益,但他们因时制法,讲求统治策略,善于运用法律积极干预经济的治国之道,还值得肯定与借鉴的。这也在一定程度上促进了当时的法律的发展。

习惯法与法律发展　国家是源于原始社会而历史地形成的,"法"也是首先产生于社会生产与交换(如习惯规则),然后才经国家认可为法律(习惯法),最后国家才创制法律(立法)。"法"(习惯规则)最初是社会自我调节的工具,后来才成为国家统治社会的手段。只是在国家至上主义价值观的控制下,国家才成为法制的最高的乃至唯一的主体。

从本质上讲,传统东方国家所颁布的成文法乃是君主意志的产物,"朕即法律"这一断语集中地体现了传统东方法律的基本性质及其特征。君主的意志是至高无上的,是神圣不可侵犯的,体现君主意志的国家成文法从理论上来讲应当是一切社会生活关系赖以发生和变化的法律依据,因而具有最高的法律效力。然而,实际情况并非如此,传统东方国家的成文法或君主的命令之效力往往是很有限的。诚如马克思通过深入研究梅恩著作后所阐述的:在传统东方社会生活中的君主是不能对风俗习惯发号施令的。这就使得在传统东方,法律生活是二元化的,一方面是国家成文法或正规法调整着社会生活各个领域中的活动及其关系,另一方面则是民间习惯等未经国家制定实施的非正规法在自发地调节着人们的行为及其活动,而当这两者发生不协调乃至冲突的时候,后者往往要占上风。在国家成文法调整缺位的情况下,民间的习俗与惯例抑或宗教教义则充当着主要的调节角色。如传统东方民间生活及其共同体的自治性,直到阿尔及利亚的前殖民地时代,村社在司法上和行政上均具有高度的自治权力,公社成员在发生财产诉讼的时候,由氏族会议充当仲裁法官。① 再者,在传统东方,当国家成文法对某一领域活动缺乏明确的条文规定时,

---

① 参见马克思:《亨利·萨姆纳·梅恩〈古代法制史讲演录〉一书摘要》,《马克思古代社会史笔记》,人民出版社 1996 年版,第 519~521 页。

民间的经验、习惯以及通常的做法就会及时来填补其空白。比如,在摩奴法典中并没有关于公社管理的内容,但实际管理就是按民间经验、习惯及通常的做法来进行的。

也就是说,在传统东方,与古代西方相类似,国家法律制度与民间法律生活之间存在着深刻的差异,民间法与国家法之间确实存在着一条鸿沟,且由于受村社制度的影响而加剧了两者的分离,以至于形成了一种与国家司法体系相并行的另一种相对独立的法律秩序与司法机理。从另一方面而言,尽管传统东方刑事审判专属于君主法庭,但是农村公社参与司法诉讼活动的范围仍然是相当广泛的,几乎囊括了村社成员之间因利益冲突而引起的各种纠纷的诉讼。它从一个侧面充分反映了农村公社内部法律程序的自治性。① 当然,由于国家法律权威的有限性及其必要性和国家的司法程序对实现国家法律权威极具重要性,从某种意义而言,也是民间法发挥作用的重要保证。如在古代印度社会,风俗习惯是调节臣民生活的基本原则,它具有相对独立、坚韧顽固和无形持久的社会强制力量,虚构的神的旨意乃是习俗合法性的最高渊源。因而,专制君主非但从来不曾想到而且也不可能任意改变这些世代相传的古老的习惯规则,相反,却往往极力利用这些习惯规则来调整社会生活和强化对社会的统治。这就使得在法律发展过程之中受其牵制并体现或强化,这在传统印度的各个历史时期所颁布实施的法律之中都有所体现。

国家意识形态与法律发展　法律是与政治分不开的,从某种意义而言,它是政治问题的反映,尤其在传统东方因社会力量极其薄弱而无法改变依附于国家的状态之下更是如此。而"政治问题正如社会问题一样,首先是一个道德问题"②。诚如韦伯曾多次指出的:在社会行动中经济行动至关重要,但它本身还不是意义,而是人们社会行动的结果;人们对待经济活动的态度背后还有伦理、心理和宗教观念上的原因。③

传统东方的宗法伦理制度要求并形成了一整套宗法政治伦理,其特

---

①　参见公丕祥:《东方法律文化的历史逻辑》,法律出版社 2002 年版,第 265～266 页。

②　[法]路易斯·博洛尔:《政治的罪恶》,改革出版社 1994 年版,第 7 页。

③　参见苏国勋:《理性化及其限制——韦伯思想引论》,上海人民出版社 1988 年版,第 287 页。

征是：①宗法政治伦理决定了法律制度的基本特征，它使传统东方政治与法律相互间的关系及其观念具有道德化和非道德化两重性。宗法政治伦理是伦理化的政治或政治化的伦理，它不是建立在对正式制度的规则和法令的正当行为的要求之上，而是建立在对习惯和古老传统的神圣不可侵犯的要求之上，也就是说宗法政治不是一种理性的法理政治，而是一种伦理政治。②宗法经济伦理对法律秩序有着十分重要的影响。在传统宗法经济伦理之中，对于经济的态度，是个消费问题，而不是生产问题。③氏族和宗族对法律的抗衡、制约及消极影响甚重，使得氏族和宗族作为一种非政治性的组织对法律观念构成威胁甚至对抗。氏族或宗族是地方管理和经济联合的最小也是极具影响力的组织单位，其影响力可与国家的统治权力相匹敌，中央政府遭到来自下面氏族强大势力的抵抗。氏族或宗族的凝聚力依赖于对祖先的崇拜，而宗法礼仪和习俗又是人们处理问题的关键。

总之，传统东方国家意识形态对法律发展的影响与西方有着本质的区别，西方所崇尚的是自然哲学，即使在西方古代的英雄——人格神崇拜所形成的民主制性质的法律也是与东方不同的。传统东方国家更重视血缘传承在其统治秩序和社会生活中的重要性，只有政治伦理，讲主观臆断，并在国家与法律的关系之中得以充分的体现，形成了别具特色的宗法伦理道德制度，使社会内在需求的法律没有应有的地位和尊严，更不可能按有益于社会生产力水平提高和社会进步的总体方向而发展。

国家教育体制与法律发展　传统东方社会是完全从属于国家这一情形产生固然与其社会发展过程之中受自身及自然等因素影响所致，但我们不可否定的是凌驾于社会之上的国家对社会所产生的影响，这其中当然包括所采取的教化手段，即逐步形成的一种特定的教育体制而灌输对其实行专制统治有益的思想。通过这种手段，使得社会能接受国家所制定和实施的法律及其所确立的价值追求。就本质而言，传统东方专制主义国家的教育内容及手段都是为其达到奴化社会服务的，其目的是消除社会主体的反抗精神和扼制其应对能力，以维护对统治者有益的稳定的社会环境，从而使专制君主一人的专制统治的长久性成为可能。"专制国家的教育就必须是奴隶性的了。甚至对于处在指挥地位的人们，奴性化的教育也是有好处的，因为在那里没有当暴君而同时不当奴隶的。绝对的服从,就意味着服从都是愚蠢的,甚至连发命令的人也是愚蠢的,因为他无须思想、怀疑和推理,他只是表示一下自己的意愿就够了。"①比如,传统中国的教育制度,只是注重对专制主义制度有益的社会主体的品行引导、道德教育,并非从有利于科学技术发展的角度而进行的,从而也就无从向制度化方向发展。从法律的内在本质而言,其本应具备制度化特征,但由于传统东方国家所推行的教育体制,不仅国家本身反对和阻止社会运行的制度化,而且社会主体既没有创造和推行制度化的主动性、积极性,更无能力摆脱一切依赖于凌驾于其上的国家的境地。由此,必然使得国家不仅不可能让法律能充分、适时地体现社会的内在需求,更不可能创造各种有利条件在助推社会变迁的基础之上发展,只不过始终仅从有益于维护自身推行专制统治入手和着眼,从而所产生的成效就可想而知了。

国家与社会的矛盾运动与法律发展 纵观传统东方的发展史可知,在传统东方世界,国家与社会之间的同一与分离运动产生了与西方世界迥然相异的历史后果。传统东方,以农村公社为社会结构的基本单元和基本社会组织形式,"国家与社会之间不仅存在着彼此分别的情形,而且更表现为相互依赖、内在同一的状态"②。社会制度的明显特征是其内在封闭性、孤立性和落后性,具有自身相对独立的排外性组织系统。由此,势必产生两种相互关联的状态:其一是村社制度自成一体,脱离国家政治生活之外,对变革的反应迟钝;其二是在村社制度的基础上建立了专制国家,这一情形恰恰表明村社制度的自治性与独立性是虚幻的,就其本质意义而言,村社结构与国家生活的内在特征是一致的,两者之间存在着彼此同一的关系。③ 从而导致在这种村社制度的基础之上形成的专制国家一统天下,专制君主成为整个国家的化身,凌驾于社会之上,强大的专制国家的力量吞没了社会的总体生活,使得社会丧失了自身独立地位的可能性,社会依附于国家,而国家的这种权能来自于村社系统对它的依赖

---

① [法]孟德斯鸠:《论法的精神》(上册),商务印书馆1982年版,第33页。
② 公丕祥:《东方法律文化的历史逻辑》,法律出版社2002年版,第168页。
③ 参见公丕祥:《东方法律文化的历史逻辑》,法律出版社2002年版,第169～170页。

性,且这种依赖性在很大程度上源于专制国家的社会公共管理职能。

如我们在绪论中所论述的,每一国度及其各个历史发展阶段,法律及其制度、体系和价值追求总是同国家与社会之间的调协状态有机地联系在一起的,两者间的互动性状态不仅决定着对应的法律的特征,而且影响其运行轨迹,传统东方也不例外——虽然社会是完全奴化于国家的。但这是一种协调的结果和状态,我们也可以说是一个总的外在表征,因为我们不能否定其内部还是不断地有相应的冲突的现象和可能性存在。也就是说,我们应清醒地认识到传统东方社会状态尤其是社会基层奴化式的稳定性并不是一成不变的,国家与社会之间往往会出现不协调的局面,严重的甚至会发生矛盾、冲突与对立。每当此时,国家常常会通过调整政策和法律的方式,以维护政权和社会的稳定,即所谓"法因时变,情以世殊"①。这其中包括国家对社会的某些让步和妥协。当然,这既不是唯一的方式,也不是采用了这一方式就能达到预设的目的和效果的,有时即使国家作出让步,但社会并非就能接受,从而无法解决国家与社会之间的矛盾、冲突和对立,出现民众与统治者之间的战争或社会动荡,导致王朝更迭。这种方式是可以换来暂时的"和平",并在法律之中得到适度的体现。然而,由于根本性问题没有解决,这种"和平"只是新的统治者为巩固其初获政权的一种手段。当其脚跟站稳之后,法随君出的专制主义现象又会浮现甚至泛滥,从而又回归到以前的状态。当然,由于社会生产力水平的提高,社会交往程度和范围的扩大,社会力量的壮大,社会主体的维权意识的增强,也会使得在国家与社会在不断协调之中向前发展,只是其速度慢、效果小、成本大。诚如潘恩所言:"社会在各种情况下都是受欢迎的,可是政府呢? 即使在其最好的情况下,也不过是一件免不了的祸害。在其最坏的情况下就成了不可容忍的大祸害。"②传统东方国家与社会间的矛盾、冲突和对立并不因统治者的严厉镇压、厉行道德教化和社会的严重的依附性而有所减少或彻底消除。相反,随着社会生产力的发展和生产关系的变化,特别是随着由于社会生产力的发展而引发的诸如土地兼并激烈、流民激化、佃权纷争激增、手工业者和失去土地者的反抗斗争加剧等等一列社会问题和社会矛盾日益变得突出和尖锐起来,原有的

---

① 《大明律附例注解·重修问刑条例题稿》。
② [美]潘恩:《潘恩选集》,商务印书馆1981年版。

法律规范已很难适应社会经济发展的要求,无法承担维系社会稳定的重任,必须进行必要的发展,迫使国家将造成国家与社会之间的矛盾、冲突与对立的因素,通过制定相关法律进行调整与革易,尽可能地在不危及政权的基础上,使国家与社会之间协调发展,减少社会的动荡,实现国家对社会的控制与整合,并最终达到把广大社会力量牢牢控制在专制性政权的绝对统治之下之目的和成效。

　　总之,传统东方国家是专制性的,是以农村公社为基础的国家的直接统治,形成了生命力极强的奴役社会式的政治制度。虽然,国家与社会之间也有矛盾、冲突和对立,但国家是对村社的直接控制,国家与村社之间没有中间的政治力量,国家权力高度集中,专制主义不仅得以形成,而且一直具有强大的生命力。为了维护和巩固社会的稳定,国家也适度采用了政治、经济、意识的统一以及组织结构的调整等手段,从而达到将之控制在其能容忍的范围之内。国家和社会之间的这一适度协调确实在一定程度上使得法律获得相应的发展空间,但因受两者各自的内在特质及相互关系所左右,导致成效十分有限。

　　土地国家所有制与法律发展　　对传统东方所有制的本质的认识,最为直接和最能抓住要害的是对其土地所有权属性的正确认识。就传统东方各国的土地所有制的法权特征而言,我们认为主要体现在由土地公有制所导致并维护着法权关系的实质不平等性。诚如恩格斯所阐述的,社会主体权益的平等性的现代要求是可理解为:"一切人,或至少是一个国家的一切公民,或一个社会的一切成员,都应当有平等的政治地位和社会地位"①。而传统东方在土地公有制的运行机制控制之下,从表面而言,"相当平等地分配产品,完全是不言而喻的;如果成员之间在分配方面发生了比较大的不平等,那末,这就已经是公社开始解体的标志了"②。但从实质而言,不仅不平等性权利关系普遍严重存在,而且极力维护着掌握国家政权的专制君主的私有的土地公社所有制和巩固着原有的不平等

---

　　①　恩格斯:《反杜林论》,《马克思恩格斯全集》第20卷,人民出版社1971年版,第113页。

　　②　恩格斯:《反杜林论》,《马克思恩格斯全集》第20卷,人民出版社1971年版,第161页。

性，或者说是传统东方特有的不平等性的守护神。不仅如此，由土地公有制所引发的法权关系的实质不平等还表现在，以这种土地所有制为基础的国家机构中的掌权者——官吏的地道习惯只是想中饱私囊，"从爱尔兰到俄国，从小亚细亚到埃及——在农民国家中，农民的存在为的是受人剥削。从亚述帝国和波斯王国的时代起就是如此"①。也就是说，在传统东方，土地公社所有制为掌握权力的官吏剥削和专制提供了最好的、最广阔的社会基础。为何出现这种状态，恩格斯在《家庭、私有制和国家的起源》及《反杜林论》中进行了较为详细地阐述。恩格斯指出：国家是由于私有制的出现和因此而引发的社会分裂为利益不可调和的阶级而产生的，国家表现为是凌驾于社会之上的一种特殊力量，这种力量用以缓和阶级冲突，充其量仅允许两者间经济方面、权益方面的斗争控制在一定的秩序范围之内。而作为长期处于土地公有制状态的传统东方，国家是在公有制的基础上产生的，或者说是以土地公有制为主导的附带部分的财产私有化的基础上产生的，依这种所有制形式而言，国家就不应是专制性质而该为民主型的，但由社会本身的自我封闭性特质所决定，又使得在此基础上所产生的国家的统治形式与当时的社会现实基础所本应追求和体现的价值严重不符，而社会又没有能力去变革它。这样，掌握着国家权力的统治阶层就会在没有必要的法律等的监督和约束机制下，为所欲为。从而更易导致不平等性。

传统东方正是由于土地公有制，扼杀了自身的社会生产力发展到一定阶段再进一步提高的积极性，并使得专制统治方式具有顽强的生命力。可以说，传统东方只要存在着土地公有制形式，就必定存在着专制性统治方式，而在这种情境之下，专制性统治形式的国家又无能力摧毁土地公有制范式。与此同时，只要专制性统治形式存在，其国家职能的行使就必定仅限定在原有的限度内，但随着社会生产力水平的提高而会不断地受到威胁。由此不仅导致掌握国家政权的专制统治者必定极力维护着原土地公有制形式的存在，而且禁锢着激发生产力水平的提高的有益因素的萌芽、生长及生存和发展，进而使得社会生产力水平长期仅能处于自给自足的封闭状态之下。因此，在传统东方土地所有制形式与专制统治之间所

①《恩格斯致爱德华·伯恩施坦》，《马克思恩格斯全集》第 35 卷，人民出版社 1971 年版，第 344 页。

构成的是一种相辅相成的关系,土地所有制形式是专制制度及与其相对应的法律及其制度、体系和价值追求的基础,专制制度和与其相对应的法律及其制度、体系和价值追求又始终维持着原有的土地公社所有制。

此外,传统东方国家土地所有权的确立与土地私有权关系的形成,实际上是同一个问题的两个方面,因为专制国家正是通过收取地租——赋税的方式,来体现其作为土地最高所有者身份的。① 马克思的观点是:作为土地所有权的一定形式,地租在最大范围内表现为无偿完成的劳动的普遍形式。②"在这里,对这种剩余劳动的占有不是以交换为中介,而是以社会的一部分人对另一部分人的暴力统治为基础"③。通过地租形式,即可看到鲜明的赤裸裸的阶级对立现象。因此,专制国家土地所有权系统的确立过程,是私有制的形成和阶级分化的过程发展到一定历史阶段的必然产物。在这一过程之中,专制国家以全社会利益代表者的名义,控制了土地所有权。而国家的这种行为,实际上是阶级的行动。国家对土地所有权的控制,从根本上反映了掌握该政权者的经济利益的要求。如在印度,随着时间的推移,民族首领的权力日益增长,其权力的增长,主要表现在财产关系方面——表现在制定法律虚构方面,凭借这种法律虚构上的最高所有者为所欲为。根据这种法律虚构,最高权力的首领(代表)就有可能自由支配公社团体的土地,把无人耕种的地段赐给愿意耕种的人所有。印度编年史证明,通过这种途径,一下子就产生了大量的私有财产。很显然,"一旦在土地私有制基础上建立了专制国家,这个政权系统便以巨大的惯性力量反作用于自己的基础,进而促进土地私有权的历史运动"④。当然,由于传统东方土地的私有化是披着国家公有这一外衣的,由此又不仅势必与因社会生产力发展到一定历史阶段而产生并不断强化的社会主体的私有化有别,而且与西方社会在其变迁过程之中随着商品经济运行模式的产生、发展所体现的私法精神的私有制有别。

总之,在传统东方,其一切现象都源于土地所有制,法律的特征当然

---

① 地租与专制国家土地所有权之间存在着不可分割的内在关联,地租是国家作为最高的地主而存在的重要标志。

② 参见公丕祥:《东方法律文化的历史逻辑》,法律出版社 2002 年版,第 159 页。

③ 马克思:《资本论》第四卷,《马克思恩格斯全集》第 26 卷(Ⅲ),人民出版社 1974 年版,第 440 页。

④ 公丕祥:《东方法律文化的历史逻辑》,法律出版社 2002 年版,第 160 页。

也不例外。土地所有制关系的法律表现形式的实质就是土地所有权。一定的土地所有权形式,体现了一定的土地所有制的内容。"如果说任何法律文化系统都有其固有的土地所有权制度,那么在古代东方社会,土地所有权制度的特点及其表现形态,则成为把握东方法律文明的一把真正的钥匙。甚至在一定意义上可以说,古代东方的一切法律现象的奥秘,都可以从东方社会的土地所有权制度中找到存在的理由,从而得到说明。"①对这方面的认识,我们认为应从以下四点把握:

其一,虽然在传统东方所有制中,公社是土地财产的真正所有者,根本没有个人土地财产而只有个人占有土地(且占有则与时效相联系),但却不仅存在着专制国家对土地的所有权关系,并且这种所有权关系体现着作为共同体之父、成为唯一的土地所有者的专制君主的意志和利益要求。于此,也就提出了一个十分重要的问题,即土地的公社所有权与土地的专制君主(或专制国家)所有权之间究竟是一种什么样的关系?对于这个问题,一般而言,可以认为在传统东方,土地所有权经历了农村公社所有权向国家所有权的过渡,公社向国家交付与赋税相同的地租,即是这一过渡的表现。地租这一形式,一方面反映了无偿完成的劳动的普遍形式;②另一方面又以一种特殊的手段维护着这一古老的生产方式。③

其二,不能简单地套用西方法学中的所有权概念而对传统东方土地所有权关系问题进行解释。英国封建主义的或资本主义的法学概念不适用于传统东方,如在印度关于土地所有权问题就存在着这样一种特殊的情形:"根据古印度教徒的习俗,土地所有权属于村社,村社有权把土地分配给个人耕种"④。在传统东方农村公社内部,除了存在土地公有制以及与此相联系的土地公社所有权之外,还存在着个人份地,存在着对土地的

---

①　公丕祥主编:《中国法制现代化进程》(上卷),中国人民公安大学出版社1991年版,第30页。

②　参见马克思:《资本论》第三卷,《马克思恩格斯全集》第25卷,人民出版社1974年版,第890页。

③　参见马克思:《资本论》第一卷,《马克思恩格斯全集》23卷,人民出版社1972年版,第161页;《资本论》第三卷,《马克思恩格斯全集》第25卷,人民出版社1974年版,第897页。

④　马克思:《坎宁的公告和印度的土地占有问题》,《马克思恩格斯全集》第12卷,人民出版社1962年,第517页。

私人的和共同的占有权和使用权。①

其三,传统东方专制国家土地所有权系统的确立过程,是私有制的形成和阶级分化过程发展到一定历史阶段的必然产物。在氏族公社逐渐解体的过程中,"因为已经彼此孤立的人都力求成为**私有者**"②,使得土地财产关系个体化倾向不可避免地加强起来,"确切地说,就是出现了**把共同经济分为**更加互相隔绝的各个部分的**实际必要性**"③。在这一过程中,专制国家以全社会利益代表者的名义,控制着土地所有权。而国家的这种行动,实际上是一种阶级的行动。国家对土地所有权的控制,从根本上反映了掌握该政权的那个阶级的经济利益要求。

其四,传统东方农村公社土地所有权与专制国家土地所有权并存。就本质而言,"国家的看来是至高无上的独立的存在本身,不过是**表面的**,所有各种形式的国家都是**社会身上的赘瘤**;正如它只是在社会发展到一定阶段上才**出现**一样,一旦社会达到迄今尚未达到的阶段,它也会消失。先是个人摆脱最初**并不是专制的桎梏**(如傻瓜梅恩所理解的),**而是群体**即原始共同体的**给人带来满足和乐趣的纽带**——从而是**个人**的片面发展。但是只要我们分析这种个性的内容即它的**利益**,它的真正性质就会暴露出来。那时我们就会发现,这些利益又是一定的社会集团共同特有的利益,即**阶级利益等等**,所以这种个性本身就是阶级的个人等等,而它们最终全都以**经济条件**为基础。这种条件是国家赖以建立的基础,是它的前提"④。传统东方专制国家土地所有权系统的确立,并不意味着农村公社土地所有权系统的立即消失。相反,在这特殊的形态之中,农村公社土地所有权系统非但没有完全消失,反而在广泛的范围内被保存了下来,形成了农村公社土地所有权与专制国家土地所有权并存的特殊格局。

---

① 参见马克思:《资本论》第三卷,《马克思恩格斯全集》第25卷,人民出版社1974年版,第891页。

② 马克思:《马·柯瓦列夫斯基〈公社土地占有制,其解体的原因、进程和结果〉(第1册,1879年莫斯科版)一书摘要》,《马克思古代社会史笔记》,人民出版社1996年版,第20页。

③ 马克思:《马·柯瓦列夫斯基〈公社土地占有制,其解体的原因、进程和结果〉(第1册,1879年莫斯科版)一书摘要》,《马克思古代社会史笔记》,人民出版社1996年版,第27页。

④ 马克思:《亨利·萨姆纳·梅恩〈古代法制史讲演录〉(1875年伦敦版)一书摘要》,《马克思古代社会史笔记》,人民出版社1996年版,第510页。

小　结　国家是阶段矛盾不可调和的产物，是政治统治的工具，作为上层建筑的法律也同样具有这一特性。就国家与法律两者间的关系谁处于优位暂不去思辨，但两者一直处于互动之中是事实。法律的优劣及其发展状态，不能仅从法律自身去认识，而必须深入到法律背后的国家中去探讨，因为国家对法律有着重大影响，尤其对传统东方建立在君主个人强权基础上的专制性国家而言更应如此。通过上述就传统东方国家的行政运行机制、法律创制、对习惯法的态度、意识形态、教育体制、与社会间的矛盾运动状态及所确立的土地所有制的性质等对具有"人治"性质的法律的影响因素的论述，我们可以清楚地体察到这一特征在传统东方表现得相当明显。可以说，上述禁锢不被冲破，传统东方的法律很难有质的变化，从而有益于体现社会内在要求的法律及其制度、体系和价值追求就不可能产生。为改变这一现状，确需借助于一定的外力，东方至近代在西方列强的殖民主义政策的冲击之下，不得不使自身角色的扮演及价值追求的定位有所转换，从而终于使自身的法律发展迎来了机遇。就此，我们将在第四章中作详细阐述。

第三章 传统东方社会与法律发展

　　诚如我们在绪论中就社会与法律发展间的关系问题所作的理论阐述，要想深入研究法律的本质特征及准确把握其运动脉迹，就必须对其与社会之间的内在互动性关联问题予以高度重视。虽然，传统东方，由于社会对国家的依附性甚为严重，使得国家对现实之中的法律的境况起着决定性作用。但是，我们在研究传统东方法律的运动机理时，还是必须对社会与法律发展间的内在关联进行深入、仔细地研究。因为无论传统东方法律的特质何等地受国家因素所制约，但总是脱离不了社会这一根基的。当然，仅就法律与社会的关系而言，由于传统东方的法律受社会内部相关因素所制约，导致其作用的发挥、价值的定位等偏离了原本的位置，运行的状态脱离了应然的轨道，使得若仅从法律入手认识其法律的特质或从国家与法律之间的内在关联为契入点研究其法律的特质，均是不能真正达到目的的。为此，本章拟结合第一章的研究成果，从论述传统东方社会调控机制的内在特征入手，概括出传统东方社会内在调控机制的架构，揭示作为传统东方社会调控手段之一的法律的地位及其与其他调控机制的内在关联。在此基础上，还要重点研究传统东方土地所有制、宗法结构、宗教伦理文化、社会主体的劳动私有化程度、城市制度、婚姻家庭制度等内在状态的变化对法律发展的影响。把握这些问题的本质特征，对于我们揭示传统东方法律的运动机理是十分有益的。

第一节 问题的重要性

　　研究法律，一个重要的、不可或缺的前提条件是必须研究其赖以生存的基础。"历史看上去确实是一张无接缝的网。"①法律作为一种社会现

---

① ［美］伯尔曼：《法律与革命——西方法律传统的形成》，中国大百科全书出版社1993年版，第Ⅱ页。

象必定有其相应的历史运行轨迹,任何时候的法律都不可能脱离自身的历史而存在、延续和发展,我们只有认真、细致地研究它的历史,才能更清晰地认识它、把握它,进而更好地利用它和发展它。而要想真正认清它的历史,我们认为关键之处在于揭示它源于什么?唯此,我们在面对和研究它时,才能够准确地把握它发展于什么?制约于什么?服务于什么?着眼于什么?

"社会不是以法律为基础的……相反地,法律应该以社会为基础。"①作为人类社会发展到一定历史阶段的产物的法律,它必定受制于社会,必须遵循人类历史发展的客观规律。也就是说,法律赖以生存的基础是社会,它的生命力维系于社会,它发展于社会,它制约于社会,它服务于社会,它着眼于社会。

所以,我们要研究和把握法律的内在本质,如果不将视角更多地转向影响法律发展的最基本的机体——社会,转向社会的内在需求,一切均将成为空谈,当然,也就不可能认清其在新的历史条件下的发展走势。而要想真正"把握作为活生生的人类经验之一部分的法律的脉动"②,就必须站在社会的和历史的、时代的高度审视它,从而使其与社会的变迁之间能处于谐和、高效、经济、有序的互动之中。

法律与社会间的关系问题,不仅一直是人们关注的热点,而且要想精准地认识和把握它,就必须研究社会,研究在当时的历史条件之下产生的法律。任何事物都是具有连续性的,是不可能脱离自身的历史的,社会是这样,法律也如此,法律与社会间的互动性亦然。法律是社会内在需求的反映,当然,这种反映有真实的,有歪曲的,有全面的,有片面的。但是,只要其能够存续,就或是反映社会真实的内在需求并被认可,或是虽不是及不全是体现社会真实的需求,但却是在社会所能容忍的范围之内,否则它必因受到来自社会的各种力量所构成的合力的抗拒而无生存土壤。这就向我们提出这样一个问题,即自然"任何社会的法律都是为了维护并巩固其社会制度和社会秩序而制定的,只有充分了解产生某一种法律的社会

---

① 马克思:《对民主主义者莱茵区域委员会的批判》,《马克思恩格斯全集》第6卷,人民出版社1961年版,第291~292页。
② 梁治平:《书斋与社会之间》,法律出版社1998年版,第153页。

背景,才能了解这些法律的意义和作用"①。传统东方法律之所以能自成一统,别具一格,并与西方法律系统截然区别开来,根源就在于它所赖以存在的社会基础与西方迥然相异。要深刻理解和准确把握传统东方法律产生与发展的内在特征,首先必须把握其赖以存在的社会基础的状况和特质。

虽然,世界各民族的法律的产生与发展无不具有鲜明的历史特殊性,但同时也具有统一性,这种统一性就在于它们都是因社会生产力水平的提高所导致的社会分工的产生与发展和社会结构性变迁两大因素所引发的必然结果。所以,我们不能仅仅从法律表象来看法律,而要跳出法律从社会的高度反观法律,即必须从社会的角度去探究法律现象及其内在精神实质,从而准确把握其运行轨迹。"法律是如此重要的社会现象,因而人们不能离开社会的其他方面而孤立地分析法律。如果孤立地研究法律,就不可能理解法律的特征、法律与其他社会现象的关系和法律的复杂性,也不能理解法律是社会生活的一部分"②。所以,我们无论在揭示、研究抑或致力于法律的发展时,均应"多注意社会力量"③,要能充分利用和导引好社会力量,从而使得现实的法律与现实的社会能形成良性互动。

因本书的研究和论述的核心是传统东方法律的运动机理,故我们必须深入细致地研究传统东方法律赖以生存和发展的社会根基,探究它的特征,揭示它与当时社会的互动成效,把握它在自身的历史延续之中可能对现实社会产生的影响。这些均是本章研究和论述的核心、目的及意义所在。

第二节　传统东方社会调控机制的内在特征

社会调控机制概述　众所周知,社会是一个具有多层次结构、通过内在矛盾的解决而发展着的并在自我调节的基础上发挥功能的有机系统。任何一个社会在客观上都要求具有相应的调控体系,以便满足社会

---

① 《瞿同祖法学论著集》,中国政法大学出版社 1998 年版,第 4 页。

② [英]R. 科特威尔:《法律社会学导论》,华夏出版社 1989 年版,第 2 页。

③ [美]劳伦斯·M.弗里德曼:《法律制度——从社会科学角度观察》,中国政法大学出版社 1994 年版,第 163 页。

生活的各种需求。这是因为，社会的存在和发展都离不开一定的秩序性和组织性，这种秩序性和组织性是社会自身的内在属性，它不可避免地表现为一定的行为规则体系。在社会的发展过程中，社会的行为规则体系以其特有的方式影响和制约着社会的运行状态及其变迁走向等。社会与社会行为规则体系之间的这种关系，就构成了社会调控机制。

所谓社会调控，"实际上不过是指一定的行为规则体系按照一定的方向和目标，把社会主体的行为纳入一定的轨道和秩序之中。社会调控是社会自身获得存在和发展的必然要求，是整个社会摆脱单纯偶然性和任意性羁绊的基本手段"①。它是一个因不同的社会机体及不同的社会变迁时段而为的动态的制约、调整、导引机制。也诚如马克思所指出的："撇开其他一切情况不说，只要现状的基础即作为现状的基础的关系的不断再生产，随着时间的推移，取得了有规则的和有秩序的形式，这种情况就会自然产生；并且，这种规则和秩序本身，对任何要摆脱单纯的偶然性或任意性而取得社会的固定性和独立性的生产方式来说，是一个必不可少的要素。这种规则和秩序，正好是一种生产方式的社会固定的形式，因而是它相对地摆脱了单纯偶然性和单纯任意性的形式。"②没有必要的社会调控手段，社会生活就会因无组织、无秩序而处于混乱不安的状态之中，甚至导致社会有机体的"溃解"。当然，我们应当清醒的是，由于社会生活的多种多样性和纷繁复杂性，使得社会调控手段也有多种多样的表现形式，从而体现为构成相对独立的不同的社会规范体系，即构成了一个与当时社会现实需求相对应或使当时社会所能接受的社会调整机制。

传统东方社会调控机制的构成要素　就由社会主体的各种活动所构成的社会生活而言，它是多种多样、纷繁复杂的，因而从社会中产生为社会主体进行各种社会活动服务、规范社会主体各种行为的社会调控机制也就必然会有多种表现形式，从而体现为相对独立的不同的社会规范体系。当然，由于各种社会及同一种性质社会的不同发展时期的内在特

---

① 吕世伦、公丕祥主编：《现代理论法学原理》，安徽大学出版社 1996 年版，第 210 页。

② 马克思：《资本论》第三卷，《马克思恩格斯全集》第 25 卷，人民出版社 1974 年版，第 894 页。

质的特殊性,其调控机制的组成及所能发挥的作用是有区别的,并随着社会的变迁而变化与发展。

如我们在第一章所述,在传统东方,由于其社会的特殊性,必然决定和制约了生存于其中的社会主体的品格的特殊性、行为的特殊性、需求的特殊性,如此等等,从而形成了与西方相殊的社会调控机制。就传统东方的社会调控机制的总体状态而言,首先是法律并非是社会控制的唯一构成与社会约束机制建立的唯一途径,在认识到法律的性质、功能、特点的同时,尤其应高度重视伦理的约束作用、习俗的约束作用以及宗教的约束作用。其次是要清醒地认识传统东方极其强调自我约束。这些特点集中起来就是并非以法律为唯一的甚至最重要的价值取向,司法、执法具有较大的弹性,更多的是强调伦理、道德、习俗、宗教等的调控功能。一句话,在传统东方的社会控制中,人——尤其是处于掌握国家权力位置的社会主体具有很大的能动性、自主性,或者说居于主导性地位。从而既影响和决定了对各类阶层的社会主体的调控力度、质量和成效,也决定了各类阶层的社会主体的行为状态。

总之,传统东方的社会调控机制的构成要素主要有:法律、伦理、道德、习俗、宗教等等,它们相互作用,并由此而影响、反映着当时社会的运动状态。

传统东方社会调控机制的特征　就传统东方社会调控机制的特征而言,我们认为主要体现在以下几个方面。

(一)"伦理"原则下的"人治"主义

社会控调机制的构建不仅需要经历一个渐进的过程,而且是随着人类自身的不断发展而发展和完善的。在人类社会的低级阶段,人类自身生产占有十分重要的地位。社会主体的生活受"人的自然血缘联系的脐带"①和"牢固然而狭窄的血统亲属关系的束缚"②不仅相当明显,而且由于传统东方是在土地公有制基础上的自给自足的自然经济运行模式,从

---

① 马克思:《资本论》第一卷,《马克思恩格斯全集》第23卷,人民出版社1972年版,第96页。

② 马克思:《给维·伊·查苏利奇的复信草稿——三稿》,《马克思恩格斯全集》第19卷,人民出版社1963年版,第450页。

而使得"这种生产方式既表现为个人之间的相互关系,又表现为他们对无机自然界的一定的实际的关系,表现为一定的劳动方式(这种劳动方式总是表现为家庭劳动,常常是表现为公社劳动)"①。

传统东方,由于与低下的社会生产力水平相适应的土地公有制长期存在,人的依赖性一直占据主导社会主体间关系之特征的地位,即由于社会主体对统治集团的公共职能的行使状态的强烈的依赖性,导致了整个社会的调控机制必定体现和依赖于人的依赖性特征,并产生了与自身相适应的独特的伦理文化。② 也由于总是受牢固而狭窄的血统亲属关系的束缚和以人的自然血缘联系的脐带所牵制,不仅使得伦理无时不在、无处不在地调控着社会的各种关系,而且使得传统东方自古就被一种变态的极力排拒"法治"精神的伦理文化所统治,总认为理想的伦理社会是不需要法律的,并将不公正、不公平说成是一种合乎伦理的,使得在它调控下的社会主体的奴性十足,根本不可能允许体现社会内在的真实需求的法律能有生存土壤的。正因为被这种氛围所重重包围,导致所创制的法律只能体现这种伦理精神,进而法律的实施也只是为实现预设的伦理目标服务,即法律对统治者而言仅是一种驭民之具,而对处于被统治地位者而言又只是作茧自缚。这一点,传统中国所崇尚的"法不阿贵","刑不上大夫,礼不下庶人",对不同身份的人有不同的行为规则和法律要求的原则就是极好的说明。也就是说,在这种价值取向所统辖之下,所制定和实施的法律是绝对缺乏对体现社会内在法律需求的实然正义的追求的。当然,我们承认由于传统东方一直处于农业社会的状态之下,就作为社会

① 马克思:《政治经济学批判(1857—1858 年草稿)》,《马克思恩格斯全集》第 46 卷(上),人民出版社 1979 年版,第 495 页。

② 在传统东方的民众的伦理观念中,只有一种奴性的臣民意识,即对家长和君主绝对服从的意识。也诚如黑格尔所言的"把自己看作是最卑贱的,自信生下来是专给皇帝拉车的"。([德]黑格尔:《历史哲学》,生活·读书·新知三联书店 1956 年版,第 181 页)韩国学者李恒宁教授在其著作《法哲学概论》(Ⅱ)一书中认为,东方思想的特色是强调社会的伦理性,不同于以个人为本位的西方社会的范畴,东方社会最高范畴的伦理的基础是忠的价值。由此出发,他论证了东方社会的法理念中所包含的意思不是西方社会法理念中的自由与平等,而是具有自身特点的和平。在他看来,"和平"原理不是崇尚自由与平等的,它维持着东方社会结构的延续性,从而影响东方社会的发展进程。(参见[韩]李恒宁:《法哲学概论》(Ⅱ),汉城:法文社 1989 年版,第 200 页。转引自韩大元:《东亚法治的历史与理念》,法律出版社 2000 年版,第 21 页)

调控机制组成部分的法律的产生及发展的社会道德与伦理的基础而言,它是在国家、社会、个人价值没有合理分化,以及法律理念缺乏具体化,即只是在抽象化范畴的法律文化背景下所形成的。所以,传统东方的法律是不可能达到脱离伦理需求而成为完整的自由的规范体系的。不过,在传统西方,伦理在社会生活中也曾起过非常重要的作用,但由于它的生存环境与传统东方相异,从而使得它与法律一样追求的是正义和公正。当然,我们不能因此而抹去其中也有不恰当的成分,但从大的方向和总体原则的角度而言是基本一致的。

法律是社会关系的调控器,法律又是源于社会、维系于社会、发展于社会,所以就传统东方法律而言,它就必须反映、体现和维护当时社会中所肯定的对人的依赖性的伦理性特征。由于传统东方的对人的依赖性社会现象得到来自各方面力量的不断强化,必然使得"人治"的价值追求被极力崇尚。所以,可以说,在传统东方,体现人的依赖性的"人治"主义与体现等级制的非理性的伦理精神同以土地公制和村社制度为基础,社会主体过着自给自足、封闭与半封闭的社会生活正好形成共鸣和共振,即传统东方作为社会调控机制之一的伦理观念与规则和"人治"主义的精神是如出一辙,互为补充的。所以,我们认为传统东方的社会调控机制的特点之一是伦理原则下的"人治"主义。

(二)压抑人性的义务本位价值取向

马克思主义唯物史观认为:"人的本质并不是单个人所固有的抽象物,实际上,它是一切社会关系的总和。"[1]作为社会存在物的个人,在一定的社会活动和交往过程之中,与他人、集体组织乃至整个社会结成密不可分的联系体。个人的每一个行为及其后果,不仅对其本身,而且对他人、集体以及整个社会都具有重要意义。只有在社会中,人的自然存在才能体现为人的应然属性,决不能把社会看作是某种单一的"鲁滨逊式"的简单总和,离开社会而孤立自求的人、鲁滨逊式的人,实际上不过是思辨中的抽象罢了。在认识到这一点的同时,还必须避免将社会作为抽象物同个人对立起来,因为国家只有通过个人才能发生作用,个人既是真正现实的主体也是国家的基础,决不能把国家和社会看成是凌驾于人们之上

---

① 马克思:《关于费尔巴哈的提纲》,《马克思恩格斯全集》第3卷,人民出版社1960年版,第5页。

并将自己的意志强加于人们的特殊机体。当然,由于个人与个人、个人与社会、个人与国家之间总是存在着一定的矛盾与斗争而使得法律调整成为必要。为了建立和维护社会生活的正常秩序,统治阶级就需要根据一定社会历史阶段的客观要求,确立一定原则,创制相应的规定,指明最有利于达到社会经济关系要求和本阶级统治目的的最佳行为方案,即引导和保护一些符合统治阶级利益要求的行为,禁止各种不符合统治阶级利益要求的行为。① 从而通过法律"调整个人与社会的关系,赋予社会主体以一定权利并使其承担相应的法律义务的方式,进而达到调整社会关系的目的"②。这就提出了如何对待、确立作为活生生的社会存在物的人在社会之中应享有的权利及其应承担的义务的法律的性质、特征等问题。

由于在传统东方,一方面从远古以来就奉行着土地公有制,在这种所有制形式之下,单个的人从来就不是所有者,而是占有者,社会财产的最高所有权控制在君主一人手中,这就使得否定或忽略作为社会存在物的人的权益的法律是以社会本位和义务本位为价值旨趣,剥夺了单个的社会主体的应有权利。另一方面,由于村社制度的封闭性和自足性,决定着传统东方从遥远的古代就一直处在自给自足的自然经济水平上。人们所关注的只是自己的小块土地,对国家政治乃至自身的政治权利漠不关心,并对自身的权利丝毫没有保护、争取的意识。也正因为这种特殊的经济关系和土地经营方式成为传统东方专制主义产生的真正温床,而此"温床"所引发的专制主义对人性造成了有形无形的压制。即传统东方,由于所采用的统治方式的性质是对人性压制的专制主义,使得社会主体的活动空间、活动范围等受到了严重的限制,从而表现不出历史的首创精神。

总之,因传统东方社会调控机制是从有益于统治阶级的利益这一目的而建立的,是与社会主体对自身应然权益的忽视或没有能力获取以及经济不发达、生产力水平落后相适应的,也是传统东方压制人性的义务本位、社会本位的价值旨趣的充分体现。从而成了它的一个显著特征。当

---

① 参见吕世伦、公丕祥主编:《现代理论法学原理》,安徽大学出版社1996年版,第212~213页。

② 吕世伦、公丕祥主编:《现代理论法学原理》,安徽大学出版社1996年版,第213页。

然,我们不可否认随着社会经济的发展,社会主体具有了逐步觉醒的权利要求,迫使统治者思虑如何依靠法律维持社会平衡特别是最为基础的社会平衡不被打破,通过在对民众的动乱进行残酷而无情地镇压的同时,相应地采取调整法律规范的方式,给予其所能让步、社会亦能大体接受的限度内的权利调整,适度降低社会本位、义务本位的要求力度和范围以力求缓解国家与社会的冲突和对立的情形进一步恶化到不可包容的地步。这种对人性压制的社会本位和义务本位的价值取向外在的比较明显的表征可以说是如印度的种姓制度、中国的等级制等所构成的传统东方的等级制。当然,虽其表现形式有别,但内在本质是一致的。等级制度既使国家与社会之间处于彼此分离,又使因社会依赖于国家而专制制度有产生和发展的生存土壤,同时也导致东方社会由此长期处于停滞不前的状态之中,并成为自身"进步和强盛道路上的基本障碍"①。

(三)在一定程度上受地域性文化的影响

就人类社会而言,在资本主义制度产生之前的几千年中,自身文明的发展就经历了一个由文明产生到地区性文化扩散并形成文化圈的过程。而就法律的产生、发展的特征而言,它也是一种文化。当然,文化的形成与发展还需经历和必定会经历冲突与融合这一过程。到资本主义制度萌芽时,全世界从东到西的排列已形成了"中国文化圈"、"印度文化圈"、"伊斯兰文化圈"、"欧洲文化圈"—"基督教文化圈"等四个大的文化圈。这些文化圈的形成或定型,与统一的意识形态的形成是有一定关联的。而就法律而言,不管其本质、价值追求、表现形式等方面的特征如何,一定区域内的法律文化在与其所存续的范围之内的整体文化之间应当是相融的,否则非但没有生存根基,甚至还会随着相应的文化圈的扩大而扩大。当然,文化圈的形成是要经过一个漫长的历史过程,而这个过程的完成又是以统一的意识形态的形成为表征的。所以,就某种意义而言,文化圈的大小虽是一个无形的东西,但却有无穷的内在联合力和张力。不过,这仅是一方面,我们还不能忽视地域在包括法律文化在内的文化圈的形成与发展中的影响——地域对法律的产生与发展的影响是不可低估的。把握这种影响的性质和特征,对于我们研究传统东方社会与法律发展间的关

---

① 马克思:《不列颠在印度统治的未来结果》,《马克思恩格斯全集》第9卷,人民出版社1961年版,第250页。

系问题是具有一定的作用和意义的。当然,应清醒的是,这种影响又要受制于各自的由综合性因素所决定的地域性文化。

如古代希腊和古代罗马帝国都曾一度幅员广大,但它们均为在军事力量强制下所形成的政治集合体,并没有形成统一的价值观,从而也就没有出现统一的文化模式及法律及其制度、体系和价值追求。换句话说,这些政治集合体不是靠生长于社会、发展于社会的文化的扩散而是靠强制力形成的,从而注定会因受不可阻却的域外文化的冲击而消亡。而在这个阶段上,地中海沿岸和西亚地区都只完成了地区性文化的形成过程。在希腊世界和罗马世界内部,实际上存在着许多差异很大的地区性文化。因此,这些政治实体是很容易崩溃的,从而在原有政治实体之下制定的法律在强大的变化的因素的强大攻势之下很快失去其作用。传统东方的中国、印度等国的法律及其制度、体系和价值追求也是在各自的文化圈之内形成的,所不同的是它们不仅是在一个坚实的社会文化基础上形成和发展起来的,而且与作为各自基础的社会文化能形成共鸣。当然,我们不否认这两者之间存在着某种程度的冲突,并在其社会基础之上能在一定时期和适度范围内达至融合。我们认为,这就是为何传统东方的地域性文化以及在此基础上产生的法律及其制度、体系和价值追求具有较强的稳定性和同化性的原因之一。

诚然,文化的交融是要受地域限制的,也就是说,随着所形成的四大文化圈都已扩张到各自的极限的时候,由于受地理障碍的限制而不能再扩展了。如当基督教文化弥漫到整个欧洲时,它唯一可以继续延扩的出口是东部,但那里在当时的历史条件之下是无法越过的西伯利亚无人的寒冷大森林。印度次大陆三面环海,北面则被喜马拉雅山拦住了去路。中国文化圈东临大海,北倚荒漠,西为戈壁,南对丛林——里面充满着中国人自古就害怕的"瘴气"。所有这些也从一个侧面导致了传统东方的两大主流文化没有交融的机会。

综上所述,地域性文化对传统东方社会调控机制的特征及功能的发挥有一定程度的影响,从而决定了在其范围之内,植根于社会之中的法律发展的未来特质。

传统东方社会作为调控机制构成要素的法律与其他要素间的关系表征 就社会的调控机制和手段而言,因社会生活的五彩缤纷、极其复杂而表现为相对独立的多样性,作为人类社会发展到一定历史阶段的产物的法律只是其中之一。就法律与社会的关系而言,"社会不是以法律为基础的。……相反地,法律应该以社会为基础。法律应该是社会共同的、由一定物质生产方式所产生的利益和需要的表现"①。可因社会由各自矛盾的特殊性和多样性所制约和影响而显现出相异的特征,进而导致为适应社会内在需求而产生和存在的法律调控机制的性质、特征及成效等相殊。

美国法学家罗斯柯·庞德曾针对西方法律产生与发展的运行轨迹,探讨了西方社会法律调整机制的基本特点。他把社会规范体系看作是社会控制的手段,认为社会控制就其本质而言就是对人类本性的控制。社会控制手段是由法律、道德和宗教三种形式所构成的,而在开始有法律的时候,三者之间并无区别,即便在希腊城邦那样的先进文明中,法律名称也包括了所有的社会控制手段,人们通常使用法律这同一个词来表达宗教礼仪、伦理习惯、调整关系的传统方式和城邦立法。当因伦理的发展而产生了道德体系的时候,就出现了一种法律发展阶段。在这个阶段上,人们试图将法律与道德等同起来,使一切道德戒律本身也成为法律。而自西罗马帝国崩溃以后,在文明史的一段很长时期内,有组织的宗教负担了大部分的社会控制。到了近代世界,因为政治组织已成为社会的主要依靠,社会力图通过法律这一有秩序的、有系统的强制力来调整关系和安排行为,从而使得法律成了社会控制的主要手段。②

而与西方社会法律调整机制的特点和地位所不同的是,以农村公社制度为基础的传统东方社会的法律调整机制的一个显明的特点便是伦理、道德、习俗、宗教等在法律调整机制中处于十分重要的地位。当然,就传统东方社会调控机制的构成要素之间的关系特征而言,有多方面的体现,因本书所要阐述的核心是传统东方法律的运动机理,所以,我们以法律为中心而研究其与其他调控机制的构成要素间的关系特征,从而为我们在后续章节中进一步论述做铺垫。

---

① 马克思:《对民主主义者莱茵区域委员会的审判》,《马克思恩格斯全集》第 6 卷,人民出版社 1961 年版,第 291~292 页。

② 参见公丕祥主编:《中国法制现代化进程》(上卷),中国人民公安大学出版社 1991 年版,第 24 页。

(一)法律与道德的非理性混合

传统东方的社会调控机制的特征包含着法律与道德相混合的一面。由此既压制了法律的应有地位的确立,又扼制了法律发展的潜能,同时还使得社会变迁同法律发展不能形成良性互动。

由传统东方社会结构所决定,以相互依赖为特征的道德具有强大的生命力和渗透性。法律的功能只是随着原有的社会结构因受外界的不断冲击而逐渐被打破才慢慢得以发挥。如在中国,法律往往是与道德混在一起的,很难分清哪是道德、哪是法律,且法律文化的基本内核就是儒家思想。由于没有严格意义上的法律,导致对人们的行为是非性就无明确的法律判准,更多的是以人治为核心的道德为尺度。故可以说,传统中国两千多年的人治型、德治式的法律思想体系是具有在人性论的基础上注入了诸多主观臆断性、充满着反人性、反道义的严刑峻法的性质。黑格尔在其《世界历史哲学》一书中论述道,中国法律缺乏整体上的理性化的理论,它没有区分道德领域与法律领域,这也是东方人的思考方式特征。而韦伯在其《儒教与道教》、《社会经济史》、《经济与社会》等著作中,则从东西方比较的角度对传统东方的法理念或法精神作了十分系统而深刻的探讨。韦伯先生认为,在中国,儒家①的伦理成为国家的信条,在西方,基督教的教义则成为社会的势力。缘此,简单地说,中国只有祖先崇拜,而无

---

① 道德对传统东方法律的影响最为突出、最为深远的当是儒家思想,也正因为受儒家思想的影响而形成了儒家法律文化。由道德所引发的儒家法律文化圈中东有朝鲜和日本,南有越南,北有突厥,西有中亚诸国。所形成的儒家法律文化有着自己的鲜明的特点:其一,以儒家学说为主要理论基础,宗教神学的色彩在法律体系之中极少,法家学说和儒家学说的合流,强化了国家行政、伦理教化的社会治安功能。其二,实行"家"、"国"一体制,政治制度和法律制度倡导和保护君主、宗族、家父的宗法等级地位,宗规、家法和朝纲、国法同样受到重视。其三,礼与刑的关系给中国政治、法律文化及其治国模式奠定了基础,"礼法并用"、"德主刑辅"的原则成为政治与法治传统;礼禁于未然,法禁于已然,出礼则入刑,这些政治规范和法律规范渗透到政治生活和社会生活的各个方面。其四,立法与司法合一,是中央官僚体制和法制的一大特色,君主兼行立法权与司法权,集权独断;行政与司法合一,是地方官制和法制的一大特点,官吏兼行行政权与司法权,官重民轻。其五,创造了发达、完备、诸法不分的成文法体系,刑法繁盛,民法落后,诉讼规则融会于行政程式,行政法则偏重于行政制法的不断完善而不重视权利与义务的规定。中国的这种法律文化对朝鲜、越南、日本等诸国影响最深,它们是中国儒家文化圈中烙印较深的成员。至于中亚诸国和西迁的突厥人、蒙古人则由于日后接受伊斯兰文化的影响,而使得因受中国文化的影响而留下的烙印日渐淡薄了。

普遍的宗教,从而不能发展出一套"普遍取向"(universalisti corientation)的法律。反之,在西方则超越"家"而形成"社会"(association),很自然地走上了普遍性的宗教和法治之路。韦伯对传统东方的法律的基本理论的论述,其核心内容概括起来主要有:①东方,尤其是东亚,法与儒教有着密切的联系,儒教构成东亚法的精神背景。这一点实际上也造成了东亚法的非正式性。即在儒教统辖范围内的法律严重缺乏应视为法律的生命的形式性。②不存在自然法的概念,社会之中缺乏自然法精神。③所建立、形成和维护的法律程序的重要特征之一就是家族主义。④不存在独立的法学家和律师阶层。

当然,西方社会的自然法、社会法、活法观中均包含有一种超然的道德观的成分,正是在这种超然道德观的支配之下,虽然表面上道德与法律是分离的,但就其实质而言,两者始终处于有机的互动状态之中,法律发展,道德也发生相应的变化,反之亦然。而传统东方却不同,虽然道德与法律是融合在一起的,并且道德统辖着法律,但是此仅为表象。实质上,两者是分离的,法律否定道德和道德否定法律的矛盾自自身的法律文化形成时就已致命性地存在着。发挥统辖功能和具有最高权威的道德所追求的并非是社会的共同利益,而仅是统治者的利益。在这种情形之下,法律和道德均不可能起着体现社会发展的内在要求的功用,导致社会内在需求的运行机制根本无法确立。与此同时,国家也不可能发挥符合社会发展要求的功能,而社会又没有意识和能力改变现状,只能奴性地承受。

(二)习俗起到准法律或超法律的作用

根据大量的历史资料和研究表明,法律不是一夜之间突然产生出来的,更不是来自于神的赐予,而是由原始习惯逐渐演变而来的。所以,研究传统东方社会变迁同法律发展间的关系问题,必须注意风俗与习惯对其所产生的影响。诚如涂尔干及亨利·希律尔等著名法学家或法社会学家所指出的:法律如同社会群体一样是可变的、多样的,它或多或少完善地表现了社会群体的意志。它像语言、艺术、宗教等等一样,是社会生活的反映,不能把它与另外那些与它关系甚密的社会现象割裂开来。①

要使社会能在与自身当时的状态相适应的秩序之下运行,就必须有相应的规则去有效地规制参与社会活动的相应主体的行为。规则是社会

---

① 参见[法]亨利·莱维·布律尔:《法律社会学》,上海人民出版社1987年版,第98页。

在自身的不断变迁的过程之中逐步形成的，即"社会逐渐积淀出某些有形或无形的规则体系，制约着人们的具体行为"①。

就人类社会早期的法律而言，"习惯是一种不仅最古老而且最普遍的法律渊源"②。因为，从规范的形式而言，原始社会的习惯与后来的法律相比，虽然调整层次低下和调整范围狭小，但它在原始社会的长期发展过程中也经历了一个由偶然到必然性、由经验到理性、由局部到全面的概括和上升的过程，即一开始可能是个别或少数氏族或部落成员的行为规范，但由于其具有合理性，而被更多的人所接受，遂成为整个氏族、部落的习惯。"在大多数情况下，历来的习俗就把一切调整好了。"③就原始习惯的特性而言，事实上它已蕴含着法律的最一般的规定性，与法律有着极为深厚的渊源关系。在社会发展的某个很早的阶段，产生了这样一种需要：把每天重复着的生产、分配和交换产品的行为用一个共同规则概括起来，设法使个人服从生产和交换的一般条件。这个规则首先表现为习惯，后来便成为法律。如**"希腊人、罗马人、希伯来人的最初的法律——在文明时代开始以后——主要只是把他们前代体现在习惯和习俗中的经验**的成果变为**法律条文**"④。再说，不仅原始社会的习惯是法律的最初渊源，就是现代社会，法律的制定和实施仍要考虑社会习惯这一重要的因素，可以说违背社会习惯总体性要求的法律不仅很难推行，而且很可能成为一纸空文。因为这是一个社会认同性问题。没有必需的社会认同性基础，法律就无社会生命力。"法起源于或者说应该起源于民德，民德渐渐演化为法律……立法必须在原有的民德中寻找立足点，立法为了自强必须与民德相一致。"⑤研究传统东方社会与法律发展间的关系问题，判析东方社会的法律的内在本质，必须研究传统东方习惯、风俗所起的作用及其对法律的产生与发展所形成的影响。

---

① 胡玉鸿、彭东：《试论法律社会渊源的理论基础》，载于《中国法学》2001年第3期，第41页。

② [美]埃尔曼：《比较法律文化》，生活·读书·新知三联书店1990年版，第43页。

③ 恩格斯：《家庭、私有制和国家的起源》，《马克思恩格斯选集》第4卷，人民出版社1972年版，第92~93页。

④ 马克思：《路易斯·亨·摩尔根〈古代社会〉一书摘要》，《马克思古代社会史笔记》，人民出版社1996年版，第184页。

⑤ [英]R.科特威尔：《法律社会学导论》，华夏出版社1989年版，第22页。

与西方社会法律调整机制的特点和地位及习惯和风俗与法律的关系所不同的是,以农村公社制度为基础的传统东方社会法律调控机制的一个鲜明特点为社会风俗与习惯在法律调控机制中处于十分重要的地位。如在传统东方社会所有制性质从量变到质变的演化过程之中,习惯一直在起着十分重要、不可或缺的作用。由于在人类历史上存在着一种非私有化的所有制形式,这时就是以习惯为主导的社会调控机制。即便随着所有制从无到有、从弱到强的发展,原有习惯还在起作用。但由于社会的内在需求的变化,又迫使它既不得不发展,又不能脱离原有的基础,从而就出现了法律以原有的习惯为基础的情形。在古代印度,不仅公社成员间的民事行为等所发生的相互关系不是由法律而是由习俗来调节的,①而且这些具有约束力的习俗还能在国家权力机构的确立和权力行使等方面起到不可或缺的调节作用,如“根据古印度教徒的习俗,土地所有权属于村社,村社有权把土地分配给个人耕种”②。“**公社—氏族团体和农村团体被用之于行政和司法的目的**。在《耶遮尼雅瓦勒基雅》和《那罗陀》这两部法典中,农村公社社员是用**公社团体**或亲属会议的名称来体现的;中央行政机关将**警察职权**和**司法职权**,即治安的责任,**委托**给他们。这就意味着,这些氏族和公社已经由与执行这些职能无关的**独立**的机关变为**国家的最下级的警察和保安机构**了。”③“**载于公元 5 世纪和 6 世纪法律汇编中的这些有关公社**{die Kommune}**司法权和警察权的条款,是这一时期存在着公社的唯一的文字根据**。……各个公社在它们的财产关系上,像以前一样,要依据当地的习俗和规章办事;**这些习俗的约束力**,在《耶遮尼雅瓦勒基雅》和《那罗陀》两部法典中……是明白承认了的。”④

① 参见马克思:《马·柯瓦列夫斯基〈公社土地占有制,其解体的原因、进程和结果〉(第 1 册,1879 年莫斯科版)一书摘要》,《马克思古代社会史笔记》,人民出版社 1996 年版,第 41 页。

② 马克思:《坎宁的公告和印度的土地占有问题》,《马克思恩格斯全集》第 12 卷,人民出版社 1962 年版,第 517 页。

③ 马克思:《马·柯瓦列夫斯基〈公社土地占有制,其解体的原因、进程和结果〉(第 1 册,1879 年莫斯科版)一书摘要》,《马克思古代社会史笔记》,人民出版社 1996 年版,第 42 页。

④ 马克思:《马·柯瓦列夫斯基〈公社土地占有制,其解体的原因、进程和结果〉(第 1 册,1879 年莫斯科版)一书摘要》,《马克思古代社会史笔记》,人民出版社 1996 年版,第 45 页。

与此同时,习俗对权利分配的影响也不可小视,如"按照**印度法**的某些制度,父亲在生前分配财产时,有**保留两份的权利**,而按照印度的某些习惯,**长子**在与他的兄弟分父亲的财产时,他比别人多分一份。类似希伯来古代史中'**长幼继承权**'｛brithrith｝"①。"无论长子继承或是最年长的亲属继承,不经他们所属集团的全体成员选举或认可,都属无效。"②权力的行使范围也有采用习俗来调节的,如在公社里,出现有公社裁判和联社裁判之别,同一个公社成员之间所发生的诉讼,用公社裁判来解决,而在两个不同公社成员之间发生诉讼的情况下,则用联社裁判来作出判决。同时,就连法典的编纂也受习俗的约束,甚至"印度晚期的法典编纂者,即印度法律文献中以《**法经**》著称的大批汇编的编者"③,还从"习惯中汲取解释《摩奴法典》的资料。**习惯法**提供了主要资料来补充远古法典中那些纯法律的、特别是纯伦理的贫乏的规定"④。此外,由于受生产力水平低下,对自然资源的利用受到一定的限制以及人口的增多等因素所制约,使得对每个公社成员来说"**最适于耕种的土地面积有限**"⑤,会出现在当年的那一次重新分配中无法使全体共同占有者均等的分到土地的情形。因此,即使在最富的村落之中,他们也"通过每年都重新分配一次的办法而**轮流获得使用这些土地的权利**"⑥。从而通过这种习俗的调控手段,达到"**消除一切不平等现象**"⑦的目的。

---

① 马克思:《亨利·萨姆纳·梅恩〈古代法制史讲演录〉一书摘录》,《马克思古代社会史笔记》,人民出版社 1996 年版,第 474 页。

② 马克思:《亨利·萨姆纳·梅恩〈古代法制史讲演录〉一书摘录》,《马克思古代社会史笔记》,人民出版社 1996 年版,第 475 页。

③ 马克思:《马·柯瓦列夫斯基〈公社土地占有制,其解体的原因、进程和结果〉(第 1 册,1879 年莫斯科版)一书摘要》,《马克思古代社会史笔记》,人民出版社 1996 年版,第 38 页。

④ 马克思:《马·柯瓦列夫斯基〈公社土地占有制,其解体的原因、进程和结果〉(第 1 册,1879 年莫斯科版)一书摘要》,《马克思古代社会史笔记》,人民出版社 1996 年版,第 38 页。

⑤ 马克思:《马·柯瓦列夫斯基〈公社土地占有制,其解体的原因、进程和结果〉(第 1 册,1879 年莫斯科版)一书摘要》,《马克思古代社会史笔记》,人民出版社 1996 年版,第 34 ~35 页。

⑥ 马克思:《马·柯瓦列夫斯基〈公社土地占有制,其解体的原因、进程和结果〉(第 1 册,1879 年莫斯科版)一书摘要》,《马克思古代社会史笔记》,人民出版社 1996 年版,第 35 页。

⑦ 马克思:《马·柯瓦列夫斯基〈公社土地占有制,其解体的原因、进程和结果〉(第 1 册,1879 年莫斯科版)一书摘要》,《马克思古代社会史笔记》,人民出版社 1996 年版,第 35 页。

在古代孟加拉地区,调节土地占有方式的机制也是习俗在占主导性作用,即"在村社以内,**在土地的占用方面**……柴明达尔领地里的主要人物阿木拉和农民的首领(曼德尔)或其他有影响有特权的人,例如**婆罗门**,往往被准许**按固定的优惠条件占有比他们能够或实际耕种的要多的村社土地**。这些土地……他们又**转让出去**,可能是全部转让,也可能是部分转让,这样就出现了很多种'焦特'和农民占有地。在 1793 年立法以前,那时的**中间占有地**,是靠**习俗**以及占有者的个人势力和影响来维持的。**农民占有地和焦特**也……要服从于**习俗**,服从于村**潘查亚特**和**柴明达尔**的阿木拉的管理。一切都按**惯例**行事"①。在古代孟加拉地区解决纠纷的方式及其特点也显示了风俗与习惯所具备的重要调控功能和地位的特征。如在古代孟加拉地区,曼德尔和少数长老组成村社的潘查亚特处理各种日常纠纷和争吵而遇有比较难办的问题时,曼德尔和争执的各方就去找柴明达尔或他的代表纳伊布(即副手或代表一位大的柴明达尔辖地办事处的主要负责人或柴明达尔的管家)或古玛施塔商讨和仲裁。因而在孟加拉农村地区,许多诉讼的解决都是无需费用巨大的公共法院插手的。

同时,由于风俗和习惯的作用,使得统治者所采取的统治方式具有较大的社会接受度。在"**旁遮普**……辛格是极端专制的。他攫取农产品中的极大一部分作为他的收入。他劫掠不服从他的勒索的村庄,并且处死了很多人。他豢养大量军队,拥有一切物质力量,并以各种方式运用这一力量。**但他从未颁布过法律**。调节他的臣民生活的规则都来自他们古老的习俗,而且这些规则由家族或农村公社的家族法庭执行"②。"朗吉特·辛格**从来没有**,也不可能(!)想到改变他的臣民据以生活的民事规则。大概他同实行这些规则的长老本身一样也坚定地信仰这些规则的独立的强制力量。向一位东方的或印度的法律理论家断言这些规则是朗吉特·辛格的**命令**,他一定觉得荒唐,等等"③。"旁遮普在朗吉特·辛格统治下的情况,可以作为所有东方社会在罕有的和平和秩序时期所处的土生状

①　马克思:《约翰·菲尔爵士〈印度和锡兰的雅利安人村社〉(1880 年版)一书摘要》,载于《马克思古代社会史笔记》,人民出版社 1996 年版,第 397 页。

②　马克思:《亨利·萨姆纳·梅恩〈古代法制史讲演录〉(1875 年伦敦版)一书摘要》,《马克思古代社会史笔记》,人民出版社 1996 年版,第 518 页。

③　马克思:《亨利·萨姆纳·梅恩〈古代法制史讲演录〉(1875 年伦敦版)一书摘要》,《马克思古代社会史笔记》,人民出版社 1996 年版,第 518 页。

态｛native state｝的典型。这些社会一直是专制政治,对于这些高居首位的暴君的命令,不管它们如何粗暴残忍,也总是无条件地服从。但是当时的这些命令,除用作**组织行政机构以收税**以外,并不是真正的法律;它们都属于奥斯丁所谓的临时的或特别的命令一类。实际情况是,对于地方和家庭的习俗**唯一具有侵蚀意义**……的不是统治者的命令,而是虚构的神的命令。在印度,婆罗门的混合法律与宗教的各种注疏,**在破坏该地古老的习惯法方面影响一直是很大的**"①。

此外,对于社会主体而言,因受传统习俗的影响,其权利意识是十分淡薄的。在传统风俗和习惯的感化之下,"人们想到的,最多只是**耕种土地的权利**,以及这种权利的转让——转让给别人以取得一份产品作为报偿。……首领从耕作者那里所能取得的**产品份额**不是由他自己任意决定,也不是**通过讨价还价决定**,而是由**习俗或惯例决定**"②。而这种习俗或惯例的作用是强大的、影响力是深远的,就是到英国殖民主义统治时期要想改变都较为困难。"**村社的某些成员**凭某种得到承认的世袭或已成惯例的耕种权,占用村社的永久性耕地或改良过的土地,这种耕种权有时被叫作**所有权**,有时被叫作**占有权**;他们把产品中的一个惯例份额缴付给有权收受该份额的人,这样,他们就认为自己有权持续地、不受干扰地占用和耕种他们的土地了,甚至也以把地转让给另一个人;没有**出租土地以获利这类事情**;私人出卖土地的事可以说闻所未闻,由**民事法院出卖土地**……已经被禁止,因为这太有悖于古老的习俗了,无法实行;**抵押**几乎全都属于**附有用益权的类型**。"③

当然,应清醒的是在传统东方的社会习俗之中,并非不包含着平权思想的成分,也并非没有努力实现平权的行为。就此也同样体现在最为基本的土地公社所有制的土地使用权上,"在土地占有者中间经常看到**每年交换其份地的习俗**。这种习俗甚至见之于**最富的村落**中。……这种习俗的**发生是由于人们希望消除一切不平等现象**;而将土地交给人们比较永

---

① 马克思:《亨利·萨姆纳·梅恩〈古代法制史讲演录〉(1875 年伦敦版)一书摘要》,《马克思古代社会史笔记》,人民出版社 1996 年版,第 518~519 页。

② 马克思:《约翰·菲尔爵士〈印度和锡兰的雅利安人村社〉一书摘要》,《马克思古代社会史笔记》,人民出版社 1996 年版,第 430 页。

③ 马克思:《约翰·菲尔爵士〈印度和锡兰的雅利安人村社〉一书摘要》,《马克思古代社会史笔记》,人民出版社 1996 年版,第 432~433 页。

久地使用,则可能造成不平等"①。当然,这实际上仅是一种形式,从其内在本质和最终的结果而言,还是不可避免地造成不平等,加之掌权者不断膨胀的私欲及非理性地利用手中的权力与社会主体的奴化性特征相结合可能使这种传统在一定时期内起着相当大的作用。但当社会发展到一定历史阶段后原有阻却社会变迁的平权性潜规则的就必然会解体,从而使得有益于按社会内在需求而促进法律发展极为不易。

总之,"法律是社会的产物,是社会制度之一,它与风俗习惯有密切的关系"②,传统东方社会中所存续的社会习俗一直起到十分重要的作用,它不仅与道德而且与宗教等共同发挥作用,并对法律的产生与发展产生了深远的影响。

（三）宗教一直左右着法律的状态

在研究影响传统东方社会法律的产生与发展的主要因素时,不可藐视的另一个重要方面是宗教。因为"东方的历史**表现为各种**宗教的历史"③,从而使得作为传统东方客观存在的法律当然也不例外。只有认清传统东方宗教的主要特征,才能抓住其对法律发展的影响的脉搏。就这方面的研究方式及成果可能因研究者的专长及兴趣等不同而相异。我们所要把握的是传统东方法律的运动机理,所以关注的应主要是法学、社会学的研究成果。

与从宗教内部研究宗教思想的神学家不同,作为社会学家的韦伯并不关心宗教的实质内容,而是对宗教的形式和所起的社会作用表现出极大的兴趣。韦伯认为,尽管高度成熟的世界各大"正统"宗教都以某种"出世"的教义来引导信徒,但原始的宗教却完全是入世的,甚至是以追求某种可计算的经济利益为目的的。在人类社会的早期,由于人们控制自然和社会的能力较弱,面对自然万物和社会关系时往往感到无能为力,由此常会把外部世界神化,认为那里栖居着各种神灵。通过与神灵沟通以获得对外部世界的把握和控制,这种社会心态促成了"一切'职业'中

① 马克思:《马·柯瓦列夫斯基〈公社土地占有制,其解体的原因、进程和结果〉一书摘要》,《马克思古代社会史笔记》,人民出版社1996年版,第35页。
② 《瞿同祖法学论著集》,中国政法大学出版社1998年版,第4页。
③ 《马克思致恩格斯(1853年6月2日)》,《马克思恩格斯全集》第28卷,人民出版社1973年版,第255页。

最古老的职业——职业巫师"①的产生。早期宗教的象征性仪式在有助于消除人们对外部世界的恐惧的同时,也使得同一个生活共同体中的人们对同一套礼仪产生信仰,从而使他们的行为方式趋向于一种具有常规性的秩序。也正如韦伯所言:"'宗教的'观念对生活方式和经济的首要的和基本的影响,总的来说,就是起了固定化的作用。"②在古希腊和古代东方世界普遍存在着这种人格化的宗教形态——表现为自然观上的万物有灵论和社会心态上的祖先崇拜。而到了古罗马时代,西方宗教逐渐呈现出一种"非人格化"的趋势。古罗马的诸神有着明确的分工,并且不再是一种"为所欲为"的非理性存在,人们甚至可以理性地预见神灵的作为,这使得宗教逐渐走进了理性的疆域。作为一种社会规范,宗教主要从以下几个方面引导着人的社会行动,使之趋向于某种秩序:③

首先,宗教是一种社会整合力量,它使得单独的个人团结为一个共同体。在人类社会的早期,一个部落、一个村社或一个城邦的成员往往共同尊奉着一个神灵,这种信仰以及相应的集体祭祀仪式维系着各社区的同一性(identity)。

其次,宗教为人类的共同生活提供了一套共享的知识体系,从而使得个性迥异的个人遵循着某种共同的生活方式。生活在社会中的个人总是要根据对他人行动的预期来调整自己的行动。如果一个社会缺乏一套共享的知识体系,每个人都各自根据自己对自然和社会的理解而行动,那么,整个社会就会陷入一团混乱。理解和预测他人的行动方式必须以存在这样一套知识为前提,而一个社区的宗教恰恰就是这样一套知识体系。

第三,宗教为人类社会安排了一种"差序格局",为长幼尊卑的社会等级结构提供了一种"正当化理由"。在世界各大宗教中,各自均根据不同的教义论证了不同社会等级安排的合理性。

第四,宗教为人们对现有社会秩序的不满提供了一个"合理"宣泄的出口。各种宗教指出了"现世"所固有的不完善状态,认为在这个世界上生存本身便意味着要忍受种种苦难。同时,它又为人们指出了"另一个"

---

① [德]马克斯·韦伯:《经济与社会》上卷,商务印书馆1997年版,第455页。
② [德]马克斯·韦伯:《经济与社会》上卷,商务印书馆1997年版,第460页。
③ 参见郑戈:《韦伯论西方法律的独特性》,《韦伯:法律与价值》,上海人民出版社2001年版,第96~98页。

尽善尽美的世界,认为在现世的忍耐和道德修养可以换得某种出世的福祉。正是在这个意义上,马克思把宗教称为"精神鸦片"。

第五,宗教是人类社会规范体系中的一个重要环节,它与其他规范处于相互补充、相互支持的关系之中。一个社会的宗教反映着当时社会的人们如何看待世界和他人,代表着某种特定的生活方式。而这种"社会生活的结构"同样体现在该社会的其他规范(包括法律)之中。

传统东方的宗教精神是具有广泛的社会认同性基础的,并能被统治者所利用,既影响着社会内部的运行机制,也在一定程度上决定了社会的内在的法律需求,从而在一定程度上左右着传统东方社会影响着源于其中的法律的发展。传统东方社会宗教的最大特点是宗教精神和政教合一的政治传统成为祭司活动和祭司权力的自然产物,从而使得宗教政治和宗教法对东方社会包括法律在内的一系列现象都有过极大的影响。① 那

---

① 如印度法文化以宗教法为特色,它从公元前6世纪～公元12世纪,独立发展了近两千年。此后阿拉伯人、阿富汗人、蒙古人相继入侵,先后在印度部分地区建立了征服王朝。这些信奉伊斯兰教的征服者把伊斯兰教和伊斯兰教法带进了印度,阻碍了印度法文化的独立发展,促使印度法文化走向衰落。在伊斯兰教法通行之时,印度的佛教法早已成为纯宗教禁规,印度的印度教法也只具有属人法的效力。到英国殖民统治在印度确立后,英国殖民地法又将伊斯兰教法降至属人法地位。

从印度法文化的独立发展过程来看,它经历了三个时期:一是婆罗门教法时期(公元前6世纪～前4世纪),二是佛教法时期(公元前4世纪—公元4世纪),三是印度教法时期(公元4—12世纪)。婆罗门教法大体同印度原亚细亚类型的城堡小国时代相一致。印度亚细亚类型的统一帝国——孔雀王朝时期是佛教法兴盛时期,亚细亚类型的统一帝国趋于衰落的笈多王朝时期,婆罗门教法一度复兴,随后婆罗门教法与佛教法融合而成的印度教法兴起。印度后亚细亚类型的国家——戒日王朝以后,印度教法获得了进一步发展。可以说,印度法文化的三大宗教法都是奴隶制时代的产物,奴隶制统一帝国时代是三大宗教法融合、发展的重要时期。

在雅利安人的奴隶制小国的形成过程中,原始的吠陀教发展成婆罗门教。婆罗门教法成为各奴隶制小国的法律,婆罗门教的经典——《家范经》、《法经》直接起着法律的作用。《家范经》是《仪轨经》的一种,专门阐述家庭礼仪与教规,详细规定了出生前、出生、命名、入教、教育、结婚、死亡等一整套仪式和规范。《法经》是一部世俗生活与宗教生活的法规总集,内容涉及社会风俗习惯、民事法规和刑事法规,以及人们行为与相互关系的一系列准则。

《法经》是婆罗门教的主要教法集,各婆罗门教派都有本教派的《法经》,主要的有《阿帕斯檀跋法经》、《乔达摩法经》、《述祀氏法经》等。《阿帕斯檀跋法经》由阿帕斯檀跋教派编纂,主要规定严格的种姓制度,首陀罗犯普通罪即应处死,婆罗门犯重罪亦不受罚,杀死婆罗门者构成谋杀罪,高等种姓杀死低等种姓可以无罪或仅处罚金,此外妇女处于无权地位。《乔达摩法经》由乔达摩教派编纂,主要规定了农村公社制度和国家对村社的管理,在

么，又为何出现这一现象呢？追溯这种现象的历史渊源，不仅可以帮助我们弄清传统东方法律的起源及类型，也可以清晰地把握其后来的历史发

村社份地制的基础上土地可在村社监督下买卖、转让，从国王到村长均有权强制征用村社农民服劳役。《述祀氏法经》由述祀氏教派编纂，主要规定了司法诉讼制度，包括起诉、答辩、审问、判决四个阶段的诉讼程序，以及神明裁判、口头证据和书面证据的运用等。

婆罗门教形成以前，印度司法体制实行村社自治制，各村社都有自选的裁判官，依照习惯法处理纠纷。婆罗门教法时期初期，印度仍长期没有正式法庭和诉讼程序，审判主要通过婆罗门主持的种姓会议进行，也无须传讯证人。婆罗门教法时期后期，初步形成了国王法院和地方法院系统，建立了一套诉讼程序和证据制度。国王法院由三名精通教法的婆罗门组成，国王任命其中一人为首席法官主持审判，有时国王也亲自主持审判。各邦的地方法院由三名精通教法的婆罗门和三名国王官吏组成。各村社的轻微民刑、宗教案件，由村社长老和村政人员裁决。在当时的审判中，神明裁判种类繁多，颇为盛行。

孔雀王朝奉佛教为国教，婆罗门教进一步走向衰落，但婆罗门教法仍然是各地的有效法律，《法经》的效力仍被承认。国家虽倡导和推行佛教与佛教法，但对婆罗门教与婆罗门教法一直取宽容态度。在奴隶制统一帝国之下，婆罗门各教派把各地的教法汇集起来，编纂成集婆罗门教法之大成的《摩奴法典》。这部代表婆罗门教法之精华的法典，被孔雀王朝确认为佛教法的法源之一。从此，婆罗门教及其教法与佛教及其教法开始了两者的融合过程。经笈多王朝一度复兴婆罗门教和婆罗门教法之后，一些婆罗门祭司以维护种姓制度和村社制度为基点，吸收佛教经义和教法原则来改造婆罗门教的经义和教法原则，发展成一种新的宗教和教法——印度教及印度教法，仍将《摩奴法典》奉为印度教法的基本法典之一。印度教有关人的行为准则与规范等，一般记载在通称"法论"的三种论著中。"法论"根据人们行为的三种动机（德、益、乐）分为三种学问，一种是有关法律与伦理的学问，称"达摩"法论；一种是有关效益与政治统治的学问，称"阿达"法论；还有一种是有关娱乐的学问，称"伽摩"法论。三种学问中，"达摩"法论具有某种优先地位，它主要阐述人们的宗教义务与法律义务，构成一种以义务为基础与核心的行为规范体系。

印度教法的法源首推"达摩"（意为"法"）。习惯（不论是否与"达摩"一致）只要被"达摩"承认，也具有法律效力。"达摩"法论还确认"良心、公正、道义"为补充"达摩"之不足的原则，"达摩"若无严格的规定，人们可以依这些原则行事，法官也可以依此判决。然而，印度教法常不把国王法令和法院判例视为基本法源，因为在"法论"体系中它们都属于"阿达"的范畴。

《达摩法论》主要包括公元前3世纪编成的《摩奴法典》和公元4—5世纪相继编成的《那罗陀法典》、《布里哈斯拔斯法典》。后两部法典是对《摩奴法典》的修改、补充和发展，是印度教法的重要法典。《那罗陀法典》侧重规定阁提制度、奴隶解放条件、土地买卖与转让条件、雇工和佃农的法律地位等内容。《布里哈斯拔斯法典》侧重规定雇主与雇仆的关系、不动产的七种方式、官吏禄田等内容。注释《达摩法论》的著作称《尼邦达》，有的涉及全部"达摩"，有的专论某一方面的"达摩"。《尼邦达》的编成时间较晚，一般在印度教法时期的后期。

印度的佛教法是以由12章共2 685条所构成的《摩奴法典》为代表，且这部法典也是印度法文化的代表，它虽然是婆罗门教法的集大成者，但也被印度的其他教法奉为典范和基本法源。孔雀王朝在推行佛教法的同时，容忍婆罗门教法的存在，因而使《摩奴法典》得以在此时期编成，并被佛教法承认为基本法源。

而印度的佛教法则通行于公元前4世纪—公元4世纪，是印度亚细亚类型的统一帝国

展轨迹的深层社会导因。

传统东方社会前村社时代是从母系家族公社开始到家长制家庭公社结束，实际上就是整个家族公社时代。由于社会制度的滞后和经济组织相应超前这一现象的存在，这个时代承担社会管理职能的血缘组织，在前期（定居之前的家族公社）是氏族，在后期（定居之后的家庭公社）是家族。它们虽不再是经济活动的组织机构，但他们却是一个时期留存下来的权威。它们在公社中——氏族在母系家族公社和游耕的或游牧的父系家族公社中、家族在家族制度家庭公社和家长制家庭公社中——承担着社会管理职能，对每个公社成员申明和执行一系列处事原则和行为规范，如同后世的国家对每个公民或臣民规定的执行法律一样。它们在公社中通过自己的代表——巫觋或祭司，使用巫术法式来推行和贯彻一系列禁忌规则，如同后世的国家通过法官或行政官使用司法程序或行政手段来确保法律的不可违犯性一样。国家的前身是氏族和部落，农村公社的前身是家庭公社，而法律的前身正是禁忌。①

正因为作为氏族习惯的表现形式的禁忌与巫术法式传统，传统东方在农村公社形成后国家产生前的几百甚至几千年间，仍然沿用这些原始的思维创造物——禁忌与巫术法式——来起法律的作用。这就导致了法律在产生到后来的不断地发展的过程中，由于受社会文明进步的限制而使得它们在一定时期内存续并发挥着相应的作用。也正因为教义的作用力度大和范围广，使得在爪哇东海岸的巴厘岛，印度人的村庄组织还完整地和印度人的宗教一起保存下来，它的痕迹和印度人的影响一样，在整个爪哇都可以看到。这就显示了教义的生命力与所有制一起存在着。而作为人类历史上古老而辉煌的印度法律文化的产生，就是源于婆罗门——印度教（Brahmam-Hinduism）。虽其法律文化体系之中包括法、宗教、习

时代占主导地位的法律体系。佛教法衰落之后，它与《摩奴法典》分离，随着佛教逐渐远离政治舞台，佛教法也慢慢退化成纯粹的宗教规范了。

此外，在佛教法盛行的同时，孔雀王朝创始人月护王的宰相编纂了《政事论》一书，也起过一定的法律作用。《政事论》是国王治国理政的指南，内容庞杂，包括政治、经济、外交、军事、司法等各个方面，有关法律的条款很多。《政事论》提出以教法、契约、习俗、国王敕令为四个法源，一方面为不久后确立佛教法的最高法律地位提供了理论依据，另一方面第一次强调了国王颁布法律的权力和国王敕令的法律地位和效力。（参见刘学灵：《东方社会政治形态史论》，上海远东出版社1995年版，第213～220页）

①　参见刘学灵：《东方社会政治形态史论》，上海远东出版社1995年版，第86～87页。

惯、风俗等各种不同的构成因素,但宗教却始终是关键之处。如"**穆罕默德教徒给印度教徒颁布的穆罕默德教刑法典**"①的影响就十分深远。

中国的传统文化与其他传统东方国家一样,是一种农业性文化,对土地有一种虔敬之情,同时亦把自然看做一个有情体,所谓"江山如有待,天地若有情",即存在着把天与人交合而为一的情节——中国的宗教,并走出了一条与西方截然有别的道路。正是中国文化的这一独特性而塑造了中国人融洽自然、与物无争的和平天性,从而也导致了具有极为致命的奴性特征。而这一特征反过来又左右着源于社会的法律及其发展状态。因为在这种宗教意识的影响之下,社会主体的权利意识必然淡薄,社会力量不可能有效地汇集,进而也就不可能形成能对统治阶级产生必要制约的统一的社会力量,统治阶级在没有约束的情况之下,所制定、实施的法律必然仅从为自身的统治利益服务出发。

古代日本的法律也是一种混合性的规范体系,法律规范还没有从社会的综合控制体系中脱离出来。法律与宗教这一要素相互融为一体,从而对法律的产生与发展的制约与影响也是十分明显的。如《德川成宪百条》是江户时代诸法规的渊源,其内容中既有刑法,也有民法、刑事诉讼法、继承法等方面的内容。其基本的指导思想是"仁",如第 23 条中有"文武皆由仁出……须知治国平天下之法在于兹"的规定;同时,强调"为政以德",重视礼的功能。从宗教的角度看,影响其法律特征的除儒家思想外,还包含着佛教与神道。法律的规范功能与其他社会意识形态的功能结合起来,形成了综合的社会控制系统。也就是说,在传统的日本社会中,所谓的法律不仅仅具有规范调整的功能和意义,同时还反映着与法律的功能有着密切联系的社会生活的其他方面的因素。在特定的历史发展阶段,社会控制力的作用的发挥依靠的是规范、精神、哲学思想等不同的观念与行为规则,显现了日本社会规范体系在受当时中国的影响的同时,还体现了自身固有的习惯与法律思想相互结合成多样化的综合形态。②如果从法的形态看,日本古代法律是极不发达的一种法律形态,是一种与

---

① 马克思:《马·柯瓦列夫斯基〈公社土地占有制,其解体的原因、进程和结果〉(第 1 册,1879 年莫斯科版)一书摘要》,《马克思古代社会史笔记》,人民出版社 1996 年版,第 56 页。

② 参见王家骅:《儒家思想与日本文化》,浙江人民出版社 1990 年版,第 271 页。

宗教性相互融合的社会规范。

小　结　社会的运行状态决定于社会的调控机制,没有必要的社会调控机制,社会就会处于无序之中,甚至导致社会有机体的崩溃。诚然,由于社会主体的生活的多样性、社会关系的纷繁复杂性,因而社会调控机制必须由多种的、体现为相对独立的不同的社会规范体系所构成,从而建立了一个与当时社会现实需求相对应或使当时社会所能接受的社会调整机制。传统东方社会由于自身的独特性,决定和形成了由法律、伦理、道德、习俗、宗教等互为影响、互为作用的社会调控机制。在这一社会调控机制体系之中,伦理、道德、宗教、习俗担当极其重要的角色。而本应在构建和谐、有序的社会运行秩序之中处于重要地位的法律却在很大程度上受制于伦理、道德、习俗及宗教,由此压制了法律的应有地位的确立,制约了法律功能的发挥和扩大,扼杀了法律发展的潜能的培养。为何出现传统东方国家自古以来就有着专制主义法律及其制度、体系和价值追求的特性,社会主体一直处在奴役境地和被愚弄的状态之中,与此有很大的关系。这种影响不仅在当时的法律及其发展过程中体现出来、在东方变革时代的法律发展中体现出来,就是在当下也没有完全消除。

第三节　传统东方社会法律的价值追求

传统东方法律产生的社会根基　"法律是社会的产物,是社会的一种制度。社会性质决定法律性质,社会物质生活条件在归根结底的意义上最终决定着法律的本质。不同的社会有不同的法律,即使在同一性质的社会,在其不同的发展阶段上,法律的内容、特点和表现形式也往往不尽相同。无论如何,法律只有建立在确实的社会关系基础上,才可能是真实有效的。"①即法律无论其性质和状态如何,都有自身存在的社会基础,也都必须体现其社会基础。

马克思在《〈政治经济学批判〉序言》里对社会形态的结构作了精辟地剖析,认真解读其精义对我们更为准确的认识、研究传统东方社会中的

_____

①　付子堂、胡仁智:《论法律的社会功能》,载于《法制与社会发展》1999 年第 4 期,第 9 页。

法律的内在本质及其表现形式等均有着相当重要的意义。他认为社会形态的结构可分为三个层面：①同物质生产力的一定发展阶段相适应的生产关系的总和构成社会的经济结构；②竖立在经济结构之上的法律的和政治的上层建筑；③与上层建筑相适应的是一定的社会意识形态。其中，社会的经济结构是社会的现实基础。

从理论上讲，在传统东方法律及其制度、体系和价值追求的形成与发展过程中，其特有的生产方式为相应的法律及其制度、体系和价值追求提供了经济方面的条件。因为特定的生产方式是决定特定的社会发展模式的重要因素，法律的产生与发展及其价值追求的确立与变革、体系的建立与完善、制度的形成与革新等自然地反映了生产方式这一现实性要求。而传统东方社会以自给自足的自然经济为基础，以家族为本位，以血缘关系为纽带的宗法等级制和思想体系占据统治地位，所以其经济体制和同历史经验与经济发展进程中的共同背景在客观上造就了法律体系、价值追求和结构上的相似性。当然，由于传统东方民族或国家的法律赖以生长的历史环境不同，其形成过程也是因国而异的。总之，传统东方法律的形成是其生存于其中各时期的社会总体状态和社会变迁的必然结果，是广大民众在长期的社会实践中寻找并创造性地发展起来的社会规范体系，是传统东方文明的重要标志。从某种意义而言，也正是依靠传统东方法律的历史和社会功能及其独特的影响力，传统东方社会才有可能从传统走向近现代。

当然，法律的发展是不可能与社会的变迁完全同步的，且常常是滞后的。这就诚如恩格斯曾在论述亲属制度滞后于家庭形式，并被马克思推广到政治、法律等上层建筑领域的原理一样。恩格斯论述道："'家庭，——摩尔根说，——是一个能动的要素……从较低的形式进到较高的形式。反之，亲属制度却是被动的；它只不过是一个长久的时期把家庭逐渐发生的进步记录下来……'。"马克思补充说，政治的、法律的、宗教的、哲学的体系，一般都是如此。这就是说"社会制度的后滞"性是必然的，在传统东方社会，虽然作为社会制度重要组成部分的法律在其中所占的比重并不如西方社会那么大，但它确是社会制度，从而也受这一规律所制约和影响。当然，我们不能因其存在滞后性就否定其积极性的一面。

诚然，不可忽视的另一面是，由于社会的结构特征与所处的地理环境有一定的关系，因而作为社会内在需求的反映的法律也因此而受到一定程度的影响。所以,法律不仅与某一国家的自然状态有一定的关系,而且也会随着自然条件的变化而变化。诚如孟德斯鸠所言:"法律应该和国家的自然状态有关系,和寒、热、温的气候有关系,和土地的质量、形势与面积有关系,和农、猎、牧各种人民的生活方式有关系。"①譬如:"人们在寒冷气候下,便有充沛的精力,心脏的动作和纤维末端的反应都较强,分泌比较均衡,血液更有力地走向心房;在相互影响之下,心脏有了更大的力量。心脏力量的加强自然会产生许多效果,例如,有较强的自信,也就是说,有较大的勇气;对自己的优越性有较多的认识,也就是说,有较少的复仇愿望;对自己的安全较有信任,也就是说,较为直爽,较少猜疑、策略与诡计。"②而热带地区的人体格纤细、脆弱,天生就没有勇气,而且懒惰。身体的懒惰使精神不能有任何行动、任何努力、任何斗争。也正因此,传统东方的法律、风俗甚至那些看来无关紧要的习惯和一千年前的相同。③

传统西方社会法律的价值追求　传统西方社会的法律具有极强的时间性特征,它是由历史的结构化和结构化的历史两方面所决定的。具体来说,传统西方法律的基本特征主要表现为以下几点:

(1)由立法过程、裁判过程和由这些过程所产生的法律规则和概念所构成的法律制度与其他类型制度之间有较为鲜明的区分。虽然西方社会法律在其发展过程中受到宗教、政治、道德和习惯等因素的强烈影响,但是始终可以将法律与它们区别开来。诸如作为行为范式意义上的习惯,区别于被认为具有法律约束力的习惯性行为规范的习惯法。与此相似,政治和道德可能决定法律,但它们并不像在东方被社会认为其本身就是法律,或者比法律还要有约束力。也就是说,在西方,法律一直被认为是具有它自己的特征,具有某种程度的相对自治性。

(2)法律的实施具有专职性。在西方法律传统中,法律的施行被委托给一群掌握必要的法律知识的特殊群体,其从职要求是从职人员必须在对应的职业基础上从事相应的法律活动。这些从职人员无论是英国的

---

① ［法］孟德斯鸠:《论法的精神》上册,商务印书馆1961年版,第7页。
② ［法］孟德斯鸠:《论法的精神》上册,商务印书馆1961年版,第227页。
③ 参见［法］孟德斯鸠:《论法的精神》上册,商务印书馆1961年版,第223页。

或美国的，抑或大多数欧洲国家的，均在一种具有高级学问的独立机构——具有培养这类专门人才的职业学校或其他培训场所——中接受专门培训，而传统东方却不是。

（3）培训法律专家的法律学术机构与法律制度有着复杂的和辩证的关系。一方面通过法律学术机构所培养的法律专家以学术的方式描述已建立或将要建立及需要变革或发展的法律制度；另一方面，所确立的法律制度通过学术专著、论文和法律课程教育等等方式，而变得概念化和系统化并由此得到改造，否则，所推行的法律制度必定彼此分立，无法被组织起来而成为有机的整体。也就是说，在西方社会的法律传统中，法律不仅包括法律制度、法律条文和法律判决等，而且还包括法律学者（其中有时包括像法律学者那样一些从事讲述和撰写的立法者、法官和其他官员）对法律制度和法律判决等所做的阐述。法律本身包含一种科学，一种超然法——通过它能够对法律进行分析和评价。例如在西方社会变迁及法律发展过程中具有举足轻重作用的罗马法的传统就具有相当明显的特征。罗马法是由罗马共和国和罗马帝国从公元前 2 世纪到公元 8 世纪及后来发展起来的，当时的法律及其制度、体系和价值追求就与社会变迁相协调并向前发展，只是由于受诸多因素所制约而没能持续，而其中所含的特质不仅没有被东方社会在确立法律制度时所吸纳，就是西方的一些国家也无异，如 11 世纪前通行于西欧日耳曼民族中的法律秩序就是如此。当时的日耳曼法陷入政治和宗教生活、习惯和道德的包围之中并受其左右。在法兰克帝国或盎格鲁－撒克逊的英格兰以及那个时候欧洲别的地方也是如此：一方面是法律规范与诉讼程序没有明确的区分；另一方面是法律规范与宗教的、道德的、经济的、政治的或其他准则和惯例也没有明确的区分，并受后者所控制。此时，虽确有制定法存在，并且为使之能公布实施，而偶尔将之汇编成册，并由国王发布，但因没有专职的律师或法官，没有专职的法律学者，没有法律学校，没有法律书籍，没有法律科学而达不到应有的效果。在教会方面也是这样：教会法与神学合为一体，除了一些被较为简单地组织起来的教规汇编和惩罚罪孽的修道书外，那时没有什么东西能够被称作基督教教会法的文献作品。① 这是西方社会传统法律

---

① 参见［美］伯尔曼：《法律与革命——西方法律传统的形成》，中国大百科全书出版社 1993 年版，第 10 页。

发展史上的灰暗时代。

（4）"在西方法律传统中，法律被设想为一个连贯的整体，一个融为一体的系统，一个'实体'，这个实体被设想为在时间上是经过了数代和数个世纪的发展。在法律被看作区别于道德和习惯的每一种法律传统中，作为法令大全的法律概念都被认为是不容怀疑的，并且经常认为这样一种概念不仅是含蓄的，而且在查士丁尼的罗马法中还是明显可见的。"①不过，"罗马法大全"这个用语却不是由古罗马人的使用而得名的，而是由于为 12 世纪和 13 世纪欧洲的教会法学家和罗马法学家所相继使用使然，这一论断是对此前一两个世纪前所发现的古代查士丁尼的法律条文和在欧洲大学中教授它们的人的著述中推导出来的。同样，是由于 12 世纪协调冲突和从规则与判例中获取一般概念的经院的技术形成后才首先使查士丁尼的罗马法有可能在新的历史条件下得到协调和融为一体的。

（5）西方法律传统中蕴含着合乎社会变迁的内在要求而进行相应的法律发展的内在逻辑。就所确立的法律实体或体系而言，只有与社会变迁相吻合才能有生命力，而社会是不断发展的，社会的法律需求是随着社会内部的矛盾运动而变化的。为此，所确立的法律作相应的发展才能符合其要求，法律体系只有在它包含了一种有机变化的内在机制时才能生存下来。也就是说所确立的法律体系的"活力取决于对法律不断发展特征即它世世代代发展能力的信念"②。而这正是西方法律传统中所独有的，为何西方社会的法律发展能始终基本与社会变迁相协调，并从某种意义上说能及时地反推社会的变迁？根源就在于此。

（6）法律的历史性与法律具有的高于政治权威的至上性这一概念有机地联系在一起。就人类社会而言，法律体系的建立与完善，无论是从某一特定时期还是从长远而言，虽其在一定程度上有约束国家的可能性存在，但并不是普遍性现象，不过总是向这一方向努力。从法治的社会性基础而言，通过法律而使国家推行宪政即是法律高于政治权威的极好佐证。就人类社会推行宪政的历史而言，虽然直到美国革命时"宪政"概念才出

---

　　①　[美]伯尔曼:《法律与革命——西方法律传统的形成》，中国大百科全书出版社1993 年版，第 10 页。

　　②　[美]伯尔曼:《法律与革命——西方法律传统的形成》，中国大百科全书出版社1993 年版，第 11 页。

现,但自 12 世纪起,所有西方国家,甚至在君主专制制度之下,就认为君主虽可以制定法律,但不能专断地制定而应受制于法律,除非他合法地修改了它,且法律高于政治的思想及理论就此而一直被广泛关注和讲述并逐渐形成社会共识。从而为法律高于政治的思想得到进一步发展并最终为推行宪政作了必要的社会力量和社会意识准备。从另一角度而言,这也是按社会的客观要求行事。

(7)西方法律传统最为突出的特征之一是在同一社会内部各种司法管辖权和各种法律体系的共存和竞争。"正是这种司法管辖权和法律体系的多元性使法律的最高权威性成为必要和变得可能。"①西方社会的法律多元论根源于基督教教会政体与世俗政体之间的分庭抗争及相互磨合而形成的。从教会方面而言,其主张不受世俗法的控制,并要求对某些事务具有专属的司法管辖权和在另一些事务上具有与世俗同等(并行)的司法管辖权。就世俗人士而言,通常虽受世俗法律所管辖,但在婚姻家庭关系、继承、宗教和以信仰作为保证的契约关系方面及其他相关事务上,必同受基督教教会法的规制和受基督教教会法院的管辖。同样,神职人员正常情况之下虽受教会法所管辖,但在遇到某些类型的犯罪或财产争议等等时,也要受世俗法律和世俗法院的管辖。此外,就世俗法本身而言,也由王室法、封建法、封建庄园法、城市法和商法等分成各种彼此构成内部竞争的法律模式。这样作为社会主体而言,就可能出现同一个人在某一案件中受基督教教会法院的管辖,在另一种类型的案件中受王室法院的管辖,在第三类案件中受领主法院的管辖,在第四类案件中受封建庄园法院的管辖,在第五类案件中受城市法院的管辖,在第六类案件中受商人法院的管辖。正由于这样一个包含各种不同法律体系而在冲突与融合之中形成了共同的法律秩序,它的复杂性促进了西方法律的成熟与体系的完善。哪一类法院具有管辖权? 哪一种法律是可适用的? 如何协调这些法律的差异? 如此等等,在变化发展中不断明澈。"法律是解决政治和经济冲突的一种手段。但法律也能加剧这些冲突。"②"西方法律的多元

---

① [美]伯尔曼:《法律与革命——西方法律传统的形成》,中国大百科全书出版社1993 年版,第 11 页。

② [美]伯尔曼:《法律与革命——西方法律传统的形成》,中国人百科全书出版社1993 年版,第 12 页。

论;已经反映和强化了西方的政治和经济生活的多元论,它一直是或一度是发展或成长(法律的成长和政治与经济的成长)的一个源泉。它也一直是或一度是自由的一个源泉。"①

以上是传统西方社会法律特征的概述,通过对这些特征的研究,将有益于我们在与传统东方社会法律特征进行比较研究的过程之中更好地认识、揭示其内涵,有益于我们准确把握其随着社会变迁而发展的脉迹。

传统东方社会法律的价值追求　虽然如我们第二章中所述及的,传统东方法律的价值追求要受到国家的制约和影响,但决不能否定或忽视的是它在一定程度上受当时的社会状态所左右,这是一个基础性因素。就社会的内在需求和愿望而言,传统东方法律的价值追求的基本特征我们认为主要体现在以下几个方面:

(一)维持自给自足的自然经济运行机制

引起传统东方社会的变迁速度极其缓慢的根源是不少,但不可否认,传统东方社会主体在封闭性环境之中所养就的惰性是重要的方面。在这种环境中,社会主体一向向往的是:"晨兴理荒秽,戴月荷锄归"及"采菊东篱下,悠然见南山"的境界,形成并极力维护着自给自足的社会运行机制。对于"各个小公社彼此独立地勉强度日,而在公社内部,单个的人则同自己的家庭一起,独立地在分配给他的份地上从事劳动"②是津津乐道、爱惜至极。但由于在这种状态下的社会生产的产品不是为了交换,而是为了自我消费和以贡赋形式上交君主。人们的衣食住行等生活条件都可在共同体内部解决,无需同外界交往。从而很少能容忍工商业社会那种生活,因为工商业所带来的痛楚与病象必定更会触引人们的反感。所以,如果不是受外界的影响,这种社会生产状态是可以长期保存下来而不会自行解体的。相应地,单个的成员与共同体的联系也是难于断裂的,两者是处于互为依存的关系之中。就此,马克思在《资本论》中作了如下精辟论述:

① ［美］伯尔曼:《法律与革命——西方法律传统的形成》,中国大百科全书出版社1993 年版,第 12 页。

② 马克思:《政治经济学批判(1857—1858 年草稿)》,《马克思恩格斯全集》第 46 卷(上),人民出版社 1979 年版,第 473～474 页。

在古亚细亚的、古希腊罗马的等等生产方式下，产品变为商品、从而人作为商品生产者而存在的现象，处于从属地位，但是共同体越是走向没落阶段，这种现象就越是重要。……这些古老的社会生产机体比资产阶级的社会生产机体简单明了得多，但它们或者以个人尚未成熟、尚未脱掉同其他人的自然血缘联系的脐带为基础，或者以直接的统治和服从的关系为基础。它们存在的条件是：劳动生产力处于低级发展阶段，与此相应，人们在物质生活生产过程内部的关系，即他们彼此之间以及他们同自然之间的关系是很狭隘的。这种实际的狭隘性，观念地反映在古代的自然宗教和民间宗教中。只有当实际日常生活的关系，在人们面前表现为人与人之间和人与自然之间极明白而合理的关系的时候，现实世界的宗教反映才会消失。只有当社会生活过程即物质生产过程的形态，作为自由结合的人的产物，处于人的有意识有计划的控制之下的时候，它才会把自己的神秘的纱幕揭掉。但是，这需要有一定的社会物质基础或一系列物质生存条件，而这些条件本身又是长期的、痛苦的历史发展的自然产物。①

总之，正是由于传统东方的闭关自守、自给自足的自然经济，能极易满足社会成员的与世无争的心态。能维持自身最低生存条件的生活境况也成为"专制"和有利于专制制度氛围下的法律及其制度、体系和价值追求长期存在、促使社会停滞不前的坚实基础。② 传统东方社会的内在结构状态所以能长期存在，社会的运行机制所以能持久地发挥作用，社会主体的价值追求所以能出现一直没有大的变革的局面，我们不可否认在当时的条件下，社会所确认或容忍的法律没有起到相应的作用是极为关键的因素之一。所以，我们认为，维护自给自足的自然经济运行模式和机制是传统东方社会对运行于其中的法律的价值追求的一个方面。

（二）维护以父权制为核心的不平等性

传统东方，"家"以父权为中心，"国"是"家"的放大的以君权为中

---

① 马克思：《资本论》第一卷，《马克思恩格斯全集》第23卷，人民出版社1972年版，第96～97页。

② 参见《马克思致恩格斯（1853年6月14日）》，《马克思恩格斯全集》第28卷，人民出版社1973年版，第272页。

心,"家"和由"家"构成的社会组织及"国"均存在着不平等性,而此均是社会所认可的。正是因为"家"及由"家"构成的社会组织的特殊性,导致整个社会所追求、认同或容忍的存续于社会之中的法律及其制度、体系和价值追求的别样性特征,即使得将父权、君权所存在和体现的不平等性通过法律加以确立和保护。这是一条主线,我们可以说,传统东方被社会认同或容忍的法律所体现的其他方面的不平等性是以此为轴心而向外扩散的。

如前所述,在传统东方一切都可以从土地所有制这一现象去解开,不平等性也是从对依附于土地之中的权利的拥有来体现的。传统东方对社会主体不平等性权利的维护和体现是由等级制和以父权制为核心的社会运行机制来体现的。如在旁遮普,

> 其成员属于**同一个克兰**[较正确的说法应当是氏族]甚至往往出自同一个始祖的**土地占有者公社**,在全国各地都可以看到,尤其在**札提人**部落中常常可以看到,每一个共同占有者都有一定地段,通常由他本人来耕种,他依照公社当局的摊派,缴纳向他征收的土地税……每一个公社社员距始祖远近的不同,决定着由他支配的地段的大小。**社会舆论**非常坚持保存这个依亲属关系规定份地的制度……这样规定的可耕份地,既不能认为是**终身的**,也不能认为是**世袭的**。份地归各个家庭支配,一直到必须给新生的或暂时外出的氏族成员分配新的份地,因而必须重新分配公社耕地为止。①

也就是说,公社成员在土地私有化出现后享受权利的大小与其身份等级是一致的。虽然,在重分土地时可能会有减少不平等性的一些要求、想法及措施,但因等级制的不可排除性,必定使得只要不失去等级,高等级者比低等级者获得更多利益的可能性就一直存在。"**这样一来,个体份地事实上就成为终身的,甚至成为世袭的了。**"②这种现象同样体现在对遗产

---

① 马克思:《马·柯瓦列夫斯基〈公社土地占有制,其解体的原因、进程和结果〉一书摘要》,《马克思古代社会史笔记》,人民出版社 1996 年版,第 29 页。
② 马克思:《马·柯瓦列夫斯基〈公社土地占有制,其解体的原因、进程和结果〉一书摘要》,《马克思古代社会史笔记》,人民出版社 1996 年版,第 29 页。

的继承上。"公社会议(**班查亚特**)在着手确定个体共同占有者时,首先要确定**每个公社成员距氏族始祖的亲属等级**,其次才依据**印度法律**关于各个亲属应分享亡人遗产多少的规定,把或大或小的地段分给各个家庭,供其使用。"①当然,这种状态也不是一成不变的,随着人口数量的增加,时间的推移,社会主体的维权意识的增强,及其为了利益或生存而引发的战争或冲击的不断出现,使得"公社土地中的个体份地……不再与距始祖的**亲属等级**相符合了——至少就整个来说{in ihren Gesamtzussammenhang}如此;这些份地的或大或小……就由**某个家庭事实上所耕种的地段的相对大小来决定了**"②。

当然,随着财产关系个体化的历史进程的推进,血亲意识越来越弱化。公社土地中的个体份地事实上已不再与距始祖的亲属等级相符合了。这些份地的或大或小,现在就由某个家庭事实上所耕种的地段的相对大小来决定了,因此出现份地面积不等的情况就越来越严重。③ 这样,家庭公社土地所有权的不可分割性开始被打破。后来按实际占有情况来决定份地的制度遭到了反对,产生了公社土地或长或短定期的重分制度。因之,在古代东方农业社会形态中,土地所有权关系的形式就成为公社土地所有权、家庭土地共有财产权以及土地的个体私有权彼此并存的复杂情形。公社土地所有权乃是指"与已变成私有财产的土地相对立的公社对附属地的土地所有权"④;家庭土地共有财产关系在其历史发展过程中,也越来越简化为现代意义上的私人的个体家庭财产关系。这两者是从古代的公共所有制中作为"美好时代遗迹"保存下来的,它们与新兴的土地私有权关系共同组成了传统东方社会的土地所有权系统。

(三)维护严重束缚社会生产力水平提高的村社制度

---

① 马克思:《马·柯瓦列夫斯基〈公社土地占有制,其解体的原因、进程和结果〉一书摘要》,《马克思古代社会史笔记》,人民出版社1996年版,第30页。

② 马克思:《马·柯瓦列夫斯基〈公社土地占有制,其解体的原因、进程和结果〉一书摘要》,《马克思古代社会史笔记》,人民出版社1996年版,第31页。

③ 参见马克思:《马·柯瓦列夫斯基〈公社土地占有制,其解体的原因、进程和结果〉(第1册,1879年莫斯科版)一书摘要》,《马克思古代社会史笔记》,人民出版社1996年版,第30页。

④ 参见马克思:《马·柯瓦列夫斯基〈公社土地占有制,其解体的原因、进程和结果〉(第1册,1879年莫斯科版)一书摘要》,《马克思古代社会史笔记》,人民出版社1996年版,第42页。

在传统东方,农村公社或村社是社会结构的基本单元,既是基本的社会组织形式,也是这个社会的存在基础。它成为决定传统东方社会法律特质的重要方面。因此,不了解传统东方村社制度的内在关系,就不可能准确地把握东方社会的法律特质。① 传统东方的农村公社或村社的最为显著的特点,就是它的内在封闭性,具有自身相对独立的排外性组织系统。而这种封闭性、孤立性和落后性,既导致对法律的特质的影响,也体现了运行于社会之中的法律的价值追求的另一方面。

就传统东方社会的村社制度与法律的关系而言,诚如马克思《不列颠在印度的统治》一文中所论述的:"在印度有这样两种情况:一方面,印度人民也像所有东方各国的人民一样,把他们农业和商业所凭借的主要条件即大规模公共工程交给政府去管,另一方面,他们又散处于全国各地,因农业和手工业的家庭结合而聚居在各个很小的地点。由于这两种情况,所以从很古的时候起,在印度便产生了一种特殊的社会制度,即所谓**村社制度**,这种制度使每一个这样的小单位都成为独立的组织,过着闭关自守的生活。"②也就是说,传统东方社会的这种家庭式的农村公社制度是建立在家庭手工业的基础之上的,它的经济基础就是"手织业、手纺业和手力农业的特殊结合而自给自足"③;正是具有这种特征的农村公社或村社"始终是东方专制制度的牢固基础"④;正因为"这些村社的自给自足的性质"⑤,构成了"亚洲的专制制度和停滞状态"⑥的"坚实的基础"⑦;也正因为农业与手工业的特殊结合而具有的自给自足和闭关自守特质的

---

① 参见公丕祥主编:《中国法制现代化进程》(上卷),人民公安大学出版社 1991 年版,第 19 页。

② 马克思:《不列颠在印度的统治》,《马克思恩格斯全集》第 9 卷,人民出版社 1961 年版,第 147 页。

③ 马克思:《不列颠在印度的统治》,《马克思恩格斯全集》第 9 卷,人民出版社 1961 年版,第 148 页。

④ 马克思:《不列颠在印度的统治》,《马克思恩格斯全集》第 9 卷,人民出版社 1961 年版,第 148 页。

⑤ 《马克思致恩格斯(1853 年 6 月 14 日)》,《马克思恩格斯全集》第 28 卷,人民出版社 1973 年版,第 272 页。

⑥ 《马克思致恩格斯(1853 年 6 月 14 日)》,《马克思恩格斯全集》第 28 卷,人民出版社 1973 年版,第 272 页。

⑦ 《马克思致恩格斯(1853 年 6 月 14 日)》《马克思恩格斯全集》第 28 卷,人民出版社 1973 年版,第 272 页。

村社制度是东方专制制度的基础,使得生存于其中的法律及其制度、体系和价值追求必然与其相一致。

当然,村社制度严重地束缚了传统东方社会生产力的发展并由此也制约了作为上层建筑的法律的发展。东方各国,在受西方殖民主义者入侵之前,无论政治变化多么大,可作为一个发展十分缓慢、长期停滞的社会状况却始终没有改变,马克思认为出现这种状态的根源就在于:"亚洲这一部分的停滞的性质(尽管有政治表面上的各种无效果的运动),完全可以用下面两种相互促进的情况来解释:(1)公共工程是中央政府的事情;(2)除了这个政府之外,整个国家分为许多村社,它们有完全独立的组织,自己成为一个小天地。"①这两方面均是建立在自给自足的、封闭的自然经济和村社制度的基础上的,从而导致传统东方社会的停滞不前状态。就如印度的"孤立状态是它过去处于停滞状态的主要原因"②。整个社会被农村公社分解为许多模样相同但又互不联系的原子的现象长久存在着,使得各个孤立的"公社一直处在那种很低的生活水平上,同其他公社几乎没有来往,没有希望社会进步的意向,没有推动社会进步的行动"③。即农村公社的孤立状态造成了公社"这种自给自足的惰性"④;反过来说,这种自给自足的经济基础又进一步加深了公社的孤立状态,两者互为因果、相互促进。总之,在这种社会状态和社会条件下,人的发展和社会生产力水平的提高均是相当困难的,只能是极其缓慢的。由此源于社会、体现当时社会总体要求的法律只能为维护严重束缚着社会生产力水平提高的村社制度服务。

小 结 法律是人类社会发展到一定历史阶段的产物,"社会不是以法律为基础的。……相反地,法律应该以社会为基础。法律应该是社

---

① 《马克思致恩格斯(1853 年 6 月 14 日)》,《马克思恩格斯全集》第 28 卷,人民出版社 1973 年版,第 271 页。

② 马克思:《不列颠在印度统治的未来结果》,《马克思恩格斯全集》第 9 卷,人民出版社 1961 年版,第 248 页。

③ 马克思:《不列颠在印度统治的未来结果》,《马克思恩格斯全集》第 9 卷,人民出版社 1961 年版,第 249 页。

④ 马克思:《不列颠在印度统治的未来结果》,《马克思恩格斯全集》第 9 卷,人民出版社 1961 年版,第 249 页。

会共同的、由一定物质生产方式所产生的利益和需求的表现"①。法律无论其性质和状态如何,都有自身存在的社会基础,也都必须体现其社会基础。这社会基础之中很重要的一部分或者说经提炼之后就是其所确立的价值追求。法律的发展具有一种内在的逻辑性和历史的承继性,它不仅仅是旧对新的适应,更是一种价值追求的嬗变。虽然,传统东方社会由于自身的依附于国家的独特性,决定了法律的总体价值追求要受到国家的性质、价值追求等因素的制约和影响,但其还是要在一定程度上受当时社会的价值追求所左右,就此集中体现在对自给自足的自然经济运行机制、以父权制为核心的不平等性、村社制度等等的维护。不过随着社会生产力水平的提高,社会主体的自立能力的提升,社会能对国家产生影响的制约力的不断汇集,其价值追求在不断发展变化,并由此而或慢或快、或小或大的推进了法律发展的历史进程。东方社会在变革时代在受到西方的冲击及由此而逐步强大之后,这方面的表现就更为明显,就此我们在第四章中将加以详述。

第四节 传统东方土地所有制变化与法律发展

法律的最深厚的根源存在于一定的物质生活条件之中,存在于现实的人们的经济关系之中,存在于人们在相互交往的活动过程之中所形成的法律实践之中。离开了对社会经济关系的把握,就无法理解法律的真正奥秘,就会坠入唯心主义的法律虚构之中。同样地,对于传统东方法律的研究,应当深入到构成其基础的客观的社会经济关系之中。只有从现存的客观经济关系出发,才能说明传统东方法律必然是由当时存在的经济关系所引起的。② 就传统东方而言,对其经济基础起最具决定性制约作用的是土地所有制形式及其性质。土地所有制问题是解开传统东方社会一切现象——包括法律的产生、变革与发展——的钥匙,所以我们在研究传统东方社会法律发展问题时,必须对之予以必要的重视。正基于此,

---

① 马克思:《对民主主义者莱茵区域委员会的审判》,《马克思恩格斯全集》第6卷,人民出版社1961年版,第291~292页。

② 参见公丕祥主编:《中国法制现代化进程》(上卷),人民公安大学出版社1991年版,第15页。

我们特列一节专门加以论述。

土地公有制是影响东方法律的最初、最基本、存续时间最为久远的社会经济形式 认识传统东方法律的经济基础,是把握其本质的要害,而土地所有制又是其经济基础的关键,在传统东方土地所有制特征之中又是以土地公有制为核心和主导,所以,在研究传统东方社会法律的经济基础时,必须对此清楚地把握。由于"在亚细亚的(至少是占优势的)形式中,不存在个人所有,只有个人占有;公社是真正的实际所有者;所以,财产只是作为以**公共的**土地**财产**而存在"①,从而"以部落体(共同体最初就归结为部落体)为基础的财产的基本条件就是:必须是部落的一个成员。这就使被这个部落所征服或制服的其他部落**丧失财产**,而且使它沦为这个部落的再生产的**无机条件**之一,共同体是把这些条件看作归自己所有的东西。所以奴隶制和农奴制只是这种以部落体为基础的财产的继续发展。它们必然改变部落体的一切形式。在亚细亚形式下,它们所能改变的最少。这种财产形式是建立在自给自足的工农业统一之上的,在这种情况下,和在**土地财产**、**农业**独占统治的地方不同,征服[其他共同体]并不是一个必要条件。而从另一方面说,因为在这种财产形式下,单个的人从来不能成为所有者,而只不过是占有者,实质上他本身就是作为公社统一体的体现者的那个人的财产,即奴隶,所以奴隶制在这里并不破坏劳动的条件,也不改变本质的关系"②。

动产、不动产的私有化运动为传统东方社会与法律发展关系的产生打下坚实的基础 传统东方土地所有制形式的变化说到底就是如何使原有的土地公有制向私有制方向转化,进而影响到运行于社会之中的法律的变革与发展。而要正确把握这一点,我们认为十分有必要首先研究一下动产与不动产的私有化历程。

就人类的历史而言,真正的私有制只是随着动产的个体化而在各个

---

① 马克思:《政治经济学批判(1857—1858 年草稿)》,《马克思恩格斯全集》第 46 卷(上),人民出版社 1979 年第 1 版,第 481 页。

② 马克思:《政治经济学批判(1857—1858 年草稿)》,《马克思恩格斯全集》第 46 卷(上),人民出版社 1979 年第 1 版,第 492~493 页。

层次上逐步发生的。而作为不动产的土地的私有化过程,远比动产的私有化过程复杂,但也经历了各个层次、由量变到质变、从而使公有化的范围不断缩小的过程。

动产的私有化的起源主要包括:

(1)个人财产:仅限于个人使用之物和个人劳动成果,如武器、衣服、工具、装饰品等等,这类财产是随着单个家庭的形成而产生的。这些东西常用于殉葬,表明它们原来属于死者所有。

(2)家庭财产:非个人创造和使用之物,如帐篷、大船、公共炉灶、食物储备等。此类财产不属于个人。

(3)公社财产:在广泛协作的基础上创造和使用的物质资料,它们属于公社集体所有。①

作为不动产的土地的私有化有一个发展过程,"起初,重分同等地包括**宅院**(及其毗连地段){Wohnungsboden(mit Zubehör)}、**耕地和草地**。继续发展的过程首先导致将**宅旁土地**[包括毗连住所的田地等等]**划为私有财产**,随后又将**耕地和草地划为私有财产**"②。这就是说,"变成个人私有财产的第一块土地是住宅地"③。不过从范围而言,"住宅地"涉及农舍(宅旁土地)——"即与农民住宅毗连的土地"④,从而达到"公社所有制和土地的小块耕种相结合"⑤的局面。而由于私人所有权、私人占有权的源泉——小块土地劳动的产生和发展,也由于个人获得了发展的余地,作为合作劳动和协作劳动基础的土地公社占有制,在经济上的优势日益丧失,使得以前的运行规则由此渐次失去其作用,从而必然要求法律作相应的变革与发展,以便适应社会的变迁及其内在要求。

---

① 参见马克思:《马·柯瓦列夫斯基〈公社土地占有制,其解体的原因、进程和结果〉一书摘要》,《马克思恩格斯全集》第45卷,人民出版社1985年版,第208~209页。

② 马克思:《马·柯瓦列夫斯基〈公社土地占有制,其解体的原因、进程和结果〉一书摘要》,《马克思恩格斯全集》第45卷,人民出版社1985年版,第243页。

③ 恩格斯:《马尔克》,《马克思恩格斯全集》第19卷,人民出版社1963年版,第356页。

④ 马克思:《马·柯瓦列夫斯基〈公社土地占有制,其解体的原因、进程和结果〉一书摘要》,《马克思恩格斯全集》第45卷,人民出版社1985年版,第238页。

⑤ 马克思:《给维·伊·查苏利奇的复信草稿——二稿》,《马克思恩格斯全集》第19卷,人民出版社1963年版,第445页。

维护私权的社会力量的汇集而非政治暴力是土地公社所有制解体的根源 要准确认识传统东方社会同法律发展的内在关系,我们认为还有一个重要方面就是必须把握传统东方土地公社所有制解体的真正根源。因为传统东方土地公有制的解体,有力地说明了因社会生产力水平的提高而导致私有制不仅已出现而且已成为决定性的影响力量。"在古代社会,由于生产力水平还不发达,个人的所有权则仅局限于简单的占有,这种占有与一般落后所有制没有什么两样,仅仅是涉及地产,即大家共同占有土地,财产(地产)也表现为直接的,自然产生的统治,所有者可以依靠个人的关系,依靠这种或那种形式的共同体来统治非所有者,共同占有所管辖的奴隶劳动,但随着社会生产力的进一步发展,分工的扩大,和劳动产品的增多和剩余,个人的私有财产日益发达起来,特别是动产的出现,使个人的所有权关系取得新的经济性质。也就是说当生产力发展到一定水平时必然产生私有制,私有财产是生产力发展到一定阶段上的必须交往形式,这种交往形式在私有制产生以前是不可能的,并且是物质交换的必然产物。"①

就传统东方社会的私有制的产生、土地公有制的瓦解的根源问题,恩格斯是通过批判杜林的"暴力"观来回答的。恩格斯在《反杜林论》中论述道:"私有财产在历史上的出现,决不是掠夺和暴力的结果。相反地,在一切文明民族的古代的自发的公社中,私有财产已经存在了,虽然只限于某几种物品。早在这种公社的内部,最初是在同外地人进行交换时,它就发展成商品的形式。公社的产品愈是采取商品的形式,就是说,产品中为自己消费的部分愈小,为交换目的而生产的部分愈大,在公社内部,原始的自发的分工被交换排挤得愈多,公社各个社员的财产状况就愈加不平等,旧的土地公有制就被埋葬得愈深,公社也就愈加迅速地瓦解为小农的乡村。东方的专制制度和东征西讨的游牧民族交相更替的统治,几千年来都对这些旧的公社无可奈何;由大工业产品的竞争引起的自发的家庭工业的逐渐破坏,却使公社日益瓦解。"②这清楚地说明了传统东方土地公社所有制的解体并非政治暴力所致。在当时的历史体系之下,占社会

---

① 唐宏强:《私法关系的历史运动法则》,载于《法制现代化研究》第 2 卷,南京师范大学出版社 1996 年版,第 375 页。

② 恩格斯:《反杜林论》,《马克思恩格斯全集》第 20 卷,人民出版社 1971 年版,第 176～177 页。

主体绝大部分的农民恰恰认为,耕地私有取代公有,对己是有利的,甚至像在克尔特人、日耳曼人中以及印度旁遮普在土地公有制基础上所形成的贵族阶层一样,最初也完全不是基于暴力,而是基于自愿和习惯。"在私有财产形成的任何地方,这都是由于改变了的生产关系和交换关系,是为了提高生产和促进交流——因而是由于经济的原因产生的。在这里,暴力根本没有起任何作用。"①很显然,在掠夺者能够占有他人财物以前,有关私有财产的法律制度必定已存在。所以,"暴力虽然可以改变占有状况,但是不能创造私有财产本身"②。此外,恩格斯在《〈反杜林论〉材料》中用比较的方法论述道:当日耳曼人迁徙到欧洲时,用暴力赶走原始居民后,在公社占有制下耕种土地。在克尔特人、日耳曼人和斯拉夫人那里也同样如此且历史已予以证明。而在斯拉夫人、日耳曼人甚至克尔特人那里,这种情形现在还存在着,甚至如俄国以直接的或者爱尔兰以间接的依附农制的形式出现。当拉普人和巴斯克人被驱逐出去以后,暴力遂即停止了。③ 而在公社内部居支配地位的是平等原则或自愿承认的特权。在从公有制中产生出单个农民对土地的私有制的地方,公社成员之间的这种区分,直到 16 世纪,纯粹是自发地进行的,在大多数情况下完全是逐步实现的,而公有制的残余也非常普遍地存在着。当时还谈不上暴力,它只是在反对这些残余时使用起来。如"在印度和俄国,这种公有制在极为不同的暴力征服和专制制度下安然地继续存在下来,并且成为它们的基础。俄国是生产关系决定政治暴力关系的一个证明"④。到了叶卡特林娜二世把这种压榨推进到极点,并且制定了法律。而这种法律允许地主加紧榨取农民,结果压迫也就愈来愈厉害。⑤

　　各种不同的社会形式和政治形式不应该用始终一样的暴力来说

---

　　① 恩格斯:《反杜林论》,《马克思恩格斯全集》第 20 卷,人民出版社 1971 年版,第 177 页。

　　② 恩格斯:《反杜林论》,《马克思恩格斯全集》第 20 卷,人民出版社 1971 年版,第 177 页。

　　③ 参见恩格斯:《〈反杜林论〉材料》,《马克思恩格斯全集》第 20 卷,人民出版社 1971 年版,第 678 页。

　　④ 恩格斯:《〈反杜林论〉材料》,《马克思恩格斯全集》第 20 卷,人民出版社 1971 年版,第 679 页。

　　⑤ 参见恩格斯:《〈反杜林论〉材料》,《马克思恩格斯全集》第 20 卷,人民出版社 1971 年版,第 678 ~ 679 页。

明,而必须用**施加暴力的东西**,被**掠夺的东西**来说明,——用那个时代的产品和生产力以及从它们自身中产生的它们的分配来说明。这样就会发现,东方的专制制度是基于公有制,古代共和国基于也从事农业的城市,罗马帝国基于大庄园,封建制度基于乡村对城市的统治(这种统治是有它自己的物质基础的),如此等等。①

总之,诚如恩格斯所认为的:原始公社所有制的瓦解,最初完全不是缘于暴力,而是由于社会生产力水平的提高而导致的经济条件和社会结构的改变促进维护私权的社会力量的汇集并在法律中加以确认所致。就传统东方社会而言,暴力对土地公社所有制形式、对国家政权的统治形式、对社会自给自足的生产方式的维持及变革性破坏等等方面根本没有起过任何决定性作用。

土地所有制二元化运动与法律发展　土地所有制是传统"东方一切现象的基础"②,它"甚至是了解东方天国的一把真正的钥匙"③。这其中当然包含对传统东方社会法律发展的认识。就传统东方而言,土地所有制形式主要是公社所有制,即土地"**公社所有制**并不是**某个地区独有**的,而是**占统治地位类型的土地关系**,⋯⋯'私有财产'则是罕见的例外"④。当然,这其中显示着农村公社内部财产关系的两重性,只不过这两重性是经历了一个长期的发展过程,并由此而使得法权关系发生了相应的变革,并带动了法律的相应发展。由于私有制的产生,使东方农村公社包含着"内在的两重性",具体地说,是指公有制因素与私有制因素之间的矛盾,是指公有制同私有制所造成的各种社会关系之间的种种矛盾,进一步说,是指劳动的主体与自己的生产或再生产的条件之间的关系。

---

① 恩格斯:《〈反杜林论〉材料》,《马克思恩格斯全集》第20卷,人民出版社1971年版,第681页。
② 《马克思致恩格斯(1853年6月2日)》,《马克思恩格斯全集》第28卷,人民出版社1973年版,第256页。
③ 《马克思致恩格斯(1853年6月2日)》,《马克思恩格斯全集》第28卷,人民出版社1973年版,第256页。
④ 马克思:《马·柯瓦列夫斯基〈公社土地占有制,其解体的原因,进程和结果〉一书摘要》,《马克思古代社会史笔记》,人民出版社1996年版,第90页。

在古代原生状态的氏族时期,公共房屋和集体住所是公社的经济基础。但发展到农村公社时期房屋及其附属物——园地,就成为家庭私有,即"各个家庭单独占有房屋和园地、小块地经济和私人占有产品"①,使得"个人使用权就和公有制结合起来"②。虽然这种机制与当时的公社机体是不相容的,但其不仅"促进了个人的发展"③,也说明了当时的农村公社在具有强大生命力的同时,也具备使因当时社会生产力水平一定程度的提高而冲破农村公社所有制的掣肘成为可能。在传统东方社会的独特的生产方式之下,农村公社是包含着公有制和私有制的两种因素的向下一阶段过渡的形态,是处于法律确认财产关系的公有制与私有制矛盾的对立统一的状态。

就土地所有制关系状态的发展轨迹而言,传统东方是遵循了人类社会土地所制发展的一般规律性,它经历了由土地公有制,到农民的小块土地所有制——即开始出现土地私有制,个人虽离不开共同体,但"每一个单个的人又是私有者。他把自己的私有财产看作就是土地,同时又看作就是他自己作为公社成员的身分"④。"大土地公有制"并存的土地所有制的发展变化,与前者所不同的是所经历的期限和所引起的因素有别。当然,虽私有制法权关系在传统东方较早的时候就存在了,但随起决定性作用的土地私有制的出现,其状态还是发生了质的变化。如在印度,"**由于在各居住地(村落)的范围以内的财产关系个体化趋势加强,不可分的氏族所有制**就逐渐消亡,产生了**新形式的所有制**。在大多数省份,在它们被英国人侵占时期,**不可分的氏族公社绝迹了**;只有晚期的土地所有制的陈迹还存在着;**在一些公社中**,这种陈迹存在于**这样的条件下**:各个体家庭**使用大小不等的份地**,而这些份地的大小,每次都是由份地的占有者对真正的或虚构的公社始祖的**亲属等级**来决定,或者是由**实际耕种情况**来

① 马克思:《给维·伊·查苏利奇的复信草稿——三稿》,《马克思恩格斯全集》第19卷,人民出版社1963年版,第450页。

② 马克思:《给维·伊·查苏利奇的复信草稿——三稿》,《马克思恩格斯全集》第19卷,人民出版社1963年版,第449页。

③ 马克思:《给维·伊·查苏利奇的复信草稿——三稿》,《马克思恩格斯全集》第19卷,人民出版社1963年版,第450页。

④ 马克思:《政治经济学批判(1857—1858年草稿)》,《马克思恩格斯全集》第46卷(上),人民出版社1979年版,第476页。

决定;**在另外一些公社中**,这种陈迹则存在于**定期将公社土地重新划分为相等份额的条件下**"①。但这种情况绝非仅仅是耕地或牧场,有时可能是比拥有耕地或牧场更为重要的东西。如在孟加拉的普通的农业村社就是这样一些住宅密集在一处的集合体,"有时,一个走运的或富裕的农民全权占有一个挨着他的住宅的蓄水池,他的邻人则无权使用"②。

不过,在土地的私有化发展过程之中,还是受到程度不同的阻力的,在部落公社时期就出现了"由于把部落的部分领地据为部落成员个人财**产而产生的土地私有制形式**。但是私有主的权利仍然受到血缘亲属团体的监督权的限制,而且这种监督在某些方面甚至比印度的农村公社对被分割的财产所实行的监督还严"③。当然,土地私有化的发端是与权力的构成及其运作状态联系在一起的,而法律的产生与发展是不可能脱离权力的,由此也就使得随着私有制的产生、发展而发展的法律,必然受到决定私有制发展状态的权力构成及其运作状态的变化的影响,"土地与共有地相分离的现象在首领身上表现得最充分,他们中许多人除拥有领主所特有的自管地外,还拥有一般占有的大片私人地产"④。"**首领权力的扩**大首先是通过把自由的部落成员变为'**他的人**',使他们处于不同程度的依附地位这样一个在其他地方称为'**庇护制度**'的过程……其次是由于**他对部落领土上的荒地的权力的不断增长以及他在该地设置的奴隶或半奴隶的殖民区的权力**,最后是通过他从**他的直接臣属及盟友**获得的**物质力量**,这些人多数都或多或少地依附于他"⑤。这样私法必然随之发展,也使得因土地的不断私有化,没有权力者就不可能获得自我生存所必需的土地,而为了自我生存和再生产自我,就必然受拥有超出自身生存和再生产自我所必需的土地的私有者所剥削。也就是说,在人类社会生产力

---

① 马克思:《马·柯瓦列夫斯基〈公社土地占有制,其解体的原因,进程和结果〉一书摘要》,《马克思古代社会史笔记》,人民出版社 1996 年版,第 28~29 页。

② 马克思:《约翰·菲尔爵士〈印度和锡兰的雅利安人村社〉(1880 年版)一书摘要》,《马克思古代社会史笔记》,人民出版社 1996 年版,第 370 页。

③ 马克思:《亨利·萨姆纳·梅恩〈古代法制史讲演录〉一书摘要》,《马克思古代社会史笔记》,人民出版社 1996 年版,第 438 页。

④ 马克思:《亨利·萨姆纳·梅恩〈古代法制史讲演录〉一书摘要》,《马克思古代社会史笔记》,人民出版社 1996 年版,第 439 页。

⑤ 马克思:《亨利·萨姆纳·梅恩〈古代法制史讲演录〉一书摘要》,《马克思古代社会史笔记》,人民出版社 1996 年版,第 447~448 页。

水平极低的时代,人依附于土地及对因拥有权力而拥有土地者的"人的依赖性"是必然的。拥有了土地也就具备了可以剥削别人的场所和条件。拥有土地者,必然要求运行于社会之中的法律维护这种制度,而因权力与土地私有化程度又是息息相关的,权力又是决定法律内容的重要的不可或缺的因素,所以必定使法律朝着这一目标而发展。

总之,土地私有制是农村公社制度及其相应的法律瓦解的关键性因素,村社制度及其土地公有制解体后,取而代之的必然是土地私有制,这是法律发展的动力之所在。因为,随着私有制的产生,"在制度中便加入了一个全新的因素——私有财产。国家的公民的权利和义务,是按照他们的地产的多寡来规定的,于是,随着有产阶级日益获得势力,旧的血缘亲属团体也就日益遭到排斥;氏族制度遭到了新的失败"①。传统"**社会的瓦解,即将成为以财富为唯一的最终目的的那个历程的终结,因为这一历程包含着自我消灭的因素**"②。按历史上发生的顺序看,以印度的土地所有制变化轨迹作佐例,其表现为:

(1)最初是实行土地共同所有制和集体耕种的氏族公社;(2)氏族公社依照氏族分支的数目而分为或多或少的**家庭公社**。……土地所有权的不可分割性和土地的共同耕作制在这里最终消失了;(3)**由继承权**……**来确定份地因而份地不均等的制度**。战争、殖民等等情况人为地改变了氏族的构成,从而也改变了份地的大小。原先的不均等日益加剧;(4)这种不均等的基础已不再是距同一氏族首领的亲属等级的远近,而是由耕种本身表现出来的事实上的占有。这就遭到了反对,因而产生了:(5)公社土地或长或短定期的重分制度,如此等等。起初,重分同等地包括**宅院**(及其毗边地段){Wohnungsboden(mit Zubeör)}、**耕地和草地**。继续发展的过程首先导致将**宅旁土地**[包括毗连住所的田地等等]划为私有财产,随后又将耕地和草地划为私有财产。从古代的公有制中作为 beauxrestes 保

① 恩格斯:《家庭、私有制与国家的起源》,《马克思恩格斯全集》第21卷,人民出版社1965年版,第132页。

② 马克思:《路易斯·亨·摩尔根〈古代社会〉一书摘要》,《马克思古代社会史笔记》,人民出版社1996年版,第192页。

存下来的，一方面是**公社土地**，……另一方面则是**共同的家庭财产**；但是这种家庭在历史发展的过程中也越来越简化为现代意义上的**私人的（单个的）家庭**了。①

这一过程必然影响到相应的法律发展的状态。

印度土地所有制的二元化运动与法律发展　就传统东方土地所有制的两重性所引起的法权关系的变化，进而推动法律发展而言，诚如马克思对印度问题所论述的，

没有一个国家像印度那样具有如此多种形式的土地关系。除了**氏族公社**之外还有比邻公社或农村公社；定期的平均的重新分配耕地和草地——**包括交换住房**——的制度与终身的不平等的份地制度并存，这些份地的大小或者是由**继承法**规定的，或者是由最近一次重新分配时期的**实际占有情况**决定的；公社的经营和私人的经营同时存在；有的地方有**公社耕地**，而另外一些地方则**只有公社附属地**（Угодья）（如森林，牧场等）；有的地方，**公社全体居民都可以使用公社土地**，有的地方**使用权仅限于少数古老移民家庭**；除了上述形形色色的**公共所有制形式**以外，还有**农民的小土地所有制**，最后，还有往往包括整个区的大面积的**大土地所有制**。②

早在公元前4世纪印度就存在氏族公社，随着公社内部财产关系个体化趋势的加强，不可分的氏族所有制就逐渐消亡，产生了与原始状态有别的所有制形式。公元5~6世纪印度出现农村公社。而农村公社这一所有制形式，又随着生产力水平的提高而变革，并使两者相互促进。印度农村公社在其解体的过程之中，耕地（往往还有草地）逐步归公社各个成

---

①　马克思：《马·柯瓦列夫斯基〈公社土地占有制，其解体的原因、进程和结果〉（第1册，1879年莫斯科版）一书摘要》，《马克思古代社会史笔记》，人民出版社1996年版，第36~37页。

②　马克思：《马·柯瓦列夫斯基〈公社土地占有制，其解体的原因、进程和结果〉（第1册，1879年莫斯科版）一书摘要》，《马克思古代社会史笔记》，人民出版社1996年版，第25~26页。

员私人所有,只有所谓附属地仍归公社成员共同所有。土地所有权的不可分割性和土地共同耕作制被打破,由继承权即由亲属等级的远近来确定份地的制度,以及战争、殖民等等情况人为地改变了氏族的构成,从而也改变了份地的大小,原先的不均等日益加剧。

> **公社土地或长或短定期的重分的制度**,……起初,重分同等地包括宅院(及其毗连地段)｛Wohnungsboden (mit Zubehör)｝、**耕地和草地**。**继续发展的过程首先导致将宅旁土地**[包括毗连住所的田地等等]**划为私有财产**,随后又将**耕地和草地划为私有财产**。从古代的公共所有制中作为美好时代的遗迹保存下来的,一方面有**公社土地**[指与已变成私有财产的土地相对立的][或者原先只是附属地｛Appertinenz｝的土地],另一方面则有**共同的家庭财产**;但是这种家庭在历史发展的过程中也越来越简化为现代意义上的**私人的个体家庭了**。[1]

印度的土地私有制倾向是从德里苏丹国中后期开始的,并因中亚征服王朝的影响而加剧。在孔雀王朝时期虽然以土地国有制为其基本制度,但土地买卖和土地私有化已经出现,甚至还有个别的私有制农庄。如在《乔达摩法经》中提到:"人通过继承、购买、分配、侵占或发现成为所有者。"[2]《政事论》则提到在村社限制下的土地买卖情况,购地优先权首先归亲属,其次归邻人,再次归债主。贵族买卖赐地也已偶见。[3] 确认私有法权的法律也得以逐步体现。"立法文献离我们的时代越近,其中**承认公社土地所有制**是印度土地关系的主要形式的证据就越多。"[4]即"**存在着公社土地占有制**并且同时产生了**私人土地所有制的痕迹**"[5],"在﹛公元

---

① 马克思:《马·柯瓦列夫斯基〈公社土地占有制,其解体的原因,进程和结果〉一书摘要》,《马克思恩格斯全集》第45卷,人民出版社1985年版,第243页。

② 转引自《世界上古史纲》(上),人民出版社1979年版,第401页。

③ 转引自《世界上古史纲》(上),人民出版社1979年版,第401页。

④ 马克思:《马·柯瓦列夫斯基〈公社土地占有制,其解体的原因、进程和结果〉(第1册,1879年莫斯科版)一书摘要》,《马克思古代社会史笔记》,人民出版社1996年版,第38页。

⑤ 马克思:《马·柯瓦列夫斯基〈公社土地占有制,其解体的原因、进程和结果〉(第1册,1879年莫斯科版)一书摘要》,《马克思古代社会史笔记》,人民出版社1996年版,第38页。

前 9 世纪的印度，与整个氏族和村的土地所有制并列的，还存在着**家庭土地共有制**（《摩奴法典》第 9 卷第 104 款）"①。即"虽然在《摩奴法典》时代土地共同所有制是占统治地位的形式，可是也已有了**私有制**"②。所以我们可以说，在这方面，传统印度在土地私有化运动同法律发展间的关系表现得尤为明显。

当然，在土地重分的过程之中，份地不平等占有的重大影响是最为突出的。"**份地的不平等已经很大**，这种不平等必然逐渐地造成财富、要求等等方面的各种不平等，简言之，即造成各种社会的不平等，**因而发生争执，——**这就必然使事实上享有了特权的人极力**确保自己作为所有者的地位**"③。由份地的不平等的占有而转变为私有财产，从而产生私人土地所有制，这是导致公社所有制解体的最基本的内部原因。而作为社会发展到一定历史阶段的产物并体现社会内在需求的法律为保护特权者的利益，加之这些特权者又掌握着控制权，从而在法律之中不断加以体现。

到莫卧儿帝国时期，领主制没能压倒土地私有化倾向，农村公社又顽强地存在着，于是印度也出现了土地私有者奴役村社的势头，并逐渐形成制度，且这一状态一直维持到了英国人入侵并使之成为殖民地之前。当历史运行至英国殖民统治初建时期，土地私有制受到扶植，世袭领地的贵族和占地包税人、村社富豪成为地主，一同奴役"欲死不能"的农村公社，这使印度的土地私有化色彩更为浓厚。④

在整个莫卧儿帝国统治时期（14、15、16 世纪），占统治地位的土地所有制形式始终是不可分割的家庭所有制。不可分的家庭财产的主要标志是它的不可出让性。⑤ 即"**公社所有制并不是某个地区独有**的，而是**占统**

---

① 马克思：《马·柯瓦列夫斯基〈公社土地占有制，其解体的原因、进程和结果〉（第 1 册，1879 年莫斯科版）一书摘要》，《马克思古代社会史笔记》，人民出版社 1996 年版，第 38 ～39 页。

② 马克思：《马·柯瓦列夫斯基〈公社土地占有制，其解体的原因、进程和结果〉（第 1 册，1879 年莫斯科版）一书摘要》，《马克思古代社会史笔记》，人民出版社 1996 年版，第 39 页。

③ 马克思：《马·柯瓦列夫斯基〈公社土地占有制，其解体的原因，进程和结果〉一书摘要》，《马克思恩格斯全集》第 45 卷，人民出版社 1985 年版，第 247 页。

④ 参见刘学灵：《传统东方政治形态史论》，上海远东出版社 1995 年版，第 21 页。

⑤ 参见马克思：《马·柯瓦列夫斯基〈公社土地占有制，其解体的原因，进程和结果〉一书摘要》，《马克思恩格斯全集》第 45 卷，人民出版社 1985 年版，第 258 页。

治地位类型的土地的关系，而穆斯林政府所确立的某一官员的'私有财产'则是罕见的例外"①。但对土地私有制的法律确认早在《摩奴法典》时代就已有所体现，即虽"土地共同所有制是占统治地位的形式，可是也有了私有制"②。"在《摩奴》……存在着公社土地占有制并且同时产生了私人土地所有制的痕迹，后者的出现，或者是通过从公社土地中分出个体份地的途径，或者是由于新来移民占据了公社荒地和林地的某一地段，并将它加以耕种，——不过事先要得到公社氏族团体的同意"③。"虽然在《摩奴法典》时代土地共同所有制是占统治地位的形式，可是也已有了私有制；关于栅栏、关于有人掠夺他人田地等等的记载，就证明了这一点。这部法典也提到家庭财产的转让，还不是用赠予或立遗嘱的方法——这是与财产不可分的原则不相容的，而是用出卖的方法，只是需要得到同族人、亲属和邻人的同意；但是这就说明从公社土地的个体份地中产生了单独占有地。另一方面，《摩奴法典》承认劳动是财产的基础；它的这种承认，就直接说明财产是通过耕种公社荒地而产生的"④。"垦殖（耕种）无人耕种的地段，每次都必须得到未耕土地（所谓荒芜地）的所有者即公社成员或公社首领（首长）的允许，这一点在《摩奴法典》中就已经作为取得土地私有权的方式肯定下来；后期所有法典也都谈到这一层。随着时间的流逝而发生的唯一重要的区别，乃是须经｛民族首领｝（derVolksältest，chef，HapoòHblǔ cmapeǔwuHa）的同意，而不是像以前那样须经公社原来所有者的同意。"⑤

　　莫卧儿帝国中期以后土地私有制倾向和柴明达尔的角色的变化还表现在村社上层对土地的实际支配权，他们中有的是村社的富裕农民，有的甚至就是小柴明达尔。印度莫卧儿时期的村社分共有制村社和分

---

　　①　马克思：《马·柯瓦列夫斯基〈公社土地占有制，其解体的原因，进程和结果〉一书摘要》，《马克思恩格斯全集》第45卷，人民出版社1985年版，第296页。

　　②　马克思：《马·柯瓦列夫斯基〈公社土地占有制，其解体的原因，进程和结果〉一书摘要》，《马克思恩格斯全集》第45卷，人民出版社1985年版，第245页。

　　③　马克思：《马·柯瓦列夫斯基〈公社土地占有制，其解体的原因，进程和结果〉一书摘要》，《马克思恩格斯全集》第45卷，人民出版社1985年版，第244页。

　　④　马克思：《马·柯瓦列夫斯基〈公社土地占有制，其解体的原因，进程和结果〉一书摘要》，《马克思恩格斯全集》第45卷，人民出版社1985年版，第245～246页。

　　⑤　马克思：《马·柯瓦列夫斯基〈公社土地占有制，其解体的原因，进程和结果〉一书摘要》，《马克思恩格斯全集》第45卷，人民出版社1985年版，第253页。

有制村社两种，共有制村社由集体出面承担租赋或租佃土地，分有制村社由农户直接缴纳租赋或租佃土地。村社上层私占土地是从分有制村社开始的。村社上层成为村内永业户，其私占的土地实际上不仅是世袭的，而且还有权出租、抵押、转赠或出卖。在分有制的村社中，份地典押、转让情形很多，村社上层则纷纷盘入这些份地，再出租给村社农民或外来户，促进村社中租佃关系的普遍化。公元18世纪中叶，莫卧儿帝国名存实亡，皇帝成为英国殖民者的傀儡，国家全部沦为英国殖民地。英国人为了榨取更多的财富，在无法改变现存的村社制度和柴明达尔制度的情况下，他们就从柴明达尔领地私有化和柴明达尔地主化入手，推行土地私有制，让新的柴明达尔地主去奴役村社，从而巩固对殖民地的经济和政治的统治。然而，这样做的结果是进一步加深剥削和压迫程度，打破了国家人为地保留村社旧制度而使之"欲死不能"的格局，造成村社的迅速瓦解。

小　结　传统东方土地公有制经历了相当长的历史时期，并具有强大的生命力。在其发展过程之中，表现了土地公有制逐步向私有制的变化过程，但并不是在受到西方殖民主义冲击之前就不存在私有制。私有制的产生、发展和确立，既是社会因生产力水平的提高而引发的内在要求所致，也是社会变迁的必然方向。当然，由于传统东方社会的独有特征，土地公有制是一直占主导性地位的，也正因以土地公有制以及公有制所形成的各种关系，才使得以农村公社为基础的整个社会一直得以稳定，直到它受到外界致命性的冲击为止。从另一视角而言，所有这些现象的出现也是一种所有制形式的异化过程，而伴随这种异化，社会的价值追求一同异化，并导致作为传统东方社会内部运行规则之一的法律也随之发展。当然，我们还应清醒地认识到的是：正因为传统东方土地所有制形式中表现为公有制与私有制的两重性，以及村社制度和与之相联系的专制国家间的互动，既决定着自身社会形态及其发展状况，导致了不同的社会变迁的道路，造就了其法律及其制度、体系和价值追求的基本品格，以及与西方法律发展路径和模式极为相殊的个性，又决定了社会形态及其发展道路的两重性和自身法律发展的畸形。

第五节 传统东方社会内在状态变化
对法律发展的影响

一个社会的内在状态是由多种因素所构成的,每一种因素发生变化,必定相应地对整个社会的状态产生一定的影响。由于法律的生命源于社会,这就使得因每一种因素发生变化而影响整个社会的状态的同时,也影响了法律发展的品格和状态。这一点对传统东方也不例外。由于本书研究的是传统东方法律的运动机理,所以,我们不可忽视对这方面的研究。当然,我们在研究的过程之中,不可能述及所有方面,只能抓住主要矛盾。为此,我们侧重从传统东方社会生产力水平的提高、分工的发展、社会主体的劳动私有化程度的嬗变、城市制度的变革、社会主体间的交往范围的扩大、婚姻家庭制度的革新和宗法血缘关系的变化等几个方面对法律发展的影响进行阐述。

生产力水平的提高对法律发展的影响 就人类社会生产力的状态而言,虽在其发展过程之中有时会出现倒退的情形,但总体上还是不断提高的,由此而带动了社会的变迁。当然,就每一形态的社会而言,因其内部的各种因素综合所决定而具备不同的特质,从而变迁的路径、速度、质量、结果等等都是不一样的。即便如何,有一点是肯定的,那就是因社会自身所存在的局限性而必然导致社会变迁的局限性,进而禁锢了受其制约的法律发展的成效。

诚如马克思在研读了摩尔根的《古代社会》一书后的笔记中所论述的,原始社会时代人类历史发展的逻辑结构为:先是物质资料生产的发展,其次是婚姻和家庭的发展,再次是财产观念的发展,最后是政治观念的发展。就法律而言,其所涉及的社会内容的范围相当广泛,它既应体现婚姻的内容,也应体现家庭的内容;它既应是维护财产的不可侵犯性,也应能有利于财产的范围的扩大;它既应是政权的体现者,也应是政权的维护者。但所有这些的基础都是社会生产力的发展。

因为,人类社会历史的发展是一个自然的历史和时代过程,在促进人类社会历史发展的诸因素中,生产力是最革命、最活跃的因素。它是生产关系和社会发展的物质基础和最终的决定因素。人类在征服自然、改造自然和创造物质财富的过程中,总要不断解决自己同无限多样、复杂的自然界之间的矛盾,不断地促进生产力水平的提高,以满足自己日益增长的需要,因而生产力的发展和变化就成为社会生产关系变革的根本动力。然而,任何生产都是在一定的生产关系中并借这种生产关系的形式而进行的。"人们在生产中不仅仅同自然界发生关系。他们如果不以一定方式结合起来共同活动和互相交换其活动,便不能进行生产。为了进行生产,人们便发生一定的联系和关系;只有在这些社会联系和社会关系的范围内,才会有他们对自然界的关系,才会有生产。"①

社会发展到一定的历史阶段"所达到的生产力的总和决定着社会状况,因而,始终必须把'人类的历史'同工业和交换的历史联系起来研究和探讨"②。在人类社会的各个历史阶段,所采取的社会制度的形式,"应当适应于他们面临的生产力发展水平,如果起初没有这种适应,那末社会制度形式就应当按照生产力而发生变化"③。而在所有的社会制度之中,不仅包括法律制度,而且它还是其中的一个极其重要的内容。为此,研究作为社会发展到一定历史阶段的产物的法律,同样必须同社会生产力联系起来。

一定的社会关系是人们生产出来的,"社会关系同生产力密切相联。随着新生产力的获得,人们改变自己的生产方式,随着生产方式即保证自己的生活方式的改变,人们也就会改变自己的一切社会关系"④。人们在发展生产力时也发展着相应的生产关系,这种生产关系的性质必定随着生产力水平的提高而变化。"**社会生产关系,是随着物质生产资料、生产力的变化和发展而变化和改变的。生产关系总合起来就构成为所谓社会关系,构成为所谓社会,并且是构成一个处于一定历史发展阶段上的社会,具有独特的特征的社会**"⑤。由此,人类社会历史的一切变化和发展

---

① 马克思:《雇佣劳动与资本》,《马克思恩格斯选集》第 1 卷,人民出版社 1972 年版,第 362 页。

② 马克思、恩格斯:《德意志意识形态》,《马克思恩格斯全集》第 3 卷,人民出版社 1960 年版,第 33 ~ 34 页。

③ 马克思、恩格斯:《德意志意识形态》,《马克思恩格斯全集》第 3 卷,人民出版社 1960 年版,第 83 页。

④ 马克思:《哲学的贫困》,《马克思恩格斯全集》第 4 卷,人民出版社 1958 年版,第 144 页。

⑤ 马克思:《雇佣劳动与资本》,《马克思恩格斯全集》第 6 卷,人民出版社 1961 年版,第 487 页。

的根本原因和动力在于社会生产力的变化与发展。而作为从属于人类社会，并在一定历史时期存续的法律也不例外。

所以，离开生产力就没有生产关系，离开生产关系也就没有生产力，它们是生产过程中矛盾统一体的两个方面。强调生产力是社会发展的最革命、最活跃的因素时，只是肯定它的发展为生产关系的变革、社会形态的更替提供了历史的必然性，决不是否定它的发展要以生产关系为条件，也不是说，它可以离开生产关系而独立发展，因而承认生产关系对生产力发展的制约作用就是生产力和生产关系矛盾运动理论论题中的应有之义。生产关系对生产力的制约作用，不仅表现在同一种性质的生产关系适合生产力状态时促进其发展，不适合时就阻碍其发展；还表现在不同性质的生产关系对生产力的不同作用之中。

在西方，由于农业和手工业的社会分工比较彻底，促进了手工业的发展和农业、手工业之间的商品交换。到了封建社会末期，手工业生产基本上冲破了血缘家庭的局限，发展成一名师傅带数名徒弟的封建行会生产作坊，并从中发展出新的生产力。一旦这种封建的生产关系成为在手工业作坊和行会中发展出来的新生产力的桎梏时，新生产力就要求打破旧的生产关系，而这种生产关系果然被打破了。在新的资本主义生产关系下，生产力的发展，取得了突飞猛进的戏剧性效果。

就在西方资本主义已经登上历史舞台并创造着人类有史以来生产力发展的最大奇迹时，传统东方新的生产力却始终未能成长起来，从而无法起到它所应起的巨大的革命性作用。

由于传统东方社会是封闭性的，法律等社会制度和规则机制也只能是封闭性的，它与生产力水平极其低下是相一致的。同样，只有与专制的旨趣相适应的法律才能有生命力。这种状态不能遇到致命的冲击。而这种状态又是暂时的，因为人类社会的生产力水平总是无休止的提高。

社会生产力水平的提高，必然引起社会交往程度的提升，社会产品流通渠道的扩大、流通量的增加。在传统东方社会，由于生产的自给自足、自我封闭性，从而在公社内部，交换起着不大的作用，真正算得上的交换只是附带进行的，并未能触及整个社会的生活。交换最初产生于公社之间，马克思在其著名《经济学手稿（1857—1858 年）》的《导言》中写道："就在斯拉夫公社中，货币以及作为货币的条件的交换，也不是或者很少是出现在各个公社内部，而是出现在它们的边界上，出现在与其他公社的交往中,因此,把同一公社内部的交换当作原始构成因素,是完全错误的。"①在秘鲁,甚至不存在任何形式的货币,尽管有最高级的经济形式,如协作、发达的分工等。②

传统东方社会内部不发达的交换最终决定于农业和手工业结合的自给自足的自然经济形式。公社的财产大部分是在小规模的范围内通过手工业和小农业相结合而创造出来的,因而贸易的范围极小。因公社在其自身之中包含着再生产和扩大再生产的一切条件,由此而导致平权、公平、公正的价值追求的法律的生产的社会需求量小,促进法律发展的社会力量小,法律发展的速度就缓慢。

从法权关系而言,它并不是一成不变的,而是随着社会生产力水平的提高而有所变革,即随着生产力水平的提高,具有法律规定的私有财产的范围在不断地扩大,法权要求有所变革。传统东方虽与西方一样不仅存在着土地财产,也存在着非土地财产,以及存在着对工具等的所有权问题。但由于东方自身特有的形式,法律所包含的内容和价值追求及其发展状态和速度可就不一了。在最原始的形态之中,劳动的个人把土地看作是属于他自己所有的,即把土地当作自己的财产潜在地包含着原料、原始的工具即土地本身,以及土地上的自然生长出来的果实当作财产。但随着生产力水平的提高,这种历史状态作为完全的财产关系逐渐解体了。劳动者把工具看作是他所有的东西,作为工具所有者进行劳动。即一切"**借助于他对劳动工具的所有权**"③。在亚细亚的基本形式之下,对劳动工具的所有权,或者说,劳动者作为工具所有者而进行劳动,已经成为一种与土地财产并存且存在于土地财产之外的独立形式,这种劳动工具所有制形式,即是马克思称之为"第二类财产"形式。从社会调控机制的角度而言,第一种情况是原始习惯占主导性地位而确立的法权关系,第二种情况是生产力水平提高了的结果,但不是后者产生了,前者就完全消失了,此时作为社会调控手段的法律也发生了相应的变革,由此带动了法律

① 马克思:《经济学手稿(1857—1858年)》,《马克思恩格斯全集》第46卷(上),人民出版社1979年版,第40页。

② 参见马克思:《经济学手稿(1857—1858年)》,《马克思恩格斯全集》第46卷(上),人民出版社1979年版,第40页。

③ 马克思:《政治经济学批判(1857—1858年草稿)》,《马克思恩格斯全集》第46卷(上),人民出版社1979年版,第501页。

的发展。

此外,由于在传统东方社会,贸易归根到底也是专制政府的职能。要开展贸易活动,必须有相应的外部条件,而在传统东方,真正的城市只是在特别适宜于对外贸易的地方才可能形成并发展起来,或者只是在国家首脑及其他总督把自己的收入的剩余产品同劳动相交换,把收入作为劳动基金来消费的地方才可能形成起来。正是由于贸易受制于专制政府,所以体现生产力发展内在需求,促进生产力水平提高的法律及其制度、体系和价值追求是不可能轻易被统治者允许而出现的。这也是导致其法律不可能快速发展的重要原因之一。

社会分工的发展对法律发展的影响　人类社会分工的状态既与生产力发展水平相对应,也决定着所有制的状态。"分工发展的各个不同阶段,同时也就是所有制的各种不同形式。这就是说,分工的每一个阶段还根据个人与劳动的材料、工具和产品的关系决定他们相互之间的关系。"①

人类社会的生产活动是由生产力和生产关系两个基本方面所构成的,而这两个基本方面的互动使得社会分工呈现出两种情形:一方面,分工首先意味着把劳动材料、生产工具和劳动条件分配在不同的生产部门和个人手中,其实就是人们的生产方式,所反映的是生产过程之中人们的共同劳动方式和社会劳动总体内各部门之间的组合形式和劳动者运用生产工具的能力,反映着生产力水平的高低,"这种共同活动方式本身就是'生产力'"②。另一方面,由于交换,分工所包含的人与生产资料的结合方式规定了人与人之间的生产活动方式与交换形成不同的所有制形式。

社会分工决定社会结构,分工越细,社会的生命力就越强,国家对社会的非理性统治力就越弱,社会与国家之间、社会自身内部、国家内部等相互间制约因素增多、制约力加大,从而使得各种规则的发展与完善的速

---

① 马克思、恩格斯:《德意志意识形态》,《马克思恩格斯全集》第3卷,人民出版社1960年版,第25页。

② 马克思、恩格斯:《德意志意识形态》,《马克思恩格斯全集》第3卷,人民出版社1960年版,第33页。

度加快和约束力增大,从而对法律的需求量增加及适时性要求不断增强,从而法律发展成为历史和时代的必然。

传统东方社会的社会分工与在资本主义生产方式下的社会分工的无政府状态及工场手工业阶段的专制性分工的相互制约性是不同的,它"呈现出一幅有计划和有权威地组织社会劳动的图画"①,在那里,"职业的分离是自然发展起来、随后固定下来、最后由法律加以巩固"②。由于社会生产力水平提高的必然性,导致社会分工不断细化的必然性,而传统东方社会随着社会生产力水平的提高,社会分工的细化又必然要依赖于法律来加以巩固,从而无形之中推动了法律的发展。由此,我们可以推定,传统东方的社会生产力在发展过程之中、在无形之中推动了法律的发展。当然,我们也不可否认,由于传统东方的社会分工具有计划性,即由于社会是依赖和奴化于国家——统治者的,所以订这个计划的主动权只能掌控在统治者手中,这就可能出现这种计划的制定是偏离甚至是掣肘社会生产力水平提高的方向的,从而分工是不合时宜的,并最终导致受其制约的法律的发展偏离社会内在需求的轨道——从传统东方社会法律发展史可知。另一方面,传统东方社会的法律为何具有极大的专制性,这应该是重要原因之一。

诚如马克思恩格斯在《德意志意识形态》中所言:"一个民族的生产力发展的水平,最显明地表现在该民族分工的发展程度上。任何新的生产力都会引起分工的进一步发展。"③而所有制的每一步的发展,个人与劳动材料、工具和产品的关系以及由其决定的人们相互之间的关系都有所不同,也就是说同时会引起法律关系的新变化。从而产生于社会、服务于社会的法律不得不随着社会的这种与生产力水平提高而导致的社会分工的发展而发展。

此外,随着社会分工的发展,契约关系必然随之而不断深化,但由于社会分工的身份性特征,必然引发出契约关系与身份关系的相辅相成,即

---

① 马克思:《资本论》第一卷,《马克思恩格斯全集》第 23 卷,人民出版社 1972 年版,第 395 页。

② 马克思:《资本论》第一卷,《马克思恩格斯全集》第 23 卷,人民出版社 1972 年版,第 395 页。

③ 马克思、恩格斯:《德意志意识形态》,《马克思恩格斯全集》第 3 卷,人民出版社 1960 年版,第 24 页。

由于分工而形成的法律关系"不仅仅是**契约义务**,而且是**身份**"①。当然,"在古代,**契约义务**变为**身份**多么容易,而防止身份改变又多么困难,例如俄国就是证明,在那里**私人服务**直接变为**奴役**,甚至在自愿的**田间劳动**等等中也很难防止这种改变"②。

综上所述,传统东方社会分工的发展对法律发展产生了深远的影响,可以说,传统东方社会法律发展的状态、特征、速度、价值追求等与社会分工的发展状态基本相一致是其表征。

社会主体的劳动私有化程度对法律发展的影响　从对人类社会的产生和发展进行历史性考察可以看出,在人类社会刚开始的时候,在极其原始的状态之下,与生产力水平极其低下相适应的社会主体的劳动不是私有而是共有,且这种共有化程度与当时的生产力水平和人类征服自然的能力成反比。而当社会发展到一定阶段,社会主体具有脱离其所依赖的社团就可能基本生存的能力或条件时,劳动的私有化就萌芽了,进而随着私有化程度的增加而程度不断加深、范围不断扩大。

传统东方社会,由于其自身固有的特征和局限性而使得劳动的私有化过程远比西方社会缓慢。从某种意义上而言,只有达到劳动的私有化程度,私有制才能真正萌发,从而才能使私法有了产生和发展的空间,进而社会才可能因使生产力得到解放而进入快速变迁的境地。如在孟加拉,"小农,或家庭的闲散人手,都在闲暇时间**受雇**在**邻家土地**上干活;某些村社的某个**种姓**例如织工种姓的**行业**衰亡了,|该种姓的|**成员就不得不用体力劳动谋生**,有的也同样**受雇**做农活。**秋季农活常常订有专门的合同**"③。当然,在开始的时候,由于经济发展的局限性,自由劳动力的所有者出卖自身的劳动力以获得实物或同等的劳动为条件,即由于社会主体各自播种季节的区别而导致收获的季节的相殊,当相联系的相互主体间有需要自由劳动力时,"就有**小群的农民**从一个村社或区出发,

---

① 马克思:《亨利·萨姆纳·梅恩〈古代法制史讲演录〉一书摘要》,《马克思古代社会史笔记》,人民出版社 1996 年版,第 457 页。

② 马克思:《亨利·萨姆纳·梅恩〈古代法制史讲演录〉一书摘要》,《马克思古代社会史笔记》,人民出版社 1996 年版,第 457 页。

③ 马克思:《约翰·菲尔爵士〈印度和锡兰的雅利安人村社〉(1880 年版)一书摘要》,《马克思古代社会史笔记》,人民出版社 1996 年版,第 371 页。

去帮助远处村社的农民割稻,对方也在需要时回报这种帮助。**做这种活计所得的报酬通常是每割 5 捆或 7 捆稻得一捆。**外来者用草席在他们收割庄稼的田地上给自己搭盖小屋,干完活就**带着好几袋谷物回家**"①。

当然,除了直接通过劳动而进行贸易之外,还有通过间接的贸易达到交换劳动的目的。可由于传统东方社会的固有特征,"**绝大多数居民即居民主体的极端贫困的状况**",使得维持当时生存所需的最低的生活标准的"**大多数村民即农民自己种植的稻子就足够家庭消费了**"②;他们所需要的少量现钱靠出售自身所种植的作物就可取得。至于自己不种的烟草等作物及生活必需品的盐等物品,则可以每天从杂货商的铺子里购买。这种状态也必定逐步形成一种相对公平的交换规则。当然,为了增加贸易量,能及时地获得所需生活用品,也会组织大的集市,如在孟加拉,大多数村子每周大都在村子所在地的稍微开阔一些的地方设两次集市,"**生产者把他们剩余的稻谷、芥末籽、槟榔、甘蔗、枣椰糖蜜,**他们的**干辣椒、葫芦、甘薯**都拿到集市上来卖;**打鱼的卖鱼,榨油的卖油,老年寡妇卖草席**和其他手工制品,陶工卖**迦拉**……和**迦姆拉**……**小贩们卖小杂货、脚手镯**等等;**城市商人的代理人和当地的杂货商**到集市来进货,**农村居民**来满足自己各种小小的需求"③。

劳动的私有化的最终目的和结果是生产商品,这种生产与作为公共生产的生产目的是完全不同的,后者是生产产品。商品的本质是交换,产品的本质是自给,因此,产品生产无须生产者之间的交往,这种生产的结果就是生产者基本上是被禁锢在生产场所,社会个体的流动是缓慢而少量的。商品生产在带来了生产者交往的扩大化的同时,商品生产与交换带来的另一个结果就是社会个体对于商品需求的多样化。在产品生产中,生产的目的主要是自给,因此,社会个体生活所需基本上都可以从它自己生产的产品或者在有限的交换中获得满足,商品失去了存在的价值。

---

① 马克思:《约翰·菲尔爵士〈印度和锡兰的雅利安人村社〉(1880 年版)一书摘要》,《马克思古代社会史笔记》,人民出版社 1996 年版,第 371 页。

② 马克思:《约翰·菲尔爵士〈印度和锡兰的雅利安人村社〉(1880 年版)一书摘要》,《马克思古代社会史笔记》,人民出版社 1996 年版,第 373 页。

③ 马克思:《约翰·菲尔爵士〈印度和锡兰的雅利安人村社〉(1880 年版)一书摘要》,《马克思古代社会史笔记》,人民出版社 1996 年版,第 374 页。

在商品生产中,生产者同时又是消费者,商品扩大了生产者的消费需求,扩大的消费需求反过来又刺激了商品品种和数量的生产。商品生产的发展引导了社会分工的发展,按照涂尔干的观点,社会分工是导致社会分层的重要因素,同时也是导致社会变迁的重要动力。

总之,在私有制出现之前,传统东方同整个人类社会的所有制发展一样在历史上虽存在着一种非私有化的所有制形式,但还是存在着私有制从无到有、从弱到强的一个发展过程,而并非是到由西方殖民主义入侵以后一夜之间而出现的。综上所述,正因为传统东方社会主体的劳动的私有化程度的不断增加,使得私法的产生和发展有了内驱力和社会的内在认同度。当然,由此也会从一定程度上促进了公法的发展。也就是说,传统东方社会主体劳动私有化程度的不断增加导致了法律的发展。

城市制度对法律发展的影响 法律的生命源于社会,社会状态决定着法律的特征。纵观人类社会发展史可见,社会状态与城市的特征也是有很大关系的,所以法律的特征必然一定程度上受城市的特征所影响。城市的特征不仅是当时经济、政治状态的表现,而且也是社会力量及其价值追求的重要反映。城市对社会的结构性调整,社会的力量的培养、壮大等等均具有相当可观的作用。所以,我们认为在研究传统东方社会对法律发展的影响因素时,不可忽视这一点。

就传统东方最早的城市而言,其产生与存在和发展都不是由于商业的发展及人口聚集的结果,而是"农村生活决定性地主宰着**城市生活**,并且盛行……**不离开农村居住地而从事手工业和商业的习俗**"[1]。作为贸易场所的"市"与"城"的结合,是较晚才出现的事情。相反,倒是社会发展到一定阶段,城市设施逐渐完善之后,由于城市人口较为集中,居于城市的统治者具有当时社会最强的购买力,作为贸易场所的"市"才逐渐在"城"中得到发展,并由此而使"市"与"城"有机结合。即传统东方"真正的城市只是在特别适宜于对外贸易的地方才形成起来"[2]。否则,它就没

---

[1] 马克思:《马·柯瓦列夫斯基〈公社土地占有制,其解体的原因、进程和结果〉(第1册,1879年莫斯科版)一书摘要》,《马克思古代社会史笔记》,人民出版社1996年版,第41页。

[2] 参见马克思:《政治经济学批判(1857—1858年草稿)》,《马克思恩格斯全集》第46卷(上),人民出版社1979年版,第474页。

有生存的土壤。在这种情况之下,一方面,作为贸易规则之一的法律只能是从有益于维护统治阶级利益的角度制定和实施;另一方面,制约着社会主体间的交往程度的增加和平权理念的形式,并给商品经济生产关系的形成和发展增加了阻力。英国经济学家理查德·琼斯(Richard Jones)认为经济上的发展依赖于贸易的发展,而贸易发展的一个不可或缺的条件是在有一定规模城市的同时,还必须具有独立的行会组织和土地贵族集团,而这些东方社会都不具备。① 这样,相应的法律不可能有生存土壤,更不可能有大的发展了。

在西方,中世纪后期的城市是独立的统治者控制的自由城市。每一个城市都是各自成为一个经济单位,各自有其自治的行政和司法机构,甚至各有其自卫的武装。它不仅与乡村有着明显的社会分工及两者间清晰分离,而且作为与社会生产力水平的提高相对应的市民对领主也没有任何从属关系,不受其控制和剥削。传统东方的城市则不然,其不仅在几千年的发展中从未离开从起源时就已确定了的轨道,而且基本性质和主要功能始终没有发生重大的根本性变化。如前所述,最早的东方城市的形成,几乎无不出于统治者的政治特别是军事之需,由此导致城市是在工商业尚未发达之前,甚至在独立的工商业完全不存在的情况之下建立起来的。换言之,在传统东方城市起源的过程中,政治、军事因素起了举足轻重的作用。即使是工商业在城市中有了发展以后,东方城市的政治军事性质也一直没有根本性改变,兴建城市通常只是专制政府的事业。从而传统东方城市也就始终没有摆脱受政治统治者直接控制的局面。由此,使得传统东方的城市具有如下特征:一方面,它使得生产力的发展仅限于为统治者服务;另一方面,社会主体没有必要的权利自由的发展空间;再一方面,这不利于社会发展的运动规律带有强制性。

传统东方城乡关系也是不正常的,城市不是独立于乡村的经济中心,而因是国家首脑和地方官员及各级管理机构的所在地而成为统治阶级对乡村加以控制、剥削的神经中枢。专制君主及其专制政府占有的社会财富

① 参见[英]理查德·琼斯:《论财富的分配和税收的来源》(An Essay on the Distribution of Wealth, and on the Sources of Taxation),伦敦1833年版,第136页;参见[英]理查德·琼斯:《国民政治经济学教程》(Text-book of Lectures on the Political of Nations),哈特福1852年版,第52页。

主要是靠行政手段向农村征取的贡赋,由此城市往往不是工商业基地,而是贡赋的集散地。再者,传统东方城市是为统治者提供消费的场所,商人与手工业者在经济生活中都不占重要地位。这就使得所进行的交易带有一定程度的强制性——不能有增值,无法达到有效刺激生产力水平提高之效。此外,因具备这一特征,在农村公社,由于农业与手工业的牢固结合,生活基本自给自足,对市场的依赖性甚微,购买力极其低下,乡村对城市也不存在经济上的依赖关系。相反,居住在城里的统治者却因其拥有社会所上交的贡赋而具有较高的购买力,导致城市的发展反而依赖于乡村。在这种情况之下,工商业也就自然而然地向城市集中了,加上统治者兴建的许多城市通常具有便于商业发展的优越条件,遂使得这些城市逐渐发展起来。

总之,城市是随人类社会生产力水平的提高、经济的发展而发展和壮大的,它对法律发展的影响导致两个方面的结果:一是促进了私法的发展,当然,从私法的发展的内在本质而言,其应与公平、公正、效率等联系在一起,但传统东方社会因受对国家的依赖等因素所制约,又不可能使得法律能真的沿此方向运作。二是因城市的发展,不可避免地引起新的社会力量的产生和壮大,导致社会结构的变迁,从而反过来在一定程度上因影响或左右国家角色的扮演进而制约着公法的产生、变革与发展。但因城市自身的发展和壮大要受到统治者的控制和乡村的左右,由此使得法律的发展就会很难摆脱传统的束缚。即便如此,传统东方的城市在其形成之后的发展与壮大的过程之中,对法律的发展还是起到一定程度的左右或影响作用,只不过没有达到如西方的城市那样的效果而已。也就是说,无论如何评定,传统东方的城市毕竟逐步发展壮大了,我们承认其形成、发展和壮大的政治因素、政治性意义远大于经济目标、经济性意义,但它还是在一定程度上促进了经济的发展,由此而必然带动社会力量不断发展和壮大,在一定程度上扼制了国家角色的不恰当扮演,并带动了体现市场运行的内在要求的法律的产生与发展。

社会主体间的交往范围的扩大对法律发展的影响 就单个的社会主体而言,其不可能独立于社会之外,必定或多或少地融于社会之中,也正因为其必然要融于社会之中,就使得社会交往成为必然。而因为社会主体相互间交往的必然性存在,可社会又处于不息的变迁之中,又必然使得社会主体为生存而不得不适应社会的不断变化而增加自身的社会交往的范围。由此所导致的结果是社会关系的不断复杂化,而为使这种复杂的社会关系不至于在无序之中内耗,即为使这种复杂的社会关系能在和谐、经济、有序、高效的状态之下进行,就需要有更多的社会规范并发挥应有的调控功能,而法律自其产生之后,就逐步显示其作为重要的社会调控机制和手段的特征。所以,从社会自身的内在要求来看,随着社会主体间的交往程度的深入和范围的扩大,法律也必须和必然随之而发展。

法律是人类社会发展到一定历史阶段的产物。它的存在和所要实现的应然价值之一就是使社会能有一个和谐、经济、有序、高效的运作环境和氛围。社会内部的矛盾和冲突总是无时不有,无处不在,且随着生产力水平的提高和社会主体间的交往范围和延扩而增加,"一切历史冲突都根源于生产力和交往形式之间的矛盾"①。虽然传统东方社会生产力发展水平提高得极为缓慢,但总是一直在提高,并还在一定时期内远远超过西方。生产力水平的提高与社会交往形式之间的矛盾程度增加了,范围扩大了,由此也就迫使作为社会调控机制的法律必须和必然作相应的发展。

法的权威地位和人的权威地位的冲突是社会调控手段变革的主要动力,在这一冲突的变化、发展过程中,一方面是法的权威逐步取代人的权威的过程;另一方面是人的权威不断地通过法的权威控制社会的过程。纵观人类社会的历史可见,规范的调控手段是削减不确当的公权力的有效方式,从而将公权力的行使控制在一个适度的范围之内,它是使社会权威从人的权威向法的权威过渡的关键性步骤。传统东西方社会有别的一个重要方面就是东方的社会主体间交往的纵横度明显不如同时代的西方,社会对公共权力的行使的控制缺少必要的力度,从而出现人的权威大于法的权威的"人治"主义现象。对于西方国家来说,这一过程表现得比较明显,在经历了漫长的发展阶段以后,法的权威成为社会权威的主要的表现形式。而在东方,则是人的权威不断以法的形式表现出来——即形成"人治"型的法制的现实。但不管怎么说,随着社会的发展,社会主体间的交往的纵横范围都在扩大,从而使得法律还是在这一过程之中得到了一定程度的发展。

---

① 马克思、恩格斯:《德意志意识形态》,《马克思恩格斯全集》第3卷,人民出版社1960年版,第83页。

婚姻家庭制度的变化对法律发展的影响　我们对传统东方社会法律特征的认识，除了应注意随着公社土地所有权属的变化的内在本质外，还有一个重要方面就是由财产归属问题的定性的变化而引发的婚姻家庭制度的变化对法权意识的影响，进而对法律发展的影响。就对传统东方财产的归属问题的确认所产生的作用及其后果，我们在研究传统东方社会的变迁同法律发展的内在关联时应有一个清醒的认识。因为"无论怎样高度估计**财产**对人类文明的**影响**，都不为过甚"①。财产不仅曾经是把人类"从野蛮时代带进文明时代的力量。**管理机关和法律建立起来**，主要就是为了创造、保护和享有财产。……随着财产所有者的子女继承财产这一制度的建立，严格的专偶制家庭才第一次有可能出现"②。由此，"这种家庭作为一种充分发展了的形式，确认了子女与父亲的关系，用**动产和不动产的个人所有权代替了共同所有权，以子女的绝对继承权代替了父方亲属的继承权**。现代社会就是以专偶制家庭为基础的"③。也就是说，从人类社会家庭发展史来看，对人类社会的变迁起到决定性作用的是专偶制家庭的出现，同样，可以说对法律发展起到决定性作用的起点也是专偶制家庭的出现。"因为导致专偶制的动力是财产的增加和想把财产传给**子女——合法的继承人，即一对夫妇的真正后裔**"④。这样私法、公法才得以产生、发展，从而才能为后续的社会生产力水平的提高的动力的真正出现创造有益条件。

"'**对财产的最早观念(!)'是和获得生活资料这种基本需求**紧密相连的。**财产的对象**，在每一个'顺序相承的文化时期'自然都随着**生活资料所依赖的生存技术的增进而增加**起来；因此，**财产的增长是与发明和发现的进展齐头并进**的。由此可见，每一个文化时期都比前一时期有着**显著的进步**，这不仅表现在**发明的数量上**，而且也表现在由这些发明造成的**财产的种类**

---

① 马克思：《路易斯·亨·摩尔根〈古代社会〉一书摘要》，《马克思古代社会史笔记》，人民出版社1996年版，第171页。

② 马克思：《路易斯·亨·摩尔根〈古代社会〉一书摘要》，《马克思古代社会史笔记》，人民出版社1996年版，第171页。

③ 马克思：《路易斯·亨·摩尔根〈古代社会〉一书摘要》，《马克思古代社会史笔记》，人民出版社1996年版，第171页。

④ 马克思：《路易斯·亨·摩尔根〈古代社会〉一书摘要》，《马克思古代社会史笔记》，人民出版社1996年版，第162页。

和总额上。财产形式增加,关于占有和继承的某些法规也必然随之发展。**关于占有和继承财产的这些法规所依据的习俗,是由社会组织的发展状况和水平决定的**。由此可见,财产的增长是与标志着人类进步的各个文化时期的各种发明和发现的增多以及**社会制度的改善**有着密切关系的。"①这"社会制度"当然包括法律,这"社会制度的改善"当然包括法律发展。

总之,家庭是社会的细胞,家庭在人类历史上产生过极大的作用,它对于法律的产生与发展也同样不例外。它不仅对私法的产生与发展产生了深远的影响,而且对包括公法在内的整个法律及其制度、体系和价值追求的产生和发展产生了深远的影响。为何传统东方法律体系中公法内容十分丰富?而私法内容极少?又为何公私不分?我们认为一个重要原因,就是受家庭婚姻制度的影响。统治者将公权力与私权利混合,并以家庭制度的方式加以继承,而社会也认可了这种做法。也正因为没有必要的社会制约意识和力度,将公权力视为私权利的统治者在行使权力的过程中,又怎能不会毫无顾忌,为所欲为?

宗法血缘关系的变化对法律发展的影响　在传统东方社会结构性特征之中,一个重要方面是存在着受农村公社制度及其农业与手工业有机结合的受自然经济制约的自然形成的宗法血缘关系结构。因为在人类文明的初期,生产力水平极为低下,生产劳动仅能一方面以生产条件的公有制为基础,另一方面"以个人尚未脱离氏族或公社的脐带这一事实为基础"②。

马克思在《政治经济学批判(1857—1858 年草稿)》中从与当时的现实条件相适应的社会劳动过程出发论述个人与公社的关系,从而揭示这种宗法血缘关系。马克思认为在传统东方的土地所有制之下,"孤立的个人是完全不可能有土地财产的"③,"把土地当作劳动的个人的财产来看待的**关系**……直接要个人作为**某一公社成员**的自然形成的、或多或少

---

①　马克思:《路易斯·亨·摩尔根〈古代社会〉一书摘要》,《马克思古代社会史笔记》,人民出版社 1996 年版,第 172～173 页。

②　马克思:《资本论》第一卷,《马克思恩格斯全集》第 23 卷,人民出版社 1972 年版,第 371 页。

③　马克思:《政治经济学批判(1857—1858 年草稿)》,《马克思恩格斯全集》第 46 卷(上),人民出版社 1979 年版,第 483 页。

历史地发展了的和变化了的存在,要以他作为部落等等成员的自然形成的存在为媒介"①。由此也就要求和决定了不仅劳动过程具有共同性,而且决定了与农业和手工业相结合的自给自足的自然经济下的共同占有和利用土地的生产方式。"单个人对公社来说不是独立的"②,"他是同公社牢牢地长在一起的"③,且整个公社的"生产的范围仅限于自给自足"④。"单个人如果改变自己对公社的关系,他也就在改变公社,破坏公社,同样也破坏公社的经济前提。"⑤总之,就传统东方社会个体而言,宗法血缘因素与公社是牢牢地联系在一起的,两者是互为因果、相互作用,以自然经济为基础的自给自足的生产方式必然导致一种与之相适应的宗法血缘关系的运作机制;而这种宗法血缘关系一经形成,就反过来强化了这个生产方式下的牢固性、封闭性和排他性的农村公社制度。

如印度农村公社的一个十分重要的特征就是"村社内部存在着奴隶制和种姓制"⑥,"带着种姓划分和奴隶制度的标记"⑦。正因这种奴隶制、种姓制和"宗法制"⑧极大地束缚和压抑了处于孤立状态、过着自给自足经济生活的人,使得民众生活于极其穷困的物质生活境状之中,除维持自身肉体生存最低限度需要以外的,没有过高的物质生活资料消费的渴望,没有消费和需求从而也就没有交换和交往,而且"使人的头脑局限在极小的范围内,成为迷信的驯服工具,成为传统规则的奴隶,表现不出任

---

① 马克思:《政治经济学批判(1857—1858 年草稿)》,《马克思恩格斯全集》第 46 卷(上),人民出版社 1979 年版,第 483 页。

② 马克思:《政治经济学批判(1857—1858 年草稿)》,《马克思恩格斯全集》第 46 卷(上),人民出版社 1979 年版,第 484 页。

③ 马克思:《政治经济学批判(1857—1858 年草稿)》,《马克思恩格斯全集》第 46 卷(上),人民出版社 1979 年版,第 495 页。

④ 马克思:《政治经济学批判(1857—1858 年草稿)》,《马克思恩格斯全集》第 46 卷(上),人民出版社 1979 年版,第 484 页。

⑤ 马克思:《政治经济学批判(1857—1858 年草稿)》,《马克思恩格斯全集》第 46 卷(上),人民出版社 1979 年版,第 485 页。

⑥ 《马克思致恩格斯(1853 年 6 月 14 日)》,《马克思恩格斯全集》第 28 卷,人民出版社 1973 年版,第 272 页。

⑦ 马克思:《不列颠在印度的统治》,《马克思恩格斯全集》第 9 卷,人民出版社 1961 年版,第 149 页。

⑧ 马克思:《不列颠在印度的统治》,《马克思恩格斯全集》第 9 卷,人民出版社 1961 年版,第 148 页。

何伟大和任何历史首创精神"①，"使人屈服于环境，而不是把人提升为环境的主宰；它们把自动发展的社会状况变成了一成不变的由自然预定的命运"②。其实这种宗法结构对社会主体的束缚实质上就是对社会生产力发展水平和劳动者能力和积极性的束缚。因为在这种社会状态和社会条件之下，人的发展和社会生产力水平的提高均因相当困难而只能是极其缓慢的。

柯瓦列夫斯基在《公社土地占有制，其解体的原因、进程和结果》一书中，把村社制度看作是氏族公社解体后所形成的特殊的社会形态，认为这类公社是建立在由各个家庭分别使用根据继承法属于它们的特定的公社份地的原则上的。就法律而言，如"从《**摩奴法典**》时代起至《**耶遮尼雅瓦勒基雅法典**》和《**那罗陀法典**》时代止这个时期，财产关系个体化的日益加剧，还有一个证明，这就是在后两部法典中，**私人支配其所属财产的自由**要广泛得多。根据《摩奴法典》，要**出让土地**，须经邻人即氏族公社成员事先同意；而在《**那罗陀法典**》中，只要求公开成立卖契。但它也远远没有把这一条规定推广到全部土地所有权。根据《那罗陀》等法典，**共同财产**③不能成为**赠送的东西**"④。也就是说，随着财产关系个体化日益强烈，迫使村社制度内部财产的法权关系打破了原有血缘关系的桎梏，社会交往形式的改变，社会力量的壮大，社会主体的权利意识的增强，对法律及其制度、体系和价值追求的变革与发展产生了当时力所能及的影响，从而在立法方面出现了个人凭借自己的劳动不花费家庭任何公共财物而获得财产的规定。且从法律发展的表征而言，又主要集中体现在对不动

① 马克思：《不列颠在印度的统治》，《马克思恩格斯全集》第 9 卷，人民出版社 1961 年版，第 148 页。

② 马克思：《不列颠在印度的统治》，《马克思恩格斯全集》第 9 卷，人民出版社 1961 年版，第 149 页。

③ "所谓共同财产，在这里应当理解为**氏族的**（ancestral｛祖传的｝）财产，正因为如此，也就是**家庭的不可分的财产**。家长只能支配**这份财产的收入**，而且只是在保证家庭的一切必要开支以后，才可以加以支配。"（马克思：《马·柯瓦列夫斯基〈公社土地占有制，其解体的原因、进程和结果〉(第 1 册，1879 年莫斯科版）一书摘要》，《马克思古代社会史笔记》，人民出版社 1996 年版，第 51 页)

④ 马克思：《马·柯瓦列夫斯基〈公社土地占有制，其解体的原因、进程和结果〉(第 1 册，1879 年莫斯科版）一书摘要》，《马克思古代社会史笔记》，人民出版社 1996 年版，第 50 ~51 页。

产的强化,"**不动产个体化趋势的加强**,也可以从以下情况得到证明,即分家更容易了,而且不但对于自力取得的财产,就是对于氏族的财产,也可以更自由支配了,特别是将财产收益与僧侣种姓成员即婆罗门时,更是如此"①。"**不可分的家庭财产的主要标志是它的不可出让性**。因此要动摇这种财产权,在婆罗门影响之下发展起来的立法就必然越来越甚地进攻它的这个**堡垒**。《摩奴法典》还没有提到不可分的家庭财产出让的情形;《那罗陀法典》也是这样。后期的法典——如广博和如意——**允许在所有共同占有者一致同意的条件下实行这一类出让**。"②

与此同时,"**僧侣贼徒{pack}在家庭财产个体化的过程**中起着主要作用"③,因为他们对法律发展亦起到十分重要的作用。"在僧侣立法家看来,**分家**只是排除家庭财产不得出让的原则在增加**婆罗门财产**的道路上所设置的障碍物的手段之一"④。随着社会的发展和生产力水平的提高,村社制度割断了血缘关系,农业公社斩断了与建立在自己社员的血统亲属关系这种牢固却狭窄的联系,摆脱了血缘关系的束缚。⑤ 同时,"公社受到诅咒的是它的孤立性,公社与公社之间的生活缺乏联系,而这种**与世隔绝**的小天地使它至今不能有任何历史创举"⑥,当然,这其中也包括法律的发展。总之,只有随着生产力的发展,财产私有化的进程才能深

---

① 马克思:《马·柯瓦列夫斯基〈公社土地占有制,其解体的原因、进程和结果〉(第1册,1879年莫斯科版)一书摘要》,载于《马克思古代社会史笔记》,人民出版社1996年版,第52页。

② 马克思:《马·柯瓦列夫斯基〈公社土地占有制,其解体的原因、进程和结果〉(第1册,1879年莫斯科版)一书摘要》,《马克思古代社会史笔记》,人民出版社1996年版,第52页。

③ 马克思:《马·柯瓦列夫斯基〈公社土地占有制,其解体的原因、进程和结果〉(第1册,1879年莫斯科版)一书摘要》,《马克思古代社会史笔记》,人民出版社1996年版,第52页。

④ 马克思:《马·柯瓦列夫斯基〈公社土地占有制,其解体的原因、进程和结果〉(第1册,1879年莫斯科版)一书摘要》,《马克思古代社会史笔记》,人民出版社1996年版,第53页。

⑤ 参见马克思:《给维·伊·查苏利奇的复信草稿——初稿》,《马克思恩格斯全集》第19卷,人民出版社1963年版,第434页;马克思:《给维·伊·查苏利奇的复信草稿——三稿》,《马克思恩格斯全集》第19卷,人民出版社1963年版,第449~450页。

⑥ 马克思:《给维·伊·查苏利奇的复信草稿——三稿》,《马克思恩格斯全集》第19卷,人民出版社1963年版,第451页。

入,经济社会关系才可能逐渐取代血统亲属关系而成为社会的现实基础。反之,经济关系愈不发展,社会制度就愈在更大程度上受血统亲属关系所支配,从而法律发展就愈会出现问题。而这在传统东方社会法律发展关系的互动中有十分明显的体现。当然,我们应该清楚的是,传统东方社会在变迁过程之中,由农村公社所产生的血缘关系虽然确实随着社会的变迁而不断淡化,但宗法关系却并没有消除,且有不断强化之势,即随着中央集权主义专制政体的建立和体系的完善,宗法关系反而加强了,并影响或左右了自身的法律发展的历史进程、制度、质量及运行轨迹。

小　结　法律的发展状态决定于社会内在特征的变化,社会总是希望法律能适应新的形势,改革自我,并能与社会由内在特征的变化所引发的内在需求的变化而共同持续发展。可由于社会内在特征的变化所决定的法律的发展途径是多方面的,社会内在特征的变化所引发的内在需求的变化与法律发展之间又存在着某种不平衡。而这种不平衡在传统东方表现得比较明显。我们通过上述对传统东方社会生产力水平的提高、社会分工的发展、社会主体的劳动私有化程度的嬗变、城市制度的变革、社会主体间的交往范围的扩大、婚姻家庭制度的革新和宗法血缘关系的变化等几个方面对法律发展的影响所进行的阐述,既使我们对传统东方社会内在特征的变化对法律发展的影响有了一个较为清晰的认识,也使我们对传统东方法律的内在本质有了一个更深刻的领悟和把握。

第四章　变革时代的东方国家、社会与法律发展

东方的确曾创造过令西方远不能及的辉煌,但因前所述及的局限性而导致了当其发展到一定历史阶段时必因没有勃发的后劲而出现了到近代停滞不前的局面,可以说,这是历史的必然。面对西方列强的殖民主义运动的冲击,东方作了相应的回应,而法律发展是其中的重要内容之一。那么,变革时代东方经历了哪些有益于自身法律发展的历史性演变? 其演变进程有何显著的特点? 有何经验和教训? 国家和社会在其中起何作用? 作为东方主要国度的中、印、俄三国的表征又是如何? 凡此,均是我们在本章重点阐述的内容。

第一节　东方变革时代概述

东方变革时代之界定　法律的发展是一个历史现象和过程,它受多方面的因素所制约。东方变革时代的到来,是一个历史的分水岭,由此打断了东方法律发展的原有轨迹。为准确地把握变革时代的东方国家、社会同法律发展间的关系的内在特征,我们认为首先必须对"东方变革时代"作一明确的界定。这是我们认识和研究本章所要阐述的问题的基础。

诚如普列汉诺夫所认为的:一个民族的历史变革问题,并不是少数人的密谋策划所能解决的,而是要遵从该民族内在的历史发展规律,而这一规律主要表现为该民族的文化传统和可供选择的各种条件。[①] 东方曾是世界文明的摇篮,曾有过自己的灿烂的文化和繁荣的经济,并走在世界的前列,可由于自身固有的局限性,导致缺乏勃发的后劲。在人类步入近代以后,结束资本主义革命的西方殖民主义国家国内进入相对稳定的发展

---

① 参见《俄国民粹派文选》,人民出版社 1983 年版,第 408 页。

阶段,从而有益于西方包括法律在内的对外扩张,促使世界历史的形成。也正因为随着西方资本主义的对外扩张,传统东方的原有格局被强行打破了,并被迫受当时的世界整体状态所制约。

作为世界整体组成部分的东方落后国家,在西方殖民主义的侵略和奴役之下,各种社会矛盾日趋激化,社会危机此起彼伏。可以说,若非西方殖民主义者的野蛮侵略与疯狂掠夺的行径所致,东方各国的发展即便缓慢,也完全可能是另一种图景。但西方殖民主义者的行径不同程度地破坏了东方各国各自的发展道路,使得东方国家不管是被动地被西方殖民主义者用暴力强行纳入世界历史体系的印度、中国抑或其他国家,还是比较主动地迎接资本主义挑战的俄国,均处于历史发展的十字路口,面临着一场巨大的社会变革,只不过尚未达到实质性实施的程度而已。这种行将进行的社会变革也必影响或左右着当时各自的法律发展的速度、性质和方向。所以说,东方变革时代是发端于西方列强对东方推行殖民主义运动。当然,由于各国的内在特征不一以及受西方列强殖民主义行径影响的时日和程度有别,从而表现出相异的特征以及产生相殊的后果。这也使得作为后发的东方国家因受内在因素和外来压力所制约与影响,在其变革时代到来之后所进行的法律发展呈现出多样性,我们绝不能用一固定或机械的方式来套用。就此,我们还将在后叙部分作相应论述。

外来的冲击与东方变革时代 就总体而言,人类社会一直处于奔腾不息地向前运动发展的状态之中。当然,由各民族自身内在的诸因素所构成的特殊性所决定而呈现了不同的状态、过程和结果。但不管怎么说,它们总是会存在遇到因受强于自身的外力的冲击而引发内在变迁的可能。当然,在其因受外力冲击而变迁的过程之中同受传统的影响不但是必然的,而且只有处理好必然出现的传统的各种影响,才有可能正确地面对现实。即若想改变受历史所牵制的尴尬境地,就必须冲破传统的樊篱,而要达到这一目标,有三条道路可供选择:一是觉醒后抓住问题的要害经过自我否定而改变现状;二是完全在外力的作用之下被动服从而改变现状;三是由于受外界的冲击而被迫在内外兼收并进的基础上进行自我革新。前两条道路的选择可以说是较容易把握的,因为只有自身具备实力者才可能真正觉醒,而只要真正觉醒了就必定具备抓住问题的要害的能力,从而就可能走出传统的樊篱,走出所遇处的尴尬境地。对于本不具备实力者而言是不可能真正觉醒的,从而既不具备能抓住问题的要害的能力,也不可能在遇外力的冲击时有能力在进行实质性的自我革新的基础上达到有效抵御外来力量的成效,其结果是外来的措施很容易在本土实施。要达到实质性克服传统的局限性最难的当数第三条道路,因为在受到外力冲击时,本土的传统势力既有一定的抵御能力,也能对自身存在的问题和不足有所认识,但因自我所存在的局限性又没有能力进行实质性地辩证地否定自我,且由于对传统的眷恋而走不出对域外文明可以说是一定程度的非理性的排拒的怪圈,从而出现在不痛不痒地调整中丧失时机,不能形成综合而有效的变革力量,由此也就不可能快速冲破受传统所制约的困境而步入新时代。

历史上的东方各国曾以其发达的经济、灿烂的文化、先进的科技等而自立于世界民族之林,以至于连持"欧洲中心论"的黑格尔在谈到这一点时,也不得不用其少有的诗意的语调写道:"历史上有一个决定的'东方',就是亚细亚。那个外界的物质的太阳便在这里升起,而在西方沉没的那个自觉的太阳也是在这里升起,散播一种更为高贵的光明。"[1]然而,当历史的巨轮驶入近代以后,西方社会由蒸汽机诞生所引发的工业革命开辟了世界一个新的历史发展阶段,即进入各国的"历史向世界历史的转变"[2]的新阶段。"世界史不是过去一直存在的;作为世界史的历史是结果"[3]。世界历史的产生、发展和形成是资本主义生产方式的必然产物,在世界历史发展中一个不可避免的过程体现在西方资本主义生产方式对东方社会的广泛渗透、影响及东方由此所发生的变化。由于西方列强的世界殖民主义战略的实施和体系的架构及世界市场的逐步建立,导致东方的闭关自守的状态迅速趋于瓦解,东方民族的狭隘性在世界历史统一性面前已再也不可能成为与世隔绝的最后屏障。正因为这种生产力的发展,使得"人们的**世界历史性的**而不是狭隘地域性的存在已经是经验的存在了"[4]。"各个相互影响的活动范围在这个发展进程中愈来愈扩大,各

① [德]黑格尔:《历史哲学》,生活·读书·新知三联书店1956年版,第148~149页。

② 马克思、恩格斯:《德意志意识形态》,《马克思恩格斯全集》第3卷,人民出版社1960年版,第52页。

③ 马克思:《经济学手稿(1857—1858年)》,《马克思恩格斯全集》第46卷(上),人民出版社1979年版,第48页。

④ 马克思、恩格斯:《德意志意识形态》,《马克思恩格斯全集》第3卷,人民出版社1960年版,第39页。

民族的原始闭关自守状态则由于日益完善的生产方式、交往以及因此自发地发展起来的各民族之间的分工而消灭得愈来愈彻底，历史就在愈来愈大的程度上成为全世界的历史。"①"大工业发达的国家也影响着或多或少非工业的国家，因为非工业国家由于世界贸易而被卷入普遍竞争的斗争中"②。"那些一向或多或少和历史发展不相称、工业尚停留在手工工场阶段的半野蛮国家，现在已经被迫脱离了它们的闭关自守状态。……因此，那些几千年来没有进步的国家，……都已经进行了完全的改革，……大工业便把世界各国人民互相联系起来，把所有地方性的小市场联合成为一个世界市场，到处为文明和进步准备好地盘，使各文明国家里发生的一切必然影响到其余各国"③。也就是说，伴随着代表新的生产力的资本主义在西方生机勃勃地崛起的时候，以往各民族间壁垒森严、老死不相往来的局面日趋瓦解，并渐次被以民族之间的普遍交往而取代。世界由此日益变小，并迫使任何国家、民族、地区都成为世界整体的一个有机组成部分，其发展不仅要受世界基本矛盾状态或性质的变化所影响、制约，并由此而导致的自身的变化反过来因对域外其他国家、民族、地区的影响而带有世界性意义。就东方各国在变革时代的发展道路的选择而言，因存在国别本土情况的差异性而走上不同的道路。若对其进行定性，我们认为是属于后两种类型，即：一是完全在外力的作用之下而改变现状，如印度可属此类；二是由于受外界的冲击而被迫在内外兼收并进的基础上进行自我革新，如中国、俄国属此性质。当然，这是总体的划分，由各自的内在特征所决定，其实现的路径、成效和结果以及对近现时代的影响也是各不相同的。

总之，东方之所以在近代④受西方列强的殖民主义行径的冲击而发

---

① 马克思、恩格斯：《德意志意识形态》，《马克思恩格斯全集》第3卷，人民出版社1960年版，第51页。

② 马克思、恩格斯：《费尔巴哈》，《马克思恩格斯选集》第1卷，人民出版社1972年版，第68页。

③ 恩格斯：《共产主义原理》，《马克思恩格斯选集》第1卷，人民出版社1972年版，第214页。

④ ［美］伯尔曼先生认为：从分析和解释法律制度的角度而言，"西方的"与"近代的"（modern）这两个词语之间不应有质的区别，不过必须与"当代的"（contemporary）这个词相区别。（参见［美］伯尔曼：《法律与革命——西方法律传统的形成》，中国大百科全书出版社1993年版，第4页）

生变革,直接导因乃是资本主义所创造的代表了当时人类社会发展方向的社会生产力及生产方式的对外扩张,体现了世界历史的必然性要求和规律。因为资本主义本身是社会长期发展的产物,是社会生产力水平提高的产物,是生产方式和交换方式的一系列变革的产物。相对于传统东方的社会形态,资本主义是一种新兴的社会制度和经济关系,虽然"它使人和人之间除了赤裸裸的利害关系,除了冷酷无情的'现金交易',就再没有任何别的联系了"①。但从世界历史的角度来看,它又具有"非常革命的作用"②。它首次开创了世界历史,因为它使每个文明国家以及这些国家中每一个人的需求的满足都依赖于整个世界,因为它消灭了以往自然形成的各国的孤立状态,它凭着大工业的优势,具有"消灭了各民族的特殊性"的势头和可能。因而,资本主义有能力把一切民族甚至最野蛮的民族都卷到自己的文明体系中来,并迫使一切民族采取资本主义生产方式。"一句话,它按照自己的面貌为自己创造出一个世界。"③当然,应该清楚的是,西方殖民主义者在东方所采取的措施,其目的就是消灭东方的社会基础,从而为其获得更多的利益扫清障碍,东方变革时代到来时所遭受的就是这么一种性质的灾难。这无疑比任何其他社会表层灾变要深刻和深重得多,从而对法律领域的影响就可想而知了。也就是说,随着资本主义生产力的发展,世界各民族交往的增多,先进的资本主义生产方式必然渗透到东方各国,并在现实中占据主导地位,从而宣告东方各国的古老的社会形态的终结,变革时代真正到来。

东方社会变革的历史后果　东方由于受西方的冲击,启动了变革历程,并产生了一定的历史后果,就其性质而言,大体归纳为以下两大方面。

（一）进步性后果

就西方对东方的冲击导致东方变革时代的到来所产生的进步性历史后果而言,主要表现为:

---

① 马克思、恩格斯:《共产党宣言》,《马克思恩格斯选集》第1卷,人民出版社1972年版,第253页。

② 马克思、恩格斯:《共产党宣言》,《马克思恩格斯选集》第1卷,人民出版社1972年版,第253页。

③ 马克思、恩格斯:《共产党宣言》,《马克思恩格斯选集》第1卷,人民出版社1972年版,第255页。

首先,打破了闭关自守模体的格局。就世界上任何一个国家而言,其封闭性格局一旦被打破,就不可能再回到原有的状态,并必将作为世界历史这一整体的组成部分而被卷入世界历史一体化发展的洪流之中。在西方列强的殖民化运动的冲击之下,落后东方国家的原有闭关自守的状态被打破,原有的变迁进程被迫中断,并被强行纳入世界历史体系之中,开始了痛苦的蜕变和瓦解过程。由此,也就出现了各种冲突和矛盾,这些冲突和矛盾不仅仅体现在本国范围之内,而且具有国际性,并随着融入世界历史程度的加剧而增强。即紧随着资本主义大炮之后如潮水般涌来的低价商品,成了它摧毁一切万里长城、征服东方落后民族最顽强的仇外心理的重炮,一个又一个古老东方帝国在更为先进的资本主义面前,不得不如巨星陨落,被强行纳入资本主义世界体系之中。

也诚如有"历史哲学"之父美誉的意大利 17 世纪哲学家乔·维科在其《关于民族共同性的新兴科学原理》、《论合理的世界秩序的统一原则》中所言,虽然人类历史错综复杂,种族起源相异,地理环境有别,但存在着一个统一的、一切民族在各个时代都要经历的过程。即有一个理想的永久的历史存在着,一切民族的历史总是要经过的,她们不论是从野蛮或粗野还是从半开化状态出发,总是要达到文明。传统东方各民族国家通过自身的内在作用和努力也是完全可以达到步入现代文明道路的目标的,只不过若未遭近代西方文明的冲击可能会经历一个较长的时期才能达到。就某种意义而言,因受西方的冲击而改变自身原有的运行轨迹,虽然付出了沉重的代价,但却大大缩短了这一距离。因为,资本主义生产方式代表了近现代人类社会历史发展的总趋势,它是人类有史以来第一次将彼此分立的各民族各地区导入世界历史一体化的洪流之中,从而使一切国家的生产和消费都成为世界性的了。在此进程之中,古老的民族工业每天都在被消灭,并不断地被新兴的资本主义工业所代替。——当然,应该承认资本主义生产方式的确已成为一切民族生命攸关的问题。同时,过去那种地方的和民族的自给自足和闭关自守的状态,也势必将淹没在世界一体化的洪流之中。因为资产阶级由于生产工具的迅速改进和由于交通的便利条件,完全有能力把一切民族甚至最野蛮的民族卷到资本主义文明体系中来,从而迫使它们采取资本主义的生产方式。既然资本主义可以促使各民族从落后走向先进,从野蛮走向文明,从乡村走向城市,那么落后民族也就注定要做侵略者的战利品。① 即随着世界历史进程的推进,任何古老的民族都将免不了要受资本主义经济规律所支配,从而也就挽救不了其原有的社会形态被资本主义吞噬的命运。西方资本主义生产方式对东方非资本主义社会的广泛渗透,特别是在资本主义的世界殖民体系和世界市场体系建立之后,东方社会的闭关自守的状态迅速趋于瓦解,东方各民族的狭隘性已经再也不能成为与世隔绝的最后屏障。

　　总之,到了19世纪中叶,印度、中国等主要东方国家,都已跌入灾难的深渊,先后沦为西方殖民主义者的殖民地或半殖民地,由此使得东西方之间的交往日益具有世界性,各个国家和地区的相对独立的历史就此而消失,并朝着世界历史方向发展。而在这发展道路上,究竟是什么力量在其中起决定性支配作用的呢? 是西方资本主义用其冷酷的物质力量开拓了世界市场,使一切国家的生产和消费都成为世界性的,并有力量用自己的文明体系来规范其他民族的文明,从而"使未开化和半开化的国家从属于文明的国家,使农民的民族从属于资产阶级的民族,使东方从属于西方"②。从此,传统东方发生了巨大的而且是彻底的、不可逆转的变化。

　　其次,促进了生产力水平一定程度的提高。资本主义之所以起过非常革命的作用,在于它当时创造了人类历史上从未有过的巨大的生产力。它为人类文明所创造的奇迹与伟业,既不同于埃及金字塔、罗马水道和哥特式建筑,也不同于日耳曼人的民族大迁徙和中世纪教会的十字军东征,而是"在它的不到一百年的阶级统治中所创造的生产力,比过去一切世代创造的全部生产力还要多,还要大"③。其具体表现为"自然力的征服,机器的采用,化学在工业和农业中的应用,轮船的行驶,铁路的通行,电报的使用,整个整个大陆的开垦,河川的通航,仿佛用法术从地下呼唤出来的大量人口"④。如此等等,均具有以往任何一个世纪都无法达到的或想像

---

　　① 参见马克思:《不列颠在印度的统治》,《马克思恩格斯选集》第2卷,人民出版社1972年版,第67页。

　　② 马克思、恩格斯:《共产党宣言》,《马克思恩格斯选集》第1卷,人民出版社1972年版,第255页。

　　③ 马克思、恩格斯:《共产党宣言》,《马克思恩格斯选集》第1卷,人民出版社1972年版,第256页。

　　④ 马克思、恩格斯:《共产党宣言》,《马克思恩格斯选集》第1卷,人民出版社1972年版,第256页。

的生产力。

当时的东方与现时一样,劳动力比西方多,且就社会生产的状态而言,劳动密集型的生产占主导性的。西方资本主义所以能向东方进行殖民扩张,就是凭借其社会生产力水平高于东方这一优势。西方殖民主义者为使自身能获得更多的利益,在对东方推行殖民化政策的过程之中,一并将已有的生产力在一定程度内带到东方,从而促进了东方社会生产力水平的提高。总之,我们应认识到西方殖民主义统治者给东方带来了无尽的灾难,被殖民化程度越深的国度,其资源被掠夺的量就越大,所承受的灾难就越深这一历史事实。不过,不可否定因此也对东方提升社会生产力水平具有积极性意义这一面。从历史的发展而言,在殖民化现象去除后,如能很好地利用这一历史时期所带来的生产力,其后发力是远大于其他国家的。诚然,能否有效地利用好这一与灾难并存的机遇,还与各民族自身的特殊性相关联。

(二)灾难性后果

就西方列强的殖民化运动给东方所带来的灾难主要体现在以下几点:

首先,摧毁了东方自身固有的文明体系。殖民主义运动是西方资本主义发展的必然产物,西方殖民主义者的资本原始积累是与对殖民地的残酷掠夺和剥削分不开的,为达到此目的,西方殖民主义者在东方所采取的手段是极其下流的,也表明了西方列强在殖民地的"全部统治是肮脏的"①。就此,诚如马克思恩格斯在《共产党宣言》中的如下论述:

> 资产阶级,由于一切生产工具的迅速改进,由于交通的极其便利,把一切民族甚至最野蛮的民族都卷到文明中来了。它的商品的低廉价格,是它用来摧毁一切万里长城、征服野蛮人最顽强的仇外心理的重炮。它迫使一切民族——如果它们不想灭亡的话——采用资产阶级的生产方式;它迫使它们在自己那里推行所谓文明制度,即变成资产者。一句话,它按照自己的面貌为自己创造一个世界。②

---

① 《马克思致恩格斯(1853 年 6 月 14 日)》,《马克思恩格斯全集》第 28 卷,人民出版社 1973 年版,第 271 页。

② 马克思、恩格斯:《共产党宣言》,《马克思恩格斯选集》第 1 卷,人民出版社 1972 年版,第 255 页。

生产的不断变革,一切社会关系不停的动荡,永远的不安定和变
动,这就是资产阶级时代不同于过去一切时代的地方。一切固定的
古老的关系以及与之相适应的素被尊崇的观念和见解都被消除了,
一切新形成的关系等不到固定下来就陈旧了。一切固定的东西都烟
消云散了,一切神圣的东西都被亵渎了。①

　　其次,牵制了东方自身社会力量的汇集。就本质而言,西方列强对东
方各民族的专横统治并没有促进新的社会因素的产生,只不过在破坏了
其原有体制以后,使社会主体分裂成为互不相关的"原子",以便有利于
推行其殖民式的资本主义的统治模式、剥削手段、生产方式,从而为其获
得更多的剩余价值量提供便利。正因如此,西方殖民主义的统治方式并
没有使东方在古老的社会运行机制调控下的社会机体通过商品经济的发
展而建立起普遍的联系。它不仅使其社会仍然封闭在与世隔绝的小天地
中,丝毫没有消除先前的孤立性、软弱性;而且因其原有的生存基础被摧
毁,自身的生存能力更为低下。与此同时,原有的社会结构的瓦解还极大
地"削弱了**互相帮助和互相支持的原则**"②,使当地居民失去了原有的社
会基础和对其他各种统一体的依托。不可否认,传统东方的原有社会结
构是存在着种种缺陷,但人们还能"由血缘关系、比邻而居和由此产生的
利害一致结合在一起,能够抗御各种变故,他们受害只不过是暂时的"③。
我们可以说,在还没有具备推行资本主义制度条件的东方国家,西方的殖
民化运动并没有产生促进东方任何实质性社会力量汇集的后果,反而使
其失掉反抗西方列强压迫、侵夺的社会力量的汇集的能力。

　　其三,制约了东方自身法律发展能力的培养。就西方列强对东方所
推行的殖民主义政策的性质与特征而言,其最终目的是掠夺,故其所采取
的一切措施均是以此为中心。西方殖民主义者在东方的原有制度之下以
国家的方式组织生产,利用东方的人力资源,大量掠夺东方的自然资源,

---

　　① 马克思、恩格斯:《共产党宣言》,《马克思恩格斯选集》第1卷,人民出版社1972年
版,第254页。

　　② 马克思:《马·柯瓦列夫斯基〈公社土地占有制,其解体的原因、进程和结果〉一书
摘要》,《马克思恩格斯全集》第45卷,人民出版社1985年版,第298页。

　　③ 马克思:《马·柯瓦列夫斯基〈公社土地占有制,其解体的原因、进程和结果〉一书
摘要》,《马克思恩格斯全集》第45卷,人民出版社1985年版,第298页。

使东方变得越来越贫困,不仅没能使东方出现如西方殖民者所狂言的能带动其进入现代文明的行列的情形,反而使东方被继续禁锢在原始的愚昧和更为贫困状态之中,由此制约了东方法律向现代性转变的自身能力的培养。也就是说,为便于自身的殖民化运动,西方列强虽在自觉与不自觉之中将其法律文明导入东方,也确实在一定程度上带动了东方法律文明的有益发展,但我们不能因此而认为西方完全促进了东方法律及其制度、体系和价值追求向与自身的特点相符合的方向发展。因为西方对东方的殖民化运动使东方变得更为贫困,民众也就因此而变得更为软弱无力和愚昧,从而也就不可能形成必要的社会力量去争取在法律上应得到承认且能在实践中实现的权益。从另一角度而言,就是有这一愿望,西方殖民主义者也不可能允许在法律上给予确认,更不可能在实践之中得到体现。所以,西方殖民化运动从另一侧面制约了东方的法律及其制度、体系和价值追求向现代性转化的进程。可以说,东方变革时代的到来,虽然都是受源于近代西方先进文明的冲击而引发的,但若没有西方资本主义"血与火"的侵夺,很难说东方就没有自己的发展道路可走,从而法律发展亦按自身的模式进行。

其四,导致一定程度的倒退。变革时代的到来是西方对东方的殖民化运动所致,还产生了一个不可否认的事实是使东方一定程度的倒退。这主要表现在两个方面:一是经济方面。由于西方列强对东方所采取的是掠夺式的殖民主义手段,为能清除达到其预期目的的障碍,在尽可能摧毁东方原有社会制度的过程中,不可能出现如"英属印度的官员们,以及以他们为依据的国际法学家亨·梅恩爵士之流"所认为的"进步"情形。由殖民主义政策所引发的较为普遍的现象是,"当还债期到来的时候,农民们通常却没有足够的钱。高利贷者**提出诉讼**,并且不费多大开销,无须迁延,就能获得**对公社份地的所有权**。高利贷者就这样成为**公社成员**以后,又用同样的办法来扩大自己的地产,……公社占有者不是**被逐出自己先前的土地**,就是**仅仅作为佃户留在原地**。与全村毫无关系的城市高利**贷者的土地所有权**,取代了**公社土地所有权**"①。此外,在个人的公社份地出让方面,殖民政府往往也起着直接的作用。"由于**对土地课税过高**,

---

① 马克思:《马·柯瓦列夫斯基〈公社土地占有制,其解体的原因、进程和结果〉》,《马克思古代社会史笔记》,人民出版社1996年版,第95页。

所以公社所有者认为把自己的份地出让反而有利,结果是份地的占有权迅速易手。"导致大量"**土地被弃置不耕**",①造成自然资源的严重浪费。此外,西方殖民主义者的入侵,使得印度等国的民众由于接触欧洲文化,"奢侈之风便发展了起来。他们往往耗费自己收入的一半,来举办婚礼等等"②;出现与自身状态不相适应的价值追求,为此,他们不得不举债,并须付出高利贷的利息,为偿还本息,他们"利用英国人给予他们的**出让份地的自由**,把份地**抵押给高利贷者**"③,这样就会因要还债而成为一无所有者。所有这些,实际上英国等西方殖民主义者是造成东方衰落的"**主要的(主动的)罪人**"④。

　　总之,西方殖民主义者给东方社会所带来的不是什么"繁荣和进步",而是衰落和倒退;不是什么"文明的传播",而是文明的毁灭。诚如恩格斯所言:"我研究得越深,我就越清楚:英国的入侵,使爱尔兰的发展丧失了一切可能性并使它倒退了几个世纪,而且恰恰是从 12 世纪开始的。当然,还不应忘记,丹麦人持续三个世纪的入侵和掠夺,已经使这个国家民穷财尽。"⑤马克思也有精辟的论述:当我们把自己的目光从资产阶级文明的故乡转向殖民地的时候,资产阶级文明的极端伪善和它的野蛮本性就赤裸裸地呈现在我们的面前。他们破坏了本地的公社,摧毁了本地的工业,夷平了本地社会中伟大和突出的一切,除了破坏外就没有别的什么内容了。⑥ 由此导致东方社会的严重倒退。

　　综上,要改变东方停滞不前的状态,确实必须依靠西方资本主义先进生产力的导入,由于东方旧的生产方式、价值体系、国家与社会各自及互

---

　　①　马克思:《马·柯瓦列夫斯基〈公社土地占有制,其解体的原因、进程和结果〉》,《马克思古代社会史笔记》,人民出版社 1996 年版,第 96 页。

　　②　马克思:《马·柯瓦列夫斯基〈公社土地占有制,其解体的原因、进程和结果〉》,《马克思古代社会史笔记》,人民出版社 1996 年版,第 94 页。

　　③　马克思:《马·柯瓦列夫斯基〈公社土地占有制,其解体的原因、进程和结果〉》,《马克思古代社会史笔记》,人民出版社 1996 年版,第 94 页。

　　④　马克思:《马·柯瓦列夫斯基〈公社土地占有制,其解体的原因、进程和结果〉》,《马克思古代社会史笔记》,人民出版社 1996 年版,第 94 页。

　　⑤　《恩格斯致马克思(1870 年 1 月 19 日)》,《马克思恩格斯全集》第 32 卷,人民出版社 1974 年版,第 411 页。

　　⑥　参见马克思:《不列颠在印度统治的未来结果》,《马克思恩格斯全集》第 9 卷,人民出版社 1961 年版,第 247 页。

动性结构不利于自身的进一步发展,如果不是受到西方殖民主义运动的冲击,东方的变革时代不可能到得如此之快,相应的法律发展也就不可能及时出现,从而也就不可能达到现今的局面。但西方殖民主义运动也给东方带来了无尽的灾难,导致东方一定程度的倒退,从而既制约了东方自身各方面能力的培养,又阻碍了东方历史发展进程。

小 结 无论何时,历史总是具有一定程度的影响力的,因为历史和现实总是交织在一起的,无论怎样去评判现实,传统都不容忽视。从某种角度而言,传统蕴含着现实,只有研究传统、认识传统、定位传统,才能直面现实和把握未来。现实只有在辩证地否定传统的基础上才能超越传统。但因传统势力常常具有强大的惰性,会掣肘着现实,而能否冲破传统的局限,关键还取决于其内在特征、价值追求、新的力量组合等等所构成的综合指数。凡此,就决定了相应的变迁的模式及其速度。就东方以内部解构为主要标志向近现代变迁的社会变革力量的汇集的源泉而言,并非仅是也不可能是由其内部因素所导致的,而是在很大程度上由外力——西方列强对东方推行殖民主义运动——的冲击所激发的,是在内外力的夹击之下所完成的。即东方步入变革时代,并不是由自身内部的生产力水平的提高和经济的发展等形成的矛盾运动的结果,而是因外力对其内在结构的破坏所致。我们认识西方列强在东方所推行的殖民化运动给东方所带来的历史后果中的进步性方面的同时,更要认识到东方所承受的灾难性后果。当然,由于各国所具的独特性,以及在西方殖民主义政策的影响下,东方各国变革时代的到来的时间及后果又是相殊的。

第二节 变革时代的东方国家与法律发展

东方国家推进法律变革的动因 马克思指出:"历史向世界历史的转变,不是'自我意识'、宇宙精神或者某个形而上学怪影的某种抽象行为,而是纯粹物质的、可以通过经验确定的事实,每一个过着实际生活的、需要吃、喝、穿的个人都可以证明这一事实"。① 一定的社会生产方式构

---

① 马克思、恩格斯:《德意志意识形态》,《马克思恩格斯全集》第 3 卷,人民出版社 1960 年版,第 52 页。

成一定的社会历史形态,而它又是由一定的社会生产力水平决定的。同样,社会生产力水平的提高,也必然引起社会生产方式发生相应的变化。生产力和生产方式的矛盾运动,构成了社会历史发展的长河。"一切历史冲突都根源于生产力和交往形式之间的矛盾。"法律是社会内在需求的体现,是社会生活的反映,是社会关系的特殊表现形式。在这一过程之中,"那些决不依个人'意志'为转移的个人的物质生活,即他们的相互制约的生产方式和交往形式,是国家的现实基础,而且在一切还必需有分工和私有制的阶段上,都是完全不依个人的**意志**为转移的。这些现实的关系决不是国家政权创造出来的,相反地,它们本身就是创造国家政权的力量。在这种关系中占统治地位的个人除了必须以**国家**的形式组织自己的力量外,他们还必须给予他们自己的由这些特定关系所决定的意志以国家意志即法律的一般表现形式"①。由西方列强的殖民化运动而导致东方变革时代到来后,随着工业和贸易的广泛发展,原先那些带有地域性和民族性的交往形式、政治结构乃至法律准则,日益丧失了其存在的历史合理性。即"原先各自独立的、几乎只是由联盟关系联系起来的,各有其不同利益、不同法律、不同政府、不同税则的各个地区,现在已经结合成为**一个**拥有**统一的**政府、**统一的**法制、**统一的**民族阶级利益、**统一的**关税的民族了"②。政治形式与法律准则的统一化,同近代大工业所产生的交往方式一起,构成了一股强大的冲击力量,"挖掉了工业脚下的民族基础。旧的民族工业部门被消灭了,并且每天都还在被消灭着"③。"使野蛮的和半开化的国家依赖于文明的国家,使农民的民族依赖于资产阶级的民族,使东方依赖于西方"④。也就是说,正因为东方世界与西方世界的相遇,才使得东方成为世界中的东方,才使得合法性重建打破了传统东方各国几千年王朝更迭的链条。也正基于此,社会秩序的合法性重建才必然是

---

①　马克思、恩格斯:《德意志意识形态》,《马克思恩格斯全集》第 3 卷,人民出版社1960 年版,第 377 ~ 378 页。

②　马克思、恩格斯:《共产党宣言》,《马克思恩格斯全集》第 4 卷,人民出版社 1958 年版,第 470 ~ 471 页。

③　马克思、恩格斯:《共产党宣言》,《马克思恩格斯全集》第 4 卷,人民出版社 1958 年版,第 469 页。

④　马克思、恩格斯:《共产党宣言》,《马克思恩格斯全集》第 4 卷,人民出版社 1958 年版,第 470 页。

融合东方与西方、弥合传统与现代、平衡国家与社会、契合"大传统"和"小传统"的过程。总之,正因为世界历史的逐步形成,迫使了东方各国国家在变革时代进行适时务的法律变革。

就本质而言,西方法律文明在变革时代对东方的渗透,不过是整个西方文明压迫东方文明的组成部分之一,西方法制乃是西方殖民主义者征服东方国家的工具。当然,应客观地看到,西方法律文明对东方的冲击之所以能产生效应,因其体现了先进工业文明对落后的农村文明的征服,这种征服必然表现出自己固有的特点。因此,从法权意义上看,它势必要用当时的体现商品经济规律的法律关系体系逐渐取代体现自然经济规律的法律关系体系,从而相续瓦解了东方法律文明赖以生存的根基。①

当然,正由于西方法律文明对东方的冲击,在一定程度上改变了东方法律的发展之路,但应清醒的是,它决不是东方法律文明在变革时代的历史转型的唯一动力,更不意味着应持"西方中心论"。因为东方有其确定的源于社会的法律及其制度、体系和价值追求,东方的法律发展也有自己相对独立的途径和方式。西方法律文明对东方的冲击,固然可以改变东方法律的某些方面或领域,却不可能消弥东方法律的固有特征。② 马克思从世界历史的高度,肯定了近代西方文明对东方的冲击与影响的"建设性使命"及历史进步作用,但他同时也清楚地认识到这一冲击作用的残酷性和西方殖民者在东方的行为的野蛮性。马克思清楚地洞察到英国人的殖民统治所造成的欧洲式的专制与亚洲式的专制相结合而形成的可怕结果,他指出:"不列颠人给印度斯坦带来的灾难,与印度斯坦过去的一切灾难比较起来,毫无疑问在本质上属于另一种,在程度上不知要深重多少倍。我在这里所指的还不是不列颠东印度公司在亚洲式的专制基础上建立起来的欧洲式的专制,这两种专制结合起来要比萨尔赛达庙里的狰狞的神像更为可怕。这种结合并不是英国殖民制度独有的特征,它只不过是对荷兰殖民制度的模仿,而且模仿得十分确切"。③

---

① 参见公丕祥:《东方法律文化的历史逻辑》,法律出版社 2002 年版,第 295～296 页。

② 参见公丕祥:《东方法律文化的历史逻辑》,法律出版社 2002 年版,第 308～309 页。

③ 马克思:《不列颠在印度的统治》,《马克思恩格斯全集》第 9 卷,人民出版社 1961 年版,第 144 页。

总之,东方变革时代的到来,是由西方列强对其进行殖民化运动所引发的,它要求东方包括国家角色扮演在内的一切都必须对己有益,由此必然要求东方国家的国家角色作相应的转换,否则,西方殖民主义者就无法推行其政策。就本质而言,在殖民主义统治时期,传统东方"国家"实际上是西方殖民主义者强加给民众的反动统治。这就使得在变革时代东方国家角色的转化及定位从总体上而言完全是被动的,且处于三难境地之中:一是并非能得到社会的认可;二是不能得到殖民主义者的赏识;三是自以为有能力带领本国走出困境,但又无法一时做到,从而一直很难发挥作用,只能或多或少地听命于殖民主义者。在这种境况之下,其又怎能发挥有益于本国法律变革的应有作用呢? 在这种性质的"国家"的统治之下,法律变革的价值追求、成效等就可想而知了。

影响东方国家法律变革成效的因素 就实际而言,影响东方国家变革时代法律变革成效的因素虽是多样化的,但归纳起来大体有:

(一)国家的价值定位对法律变革的影响

自国家产生时起,"一切共同的规章都是以国家为中介的"①。变革时代的东方作为社会共同规章之一的法律的变革,也不可能脱离国家这一中介。所以,我们在研究东方变革时代影响法律变革成效的因素时必须对这方面作认真的思考。就法律变革的成效而言,很大程度上受国家的价值追求的影响,东方在变革时代到来之后也不例外,且由于传统东方社会一直受制和奴化于国家,其表现就更为明显。判析变革时代东方法律变革的历史可知,由于东方各国国家在此期间因种种原因而存在或多或少的价值定位的偏差,导致其不能发挥应有的功用,从而制约了自身法律变革的速度、质量和成效。具体来说,其又主要表现在以下几个方面:

1. 统治者的利益定位对法律变革的影响

变革时代,在东方各国,伴随着西方列强的入侵而面临其法律文明冲击时,产生于社会之中,凌驾于社会之上的国家均有不同程度的回应,但由于各自对自身的统治利益的定位不同,导致接受影响的方式、途径等有别,从而呈现出相殊的回应模式并制约了自身法律变革的成效。有些国

---

① 马克思、恩格斯:《德意志意识形态》,《马克思恩格斯选集》第1卷,人民出版社1972年版,第69页。

家所采取的是相对而言比较开放的态度,而有些国家则采取比较保守的态度,从而导致同受西方法律文明的冲击和影响,就其形式、内容及结果而言却是有一定区别的。比如,中国主要是通过日本被动地接受了德国法律;而日本战前接受德国法律,战后又大力移植英美法律。外来法律文明的本土化程度及发挥作用如何,要受制于国家的认同性,在东方尤其如此。变革时代东方各国因同变革时代到来之前一样严重缺乏限制政治权力的社会力量,掌控国家政权的统治阶级所把持的世俗政治虽与有益于社会变迁的总体要求的功能相比是存在着极不相符的缺陷,但其威胁力远比西方强。传统东方受制于国家力量所制定和实施的法律是体现义务本位和社会本位的价值取向,统治者十分清楚,如果让西方法律文明之中所存在的民主与法治的价值取向在本国充分发挥作用,必定会冲击、动摇自身的统治地位,削弱自身的统治力量。所以,统治者常常是持一种非常复杂的排拒心态,由此必然影响了东方在变革时代到来时吸纳西方法律文明之中有益于自身社会变迁的成分,从而制约了当时及此后的法律变革与发展的速度、质量、价值追求及成效。

2. 被迫一定程度地维护殖民者利益对法律变革的影响

东方各国在变革时代自身法律变革的过程之中,被迫一定程度地维护殖民者的利益是非常明显的。就此,我们仅从变革时代到来之后,土地所有权关系的状态即可知其实质。因为,土地所有制关系既是认识传统东方一切现实的钥匙,也是统合和把握传统东方一切的关键。变革时代到来时,西方殖民主义者也利用土地所有权的转化为自身争取更多的利益服务,由此也影响和决定着当时及此后的法律变革与发展的态势。如爱尔兰是英国的第一个殖民地,由于英国的殖民统治而使爱尔兰的发展丧失了一切可能性并倒退了几个世纪。在印度的英国人又在重复这段殖民地经营的历史,他们在孟加拉创作了一幅英国大块土地所有制的"漫画",在印度东南部创作了一幅小块土地所有制的"漫画",在西北部把实行土地公有制的印度公社变成了它本身的一幅"漫画",这确实可以看作失败的和真正荒唐的经济实验的历史。殖民主义者在殖民地推行的土地国家所有权和进行的荒唐的经济实验,是瓦解原有的土地所有制、建立资本主义土地所有制的重要手段,是资本原始积累的一种特殊形式。殖民主义者的如此做法的目的全在于考虑如何才能对己最为有利。这就是在殖民主义时期殖民主义者所推行的国家最高所有权与传统东方自有的最高土地所有权之间的本质区别。变革时代的东方要想将法律变革与发展从国家的完全控制之下解脱出来，首先要从经济领域开始，这是基础。不过此时，土地所有制的属性还是经济领域之中起决定性作用的因素。这样东方各国在被殖民主义统治时期国家进行法律变革时就不可能从由西方列强所推行的殖民性国家土地所有权中解放出来，即由此必然制约了当时及此后的法律变革与发展的成效。总之，因为国家是法律的生命力得以存续的中介，国家的价值追求左右着法律的价值定位，在一定程度上由西方殖民主义者所控制的东方各国国家所扮演的角色，实质上已成为推行和维护西方殖民主义者通过土地所有权属的改变而获得更多的利益的傀儡。由此，又怎能不影响变革时代到来之后东方各国国家推动法律变革的成效呢？

（二）国家与社会的二元化趋势对法律变革的影响

"社会在自身的发展过程中分裂出国家，由国家来管理社会，这是社会历史发展过程中的一个必经阶段。在这一阶段中，社会由国家管理到多大程度，实际决定于社会自身的发展程度。当社会处于落后的幼稚状态时，国家有可能管理社会的一切活动。但当国家把全部社会权力都占为己有时，并不有助于社会的正常发展。因为社会的经济活动有着和国家政治活动根本不同的运行规律。"①国家对社会的无限制、无限期的干预只能导致社会发育不良和成长迟缓甚至严重"缺钙"，因为这一做法严重违背了社会的总体发展趋势和前提——国家与社会的适时、适度的二元化。而要达到这一目标，就必须有一个必要的能推动社会变迁的导因。因为，如果说一个不曾有过自下而上的革命、一个商品经济和交换发展缓慢、一个具有根深蒂固的顽固不化的传统以及政治文化极其脆弱的国度是不可能有相应的能力和潜能的，从而也就不可能产生应有的效果。

在西方，国家与社会的二元化在整个古代和中世纪并未形成。究其原因在于，落后的生产力和商品经济的贫弱使社会难以形成自我发展的自治性组织机制。在古希腊时代，虽然有一个强大的工商业阶层在开创商品经济事业和积极从事海外贸易活动，但支配城邦发展的主要经济支柱还是自然经济（以奴隶经济的形式体现出来）。这就使得社会无法从

---

① 荣剑：《马克思的国家和社会理论》，载于《中国社会科学》2001 年第 3 期，第 30 页。

城邦中分化出来。在中世纪,政治与经济融为一体,国家统辖社会的状态得到了更为彻底的发展,导致由多元的利益集团所构成的强大的社会力量是不可能自由地形成的。因为封建政治的超经济的强制性会把社会紧紧地依附于政治权力的实体之上,从而封建的等级制把每一个社会领域都容纳到政治的控制系统之中,社会的基本组织——封建庄园,不仅是一个经济实体,而且也是一个政治实体,封建领主在其中行使军事、司法、行政等权力。政治对经济的强制,不仅限制了经济的发展,同时也限制了政治的发展。社会由此处在严重的停滞不前状态之中。这就是国家社会一元性的表现,而就其实质为何呢?"一句话:**封建主义**。旧的市民社会**直接地**具有**政治**性质,就是说,市民生活的要素,如财产、家庭、劳动方式,已经以领主权、等级和同业公会的形式升为国家生活的要素。它们以这种形式确定了个人和**国家整体**的关系,就是说,确定了个人的**政治**地位,即孤立的、脱离社会其他组成部分的地位。因为这种人民生活的组织并没有把财产或劳动升为社会要素,……因此,市民社会的生活机能和生活条件还是政治(虽然是封建的政治)的"①。正是在这种政治超常发展的条件之下,社会自身的发展空间被挤压且越来越小,能动性被无情地扼制,不仅对国家的制约力量无法也不可能形成,而且自身的必要的生存能力下降,最终导致也只有一种结果——社会与国家越来越趋向于一体化——社会完全奴化和依赖于国家,即在这种城邦国家的模式下,国家与社会是重叠而不可分割的。

西方国家与社会的一体化状态是怎样被打破的呢? 这主要来自于两方面的力量:一是政治革命。诚如马克思所言:"只有法国革命才完成了从**政治**等级到**社会**等级的转变过程,或者说,使市民社会的**等级差别**完全变成了**社会**差别,即没有政治意义的私人生活的差别。这样就完成了政治生活同市民社会分离的过程。"②二是商品经济的产生与发展。在中世纪的社会结构中,虽然封建的超经济强制性强化了自然经济的地位,但是在封建政治统治的缝隙——城市中,商品经济的发展却获得了必要的自

---

① 马克思:《论犹太人问题》,《马克思恩格斯全集》第 1 卷,人民出版社 1956 年版,第 441 页。

② 马克思:《黑格尔法哲学批判》,《马克思恩格斯全集》第 1 卷,人民出版社 1956 年版,第 344 页。

由空间。商品经济赖以维持的以及它所能建立的都是货币关系而不是政治关系。这样,封建贵族的城堡在被新式火炮轰开之前,实际上就已经被货币所破坏和征服了,火药只不过成了为货币服务的政治工具而已。那么,商品经济关系以及它所形成的发达的财产关系为什么会具有如此强大的力量呢?关键在于它依靠和进一步创造了独立于国家政权实体的所有制关系,即资本主义私有制。资本主义私有制的一个重要特点在于,它完全抛弃了任何政治外观,摆脱了政治权力的管制。即"由于私有制摆脱了共同体,国家获得了和市民社会并列的并且在市民社会之外的独立存在"①。正是由于来自政治革命和商品经济的双重冲击,西方封建社会结构才发生了巨大的分化并发生变革,社会经济摆脱了国家的强制和干预,国家和社会由此而走向二元化。

不过,西方所完成的国家与社会的二元化并没有使国家完全放弃对社会经济的干预作用。相反,由资产阶级占统治地位的国家运用法律等手段充分保障资本主义经济的正常运行,即"国家不外是资产者为了在国内外相互保障自己的财产和利益所必然要采取的一种组织形式"②。当然,西方资本主义世界所完成的国家和社会的二元化,从社会发展的历史进程的角度而言,它既是人类社会走向成熟和自治的一个重要阶段,也表明了社会在经济领域中终于摆脱了国家的控制而获得了自己独立运行的权利。但是,这并不意味着西方社会是作为一个整体而从国家的支配下获得了完全的经济上的自由。实际上,真正获得了经济上自由的只是其社会中的一部分人——作为"市民社会中的统治力量"③的资产阶级,而对那些被统治阶级压迫和剥削的无产阶级阶层而言,虽然他们去掉了身上所带着的封建政治的枷锁,并至少享有一种形式上的平等,但他们却陷于社会经济上的不平等——资本对雇佣劳动的剥削。那是形式上的平等,而实质上是经济上、政治上均不平等——最终还是不平等。而这一对矛盾的实质,不仅在人们的思想意识之中,而且在由法律及其制度、体系

---

① 马克思、恩格斯:《费尔巴哈》,《马克思恩格斯选集》第1卷,人民出版社1972年版,第69页。

② 马克思、恩格斯:《费尔巴哈》,《马克思恩格斯选集》第1卷,人民出版社1972年版,第69页。

③ [美]贾恩弗兰科·波齐:《近代国家的发展——社会学导论》,商务印书馆1997年版,第84页。

和价值追求所控制着的国家与社会所形成的关系之中。

诚然，我们不能因此而否定其所具有的积极意义。因为，虽然资本主义所开创的国家与社会的二元化在其生存的条件之下不可避免地会产生自身难以克服的局限性和种种社会矛盾，但它是人类社会的巨大进步，资本主义之所以能在不到一个世纪的时间里创造出比过去一切时代所创造的全部生产力总和还要多的生产力，最根本的原因就在于社会依靠商品经济的自由发展和政治革命而摆脱了封建的等级制度、人身依附和政治特权等等对它的束缚，并进一步创造出政治民主化及向一个更高的和更为合理的社会形态过渡和发展的条件。它也显示了"国家和社会的二元化是社会历史发展过程之中一个不可逾越的阶段，它对任何必须经过这个发展阶段的社会制度来讲，都具有普遍的意义"①。

"社会是由各种相互联系、相互作用的因素所构成的复合体，它包括经济、政治、文化等各种社会领域。在这个复合体中，任何一个因素的变化，都会直接或间接地影响到社会整体的均衡和稳定。"②而任何时候国家与社会所形成的平衡状态是相对应的。在传统状态之下，东方国家的主权与治权不分，国家与社会不分，国家统辖社会，社会完全依附于国家，有的只是统治者的专权暴戾，掌权者的恣意妄为。至变革时代，在西方列强殖民主义政策的冲击之下，国门被强行打开，封闭性的自然经济结构被逐步解体，社会发生深刻的变化，原有的封闭的社会结构被不可逆转地打破。这就产生了各种新的内部矛盾，与此同时，由于国际交往程度的增加，又必然遇到相应的新的外部矛盾。随着社会变迁的深入，便既有了社会主体自立及社会力量发展和壮大的开端，也开始了国家的世俗化的进程，国家的角色发生相应的转换，其表征为社会主体的自立及社会力量的发展壮大与国家权力的有限化逐步走向统一，使得两者间的状态向新的平衡点运动。当然，由于东方的历史底蕴过于深厚，使得在变革时代东方各国国家与社会各自都发生相应的结构性转变的情况之下，面临着如何重建两者间的关系的问题，而所有政权的更迭不过是东方社会变迁史这

---

① 荣剑：《马克思的国家和社会理论》，载于《中国社会科学》2001 年第 3 期，第 32 页。

② 付子堂、胡仁智：《论法律的社会功能》，载于《法制与社会发展》1999 年第 4 期，第 8 页。

一潜流上浮旋转的浪花而已。

法律变革与发展是同国家与社会间的关系的变化分不开的。在东方变革时代到来时,其国家与社会间的关系的变化及引发的整合和互动的新趋势是显而易见的。由于殖民主义入侵,东方经济不得不不断地融入世界体系之中,并带动了本国的商品经济的发展,与之相适应的是社会力量及其机构相继出现,新的城镇开始涌现,与这些城镇①一起涌现的还有各种新型的社会群体,尤其是商人团体。城镇的社会整合水平和成效也比变革时代到来之前的零散的乡村所能达到的程度要高得多。在这样的环境里,商人团体常常与国家合作从事各种公共活动,诸如公共事业建设、维持救济组织、调解争端等等。更有甚者,由于东方王朝的衰败,与西方列强的环伺刺激,许多新制度如地方议会、自治社会等也纷纷浮现,国家角色的扮演及其价值追求不得不重新定位,从而与之相随的法律及其制度、体系和价值追求也在发生变革与发展。

然而,由于东方"**有事业心**"②的掌握国家政权的统治者成员"是非常少有的"③,这就导致了在整个变革时代,对国家与社会二元分离积极、主动地发挥作用的情形不仅是较少的,而且即便有也是被动的,从而成效是极差的。当然,变革时代东方社会内部整合、互动、变迁及与国家互动等同国家政权建设的双重过程虽然与西方相比可能尚属有限,但已导致国家与社会二元化及相互间的渗透加剧,使得国家在民、商、宪、行等方面与社会变迁及国家角色的适时转换相适应的法律的创制活动日渐增多,并多少产生了成效。随着这些变化,法律的制度化也在加强。诚然,就这些新制度的特质而言,有些是充分体现了社会的内在需求,构成了东方变革时代的法律制度特殊性的一部分,但是,大多数发挥作用的法律制度显示的却是国家与社会对其共同持续发挥作用的结果。可以说,若单

---

① 就变革时代到来之前的传统东方的城市而言,一般是没有发展起来,它只不过是统治者的政治活动中心和消费场所。城市既是一国的工业中心,也是一国的政治、文化状态的表现,还是一国生产水平的提高的显示。当然,社会力量的发展变化,城市也起到举足轻重的作用。

② 马克思:《约翰·菲尔爵士〈印度和锡兰的雅利安人村社〉(1880年版)一书摘要》,《马克思古代社会史笔记》,人民出版社1996年版,第387页。

③ 马克思:《约翰·菲尔爵士〈印度和锡兰的雅利安人村社〉(1880年版)一书摘要》,《马克思古代社会史笔记》,人民出版社1996年版,第387页。

纯参照国家或社会对法律变革与发展的影响是无法把握法律及其制度和价值追求的内在意蕴的。总之，变革时代到来之后，东方各国的各种社会力量的兴起不仅削弱了国家对社会力量的控制能力，而且成为彻底摧毁传统的合法化秩序的潜在力量。它使得在国家与社会之间的沟通领域或交涉领域中，原来稳定的、控制局面的、平衡国家与社会间同质但社会依附于国家的关系，让位于由社会力量不断强大而引起的相互冲突及逐步转化并力求达至互动的状态之中。

昂格尔曾指出，任何一种相互竞争的政治力量，都不希望法律有损于自己的利益：君主希望拥有不受约束的绝对权力；贵族怀念着超法律的特权；第三等级也希望法律不限制自己的自由贸易。他们都不希望法律约束自己，却又都希望法律约束别人。在这种基础上所产生的法治，必然不再只是反映各个阶级的意志，而成为协调各种利益并凌驾于它们之上的力量。① 西欧中世纪中后期商业的发展、城市的繁荣、第三等级的兴起、教会权力与世俗权力的对峙，逐渐形成了多元的利益结构。资产阶级民主革命时期，君主、贵族和第三等级之间的政治斗争和阶级斗争，没有形成一种政治力量完全压倒、吃掉其他政治力量的格局，而是各种政治力量之间既相互斗争又相互制约，形成了资产阶级民主制度。不可否认的是，资产阶级民主制度的产生和发展以及国家和社会的分离与交融，是确立法治价值追求并产生实效的社会政治基础。而东方在变革时代所呈现的状态却是不一样的，主要有：一是政治上是殖民半殖民地性质。二是经济上是封建性、半封建性，资本主义在主动与被动结合中发展着。被统治者无论在形式上还是在实质上都处于不平等的状态之中。三是社会中间力量没有培养起来。四是政治上的斗争没有胜利，经济上转变没有完成。如此等等，**导致变革时代东方国家与社会没有达到最佳的整合状态，从而法律变革的速度慢、成效低、收效不快。**

再说，在变革时代，东方各国所进行的各种法律创制活动虽是国家与社会互动的结果，但西方法理念与其自身的传统的国家法及社会中习惯一样，不过是为这种交汇的最终结果提供向制度化变革的相应资源。所

---

① See R. Unger. *Law in Modern Society*, New York, Free Press, 1976, pp. 66～86. 转引自杨建顺：《宪法与法制行政的课题——宪法与行政法学领域的"现代性"问题研究》，载于《北大法律评论》2001 年卷第 1 期，第 54 页。

以,变革时代东方各国在国家与社会的二元化的萌动与发展的过程之中,
对域外的法律移植仅是由国家及社会各个利益集团在急剧变化的环境之
下重新分配利益的表象。

(三)宪政主义理念的逐步形成对法律变革的影响

法律的生命源于社会,国家只有按照体现社会内在客观需求的法
律规制自身的行为,达至推行宪政的境地才能真正实现法律的存在价
值。国家是通过制定法律来调整自身内部之间、社会之间、社会内部之
间及其与社会之间的关系的。掌控着社会所让渡的权力的国家要使其
统治能卓有成效,就必须不仅在立法,而且在司法和行政等一系列活动
之中,都严格遵循社会历史发展的客观规律。凡是遵循这一规律的,其
职能就可能得到充分发挥,并有力推动社会向前发展;反之,就会使得
社会停滞不前甚至倒退。而此,依赖于推行宪政。东方变革时代到来
之后,随着受西方法律文明的不断冲击、自身的社会力量的渐次壮大及
国家因迫于各种压力而有所觉醒等方面的影响,宪政主义理念得以逐
步形成,并在法律的制定、实施等方面有了相应的体现,从而有力地促
进了自身的法律变革。

(四)适度允许私法的发展对法律变革的影响

我们随意翻开传统东方历代法典,触目皆是以刑法为核心的公法。
当然,不可否认,在传统东方的法律体系中同样存在着调整民事、经济、婚
姻等方面的法律规范,但这些律条在具体的社会生活之中的实施,只不过
是为有益于统治者的权力自由行使服务的。权利的形成过程是伴随着法
律关系的产生。①变革时代到来之后,在东方各国国家内部机构之间、国
家与社会之间、社会主体之间的法律关系不断发生变化,社会主体逐步形
成了维护自身的应然权益的强烈要求,从而迫使国家在认为不危及自身
的统治地位的前提之下,容忍体现私法精神的法律的产生与发展。从另
一角度而言,这一状态的出现,必然反推公法的变革,进而促进了整个法
律及其制度、体系和价值追求的变革。②

---

① 参见[俄]B.B.拉扎列夫主编:《法与国家的一般理论》,法律出版社 1994 年版,第
73 页。

② 因为私法的产生与发展,是人类社会法治形成和发展的重要标志,它可促进和保
证社会力量的进一步增强,从而有利于逐步形成与政治国家相抗衡的力量,进而有利于当
时的法律及其制度、体系和价值追求向符合社会的内在需求的方向变革与发展。

　　(五)进行有限的法律创制活动对法律变革的影响

　　"法律上层建筑的核心是法律程序、法律关系和法律活动。每一法律程序都要经过法律形式(法律关系),作为自己的结果有法律关系或法律活动,而经常是两者单独或合而有之。"①而这一目标的实现,一个重要的不可或缺的条件是必须进行相应的法律创制。从法律的产生、变革与发展的历史而言,颁布成文法成为伴随新型国家兴起的一场社会变革运动,这一转变不仅表现在国家在立法技术上的重大突破,更主要的是表明法律制度作为一种理性化、常规化和合法化方式取代了单纯的军事暴力,正是依赖于此才使得国家与社会有了走向理性分离和良性互动的可能性,从而才有能力摧毁旧的宗法制度和使国家逐步走出凌驾于社会之上的传统格局。

　　传统东方之所以处于停滞状态,一个重要的原因就是缺乏符合社会变迁内在要求的法律及其制度、体系和价值追求。变革时代,随着西方列强的殖民主义扩张,既给东方带来了法制,也迫使东方各国国家角色作相应的转换,从而为自身的法律的变革创造了一定的条件。当然,诚如亚当·斯密所言:"在未开放野蛮的民族中,在保护自身所必需的法律与政府已确定之后,法律与政府的自然进步就比技术的自然进步要慢。"②西方式的法制在东方的确立是有相当大的难度的,加之由于东方各国在变革时代到来后的转型过程之中,国家角色的转换不能准确到位,使得法律变革的艰巨性与复杂性均大大增加。

　　小　结　自从世界历史开创以来,没有一个民族、社会和国家能够脱离世界整体而单独生存和发展下去。东方各国在近代受西方列强的冲击而进行的变革也只有作为世界有机整体的一个重要组成部分而不是它之外的单独的事物,才有可能取得和谐、高效、经济、有序的变革的可能,从而达到推动本民族、本社会、本国家的发展的目的。诚然,从某种意义而言,资本主义开创世界历史,一定程度上是以统治、剥削和压迫落后的

---

　　①　[俄]B.B.拉扎列夫主编:《法与国家的一般理论》,法律出版社1994年版,第73页。

　　②　[英]亚当·斯密:《国民财富的性质和原因的研究》(下卷),商务印书馆1974年版,第67页。

东方国家为条件的。西方资本主义列强对东方各国的统治、剥削和掠夺，不仅造成了世界有机体内部各国之间政治经济发展的极端地不平衡，而且导致其内部政治经济的极端不平衡。这些不平衡既引发了东方各国的国家角色转换的差异性，社会状态的相殊性，也导致了各国的法律在后继的变革与发展过程中出现不同的模式和结果。这就告诫我们，在研究变革时代东方法律的变革同国家间的互动性关系时，虽就其基础而言，有很强的共性，但万不可用一种模式去套用，应清醒地认识到的是，虽有"极为相似的事情，但在不同的历史环境中出现就引起了完全不同的结果。如果把这些发展过程中的每一个都分别加以研究，然后，再把它们加以比较，我们就会很容易地找到理解这种现象的钥匙"①。总之，东方变革时代的到来，各国国家角色的扮演以及由此而引发的法律变革的结果等均有不同的表征。而就几个主要大国而言，不管是被西方列强用暴力强行纳入世界历史体系的印度、中国抑或其他国家，还是较为主动迎接资本主义挑战的俄国，其法律均有不同程度的变革，并为本国法律的后继发展打下了相应的基础。就此，我们将在本章的后续内容中进行重点研究，为进一步认识变革时代到来后，整个东方法律的变革提供个殊性佐例。

第三节　变革时代的东方社会与法律发展

法律的生命源于社会，有什么样的社会状态，就有与之相对应的法律及其制度、体系和价值追求。就现实而言，传统东方的法律既落后于西方，也落后于自身的内在要求，东方变革时代的到来，其社会结构、社会内部运行机制等都因受西方资本主义的冲击而发生了不同程度的变化，从而使得原有的法律及其制度、体系和价值追求发生了相应的变革与发展。可以说，这一变化对于东方尽快改变原有状态，摆脱和粉碎西方对自身包括法律在内的殖民主义统治行径具有重大意义。就此，我们在这一节作相应的阐述。

---

① 马克思:《给"祖国纪事"杂志编辑部的信》,《马克思恩格斯全集》第 19 卷,人民出版社 1963 年版,第 131 页。

东方社会面临的选择 变革时代到来时,面对西方的冲击,东方面临着一个十分严峻的发展道路的选择问题。传统东方的非资本主义运行方式,是由其所处的历史环境所决定的。资本主义生产方式在东方产生之前,外部环境对东方社会影响最深的是地域性限制。资本主义生产方式确立之后,随着西方资本主义世界的不断对外扩张,历史完全转变为世界历史。由此,一个不可避免的过程就体现为西方资本主义生产方式和社会调控机制对东方非资本主义社会的渗透,特别是在世界殖民体系和世界市场体系建立之后,东方传统的闭关自守状态迅速瓦解,民族的狭隘性再也不能成为自身与外界隔绝的最后屏障。

然而,不可否认的是,由于传统东方长期形成的内在坚固的生产方式和结构及古老惯性不断起作用,对于变革时代东方社会为迎接西方的挑战,对于资本主义生产方式的渗透进行了顽强的抵抗,使得东方的古老生产方式的解体过程进行得非常缓慢,使得对积极进行符合有益于自身生产力水平提高的价值追求的社会解体性变迁造成了极大的障碍,因此而制约了东方社会对西方列强的殖民主义与对外扩张回应的灵敏度和力量汇集的成效,拉长了东方社会实质性变革的运作期。当然,伴随着由于西方殖民主义的冲击而使得商品经济的发展和市场的扩大,东方社会最终还是发生了结构性变迁。①

西方对东方的冲击 自人类社会步入近代以后,在资本主义按照自己的面貌改造世界的同时,东方任何民族都不可能再保持着自给自足和闭关自守的状态,古老的民族工业被消灭了,并且每天都还在被消灭。它们被新的工业排挤了,新的工业的建立已经成为一切文明民族的性命攸关的问题;这些工业所加工的原料,已经不是本地的,而是来自极其遥远的地区;它们的产品不仅仅供本国消费,而是同时供世界各地消费。旧的、依靠国产产品来满足的需要,已被新的、要依靠极其遥远的国家和地带的产品来满足的需要所代替了。过去那种民族的自给自足和闭关自守状态,已被各民族的各方面的相互往来和互相依赖所代替了。物质的生产如此,精神的生产亦然。各民族的精神产品成了

---

① 参见马克思:《资本论》第三卷,《马克思恩格斯全集》第25卷,人民出版社1974年版,第371、372、373页。

公共的财产。民族的片面性和局限性日益成为不可能。① 这是所具有的积极性的一面。当然,西方资本主义生产方式传入东方,其历史的进步性之所以值得肯定,并不是因为西方人比东方人优越,也并不是要用西方的资产阶级的民主政治最终取代东方的专制主义政治,而是从有利于人类社会生产力水平总体提高这一角度而言的,它是十分必要的,可以说只有通过资本主义生产方式的冲击,才能够促使东方各国专制政体及其经济关系的解体,也才能够将东方各国人民一并带入谋求人类解放大业的历史洪流之中。

在世界法律文明发展史上,东西方曾分别以"人治"主义和"法治"主义法律思想为主流,产生了各自的深邃和灿烂的法律文化,同时向各自所能接触的范围内传播、渗透并各支流旁出的多态纷呈,不仅显示其复杂与丰富,而且突现其强劲的生命力和繁殖力。东方传统法律文化是维系于本区域自给自足、土地公有制形式和专制政治等基础之上而变化与发展的。西方的法律发展则是植根于商品生产、市场经济的发展和以政治、军事为后盾的经济向外扩张。

从人类社会的总体发展趋势而言,世界各国间的文明交往是迟早的事,只不过"东西方文明的交往是以冲撞和冲突为起点的"②。由于与先进的西方文明相比,到近代东方诸国文明落后一大截。在这种强弱悬殊的情况之下,古老而又腐朽的东方社会是难以抵挡西方殖民主义势力的强有力的进攻的,也不可能避免本国的被殖民化的过程,所不同的只是程度有别。尤其是资本主义社会当时还是新兴的、进步的社会制度,而东方却是早已腐朽不堪、正在走向死亡的社会制度,既无力抗拒西方列强的侵略与掠夺,也难以避免自身被资本主义化的进程。"资产阶级,由于一切生产工具的迅速改进,由于交通的极其便利,把一切民族甚至最野蛮的民族都卷到文明中来了。它的商品的低廉价格,是它用来摧毁一切万里长城,征服野蛮人最顽强的仇外心理的重炮。它迫使一切民族——如果它们不想灭亡的话——采用资产阶级的生产方式;它迫使它们在自己那里

---

① 参见马克思、恩格斯:《共产党宣言》,《马克思恩格斯选集》第1卷,人民出版社1972年版,第254~255页。

② 汪道涵:《东亚文明与世界潮流》,载于国际儒家联合会学术委员会编:《世界和平及社会和谐与儒学》,首都师范大学出版社1999年版,第4页。

推行所谓文明制度，即变成资产者。"①总之，殖民化和资本主义化是19世纪中叶以后，东方社会不得不应对的两股主流。所不同的只是，两者相比较，前者占上风，后者处于劣势，并在各国的表现程度有所不同。不过各国的社会在受到相应的冲击时，由因其所具有的特殊性而表现出相异的回应模式，并产生不同的结果。

在西方推进殖民化运动的过程之中，对东方进行资本输入在一定程度上有助于促进东方的资本主义的发展。即西方的殖民化运动客观上促进了东方的资本主义化。这主要表现在，西方资本主义列强消灭了东方诸国农业文明，打破了东方村社自给自足的惰性，创造了有利于东方民族资本主义发展的客观条件。当然，在肯定西方殖民主义在东方的建设性的使命的同时，也应清楚地认识到殖民主义者迫使受侵略国所推行的一切。"当我们把自己的目光从资产阶级文明的故乡转向殖民地的时候，资产阶级文明的极端伪善和它的野蛮本性就赤裸裸地呈现在我们面前，因为它在故乡还装出一副很有体面的样子，而一到殖民地它就丝毫不加掩饰了。"②我们认识西方殖民主义者对东方殖民化剥夺的手段、途径、措施是多维的，但法律是不可忽视的重要方面。东方社会只有进行一次"根本的革命"③，以摆脱资本主义和殖民主义的统治，才有可能进行符合自身特点的变迁，也才能使自身的法律发展真正符合社会的内在要求。总之，当人类社会发展到近代，西方对东方所造成的各种冲击，所产生的结果是具有两重性的：一方面，西方资本主义国家对东方落后国家的入侵，把东方各国人民推入了苦难的深渊；另一方面又冲击和瓦解了其僵化的社会结构，将其纳入世界历史体系和卷入世界交往的狂潮之中，并使之成为世界有机整体的一个组成部分。

当然，由西方资本主义的殖民扩张而引发的东方变革时代的到来，就现实而言，社会的回应不仅强烈，而且产生了相应的效果，并在一定程度上不仅阻止了西方列强对东方的殖民主义扩张进程，而且从中锻炼了自

---

① 马克思、恩格斯：《共产党宣言》，《马克思恩格斯选集》第1卷，人民出版社1972年版，第255页。

② 马克思：《不列颠在印度统治的未来结果》，《马克思恩格斯全集》第9卷，人民出版社1961年版，第251页。

③ 马克思：《不列颠在印度的统治》，《马克思恩格斯全集》第9卷，人民出版社1961年版，第149页。

我,提升了自身的变迁速度和质量。面对西方殖民主义的冲击,从 19 世纪 50 年代起,东方社会在当时的历史条件之下就进行了有力的回应。例如,"中国的连绵不断的起义已延续了 10 年之久,现在已经汇合成一个强大的革命,不管引起这些起义的社会原因是什么,也不管这些原因是通过宗教的、王朝的还是民族的形式表现出来,推动这次大爆炸的毫无疑问是英国的大炮,英国用大炮强迫中国输入名叫鸦片的麻醉剂。"①换言之,首先是英国引起了中国的社会革命——"为了保存中华民族的人民战争"②。在印度,也先后爆发了被马克思认为可与西方大革命具有同等意义的社会革命。中国的太平天国革命和印度的 1857~1859 年的大起义,给西方殖民统治以极为沉重的打击,这是东方社会在黑夜漫漫的背景之下拉开自我变革的帷幕。也诚如恩格斯所言:"有一点是毫无疑义的,那就是旧中国的末日正在迅速到来。"③"过不了多少年,我们就会看到世界上最古老的帝国作垂死的挣扎,同时我们也会看到整个亚洲新纪元的曙光。"④到 19 世纪 70 年代,随着自由资本主义向垄断资本主义转变,西方资本主义世界同东方殖民地、半殖民地国家之间的矛盾愈加尖锐、激烈,整个东方社会开始觉醒,民族解放运动有了更为广泛的发展,为争取民主进行了坚强不屈的斗争。总之,东方社会在不断地反抗被西方列强的殖民主义者的奴役的过程之中,被迫不断发展壮大起来,在此过程中,既反映了自身所蕴藏的巨大的革命力量,也预示着自身社会变迁的前景,同时也显示了变革时代到来之后对法律发展的影响力量所在。

不过,应清醒的是,由于东方社会自身的特点,其力量的形成和汇集,具有致命的弱点,如果以自身的原有方式,不吸收反映人类社会生产力水平提高的总的对己有益的成分,是很难完成的,或者说是很难产生快速推动自身结构性变迁的作用和效果的,这一点在东方社会是一个突出的现

---

① 马克思:《中国革命和欧洲革命》,《马克思恩格斯全集》第 9 卷,人民出版社 1961 年版,第 109~110 页。

② 恩格斯:《波斯和中国》,《马克思恩格斯全集》第 12 卷,人民出版社 1962 年版,第 232 页。

③ 恩格斯:《波斯和中国》,《马克思恩格斯全集》第 12 卷,人民出版社 1962 年版,第 233 页。

④ 恩格斯:《波斯和中国》,《马克思恩格斯全集》第 12 卷,人民出版社 1962 年版,第 234 页。

象。当然,透过这一现象,就可知是其内本质所决定的。如中国太平天国运动的爆发,其所要达到的目的是:"除了改朝换代以外,他们没有给自己提出任何任务。他们没有任何口号。他们给予民众的惊惶比给予老统治者们的惊惶还要厉害。他们的全部使命,好像仅仅是用丑恶万状的破坏来与停滞腐朽对立,这种破坏没有一点建设工作的苗头。"①作为"停滞的社会生活的产物"②的这一"运动一开始就带着宗教色彩,但这是一切东方运动的共同特征"③。即其本质无疑是陈旧落后的生产方式的产物,中国农民不是新的生产力的代表,太平天国运动不可能摧毁全部腐朽的社会结构,相反它同在东方各国经常看到的那种社会基础不动而政权不断更迭的情形却有更多的共同之点。当然,随着后来的社会力量的不断发展壮大,社会的回应状态也有别,并产生了相殊的效果。而英国资产阶级在印度所实行的一切,客观上为新的社会变迁创造了物质基础和条件,带来了社会进步。但社会主体能否获得政治自由和根本改善他们的社会状况,却"不仅仅决定于生产力的发展,而且还决定于生产力是否归人民所有"④。这是生产力的社会形式——生产关系问题,改变生产关系即为社会革命问题。"只有在伟大的社会革命支配了资产阶级时代的成果,支配了世界市场和现代生产力,并且使这一切都服从于最先进的民族的共同的监督的时候,人类的进步才会不再像可怕的异教神像那样,只有用人头做酒杯才能喝下甜美的酒浆。"⑤

社会变迁对法律变革的影响 "决定历史发展的主要力量不是来自于国家,而是来自于社会。"⑥"法律以社会为基础,不仅指法律的性质

---

① 马克思:《中国记事》,《马克思恩格斯全集》第 15 卷,人民出版社 1963 年版,第545 页。

② 马克思:《中国记事》,《马克思恩格斯全集》第 15 卷,人民出版社 1963 年版,第548 页。

③ 马克思:《中国记事》,《马克思恩格斯全集》第 15 卷,人民出版社 1963 年版,第545 页。

④ 马克思:《不列颠在印度统治的未来结果》,《马克思恩格斯全集》第 9 卷,人民出版社 1961 年版,第 250 页。

⑤ 马克思:《不列颠在印度统治的未来结果》,《马克思恩格斯全集》第 9 卷,人民出版社 1961 年版,第 252 页。

⑥ 荣剑:《马克思的国家和社会理论》,载于《中国社会科学》2001 年第 3 期,第 33 页。

与功能决定于社会,而且还指法律发展同社会变迁的进程是基本一致"①的。东方在西方的冲击之下,变革时代的到来,社会发生了急剧变迁,由此导致法律作了相应的变革,具体来说,主要表现在以下几方面。

（一）社会生产关系的变化对法律变革的影响

"社会是法律的基础,如果相反,以为法律是社会的基础,那么,实质上就是强迫社会接受那些已经被这一社会生活条件及物质生产本身宣判无效的法律,把法律看成了永恒不变的东西。新的法律不可能产生于旧的社会基础之上,旧的法律也不可能长期在新的社会基础上生存。旧的法律是从旧的社会关系中产生的,它不可避免地要随着生活条件的变化而变化,也必须同旧的社会关系一起消灭,因此不能使旧的法律成为新社会的发展基础。"②生产力和生产关系是有机的统一体,共同构成一定的社会生产方式,其中生产力是最为活跃的因素,所以它的发展对社会变迁起着最后的决定性作用,生产力发展到何种程度,生产关系必定作相应的变革,从而引发社会变迁和导致法律及其制度、体系和价值追求的变革与发展。再说,"一个民族的生产力发展的水平,最明显地表现在该民族分工的发展程度上。任何新的生产力都会引起分工的进一步发展,因为它不仅仅是现有生产力的量的增加。"③分工的不同阶段对应法律的不同表现形式、特质及发展阶段。

资本主义生产起源的基础是生产者同生产资料的彻底分离,即对农民的剥夺。而最先彻底完成的是英国,由此带动着西方其他国家经历这一运动。不过,其实质只是"**把一种私有制形式变为另一种私有制形式**"④,是将以个人为基础的私有制转变为以剥削他人的劳动、以雇佣劳动为基础的资本主义私有制,农民被剥夺土地后转化为雇佣劳动者,地产转化为工业资本。以公社土地所有制而不是以土地私有制为主体的传统

---

① 付子堂、胡仁智:《论法律的社会功能》,载于《法制与社会发展》1999 年第 4 期,第 9 页。

② 付子堂、胡仁智:《论法律的社会功能》,载于《法制与社会发展》1999 年第 4 期,第 9 页。

③ 马克思、恩格斯:《德意志意识形态》,《马克思恩格斯全集》第 3 卷,人民出版社 1960 年版,第 24 页。

④ 马克思:《给维·伊·查苏利奇的复信草稿——初稿》,《马克思恩格斯全集》第 19 卷,人民出版社 1963 年版,第 430~431 页。

东方,农民虽存在着被剥削的情形,但并非如西方那样成为雇佣劳动者,他们受到种种非资本主义的生产关系的严重束缚,土地成为高利贷者的私产,地产不是向工业资本而是向高利贷性质的剥夺方式发展。① 当然,这种剥夺方式对传统东方的生产方式既起过破坏和瓦解的作用,也由此阻碍了自身的生产力水平的提高和社会的快速发展。即在传统东方社会,这种形式若还长期存续,它"除了造成经济的衰落和政治的腐败以外,没有造成别的结果"②;"高利贷是保守的,只会使这种生产方式处于日益悲惨的境地"③。只有在资本主义生产方式的其他条件已经具备的地方和时候,高利贷才表现为形成新的生产方式的一种手段。在东方社会恰恰不存在这种资本主义生产方式,存在的仅是非资本主义生产方式,因而高利贷不能表现为这种形成新的生产方式的手段。反过来说,正是高利贷的运作方式遏制和阻碍了资本主义生产条件的形成,使东方社会不能顺利地发展资本主义。由此而带来了法律现实境况与社会生产力发展之间的关系问题,正因为西方列强殖民主义行径的强大冲击,动摇了其原有的生产方式,生产关系发生了变革,法律作了相应的变革与发展。

(二)社会价值追求的嬗变对法律变革的影响

传统意义上的东方法律是封闭性的,其价值定位只是把自身作为一种统治阶级控制社会的工具,严重缺乏将社会主体的权利得以充分体现并保证其有效实现的意识。可因受西方的冲击而变革时代到来后,这种格局在主动与被动之中被打破了。"在历史上,法律的输出和传播有时依赖军事扩张,有时依赖法律文化本身的优越性。"④即由于受西方法律文明的冲击,传统东方的法律及其制度、体系和价值追求均发生了相应的变化,使自身在一定程度上摆脱了传统的束缚而从封闭走向开放,使吸

① 参见马克思:《马·柯瓦列夫斯基〈公社土地占有制,其解体的原因,进程和结果〉一书摘要》,《马克思恩格斯全集》第45卷,人民出版社1985年版,第300页。

② 马克思:《资本论》第三卷,《马克思恩格斯全集》第25卷,人民出版社1974年版,第675页。

③ 马克思:《资本论》第三卷,《马克思恩格斯全集》第25卷,人民出版社1974年版,第689页。

④ 戴建忠:《关于法律移植的几个问题》,载于《唐山高等专科学校》学报2000年第3期,第23页。

收其他民族法律文明的合理性因素成为可能和必要,并在一定程度上表现出向世界性转化的特征,社会的法律价值追求与实际的法律实践之间联系更为密切,作为从属性的法律手段向社会治理的共同价值目标发展。

从另一角度而言,东方社会是几千年一贯到底的以道德、伦理、习俗等为主导的秩序体系,没有经历过如西方社会那样的由宗教文明秩序向法律文明秩序的裂变,它的古老传统一直延续到受西方文明的实质性冲击的近代,才开始了与自己固有的截然不同的文化形态、价值观及社会制度的变革及融合。一切民族,都要按照本民族所处的特殊的历史环境,选择自己的发展道路,才能有出路。资本主义生产方式起源于西方的基础是对农民的剥夺和生产者同生产资源的彻底分离。由此既导致了生产关系的特殊性、国家与社会关系的特殊性,也导致了其法律及其制度、体系和价值追求的特殊性。东方社会的变迁和法律的变革与发展,既取决于人类社会生产力发展的必然性,也取决于东方社会价值追求不同于西方社会的特殊性。

（三）社会交往范围的扩大对法律变革的影响

人类历史发展的动因在于生产力与生产关系以及经济基础与上层建筑间的矛盾运动,其中生产力的发展又是历史前进的最根本的动力。在前资本主义社会的落后的生产力、社会分工的基础上,是不可能形成各个民族、国家之间的普遍交往的,历史只能在被分割于狭隘的民族地域中极其缓慢地向前发展。法律此时也是不可能发展到世界性地步的。资本主义生产方式,代表了当时人类社会历史发展的总趋势,第一次将彼此分立的各民族各地区导入世界历史一体化的洪流之中。在此过程之中,古老的民族工业被消灭了,并且每天都还在被消灭,它们势必被新兴的资本主义工业所代替。同时,过去那种地方的和民族的自给自足和闭关自守的状态,也势必被淹没在世界历史一体化的洪流中。因为资产阶级由于生产工具的迅速改进和利用交通的便利条件,完全有能力把一切民族甚至最野蛮的民族卷到资本主义文明体系中来,从而迫使它们采用资本主义生产方式。

再说,历史上的任何民族、任何国家欲图生存与发展,都必须与世界上其他民族、其他国家进行交往,这种交往无论是否是在友好状态下进行,其结果均是一样的,即都会发生文化上的碰撞与交流和制度上的相互移植与借鉴。① 如在马其顿国王亚历山大时期,就将他们的文化传给了印度,犍陀罗雕刻据说也是从希腊学来的,"这些艺术家依照希腊人的手法,但他们的心是印度的"②。又如,"莫卧儿时期的绘画像建筑一样,是印度以外的因素以及印度因素的巧妙结合"③。如果说这个时期的文化交流还仅仅是艺术层面的话,那么自英国将其变为殖民地后的情况就发生了深刻而广泛的变化。英国人带来了他们的制度,使当地老百姓日常遵循的生活方式发生了改变,进而引起各地的动乱。④ 在 18 世纪末期和19 世纪前半期,西方文明在古老的印度迅速传播,使得保守阶层感到惊恐,因为这种文明与其固有文明格格不入。但最终殖民者的法律得以移植,如 1856 年的《宗教资格丧失法》,保障印度教徒改信他教的公民权。又如同年颁布的《印度教寡妇再嫁法》,允许寡妇再嫁。⑤ 不仅如此,他们还用法律禁止印度野蛮的残规陋习,像杀婴与"萨蒂"(Sati)⑥等。尽管在废除过程中还遇到了保守者的强烈反对,杀婴与萨蒂现象也没有立即停止,但毕竟带来了思想观念上的变化,从而逐步抑制了此种非人道的现象。如此等等,都在一定程度上促进了东方变革时代法律的变革与发展。

(四)社会的法治理念的催发对法律变革的影响

系统提出"法治应当优于一人之治"的"法治"理念的亚里士多德认为,法治应包含两重意义,即已成立的法律获得普遍的服从,而大家所服从的法律又应该本身是制定良好的法律。⑦ 在亚里士多德的法治观中法律应该是得到社会普遍承认的规则,而这种规范又应该是实行法治的先

---

① 参见[印]R.C.马宗达、[印]H.C.赖乔布里、[印]卡里金卡尔·达塔:《高级印度史》(上册),商务印书馆 1986 年版,第 154~155 页。

② [印]R.C.马宗达、[印]H.C.赖乔布里、[印]卡里金卡尔·达塔:《高级印度史》(上册),商务印书馆 1986 年版,第 244 页。

③ [印]R.C.马宗达、[印]H.C.赖乔布里、[印]卡里金卡尔·达塔:《高级印度史》(上册),商务印书馆 1986 年版,第 637 页。

④ 参见[印]R.C.马宗达、[印]H.C.赖乔布里、[印]卡里金卡尔·达塔:《高级印度史》(下册),商务印书馆 1986 年版,第 833 页。

⑤ 参见[印]R.C.马宗达、[印]H.C.赖乔布里、[印]卡里金卡尔·达塔:《高级印度史》(下册),商务印书馆 1986 年版,第 835 页。

⑥ 参见[印]R.C.马宗达、[印]H.C.赖乔布里、[印]卡里金卡尔·达塔:《高级印度史》(下册),商务印书馆 1986 年版,第 885~886 页。

⑦ 参见[古希腊]亚里士多德:《政治学》,商务印书馆 1965 年版,第 167~168 页。

决条件。① 在亚里士多德之后西方法治理论经过广大思想家们的理论创新与法律实践的推进而逐渐得到完善和发展。现代法治理论是一个内涵十分丰富的知识体系,它既要反映人类追求的法治理想,又应反映人权保障的实践要求。诚如哈耶克所认为的,法治便是一切均由法律管制,法律有最高的权威,法律高于政府和政府的领导人,不单人民受法律的统治,而且政府及其领导人也受法律的统治。② 英国著名的行政法学家威廉·韦德认为法治的核心是依法行政,法治有许多不同的含义:一是任何事情都必须依法而行;二是政府必须根据公认的、限制自由裁量权的一整套规则和原则办事;三是对政府行为是否合法的争议应当由完全独立于行政之外的法官裁决;四是法律必须平等地对待政府和公民,法治所需要的是政府不应当在普通法律上享有不必要的特权和豁免权。③ 而 1959 年在印度新德里召开的国际法学家会议通过的有关法治的报告是国际社会普遍公认的法治理想的综合性反映,会议最后通过的《德里宣言》所确认的法治原则为:一是根据法治精神,立法机关的职能在于创造和维持使个人尊严得到尊重和维护的各种条件。不但要承认公民的民事权利和政治权利,而且还应建立为充分发展个性所必需的社会、经济、教育和文化条件;二是法治原则不仅要防范行政权力的滥用,而且还要有一个有效的政府来维持法律秩序,借以保障人们具有充分的社会生活和经济生活的条件;三是法治要求正当的刑事程序;四是司法独立和律师自由。且一个独立的司法机关是实现法治的先决条件。

综上所述,传统东方,由其社会自身的文化、历史条件及价值追求所决定是没有法治历史的,加之,其法律的形式合理性与其说不够发达,还不如说是几乎不存在的。即传统东方社会中只存在法律的规范,而不存在也不可能存在任何意义上的近现代"法治"。但这一历史事实并不说明东方社会与法治是无缘的,东方社会通过变革时代的激发,特别是东方各国自变革时代起通过主动或被动的方式进行法律移植和吸收法治原则后,都在不同程度上改变了以往的人治传统并在实践中逐步注入法治的

---

① 参见韩大元:《东亚法治的历史与理念》,法律出版社 2000 年版,第 24 页。

② 参见陈弘毅:《法治:启蒙与现代法的精神》,中国政法大学出版社 1998 年版,第 6 页。

③ W. 韦德:《行政法》,中国大百科全书出版社 1997 年版,第 25 ~ 27 页。

精义。与此同时,在法治价值的普遍性和特殊性的相互关系之中,法治以其特殊的功能影响着东方社会的变迁,催发着东方总体的价值定位的形成,推动着各自的法治模式的建立。此外,在反殖民化的过程之中,为了维护自身的利益所进行的斗争,也使得东方殖民地国家的民众的法治意识的不断增强。总之,东方社会中的法治氛围的渐次营造是在其变革时代到来之后逐步形成的,即在传统的人治主义价值定位受到致命冲击的情况下开始了吸收西方的法治精神,并促使了自身的法律及其制度、体系和价值追求的变革与发展。我们可以说,东方法制的现代化历程实际上是由变革时代所引发的东方社会逐步确立的法治理想的形成和制度建设的过程。

小　结　就人类社会的法律的一般性价值追求而言,其是应遵循符合与社会生产力发展水平相适应的社会的内在需求,即"法的理念所追求的价值要素具有同等的地位,价值都是相对的,在符合理性的法律文化世界中不应存在高于各个民族文化体系之上的绝对主义文化价值"①。要对变革时代东方社会与法律发展的状态有一清晰的认识,就必须站在世界整体的高度对之作出正确的判析。在这一原则之下,通过对变革时代东方社会的变迁状态的解读,可以把握与其对应的法律及其制度、体系和价值追求的变革与发展的脉迹。我们认为,东方在变革时代的总体表征是在西方资本主义殖民政策和行为的冲突之下而被动变革与自身的内部主动回应性变革并举,并由此影响了法律发展并呈现与自身历史及现实特征相适应的模式。当然,东方变革时代的社会变迁总体而言对自身的法律的变革与发展所起的积极作用是不容忽视和否定的。但不可否认的是,由于东方社会自身的局限性以及受西方的影响,存在一定程度的偏离正常轨道的现象,就此通过判析东方整体及各国法制现代化道路的状态可见一斑。

第四节　变革时代东方法律发展的主要特征

世界历史的发展具有自己的整体规律性。这规律性是由世界历史的

---

①　韩大元:《东亚法治的历史与理念》,法律出版社 2000 年版,第 16 页。

内在联系所决定的,它可以在超越民族和国家的历史发展的基础上体现世界变迁的总进程和方向。就各民族的历史而言,其虽然不能越出世界历史的共同路线,但以带有自己的特殊性,并可能在具体细节上与世界历史总体的发展方向有所偏离。即诚如列宁所指出的:"世界历史发展的一般规律,不仅丝毫不排斥个别发展阶段在发展的形式或顺序上表现出特殊性,反而以此为前提。"为此,我们认为很有必要对变革时代东方法律发展的主要特征作适度阐述。

法律发展的被动性　随着人类社会生产力水平的提高,社会主体的活动愈来愈受到异己的力量所支配,但代之而起的不是民族的平等,而是文明民族对落后民族的征服、掠夺和战争。就东方的停滞和落后的根源而言,我们认为主要是由两个方面的因素所造成的:一是内部因素,即由东方社会自身的内在特性的作用和制约——这是传统的因素;二是外部因素,即受西方殖民主义的侵略和统治——这是现实的外在因素。而且是现实的外部因素不时地冲击内部因素。外部因素是具有打破内部因素的作用的一面,但并未也不可能直接消除东方落后的状态。作为对社会变迁发挥决定性作用的因素而言,还是要靠内部因素。如"英国在印度斯坦造成社会革命完全是被极卑鄙的利益驱使的,在谋取这些利益的方式上也很愚钝。但是问题不在这里。问题在于,如果亚洲的社会状况没有一个根本的革命,人类能不能完成自己的使命。如果不能,那末,英国不管是干出了多大的罪行,它在造成这个革命的时候毕竟是充当了历史的不自觉的工具。这么说来,无论古老世界崩溃的情景对我们个人的感情是怎样难受,但是从历史观点来看,我们有权同歌德一起高唱:'既然痛苦是快乐的源泉,那又何必因痛苦而伤心?'"[1]

　　印度斯坦的专制主义和"不列颠东印度公司在亚洲式的专制基础上建立起来的欧洲式的专制,这两种专制结合起来要比萨尔赛达庙里的狰狞的神像更为可怕"[2]。当然,"这种结合并不是英国殖民制度独有的特

---

　　① 马克思:《不列颠在印度的统治》,《马克思恩格斯选集》第 2 卷,人民出版社 1972年版,第 68 页。

　　② 马克思:《不列颠在印度的统治》,《马克思恩格斯全集》第 9 卷,人民出版社 1961年版,第 144 页。

征，它只不过是对荷兰殖民制度的模仿"①。表现出变革时代东方各国都或多或少的受源自于"西方的""异己的政治制度"②的制约和影响。也就是说，中国、印度等国在资本主义全球化的潮流中失去了包括法律文明在内的民族文化的独立性，并不是因为资本主义"经济规律"的作用，而是由于殖民者人为地暴力破坏。③ 从而使得变革时代到来时，东方的传统法律就失去其生存的社会基础，必然被动地发生变革。

但是，任何现实都不可能脱离自己的历史，东方虽存在自近代以来落后于西方并被西方资本主义文明打断了自身原有的发展方向和道路的事实，但并非就应照搬西方的模式，东方因自身的特殊性决定了包括法律发展的路径在内的一切，必然有切合自身实际的措施，唯此才能真正具有现实性、可行性、长远性。当然，西方对东方的冲击，总体而言是受到了东方的一定程度的抵制的，这是东方所具有的共性之一，但由于东方各民族国家具有相殊性，从而导致了不同的结果。

应对域外冲击的法律发展的多样性 自西方以暴力打开东方各国大门始，东方便面临着一个如何看待或处理西方文明及自有传统的双向问题，当然这其间包括东西方的观念及理论层面上的相互关系问题。"对于受西方资本主义侵略的东方国家来说，自强图存的第一个回应是强烈的民族主义，而这一回应的具体措施就是模仿西方的先进技艺。"④东方与西方在历史上曾有过种种思想文化上的交流和互动，然而西方打开东方国家的大门时具有与此前的各种关系不同的特征在于这一关系乃是在东西方整体互动的背景之下展开的。

东西方文明在存在明显区别的一面的同时，不可否认尚有共通性的一面，最起码有社会力求向前发展的共性。谁都不可简单地或是带有"霸

---

① 马克思：《不列颠在印度的统治》，《马克思恩格斯全集》第 9 卷，人民出版社 1961 年版，第 144 页。

② ［英］查尔斯·泰勒：《市民社会的模式》，载于邓正来、J. C. 亚历山大：《国家与社会》，中央编译出版社 2002 年版，第 9 页。

③ 马克思在人类学笔记中一再批评梅恩和科瓦列夫斯基等人将印度村社的解体归于经济原因的说法。

④ 邓正来：《中国发展研究的检视》，载于邓正来、［英］J. C. 亚历山大：《国家与市民社会》，中央编译出版社 2002 年版，第 447 页，第 1 注。

权性"地下一个西方的发展与东方的停滞,或西方主动冲击与东方机械回应这一可以说不切实际的断语。即不可将"自己的种族中心主义式的态度"①强加于其他民族或国家,把"自己的文化发展的地方性路径(local path)确立为其他社会必须遵循的普世模式"②。由于各民族、各国家的历史、传统、人文环境等不同,怎能以自身的情形去要求别人,并履行自己所确定的符合或对己有益的标准呢?当然,我们也不可否定"用域外产生的制度去分析一种给定的文化,也许不仅仅便利而且会使之得到清晰的呈现"③。但我们必须力求避免,此禁锢不打破,难成"正果"。

变革时代到来后,就东方由西方的冲击所采取的回应手段的特征而言,主要不是通过一个保存或继承的措施,而是通过采纳的方式,即伴随着西方文明对东方的冲击,始终存在着与东方的固有文明相融合性改造的问题,而这种融合性改造的不同状况产生出不同的后果。因为东方在"资本主义以前的、民族的生产方式具有的内部的坚固性和结构,对于商业的解体作用造成了多大的障碍,这从英国人同印度和中国的通商上可以明显地看出来"④。印度和中国小农业和家庭工业的统一形成了生产方式的广阔基础。在印度,英国人曾经作为统治者和地租所有者,同时使用他们的直接的政治权力和经济权力,以便摧毁这种小规模的经济公社。因为"就是在这里,对他们来说,这种解体工作也是进行得极其缓慢的。在中国,那就更缓慢了,因为在这里直接的政治权力没有给予帮助。因农业和手工制造业的直接结合而造成的巨大的节约和时间的节省,在这里对大工业产品进行了最顽强的抵抗;……同英国的商业相反,俄国的商业则没有触动亚洲生产的经济基础"⑤。也正因此,东方的几个主要国

---

① [美]罗威廉:《晚清帝国的"市民社会"问题》,载于邓正来、[英]J. C.亚历山大:《国家与市民社会》,中央编译出版社 2002 年版,第 403 页。

② [美]罗威廉:《晚清帝国的"市民社会"问题》,载于邓正来、[英]J. C.亚历山大:《国家与市民社会》,中央编译出版社 2002 年版,第 403 页。

③ [美]罗威廉:《晚清帝国的"市民社会"问题》,载于邓正来、[英]J. C.亚历山大:《国家与市民社会》,中央编译出版社 2002 年版,第 404 页。

④ 马克思:《资本论》第三卷,《马克思恩格斯全集》第 25 卷,人民出版社 1974 年版,第 372~373 页。

⑤ 马克思:《资本论》第三卷,《马克思恩格斯全集》第 25 卷,人民出版社 1974 年版,第 373 页。俄国所以没有触动亚洲的经济基础,是因为其本身也是与亚洲一样的经济运行方式,没有对外的必要张力。

家——印度、中国、俄国等由于生产方式的特殊性，在西方的冲击之下，走出一条既与西方资本主义相殊也各自不同的发展道路。如因社会基础条件和历史环境的不同，印度从殖民地社会走上了资本主义发展道路，中国从半封建、半殖民地社会走上了非资本主义发展道路，俄国从农奴制的但公社土地所有制尚没有被完全破坏的总体环境和资本主义生产才刚有所萌芽情境之下，有效地利用西方资本主义的积极成果，成功地跨越了资本主义的"卡夫丁峡谷"，走上了社会主义道路。

总之，东方变革时代的到来是源于西方列强的殖民主义行径，由此给东方民族、国家、社会带来了深重的灾难。这是无需多述的历史事实。我们在正视这一历史事实的同时，尚应清醒地认识到，资本主义在东方的发展的必要性在于资本主义的生产方式在破坏东方的原有体制的同时，一定程度上推动了东方经济的发展及社会的变迁。"不仅一个民族与其他民族的关系，而且一个民族本身的整个内部结构都取决于它的生产以及内部和外部的交往的发展程度"①。当然，资本主义道路并不是唯一的，人类社会走出古老的社会形态之后，可选择的道路并非只有资本主义一条，世界历史的发展也并非一定要以资本主义文明所带来的"阵痛"为代价。资本主义在西方世界的生长与发展同西欧特定的历史条件息息相关。它借助于大工业的手段，将自己的文明推进到落后的地区，并使这些地区的文明带上资本主义文明的印迹，只是由于暴力所致，即通过武力征服的殖民统治者人为地将资本主义生产方式和价值追求强加给殖民地。这并不是人类社会历史发展的必然，而是西方资本主义从自身的利益出发所为的。由于受西方的冲击，东方的法律发展是要随着社会的变迁而受到一定程度的影响，但是在西方列强的殖民主义政策的统辖之下，是不可能达到对己有益的成效的，就其结果的性质而言，我们可以说是以"人治"为基础的变味的形式，也可以说这比传统东方式的"人治"具有更为残酷的一面。因为，东方在进入变革时代之后与西方历史的一个明显的差别是：在西方，历史从前资本主义社会进入资本主义社会形态，实质上是一种私有制取代另一种私有制，而在东方则不然。在东方，在资本主义经济因素渗入之前，以土地国有制为其主要经济特征，私有制的发展是极

---

① 马克思、恩格斯：《德意志意识形态》，《马克思恩格斯全集》第3卷，人民出版社1960年版，第24页。

其有限的。因此,资本主义在东方的发展,实质上是近现代的私有制取代古老的公有制。此外,如前所述,正是由于西方列强的殖民行径的冲击,世界历史得以形成。世界历史的形成加速了各民族的社会进步,这一点反过来又为世界历史发展提供了现实的社会、政治、经济等基础。其结果是"各个相互影响的活动范围在这个发展过程中愈来愈扩大,各民族的原始闭关自守状态则由于日益完善的生产方式、交往以及因此自发地发展起来的各民族之间的分工而消灭得愈来愈彻底,历史就在愈来愈大的程度上成为全世界的历史"①。基于此,我们说变革时代的到来,对东方的法律变革与发展具有摆脱传统禁锢的划时代意义。

法律发展的动力之源　就世界各民族的历史发展而言,乃是由世界历史的系统性规律所决定的。"对于某一国家内冲突的发生来说,完全没有必要等这种矛盾在这个国家本身中发展到极端的地步。由于同工业比较发达的国家进行广泛的国际交往所引起的竞争,就足以使工业比较不发达的国家内部产生类似的矛盾"②。在西方列强的殖民主义行径的冲击之下,东方各国内部出现了尖锐的社会与国家之间、统治集团内部之间、社会内部之间、各阶级之间的矛盾,对外出现本国的利益与殖民主义者利益之间的矛盾。如此等等,形成了各种对立面。对立面转化的客观条件是矛盾系统内的相互制约和相互补充,而所有矛盾均是在社会发展过程中,在生产力与生产关系的矛盾运动中产生的。

正因为构成不同民族或国度的文明体系的社会制度的差异性,导致了人类社会的法律及其制度、体系和价值追求在具有一般性的特质之外,又呈现出五彩缤纷、丰富多彩的景致。如在西方起决定性作用的中世纪的法律的特征是:它与当时的封建制权力关系的特殊性有关。采邑关系被认为是一种准契约式关系,与其臣属一样,封建主也负有义务,违背这些义务同样构成一种重罪。所以,臣属们都被视为这些义务的受益者——也就是他们将其当作一种财产而加以享有的一种特权,这正是西

---

①　马克思、恩格斯:《德意志意识形态》,《马克思恩格斯全集》第 3 卷,人民出版社 1960 年版,第 51 页。

②　马克思、恩格斯:《德意志意识形态》,《马克思恩格斯全集》第 3 卷,人民出版社 1960 年版,第 83 页。

方主体性权利观念的渊源。在 17、18 世纪被"天赋人权"学说替代之前,那种主体性权利观念被视为纯粹实在法上的观念,它意味着中世纪的主权者所面对的乃是在某种程度上根据权利义务加以界定的社会,而这些权利和义务的存在使得主权者有必要先征得同意,方能进行相应的变革。君王的统治是在得到社会各阶层断断续续的、不确定的支持下展开的——为了取得所需的资源以施行统治和发动战争,且不得不经常召集他们。也正因为此,使得西方在近现代法律发展中出现不同于东方的品格。传统东方的法律文明是在东方古代文明的影响之下逐步发展起来的,并且其本身就是东方文明的一个重要部分,而传统东方包括法律文明在内的文明体系的每一部分或因素,都或远或近、或深或浅地铸造着自身的特殊性,并与西方有着本质的区别。

再说,在一个国家自身文化内的法律发展中,法律文化的冲突似乎不太明显,而法律发展一旦跨越不同的文化界限,就不可避免地产生冲突。① 从世界范围来看,近代以来第一次法律文化的冲突是伴随着西方法律殖民化而进行的,即资本主义在全球范围内的殖民扩张是伴随西方民法法系和普通法法系两大法系向全球传播而展开的。西方殖民主义者在将体现其价值观的法律制度强加给东方的过程中,遇到了包括各种各样的不成文法在内的本土法律价值观的抵抗。因为西方的法律原则与东方本地的法律原则是来自完全不同的文化背景,导致它们很难相互结合和共存,两者常常以种种方式发生冲突,其结果是在殖民地形成了法律多元化状态,即在殖民地形成相当普遍的两种或更多的法律相互作用的格局。就此,胡克先生曾在《法律多元主义》一书中用大量的篇幅分析了殖民地的殖民统治者的法与本土法之间的关系。他列举了具有代表性的三种殖民地的法律多元主义现象:第一种情况是英国法与殖民地本土法。例如,在英国对印度实行殖民统治时期,普通法与本土法相互作用形成了"盎格鲁—印度法"和"盎格鲁—穆罕默德法",就性质而言是在英国殖民者的普通法法庭中发展起来的本土法。这一法律体系虽是以普通法程序为基础而形成的,但法律实体依然是适用于印度教徒、穆斯林的本土法律规则,即以英国法与本土法的相互作用的方式处理司法问题。第二种情况是法国法与殖民地本土法。其特点是,将民法制度适用于殖民地不是

---

① 参见石泰峰:《全球化与法律文化冲突》,载于《新视野》2001 年第 2 期,第 46 页。

处理司法问题而是行政管理问题。法国殖民者通过各种法律允许本地习惯法继续存在,但加了许多限制。法国人坚持民法典必须适用的原则,强调本地习惯法必须服从拿破仑法典,但是,这一理论从未完全兑现过。第三种情况是荷兰法与殖民地本土法。在荷兰殖民地,人们按照种族群体进行区分,每一群体有自己的法律。欧洲人和当地人有各自的法律、法庭和法律程序。既有为了欧洲人而建立的适用荷兰法的法庭,也有本地人自己的法庭。由此,法律的多元化状况在一国内形成了多重的法律义务体系。

小 结 总之,东方变革时代到来后,随着西方列强殖民主义运动的深入,在西方列强的政治、经济、文化、军事等方面的综合影响力的作用下,各国的政治、经济、社会和文化结构重新进行了主动或被动的调整。而其中一个重要的表现就是法律及其制度、体系和价值追求向近现代理性主义的过渡。即力求逐渐摆脱传统秩序的各种残余的影响,并通过相应的形式,实现符合社会内在要求的结构性调整而对法律及其制度、体系和价值追求重新定位以及不断增强法律实践的渗透功能。人类社会的生产力水平总是无止境地向前发展的,这是不可争辩的事实,作为人类社会发展到一定历史阶段的产物的法律,它是社会内在需求的反映,且只有真实反映社会的内在需求,才能有益于社会生产力水平的提高,有益于社会的变迁。虽然传统东方有其内在特殊性,但也包含着有益于人类社会生产力水平提高这一目的的成分,这就使得必须符合社会内在需求的法律的发展在遵循人类社会的一般要求的基础上,有自身的特殊方式或路径,也只有采取符合自身特点的方式和路径,才能发挥其应然作用,并最终达到与西方社会一样能有益于人类社会总体的生产力水平的提高和人类社会在一个和谐、有序、高效、经济、规范的运行机制下运作的目的。当然,由于具有深厚的"人治"传统的东方所形成的特有的思想观念,潜移默化地渗透在社会生活的各个领域,长期禁锢着人们的思维,阻碍着自身变革时代法律发展的进程。不过,不可否认的是,由于社会变迁必定影响法律发展,法律发展也会反过来影响社会的变迁,两者在互动之中还是一同向前发展了。当然,无论是社会变迁影响法律发展,还是法律发展影响社会变迁,都不可能脱离自身的历史。再说,由于世界历史的形成,东方社会变迁和法律发展都会反过来影响到西方社会。

第五节　变革时代的中国法律发展状态概述

引　言　传统各时期的中国的政治结构、经济结构及意识形态基本适应了自身所处时代的境况,构成了当时的法律基础。当 1840 年遭遇前所未有的西方武力侵略和价值观的冲击时,中国面临着艰难的抉择,这就是如何根据急剧变化的形势,适时调整现存的社会结构,进行大规模的制度创新和深入的观念变革,重新汇集政治、经济、思想、文化等各种可用资源,使传统因素与西方因素在冲突中走向新的融合,以此推动自身走出被传统禁锢的困境。由于当时的中国统治者与绝大部分士大夫都是被动地、消极地试图以微小、局部的政策变动达到摆脱中国所面临的危机的目的,使得选择的是尽量缩小变革规模的道路,结果却导致中国的转变变得更为充满曲折和动荡,造成中国社会转型进程的跌宕起伏,也正因此而导致中国的法律发展模式和成效很不尽如人意。

19 世纪中叶对中国来说是一个意义重大而深远的转折期。鸦片战争之后,中国在西方列强的侵夺之下,渐渐丧失了一个大国的地位和尊严,沦为国际社会一个孱弱受欺的角色。这种前所未有的屈辱,与具有几千年辉煌的大国历史是极不相称的,由此,拉开了中国包括法律变革与发展在内的变革时代的序幕。总体而言,近代中国的社会变迁是在这样的历史条件下发生的:一方面,刺激社会变革的外部力量是如此的强大,它不仅有惊人的物质力量、严格的生产组织和完善的社会组织形式,更有一整套观念和思想。然而,中国本土的具有极强的生命力的传统又是如此源远流长、美轮美奂,它曾取得的成就足以傲睨一切。尽管财富和武力的对比可以迫使中国接受西方的法律观念,可是在基本的价值观上,中国的固有文化精神仍然是难以轻易摧毁的。因此,两种文化和价值观的冲突是很难在较短的时间内真正决出舍此取彼的结果的。诚然,尽管存在着西方的法律及其制度、体系和价值追求以及运行机制不断地取代本土的情形,但深层的价值观却根深难动。它使得西方的能有益于自身社会变迁的法律价值观的成分是难以在形成必要的社会认同性的基础上而及时、有效地取代传统的价值观。因为西方的法律价值追求定位突出地表现在对财富的追求、对权利的追求、对社会力量的培育,而中国却远不具备,它还没有从依附性和社会本位、义务本位等传统的价值追求之中走出来。由此,也就使得此后的法律变革与发展必然因受其影响而困难重重。

变革时代的中国法律发展的历史分期　中国自 1840 年始至 1949 年新中国成立,在这大约 100 年的时间内,政治、经济和意识形态等均发生了急剧的变化,引起了相应的法律的变革与发展。从大的方面而言,其历史可分为前奏期和发展期二大阶段。第一大阶段——前奏期——是 1840 年至 1912 年,它是中国从一个典型的传统社会向具有现代色彩的新式的民族国家过渡的时期,与此相适应的法律及其制度、体系和价值追求作了相应的转变。第二大阶段——发展期——是自 1912 年中华民国创立至 1949 年中华人民共和国成立,这一时期因社会转型所引发的国内与国际矛盾的激烈冲突,演化为各种政治力量的重新组合与分裂。从而使得与现代法治观点相适应的法律变革与发展的政治力量得以形成,新的社会结构和社会力量也急剧增长,并产生良好的成效。

（一）法律发展的前奏期

在这一阶段,中国是从一个典型的传统社会下的法律及其制度、体系和价值追求逐步向与具有现代色彩的民族国家相适应的法律及其制度、体系和价值追求相适应的过渡期,具体又可分为以下三个时期:

第一时期:1840～1860 年。面对西方列强的军事入侵,中国试图在不变动原有制度的基础上运用传统的政治、军事、经济资源进行全面抵抗,只可惜反而在西方列强强加的两次鸦片战争中,丧失了大片国土,被迫开放通商口岸,并向西方列强提供片面的最惠国待遇,由此遭受了更大的耻辱与失败。与其同时,由于清政府的腐朽而引发的太平天国农民起义的社会变革力量的初步形成,虽然没有产生实质的效果,但已彻底暴露了中国传统政治、经济、文化结构的弊端,及清政府的麻木、愚昧与无能。中国这一时期所经历的一切为自身后继的社会变革力量的壮大打下了一定的基础。

第二时期:1860 年～19 世纪末。随着西方军事、经济、文化和政治力量在中国的急剧增长,中国社会发生了裂变,出现了试图在保持中国传统内核的前提下进行变革运动的情形。但由于这一时期的变革主体是受西方的入侵的刺激而图谋改弦易张的清廷开明人士和与西方有联系的部分士大夫及新兴的商人,这些人还没能成为中国社会实质性变革所需的社会中坚力量的群体。加之,由于清政府的最高统治者抗拒进行重大的制度创新,从而严重影响了中国当时社会的变迁规模、速度和质量,在西方列强的重压之下,不仅未能恢复往日的国威,走上富强之路,反而进一步走向衰落。这一时期,既最具代表性又最有影响力的当数戊戌变法,虽然其宗旨只是企图通过悄悄地进行一场融会中国传统与近代西方思想变革、借鉴日本的成功经验,从器物层面变革向制度层面变革的过渡。然而,由于这一方式有可能彻底动摇中国社会的旧有结构及危及清朝统治者的统治地位和阶级利益,过于强大的传统政治势力对此进行了全面反抗,很快将之予以扼杀。当然,虽出现这一结局,但还是一定程度地促进了当时中国社会的进一步觉醒,也在一定程度上促进了中国当时及此后的法律的变革与发展。

第三时期:20世纪初至1912年清王朝崩溃、中华民国创立。戊戌变法被无情扼杀并没使清王朝走出困境,相反,中国的政治、经济等向恶性衰败的境地进一步急剧下滑。义和团运动的彻底失败使清廷的最后一点自尊和傲慢完全被卑怯、投降所取代,庚子协定极大地损害了中国的主权和经济,从此中国真正陷入了万劫不复的深渊。此时,清廷开始进行较为系统的包括制定具有现代色彩的法律,奖励工商,创建政府职能机构,鼓励留学,制定宪政时间表以及设立省级宪政咨议机构等制度革新活动。这些变革措施显示,在经过近60年西方的严重冲击后,清朝政府终于明白,即便为了保持统治阶级自身的既得利益,也必须进行政治改革,并以相应的法律为保证。但是这些大规模的变革是在清廷统治已严重削弱的情势下进行的,加之变革不可避免地带来社会的动荡,因此清王朝的政治结构几乎濒于全面瘫痪。旧结构的衰微和西方势力的大规模渗入刺激了中国现代民族主义的勃兴,接受了西方思想和日本经验的海外中国留学生,以孙中山为核心成立了同盟会。代表着新的经济关系及思想价值的社会组织——商会、科学社、各种学会、演讲会等,成为刚刚萌发的市民社会的中坚力量。作为这种思潮与新社会力量互动的合乎逻辑的发展,中国的变革终于走向制度层面,1911年10月10日,爆发了推翻清王朝的辛亥革命,创立了中华民国,至此,中国传统的封建专制制度被彻底否定。"辛亥革命所创造的法律发展模式无疑具有革命性意义。它要实现从封建专制主义法律秩序向近代民主主义法律秩序的历史转变"①。它又成

① 公丕祥主编:《当代中国的法律革命》,法律出版社1999年版,第37页。

为变革时代中国法律变革与发展的发展阶段性转折点。

（二）法律发展的发展期

数千年帝制的崩溃和共和政体的建立，标志着中国向现代社会转型的第二大阶段的开始，这一阶段又可分为北洋政府统治时期和南京国民政府统治时期的两个阶段。当然，当时存续的法律及其制度、体系和价值追求也表现了相应的特征，即变革时代中国的法律变革与发展进入了发展期。

辛亥革命的成就体现在政治、经济、思想观念等各个领域，由此也对自此以后的中国法律变革与发展起到极为关键的左右和影响作用。帝制的瓦解和王权的崩溃，极大地动摇了包括法律及其制度、体系和价值追求在内的传统社会生活的各个方面，由此使得中国社会变迁及与之相适应的法律变革与发展有了新的动力。然而，中华民国的成立，只是为中国的社会变迁提供了可能性，当时中国的实质性向现代化转化还要有赖于国际和国内诸多条件的协同和对旧有结构的彻底更新。但是内外因素并没有有利于中国自身的转型和变革。这主要表现在：一是中华民国的成立并没有减轻中国所承受的西方列强的巨大压力，也没有改善中国的国际地位和增强中国的主权独立的实力。二是中国向现代社会的转变是被动的。三是清王朝的崩溃和继之结束的袁世凯的统治使中国大一统的中央集权制急速衰微，地方军阀乘机而起，国内政治出现了长期动荡，严重地阻碍了中国向现代变迁所要求的集权与分权相调适的机制的形成，使得国家的政治、经济资源无法汇集。四是中华民国创立后，新的政治组织和社会组织纷纷建立，一定程度上适应了社会多元化发展的需要，使得中国的社会力量的发展壮大有了前所未有的社会愿望和认同性基础。总之，这种进步与保守，又和中国与西方列强、日本帝国主义的民族矛盾复杂地交织在一起，不仅贯穿于北洋政府的整个统治时期，而且在南京国民政府形式上统一全国后，以更尖锐、更激烈的方式表现出来，对中国社会的转型带来严重的影响。由于南京国民政府所采取的是一种新传统性的独裁主义，是固守传统、拒绝全面社会变革的，这就决定了它难以整合社会转型中所产生的各种新兴的社会力量，由此使得其所确立的法律及其制度、体系和价值追求是不可能适应社会变迁的总体要求的，这种现象直到作为独立自主的，能被广大社会成员在政治上、文化上、意识上高度认同的独立统一的中华人民共

279

和国成立,才真正形成。① 我们可以说,中华人民共和国的成立,其起因是源于符合社会发展的内在要求的社会力量的集聚所致,从而使得国家与社会形成良性互动具备了一定的条件,在这有益的条件之下,法律的变革与发展不仅有了必要的生机和活力,而且具备了勃发的后劲,也正基于此,才能有今日的法制现代化成效。

影响中国法律发展成效的因素　影响中国变革时代的法律发展的成效的因素,可能是多方面的。就主导性因素而言,我们认为主要有以下几方面。

(一)作为主流意识的儒家学说对法律发展的影响

如果说,中国在变革时代到来之前,政治制度、经济结构中尚存在着若干与当时的状态相适应的合理成分。那么,中国传统的意识形态在变革时代到来时则基本仅起阻滞社会变迁的作用,且其中一直处于主流地位的是儒家学说。传统中国的儒家学说是一套极其复杂、掺杂着有关人与宇宙、人与自然的关系的庞大的思想体系。我们不可否认其中确实具有诸多有益于人类向现代社会变迁的成分,并或许能与符合现代社会内在要求的意识形态在冲突之中相互融合及一同变革与发展,从而发挥助推社会变迁的作用的可能。然而,事实上,作为长期维系中国社会稳定的支柱的儒家学说,在近代与西方文明相遇时,却节节败退,逐渐丧失了统合社会意识形态的功能。尤为发人深省的是,乍看起来似乎与现代民主政治并不矛盾的儒家民本思想始终未能促成中国向民主法治制度的转换。中国传统的儒家法律文化与现代法治理念相脱节的根本原因就在于它基本上是发挥着维系等级森严的君主专制制度的作用,其现实导向具有强烈的权威主义色彩,直接排斥与民主法治相连的法律及其制度、体系和价值追求之中所体现的理念的培育和成长。从中国变革时代到来时起,直到中华人民共和国成立,各个历史时期,虽程度不同地否定传统的

---

① 当然,我们不可忽视国民政府成立后对中国当时的法律发展所起过的作用。这一时期创制了许多重要法典,诸如,《中华民国民法》(1929～1930年)、《票据法》(1929年)、《公司法》(1929年,1946年)、《海商法》(1929年)、《保险法》(1929年,1935年)、《破产法》(1935年)、《中央银行法》(1935年)、《中华民国刑法》(新刑法,1935年)、《中华民国民事诉讼法》(1931年,1935年)、《中华民国刑事诉讼法》(1928年,1935年,1945年)以及《中华民国法院组织法》(1932年)等法典和法规,建立了以德、日法律为楷模的六法体系。

儒家思想,且为原被其禁锢的传统法律在适应变革时代的内外冲击中提供了一定的空间,但这已流传两千余年,在各个时期被以各种手段不断强化的根深蒂固的意识形态一直在左右、影响着中国在变革时代各个时期的法律及其制度、体系和价值追求变革与发展的速度、质量。如"《大清民律草案》一方面广泛吸收了大陆法系的民法的主要精神,但另一方面又从传统中吸取力量,把中国固有的礼教民俗作为厘定亲属法编的主要依据,明确规定:'家政统摄于家长','家长中以一家中之最尊长者为之','家属尊卑之分以亲等及其长幼为序' 等等,从而强化了封建宗法政治文化"①。我们应清醒的是,在变革时代到来之后,中国对传统的法律及其制度、体系和价值追求不是没有眷留,但由于受西方殖民主义者的入侵的冲击,破坏了其得以生存的原有的社会基础,动摇了其政治国家的统治根基,从而使得对传统的法律及其制度、体系和价值追求的变革成为不得不为之事。

(二)国家角色的扮演对法律发展的影响

就中国变革时代到来后对法律变革与发展的影响程度而言应是国家远大于社会,只可惜国家没有发挥应有的功能和扮演好自身应然角色。对此,我们从以下两个方面进行阐述。

1. 各时期的政府的法律创制行为的特征及其价值追求对法律发展的影响

就此主要分以下几个方面:

(1)晚清政府进行修律活动对法律变革与发展的影响。就晚清政府进行的修律活动的性质而言,是不同于印度迫于西方列强的压力所进行的法律及其制度和体系的创立活动。促成清政府修律的直接动因是"收回治外法权",修律最显著的成果是制定、颁布了"中国历史上第一部完全效法西式刑法结构、体例和原则精神的刑法典"②——《大清新刑律》,这是中国传统法律体系衰亡的转折点,是中国法律发展史上的重要里程碑,应该说这一措施是产生了一定的成效。但为何没能达到也是以国家为主导的法律变革与发展模式的作为当时东方国家的日本那样的效果呢?原因就在于,清朝政府是有收回治外法权的动机和愿望,且从内心深

---

① 公丕祥:《当代中国的法律革命》,法律出版社1999年版,第29页。
② 王云霞:《东方法律改革比较研究》,中国人民大学出版社2002年版,第86页。

处相当希望通过这一措施能改变内忧外患的境地,但是由于一者清政府
所采取的一切是以维护其统治地位为核心而非以社会的整体利益为旨
趣。二者清末中国的社会结构、社会生活和社会各阶层的心态变化并没
有达到同期日本的程度,从而导致在同一外因并采取相似措施的情况下
却出现不同的结果的局面。由此决定了"清末修律属于改良型的范
畴"①。"这场法制改革运动的主观目的,是为了更有效地维护摇摇欲坠
的晚清皇朝统治,宪法的时髦形式成了行将就终的晚清皇权的护身符,并
且修律的基本法理依据仍是传统儒家的纲常名教,因而不可避免地最终
走向失败。"②

（2）辛亥革命时期的法律创制活动对法律变革与发展的影响。辛亥
革命时期所创制的法律模式无疑是具有革命性意义的。它所要实现的是
从封建专制主义法律秩序向近代民主主义法律秩序的历史性转变。尽管
其存在时间很短暂和法律效力的适用范围很有限以及在实际生活中施行
效果也不理想等缺憾,但它毕竟是原创性的,是一场剧烈的社会革命的产
物,而不是某一个法律历史过程的自然延续。③

（3）北洋军阀政府的制法活动对法律变革与发展的影响。这个时期
可分为两个阶段,一是以袁世凯为代表的北洋军阀窃取了辛亥革命的成
果,先后颁布了《准孔教会批》、《祀云典礼告令》和《祭圣告令》等,其本质
是期望通过传统法律文化的力量,以达到恢复帝制的目的。从现实而言,
这是历史的倒退。二是其后的北洋军阀政府的制法活动。这一时期,就
其总体实质而言,"实际上是北洋军阀假'中华民国'之名,行军事独裁之
实的封建军事政治法律统治秩序"④。这一时期虽在法典编纂等方面做
了大量的工作。但是,形式上的法典编纂并不能消弭军事独裁专制的本
质,反而表明了法制的进一步殖民地化。⑤

（4）南京国民政府进行的法律创制活动对法律变革与发展的影响。
就中华民国南京国民政府时期的法制建设的模式而言是资产阶级法治与
封建法制传统的奇妙结合。这一时期,通过大力引进西方法律文化特别

---

① 公丕祥主编:《当代中国的法律革命》,法律出版社1999年版,第36页。
② 公丕祥主编:《当代中国的法律革命》,法律出版社1999年版,第26页。
③ 参见公丕祥主编:《当代中国的法律革命》,法律出版社1999年版,第37页。
④ 公丕祥主编:《当代中国的法律革命》,法律出版社1999年版,第38页。
⑤ 参见公丕祥主编:《当代中国的法律革命》,法律出版社1999年版,第38页。

是大陆法系的法律,进行法制创制活动,逐渐形成了以"六法全书"为主干的法律体系,使得中国近代型的法律系统遂而得以确立。虽然这一时期的法律部门相应齐全,法律内容较为完备,立法技术亦较以前大有改进和提高,但是支撑这一法律系统的价值体系则是与社会变迁的内在要求不相吻合的,从而也就不可能产生应有的作用。总体而言,南京国民政府是以强调国家至上为旨归,且对传统的家族主义的留恋。从宪法法制到民事法制和刑事法制以及诉讼法制,都是以这一价值体系为基础的。特别是南京国民政府政权的统治基础依旧没有摆脱旧的社会结构的运行轨迹,旧的制度在很大程度上被保存下来。①

2. 中央集权性国家权力运行机制对法律发展的影响

从法律变革与发展的国家作用的发挥而言,必须有一个统一的国家力量为后盾,而这最为突出的是中央集权制的形成和有效实施。变革时代到来后,具有讽刺意味的是在中国传统社会制度构成中最具现代性因素的部分是维系中国社会稳定的支柱——中央集权制,但其受专制性官僚政治所扼制,正是由于自身的结构性重大缺陷阻碍了中央集权官僚体制向现代政府制度的转换。② 从而也就使得法律的变革与发展存在着致命的阻碍,主要表现在中央官僚集权制对基层的统治力量较弱,这与社会生产力水平不断提高所要求的能够全面协调社会力量、快速处理公共事务、完善社会结构等内在需求之间存在巨大的冲突。就维系中国的官僚集权制的意识形态的儒家思想这一基础而言,它以道德伦常为基本准绳,在义务与权利的关系上与其说没有明确的界定,还不如说是强调义务而扼制权利。因为在儒家思想控制下的规范虽不排斥个人的成就取向,但人情取向更占据主导性地位。中央官僚集权制的垂直系统固然保证了政令的畅通,然而也带来了各级官吏不思进取、因循守旧的严重惰性。加之宗族、家族的因素与政治结成互为一体,为政治上的派别斗争提供了永恒的竞技场。更为重要的是,儒家意识形态作为维护社会稳定的基石,它提供了对世界的全部解释,成为不可逾越的治国安邦的基本原则。凡此种种,既成为中国回应外部世界挑战的巨大的心理障碍,也使得中国在变革

---

① 参见公丕祥主编:《当代中国的法律革命》,法律出版社 1999 年版,第 36 页。
② 参见钱乘旦主编:《现代文明的起源与演进》,南京大学出版社 1991 年版,第 380 页。

时代到来时与外部世界交往时，很难随着形势的变化而变化政策，从而处处显得迟钝与僵硬。就法律变革与发展的最为基础性的条件而言，国家必须具备冲破这种迟钝与僵硬的创新精神。

总之，从总体而言，变革时代的中国国家在法律变革与发展的过程之中，并没有发挥本应起的作用，由专制性官僚政治所扼制下的中央集权体制影响了国家角色的恰当扮演及适时转换，从而掣肘了中国在变革时代法律变革与发展的成效，影响了后来的法制现代化的历史进程。

（三）市民社会的培育对法律发展的影响

通过探究西方社会对法律变革与发展的影响的历史轨迹可知，社会对法律变革与发展的影响最为突出的方面是市民社会的培育及其政治力量的汇集，中国也不例外。① 西方列强对中国的侵略和掠夺首先是从经济开始的，最终目的也是为获得更多的经济利益。面对西方列强的殖民主义行径，中国以政治革命为前导，进行了相应的变革。当然，政治革命背后的精神动力，仍是寻求富强，即政治变革的任务在变革时代的中国是从属于经济发展的。中国有两千多年的专制帝制的历史，且中国传统政治体制对社会的整合是相当成功的。从某种意义上说，当19世纪中叶被迫纳入世界历史时，其可利用的政治资源比俄国和印度都要优厚。② 只可惜，中国没能很好地将之转化并利用好。

中国变革时代到来之前的社会经济结构与政治结构一样，同样存在着一定程度的可向现代化转化的积极因素，但是，这些积极因素同样因经济社会结构的制度性缺陷而被吞噬。据历史学家和社会学家的研究表明，在中国的经济生活中，具有私人契约关系的土地与劳动力交换的活动一直十分活跃。③ 一般而言，政府对经济的干预并不严重，官营工商在本国的经济生活中也不占主导地位，但个人则有流动的自主选择职业的自由，从而也就利于体现私法精神或价值追求的法律在一定范围和程度上的产生和发展。当然，与现代社会相比，在变革时代之前的经济社会结构

---

① 太平天国引发了中国地方势力的扩大，从而中间势力的增强，开创了变革时代国家与社会抗衡的新局面。

② 参见［美］吉尔伯特·罗兹曼主编：《中国的现代化》，上海人民出版社1989年版，第57～96页。

③ 参见傅衣凌：《明代前期徽州土地买卖契约中的通货》，载于《社会科学战线》1990年第3期。

中的障碍性因素还是处于绝对的主导性地位。这主要体现在：一是在19世纪中叶之前，中国是一个典型的农业社会，与微弱的商品交换关系相比，自然经济占绝对的优势。二是社会中的商品经济活动仅限于一般的手工业品和农副产品的简单交换，几乎不存在以大机械为动力的制造业与加工业。三是可以在社会经济活动中起到调节作用的国家，几乎不干预经济，也缺乏对外贸易的观念，无法承担起经济起步、发展和腾飞所必需的资源征集和建立经济组织以及从事与外部世界经济联系的责任，使得分散的商业力量无法集中。因此经济结构中若干积极因素不能生发和拓展出资本主义生产关系和扩大在新质的基础上的生产规范。在这样的境况下，市民社会就不可能正常培育更不可能快速发展壮大，与政治国家相抗衡的力量与其说不够强大还不如说几乎没有，致使法律的相应变革与发展必然缺少必要的社会根基，法治氛围的营造和价值追求的确立没有必要的社会需求量和认同感，从而源于社会之中的蕴含法治精神的法律成为现实就没有必要的土壤。就某种意义而言，闭关锁国并非是中国的固有特征，那么，为何中国到了近代封建社会末期出现了这一状态呢？应该说是中国传统价值取向中占主导地位的因素在变革时代西方文明的冲击下被歪曲和固有的东方传统中所培养的奴性的社会无力产生对政治国家有利于应对西方文明冲击的作用的双重因素所致。

当然，"可以肯定地说，相对于西方的观念，中国并没有产生那种'朴素个人主义'的本土的自觉性，而且……中国本土也没有有关个人权利的词汇"①。这是因为在社会本位和义务本位的价值观的统辖之下，是不可能产生的，也是不允许产生的。但我们不能因此而否定当时中国就没有一丁点的苗头。早在明末，就已经有了一系列自觉变迁的迹象：人们开始赋予那种相对于社会组织或网络的个人以某种显著的地位，而在儒家的价值体系中人们于习惯上却受制于这些组织或网络。对传统的"人欲"、"私"、"利"的观念的重新评估，表明对个人财富的渴望。此外，清早期以及清中叶提出的各种男女平权主义的主张，也可以被认为是对传统的维护宗法等级的法律及其制度、体系和价值追求的冲击和挑战，它在一定程度上促进了法律的变革与发展。当然，我们应清醒的是，凡此仅能说明当

---

① ［美］罗威廉：《晚清帝国的"市民社会"问题》，载于邓正来、［英］J. C. 亚历山大：《国家与市民社会》，中央编译出版社2002年版，第414页。

时中国国家与社会各自及相互间拥有趋向于民主的"潜在的"资源，而不能因此否定其反民主、反法治的一面。

（四）"雪耻图强"的心态对法律发展的影响

西方文明与中国文明第一次大规模的会面是以"兵戈相向"的形式而出现的，这实属可悲之事。基于此，中国人在心理上永远无法抹去"仇外"的阴影，并使中国人因此很难用理智去认识西方文明——当然包括法律文明——的真相。当我们讨论中西文明时，我们总有不自觉地诉之情绪。笼统地说，中国自变革时代到来起，无论在政治、经济、思想、法律等各方面的努力都是以"雪耻图强"作为意识背景的。由此，的确是加速了中国的社会变迁，但就其根本而言，也使得中国人始终无法全面地建立起一种对西方文明正面理解的心理，而这确实在一定程度上阻碍了自身本该有的应对能力的增强。无论是出于仇外还是媚外，都是一种情绪的反应。无论是"中体西用"还是"全盘西化"，都不是理智的选择。

中国变革时代的变革，是就传统农业社会向现代社会变迁的动力和诱因而言的，我们不可否认传统之中政治、经济、社会结构及意识形态等方面有一定的积极性因素。然而，由于博大精深的中国传统因素具有极大的同化作用，从而外来因素是很难在其中有生存和发展的土壤的，即便最终能站住脚，但也既速度不快又处境很艰难。当然，我们不可忽视或否定的是，作为总体特征的中国传统社会的政治、经济、社会结构及意识形态等方面确实存在着根本性的制度缺陷，它严重地阻却着传统中国向现代化转化的因素的成长，如果没有外来刺激，可能中国仍处于传统状态之中徘徊，至少不可能如此之快地走出传统的禁锢。当然，同时应清醒的是，"传统中国社会的崩溃乃是西方力量冲击的结果，而西方的这种侵略，干扰并毁灭了中国人对中国思想自足性的信心"①。基于此，它也影响了中国如何在积极应对域外的挑战而卓有成效地进行本国的法律变革与发展的成效。

---

① J. R. Levension. *Confucian China and its Modern Fate*, University of California Press, 1958, Vol. 1, p. 145. 转引自邓正来：《中国发展研究的检视——兼论中国市民社会研究》，载于邓正来、[英] J. C. 亚历山大：《国家与市民社会》，中央编译出版社 2002 年版，第 448 页。

（五）国家至上的价值定位对法律发展的影响

19世纪末20世纪初，是中国社会的激剧变革时期，传统的政治框架备受怀疑和挑战，传统的国家与社会一元化的价值观因主动和被动地与西方的国家与社会二元化的观点相接触、碰撞，人权、自由、宪政、法治及民主权、分权制衡之说盛极一时。历史是给了中国的法律及制度、体系和价值追求的变革与发展一个瞬间睁眼看世界的大好机会，但却没能给中国的法律变革与发展走向世界提供必要的舞台。这既是中国特有品质所导致的必然的悲剧，也是对中国开了一个令人感到可悲的玩笑。从社会实践层面而言，西方列强的入侵，打乱了中国政治经济独具特质的演进轨迹，社会矛盾出现了对立与冲突加剧的局面。仿效西方现代化模式的国家主义开始兴起，国家权力开始日益明显地从社会中分离出来。这种分离是通过国家权力的扩张来实现的，是在经济的增长、社会的现代化、民族的独立等多种目的的支配下进行的，由此导致中国的国家与社会分离并走上了一条与西方迥然相异的道路。① 这种表现的目的是符合多元化实质的要求的，这一方式巩固了中国当时的国家权力的选择，并决定了中国国家权力与社会权利不可能实现如同西方的衡平模式。在这变革的时代，中国可说是内忧外患，而由于西方的入侵，出于自我保护意识，允许西方各种意识进入中国，在传统的国家主义和现实的民族主义相结合的基础上，使得"国家主义"、"小我服从大我"、"国家利益至上"等原则因迎合了时势而独领风骚，从而国家的势力得到了进一步扩张，职能进一步扩大，全社会的实体便是国家与社会虽已有所分离而未能分立也不可能分立。② 导致的结果是社会为国家服务，国家更为清晰地凌驾于社会之上。再者，为何中国在变革时代的法律的变革与发展的历程如此步履蹒跚，其主要原因是持续不断的社会变革和动荡不利于形成以法律为准绳和引导的稳定秩序及其相应的稳固社会基础；以立法为主导的法制发展经历了由被动变法到机械模仿再渐次转向自主选择的过程，不断强化的国家政治权力既抑制了法治秩序的生长，也影响着法律发展的面貌；多种文化的

---

① 参见齐延平：《国家与社会：一种法学思维模式的重新解读》，载于《文史哲》2000年第2期，第66页。这一与西方国家与社会二元对立的不同的状态或者价值职能是与中国的传统有相当密切的联系的。暴力国家观导入中国并被尊奉的根源就在于此。

② "分离是指国家从社会中异化出来。"（齐延平：《国家与社会：一种法学思维模式的重新解读》，载于《文史哲》2000年第2期，第66页）

风云际会为形成新的法律及其制度、体系和价值追求创造了难得机遇,但由于传统的深厚影响,法治的价值旨趣一直难成气候。① 所有这些,是不可能使有益于合乎自身法律变革与发展的国家与社会形成二元对立理念的萌芽、生长和形成的,更不可能使两者能形成良性互动了。

(六)就传统经济结构的态度对法律发展的影响

中国在鸦片战争以前,还没有近代工业,由此也就制约了本国的法律及其制度、体系和价值追求的变革与发展。从某种意义上说,近代的工业革命也是一个制度革命。中国近代意义上的工业的萌芽是源于洋务运动,社会有了求新和求强的冲动,从而在一定程度上使中国的社会结构发生了变迁。虽然,在变革时代到来时,中国的经济结构特征与印度基本相似,乃是小农业与家庭工业相结合,但因与印度有别而出现了不同的结果:一是在印度,农业与手工业的结合是以与自身特点相适应的土地所有制为基础的。而在中国,农民大部分拥有一块极其有限的从皇帝那里得来的完全私有的土地,但每年须缴纳一定的不甚繁重的税金②。二是在东印度,英国人凭着自己作为当地至高无上的土地所有者的势力,能够破坏这种特殊性质的土地所有制,从而强迫一部分村庄变成生产鸦片、棉花等原料去交换英国货物的简单农场。而在中国,英国人没能做到。③ 这些均阻却了英国等西方殖民主义者得以迅速对中国实行殖民主义统治——仅能达到使中国成为半殖民地、半封建国家的程度。从而既导致了中国的社会结构、政治结构产生了与印度等国不同的变化,也导致中国形成了独特的法律发展模式。

小　结　中国在西方列强的殖民主义行径的冲击之下,迎来了变革时代,并形成了具有自身特点的"挑战—回应"的发展模式,但由于这期间常常是在盲目与错误中,迷失了方向,浪费了时间与精力,虽然也获得

---

① 参见叶传星:《法治的困顿——对我国百年法制发展的一个检讨》,载于《人大法律评论》2000 年卷,第 2 辑。

② 参见马克思:《对华贸易》,《马克思恩格斯全集》第 13 卷,人民出版社 1962 年版,第 604 页。

③ 参见马克思:《对华贸易》,《马克思恩格斯全集》第 13 卷,人民出版社 1962 年版,第 605 页。

了些许"报酬",但所付代价则相当巨大。[①] 也就是说,中国在变革时代所选择的法律变革与发展之路是充满了深刻的矛盾与广泛的冲突的。在这条道路上,中国既取得过巨大的成就,也一次次丧失了历史赐予的难得的机遇,长期在通往现代化的旅途中蹒跚而行。出现这一格局无疑既与传统有关,也与当时的中国政治中枢的政策选择密切相关,同时它还受到错综复杂的国际环境的巨大影响,中国以迥异于其他国家的特有方式推行社会转型和促进本国的法律的发展,最终在挫折中取得了令世人瞩目的成就。

第六节 变革时代的俄国法律发展状态概述

俄国的主要民族——俄罗斯人、白俄罗斯人、乌克兰人,均属于斯拉夫人,但他们远离法兰克王国和拜占庭帝国的影响,在西斯拉夫人和南斯拉夫人步日耳曼村社的后尘,随封建化过程而走上村社衰落的道路时,欧俄地区的这几支东斯拉夫人却安然地走着自己的道路。公元9世纪,当东欧各地的斯拉夫村社开始封建化过程时,欧俄地区的农村公社则经过区域联合而独立地建立了城堡小国,出现传统东方的生产形态。然因种种原因,欧俄地区的这种形式未能顺利地发展成实行土地国有制和普遍奴隶制。公元14~15世纪,随着俄罗斯中央集权国家的形成,俄国适应了生产力发展的要求,实行了土地国有制和领主封建制,并在各种形态的土地私有制的影响下形成了半领主制半地主制的所有制形态及其对应的生产方式和社会运行机制。[②]

---

① ［英］汤恩培（A. Toynbee）的"挑战—回应"模式指出有三种形态与结果。第一,当一个挑战太微弱时,则不会掀起什么回应。第二,当一个挑战太强烈时,则被挑战者将不能有成功的回应而趋于解体。第三,当一个挑战既不强烈,也不微弱时,则会导致一个富有"创造性"的回应。第二种形态正是中国对西方的挑战的回应,是失败的。第三种形态则说明中国对印度佛学的挑战的回应,是成功的。参见金耀基:《从传统到现代》,广州文化出版社1989年版,第56页,第1注。

② 列宁在论述俄国村社与专制国家时,总是把"地主"与"农奴"并提,反复强调私有制地主奴役村社内的农奴是俄国封建制度的实质。这决不是列宁混淆了领主封建制与地主封建制的区别及领主拥有土地与地主私有土地间的界限,而是他以这一鲜明的地主奴役村社的特征来说明俄罗斯当时的社会形态,从而作为他深刻揭露俄罗斯专制帝国的性质的理论依据。而这对于我们研究、揭示俄国的法律及其制度、体系和价值追求等也是十分有益的。

农奴制的瓦解是俄国变革时代到来的前奏　　与东方其他国家相比较，历史上的俄国是一个极端落后的具有悠久专制主义传统的国度，其所依靠的经济基础就是土地国有制。16世纪初，英法等国的农奴制早已解体，而统一的俄罗斯农奴制国家才刚刚形成。农奴制度在俄国历史上延绵了四个世纪之久，走出了一条自己独特的道路。这不仅对俄国的社会发展起过巨大的作用，而且对俄国及以后的苏联的法律变革与发展产生了深远的历史影响。

在中世纪，西欧各国都曾盛行农奴制。但自13世纪开始，这些国家的农奴制已渐趋瓦解。14、15世纪在资本主义生产关系迅速发展的冲击下，西欧的农奴制彻底崩溃。16世纪席卷西欧的宗教改革和农民战争，进一步涤荡了农奴制的残余。然而，在俄国的情况却正好相反。15世纪，俄国的农奴制才刚刚开始在全国范围内形成，公元1497年伊凡三世下令颁行了全国统一的"律书"，在经济上确立了以服役贵族采邑为基础的领主制和农奴制，在政治上确立了俄罗斯统一国家的中央集权制及其行政、司法、赋税、军事体制。在以后的几个世纪中，农奴制则被不断加强，成为俄国史上一个非常突出的历史现象。公元1547年伊凡四世正式加冕"沙皇"以后，实行了有利于中央集权制的改革，封地贵族是改革的依靠力量，波雅尔贵族则是改革的打击对象。在行政体制改革中，沙皇调整了中央行政机构，在地方上废除了波雅尔当权的食邑制，地方权力转归封地贵族和农工商选举的地方官署，使行政机构全部纳入中央集权制的轨道。在司法改革中，沙皇解除了波雅尔的城镇司法权，由沙皇法庭统一行使司法权，在法律上明确了封地贵族不受波雅尔贵族司法管辖的权力，从而使封地贵族取得了与波雅尔贵族同等的法律地位。在军事改革中，改革了波雅尔贵族把持军队高官的局面，颁布了封地贵族与波雅尔贵族在同一标准下服兵役的法律，加强了封地贵族在军队及高级指挥层中的作用，同时在贵族骑兵军之外，又组建了一支由工商业者参加的直属沙皇统辖的射击军。此外，还对赋税制度也进行了改革，取消了教会土地的免税权，对全国土地进行了统一丈量和登记，规定了统一的赋税标准。然而，如此等等的措施，政治上的分裂割据倾向虽因波雅尔势力的瓦解而受到扼制，但波雅尔世袭领地中反映出来的经济上的土地私有化倾向却并未消失。服役贵族在与波雅尔贵族的斗争中，凭借沙皇的权威，夺村占地，努力使自己的服役地变成新的世袭地。因此，随着贵族的世袭领地的发展,土地私有化倾向反而成为全国的普遍现象。至公元 1591 年,沙皇政府颁布法令,规定服役贵族的土地免税,从而刺激了服役贵族扩大土地的欲望。为了巩固中央集权制政权,沙皇采取一系列经济手段来扶持服役贵族,最后使其成为地主,满足了他们对土地私有化的要求。公元 17 世纪初,沙皇政府取消服役贵族死亡后土地收回的制度,允许服役贵族的子女、亲属继承其土地。公元 1627 年的沙皇敕令,允许服役贵族的军功采地视同世袭领地,无力经营的服役封地可以用优惠价格购置为世袭领地。就实质和影响而言,这一措施在政治上培植了新的波雅尔世袭贵族,在经济上打开了土地私有制的最后一道关卡即允许土地买卖。到公元 1649 年,沙皇颁行了一部确定土地私有制和贵族的地主身份的重要法典,该法典明确规定了国有土地和宫廷封赐之地以外的私有土地,村社农民的身份也由此分为国有农民、宫廷农民(后来的采邑农民)、私有农民(即地主农民),地主奴役村社和农奴的制度在法律上规定下来。且这部法典及其基本制度,一直实行到 19 世纪前期。① 到 17 世纪末 18 世纪初,为了增强国力和利于向外扩张,沙皇彼得一世进行了以实行欧化和富国强兵为特征的改革,使得俄国的农奴制在经历了漫长的历史发展之后,18 世纪末达到了鼎盛时期,但同时也开始了急剧衰落的过程。至 19 世纪上半期,俄国的农奴制度业已陷入严重的危机之中。19 世纪中期,沙皇政府不得不以改革为名宣布废除农奴制度。

俄国农奴制度的瓦解,如同它的产生一样,也是有其深厚的社会历史原因的。首先是"把俄国拖上资本主义道路的经济发展的力量"②,从根本上破坏了农奴制经济赖以生存的条件和基础。18 世纪末至 19 世纪上半期,俄国的社会经济发生了深刻的变化,这一变化的最突出的表现有:一方面,工业生产中旧的农奴制经济形态的衰落,新的资本主义生产关系的形成,使得俄国的工业生产由于民族市场的发展,以及受欧美工业革命的影响,有了重大的发展。工业生产的发展,促进了劳动分工和商品生产,推动了资本主义工场手工业的形成。随着工业生产的发展和工场手

---

① 参见刘学灵:《东方社会政治形态史论》,上海远东出版社 1995 年版,第 353～357 页。

② 列宁:《"农民改革"和无产阶级农民革命》,《列宁全集》人民出版社 1959 年版,第 17 卷,第 103 页。

工业的形成,不仅使经济构成发生了巨大的变化,而且使社会结构发生了变化。另一方面,农耕技术的改进和资本主义因素的成长,逐渐使人们看到地主通过劳役地租的方式剥削村社农民的制度已落后不堪,地主庄园经济改变经营方式已显得十分必要。当然,为适应这种发展要求地主庄园经济也出现了一些变化。

其次,俄国民众的反封建斗争,加剧了农奴制的危机。19 世纪上半叶,随着俄国社会经济中商品货币关系的迅速发展,地主普遍加剧了对农民的剥削和压迫程度。在这一时期,无论黑土带的劳役还是非黑土带的代役租,都呈现了大幅度上升的趋势。由此,推动了农民反封建斗争情绪的急剧高涨。这就使得自 18 世纪末受法国大革命的影响所形成的革命思想在俄国迅速发展后,1825 年,十二月党贵族革命首先举行了反对农奴制和沙皇专制制度的公开武装起义。从 40 年代起,以别林斯基、车尔尼雪夫斯基等为代表的平民知识分子革命家的革命民主主义活动,进一步扩大了革命思想的传播,推动了俄国人民的反封建斗争。

第三,沙皇政府的倒行逆施,加速了农奴制度的崩溃。19 世纪上半叶,农奴制危机日益深化,严重地动摇了沙皇专制统治的基础。为了维护自己的专制统治地位,挽救农奴制的危机,沙皇政府进一步强化了专制主义统治和对农奴的压迫。如 1830 年颁布了“帝国法律全书”,从法律上明确规定地主对农民的各种警察和司法特权,广泛实行棍刑制度,动员整个地主阶级镇压农民的反抗斗争。但是沙皇的专制暴政,不仅未能制止民众的反抗斗争,反而激发了民众的反抗斗争越来越加剧。据史料记载,期间全国各地的农民起义和暴动事件多达两千余起。① 19 世纪中期俄国的经济、政治有了较为全面的发展,迫使沙皇政府不得不废除腐朽落后的农奴制。在内外交困中上台的亚历山大二世,为了避免人民革命的危险和尽可能地维护地主阶段的利益,不得不在克里米亚战争结束后,立即着手废除农奴制的准备工作,并于 1861 年 2 月 19 日(俄历)正式签署《农民改革法令》。在农奴制废除后,沙皇政府还在行政、司法、财政、文化教育等方面陆续进行了一些改革。沙皇政府通过这些改革,把资产阶级也拉入统治集团之中。

第四,俄国在 19 世纪初打败拿破仑法国以后,又为了维持欧洲反动

---

① 参见《1826—1849 年俄国农民运动文献资料汇编》,俄文版,莫斯科,1961 年,第817 页。

秩序的"神圣同盟"的倡导者并扮演维护欧洲黑暗势力的"世界宪兵"的角色,而成为镇压 1848 年欧洲大革命中民族解放运动的刽子手。然而,野蛮落后的俄国生产方式在更为先进的资本主义生产方式面前是注定要败下阵来的。在沙皇俄国同已推行资本主义制度的英法两国为争夺土耳其的君士坦丁堡和黑海海峡的制控权而在 1853～1856 年发生的克里米亚争霸战中,俄国的失败揭穿了所谓俄国军队是战无不胜的神话假象,充分显示了资本主义制度相对农奴制度的优越性,暴露了农奴制和沙皇专制制度的腐朽性,并由此而大大激化了本国的社会矛盾,使统治阶级面临国家土崩瓦解的命运。从而不能照旧维持反动的专制统治,不得不于 1861 年实行了自上而下的社会变革——农奴制改革。这在一定程度上开始了向资本主义君主立宪制的转变,并由此开始了俄国为适应近现代社会变迁的要求而展开的法律变革与发展的序幕。同时,也正由于对农奴制的改革,加速了资本主义势力在俄国的发展和壮大,导致了在短短的十几年里,资本主义制度所固有的社会弊端在俄国的领土上就迅速蔓延开来。

　　废除农奴制并不是 1861 年改革一蹴而就的,它经历了一个漫长的过程,其间伴随着来自多方面的反抗,贵族地主的极力阻挠和农民的起义、暴动从未间断过。就农奴制的废除的难易程度而言,有无村社制度是大不一样的,牢固的村社制度的存在确实成为一种阻力。在没有村社制度的波罗的海地区的地主农庄中,公元 1861 年之前已经陆续率先废除了农奴制。公元 1861 年废除农奴制法令的颁行,主要是推动了俄罗斯各农业中心的家奴制的废除。而在格鲁吉亚,山地农村公社仍顽固地保留着旧的传统,废除其农奴制的进程极为缓慢,直到十月革命之前那里最后一批山地村社中的农奴制才被废除。

　　正因为俄国的这一社会革命是极不彻底的,改革仍保留着大量的农奴制的残余,即非但没有解决俄国的社会问题,反而使国内的阶级矛盾更趋尖锐。一方面沙皇政府与民众的矛盾愈加激烈。另一方面,资本主义生产方式的导入,使国内的阶级矛盾更加复杂化,导致了生产力的发展和社会进步仍受到严重障碍,广大人民深受资本主义和封建主义双重压榨和剥削,从而使社会矛盾进一步激化,尤其是当自由资本主义开始向垄断资本主义过渡时,俄国逐渐成为资本主义世界体系链条上的一个矛盾集合点。在经济上表现为:一是,农奴制残余与发展资本主义之间的矛盾。二是,正在发展中的资本主义生产力同资本主义生产关系之间的矛盾。

293

在政治上表现为:一是,各族人民同沙皇专制制度之间的矛盾。二是,农民同地主之间的矛盾。三是,无产阶级同资产阶级之间的矛盾。四是,国内各被压迫民族同大俄罗斯沙文主义之间的矛盾。五是,俄国各族人民同外国帝国主义之间的矛盾。所有这些矛盾都预示着俄国一场社会变革大潮即将来临。诚如马克思在 1871 年给左格尔的信中指出的:这次危机是欧洲历史上的一个新的转折点。俄国已站在变革的门前,把握好机遇相当重要。当然,如何导引这场行将暴发的社会革命意义重大,且将遇到的困难也是相当之多。马克思在原打算寄给俄国《社会纪事》杂志编辑部的信中这样论述道:"如果俄国继续走它在 1861 年所开始走的道路,那它将会失去当时历史所能提供给一个民族的最好的机会"①。也就是说,对俄国来说,无论遇到西方资本主义的冲击多么大,都必须积极主动地利用好自身的社会力量去及时而有效地应对,绝不可坐以待毙。相反,如同东方其他国家的一样,若社会变革时代到来时,不能抓住机遇,就必多走弯路。因为,在一个民族面前,此时存在着相应的现实可能性,存在着沿不同途径发展的历史机遇。而问题的关键在于如何把握好机遇并能走好。俄国直到 1917 年十月革命胜利后,农奴制才得以彻底消除。

当然,应清醒地认识到的是,俄国的社会发展状态的基础主要是村社制而非农奴制,因此废除了农奴制并不意味着废除了村社制或必须废除村社制,实行了公元 1861 年的改革也不等于俄国就一下子摆脱了原有的社会形态。因为没有村社制也可以有农奴制,但没有村社制而仅有农奴制就不会有俄国当时的社会形态。然而在俄国,废除农奴制与农村公社的瓦解是有密切关系的。俄国用农奴制把村社人口困固在地主土地或国有土地上,由此既抑制了村社的自然解体,也使得国家和地主又能利用村社制度巩固农奴制,把村社当成控制农奴的手段之一。从公元 1861 年废除农奴制的法令内容来看,沙皇政府废除了农奴制却又保留了村社制,并且继续把村社作为地方行政体制的基层单位来看待。俄国农民在废除农奴制后,得到的仅仅是人身自由即脱离了依附关系,但并没有获得土地。因此,不仅地主土地所有制没有变化,而且他们在执行公元 1861 年法令的过程中又大大缩小了农民原有耕种的份地的数量,农民为赎买土地被

---

① 马克思:《给"祖国纪事"杂志编辑部的信》,《马克思恩格斯全集》第 19 卷,人民出版社 1963 年版,第 129 页。

弄得家破人亡、一无所有。① 从另一角度而言,正因为使得农奴成为具有人身自由者,才为以后的俄国资本主义制度的产生和发展打下一个重要基础和创造了相当有利的条件。

沙皇政府废除农奴制而保留村社制度的本意,是为维护俄罗斯帝国的统治基础,以不改变地主奴役村社的现状为手段,求得通过改变地主土地私有制的经营方式即以租佃代替份地制和劳役制来提高地主经济生产率。但是,资本主义因素的发展是不以沙皇政府的意志为转移的,在商品经济的运行机制的影响之下,地主们热心于牟取资本而转化成资产阶级,农民们则热心经商做工而不愿意务农。在农村公社中,维护村社传统的村长常被政府官员撤换,富有的能帮助政府压迫农民的人成为村社上层人物。在此情势之下,农民已不指望村社的互助传统和平均主义制度了,他们痛恶数百年来把自己的祖孙陷于农奴地位的村社躯壳之中,迫切企盼摆脱村社的限制,自主经营,自由迁徙。不管他们是否认识到村社对他们的限制乃是国家对他们的限制,但他们深知村社不是自己的组织而是国家强加给他们的组织。农民要求废除村社制度的实际行动,成为农村公社解体的内因之一。因此,废除农奴制以后不久,资本主义经济对土地和农民的争夺,根本改变了俄国向地主封建制发展的自然轨道,俄国带着封建制的残余走上了资本主义道路。俄国农村社会在这样的外部条件下,最终解体的内外因素全部具备了。随着农村公社的解体,废除农奴制后不久的俄国很快失去村社制度原有的社会基础的作用,渐次向近代资本主义社会转变。

对农村公社所有制的改造是俄国法律变革的社会基础　俄国的历史条件和当时的世界环境给予俄国农村公社以实现大规模组织起来的合作劳动提供现成的物质条件,从而使它"可以不通过资本主义制度的卡夫丁峡谷,而吸取资本主义制度所取得的一切肯定成果"②。也诚如列宁所认为的,俄国虽然带有深厚的专制主义传统,但是革命可以割断这一传统而开辟出一片新的天地,从而无需再经过一段长时期的资本主义发展

---

① 参见刘学灵:《东方社会政治形态史论》,上海远东出版社 1995 年版,第 363 页。

② 马克思:《给维·伊·查苏利奇的复信草稿——三稿》,《马克思恩格斯全集》第 19 卷,人民出版社 1963 年版,第 451 页。

过程。俄国的社会革命的基本要求就是在资产阶级民主革命之后适时地通过无产阶级革命,进入共产主义社会。①

因为俄国农村公社当时所处的历史环境和资本主义生产并存的状态能够给它提供现成的物质条件,并有利于掌握资本主义所创造的例如机器、轮船、铁路等等先进的生产力,从而无需像西方那样,先经过一段很长的机器生产发展的孕育期,也能使它建立起西方需要整整几个世纪的发展才建立起来的一整套交换机构——银行、信用公司等。总之,吸取资本主义生产方式的肯定成果,目的是为了发展自己,而不是照搬其生产关系。

而要跨越资本主义"卡夫丁峡谷"的唯一途径就是社会革命,基于此社会实质性变迁才有可能,并建立起自身的合法政权,为法律的变革以及在此基础上再作发展创造各种有利条件。适合俄国当时进行非资本主义的社会变革的道路有两个条件:一是外部条件,就是尚存在的农村公社所有制及其所处的历史环境。二是内部条件,就是具有进行社会革命的潜能。只有通过社会革命才能推翻专制制度、摆脱政府的桎梏,才能保证农村公社的自由发展,才能使社会有培养、积蓄并达到自我发展和能制约国家力量的可能,也才能不通过资本主义"卡夫丁峡谷"而直接进入共产主义社会。

为此,必须为农村公社的进化和发展创造正常的条件。诚如马克思所认为的,俄国当时的历史环境是,资本主义生产的存在和资本主义制度正在经历的危机,既有利于又不利于农村公社的发展。如何思考通过农村公社的进一步发展来保存农业公社至关重要。② 公社的进化和发展是逐步进行的,首先应当做的是,在它当时的基础上"为它创造正常的条件"③。俄国只能通过本国农村公社的发展来摆脱其当时农业所处的绝境。而用英国式的资本主义租佃来摆脱这种绝境的尝试,是徒劳无功的,因为这种制度是同俄国国内的整个农业条件相抵触的,英国资本主义农

---

① 参见列宁:《布尔什维克能保持国家政权吗?》,《列宁全集》第 32 卷,人民出版社 1985 年版,第 329～330 页。

② 参见马克思:《给维·伊·查苏利奇的复信草稿——初稿》,《马克思恩格斯全集》第 19 卷,人民出版社 1963 年版,第 436 页。

③ 马克思:《给维·伊·查苏利奇的复信草稿——初稿》,《马克思恩格斯全集》第 19 卷,人民出版社 1963 年版,第 437 页。

业的发展模式不适合于俄国的特殊条件。俄国农民早已习惯于劳动组合关系,这便于它从小土地经济过渡到集体经济。"要使集体劳动在农业本身中能够代替小土地劳动这个私人占有的根源,必须具备两样东西:在经济上有这种改造的需要,在物质上有实现这种改造的条件"①。经济上的需要就是除掉压在农村公社肩上的重担,获得正常数量的耕地,组织大规模的合作劳动;至于实现这种改造的物质条件,和它并存的资本主义生产可以提供。只要把农村公社放在正常条件之下,它是能够向集体所有制和集体生产的最高形式发展的。而为何通过革命,俄国在极短的时间内跨越了资本主义的"卡夫丁峡谷",不是天上掉下的好事,而是有其基础的。基于此,在俄国建立无产阶级法权才有可能性。

俄国法律变革的历史选择 在俄国,农村公社的瓦解是由于本国财政的搜刮、地主和高利贷者的盘剥以及专制国家靠牺牲农民培植起来的那些从属于西方资本主义体系的部门对农产品的掠夺。只要进行社会变革,推翻专制主义的沙皇统治,消除施加于农村公社身上的外部破坏因素,就可以使农村公社的集体所有制因素战胜私有制因素,从而对法律作必要的变革并在此基础上进一步发展。当然,这完全可以借助于外界的有利条件而完成。19世纪的俄国特殊的历史条件使它有可能走出一条既不同于印度又不同于西欧的社会发展之路。第一,在世界历史一体化潮流之中,俄国已不是孤立和封闭的国家,而是与西方资本主义国家既处于同一时代,又与之有着广泛的交往,完全可能利用西方资本主义生产力的积极成果作为自己跨越资本主义这一历史阶段的物质前提。第二,俄国土地的天然地势适合于大规范地使用机器生产,而且,农民习惯于劳动组合的关系,有助于其从小土地经济向合作经济过渡。第三,19世纪,西方资本主义制度的弊端已经十分明显地暴露出来。因之,俄国在面临社会变革之挑战时,完全可能鉴于西方资本主义的先例,从而避免资本主义制度的发展所带来的弊端和灾难。第四,也是最为重要的一点,因为俄国社会广泛存在着农村公社这一古老的社会制度,而这种社会制度的生命力比希腊社会、罗马社会以及其他社会尤其是资本主义社会的生命力要

---

① 马克思:《给维·伊·查苏利奇的复信草稿——初稿》,《马克思恩格斯全集》第19卷,人民出版社1963年版,第438页。

强得多。虽然,此时的社会状态从所有制的角度而言具有两重性,即"房屋的私有、耕地的小块耕种和产品的私人占有又使个人获得发展,而这种个人发展和较古的公社的条件是不相容的"①,但它已经过一个辩证否定的过程。这两重性特征又是俄国依自身特点进行社会变革的强大的力量源泉,因为"公有制以及公有制所造成的各种社会关系,使公社基础稳固"②。

就俄国农村公社的前景,诚如恩格斯在《论俄国的社会问题》一文中所指出的,俄国的农村公社所有制要实现向高级形式的过渡,必须抛弃替资产阶级服务的自发形式,从而使得劳动组合本身能够向前发展和具备向高级形式——社会主义社会制度过渡和能够保持的条件和能力。因为当时俄国社会所存在的"劳动组合是一种自发产生的,因而还是很不发达的合作社形式,并且也不是纯俄罗斯或纯斯拉夫的合作社形式。在凡是需要的地方,都成立了这种合作社,在瑞士的乳品业中,在英国的捕鱼业中,合作社的种类甚至是非常纷繁的。在四十年代建造那么多德国铁路的西里西亚的挖土工人(是德国人,而决不是波兰人)就曾组织在真正的劳动组合里面。这种形式在俄国占有优势当然证明俄国人民有着强烈的联合愿望,但这还完全不能证明他们靠这种愿望就能够从劳动组合直接跳到社会主义的社会制度。要实现这种过渡,首先要劳动组合本身能够向前发展,抛弃本身那种自发的,如我们所看到的替资本家服务比替工人服务还要多的形式,并且它还必须**至少提高到西欧合作社的水平**"③。这是俄国农村公社的生产方式所包含的法律关系的变革具有可行性的实施方案和要求。

西方土地公社所有制形式所决定的法律关系在社会发展到一定的阶段上,成了农业生产力水平提高的桎梏,因而便渐渐被消除了。相反地,在俄国却一直保存到下来。这就从事实上证明了农业生产以及与之相适应的农村公社的法律关系在俄国还处在很不发达的状态,俄国的农民只是在自己的公社里生活和活动;其余的整个世界只有在干预到他的公社

---

① 马克思:《给维·伊·查苏利奇的复信草稿——初稿》,《马克思恩格斯全集》第19卷,人民出版社1963年版,第434页。

② 马克思:《给维·伊·查苏利奇的复信草稿——初稿》,《马克思恩格斯全集》第19卷,人民出版社1963年版,第434页。

③ 恩格斯:《流亡者文献》,《马克思恩格斯全集》第18卷,人民出版社1964年版,第616页。

事务时,对于他才是存在的。① 这就决定了这种法律关系是坚固性简单。"各个公社相互间这种完全隔绝的状态,在全国造成虽然相同但绝非共同的利益,这就是**东方专制制度**的自然基础。从印度到俄国,凡是这种社会形态占优势的地方,它总是产生这种专制制度,总是在这种专制制度中找到自己的补充。"②因为就俄国而言,公社土地所制早已渡过了它的繁荣时代,并正在趋于解体。"但是也不可否认有可能使这一社会形式转变为高级形式,只要它能够保留到这样做的条件成熟的时候,只要能够发展到农民已不再是个别而是集体从事耕作的程度;并且应该使俄国农民不经过资产阶级的小块土地所有制的中间阶段,而实现这种向高级形式的过渡。然而这种过渡只有在下述情况下才会发生,即西欧在这种公社所有制彻底解体以前就胜利地完成无产阶级革命,而这个革命会给俄国农民提供实现这种过渡的必要条件,其中也为他们提供在整个农业制度中实行必然与其相联系的变革所必需的物资。……如果有什么东西还能挽救俄国的公社所有制,使它有可能变成确实富有生命力的新形式,那末这正是西欧的无产阶级革命。"③只有通过辩证否定俄国公社所有制及与之相适应的法律制度,建立起新的、符合社会生产力发展方向的新的法律制度及所有制形式,即俄国若能在辩证否定的基础上吸收资本主义生产方式及法律制度中的肯定成果,"就有可能发展并改造它的农村公社的古代形式"④,及农村公社"**不能继续维持下去**"⑤的现状,"要挽救俄国公社,就必须有俄国革命"⑥。也就是说俄国的农村公社的前途和命运在于要将对俄国的农村公社进行改造与俄国社会革命有机结合起来。不过,由于

---

① 参见恩格斯:《流亡者文献》,《马克思恩格斯全集》第 18 卷,人民出版社 1964 年版,第 618 页。

② 恩格斯:《流亡者文献》,《马克思恩格斯全集》第 18 卷,人民出版社 1964 年版,第 618~619 页。

③ 恩格斯:《流亡者文献》,《马克思恩格斯全集》第 18 卷,人民出版社 1964 年版,第 620 页。

④ 马克思:《给维·伊·查苏利奇的复信草稿——二稿》,《马克思恩格斯全集》第 19 卷,人民出版社 1963 年版,第 444 页。

⑤ 马克思:《给维·伊·查苏利奇的复信草稿——初稿》,《马克思恩格斯全集》第 19 卷,人民出版社 1963 年版,第 441 页。

⑥ 马克思:《给维·伊·查苏利奇的复信草稿——初稿》,《马克思恩格斯全集》第 19 卷,人民出版社 1963 年版,第 441 页。

俄国农村公社已不再在公有制的原则下耕种各自所占有的土地,面对西方资本主义社会由巨大生产力而带来诸方面的冲击,面对与西方相比经济落后的现状,面对对原有的法律关系的否定和挑战,面对资本主义性质的法权关系及法律价值追求在俄国的逐步建立,俄国要想在这样的内外环境之下取得从原有的公社所有制法律制度向高级形式的跨越,就必须采取必要而可行的应对措施。"对俄国的公社进行这种改造的首创因素只能来自西方的工业无产阶级,而不是来自公社本身。西欧无产阶级对资产阶级的胜利以及与之俱来的以公共管理的生产代替资本主义生产,这就是俄国公社上升到同样的发展阶段所必需的先决条件"①。即就当时世界形势,从俄国所具有的物质条件,从俄国及西方社会各自所具有的优势,从俄国传统的农村公社所具有的顽强的生命力而言,俄国必须通过社会革命建立新的法权这一途径,从而在对农村公社生产方式进行必要改造的基础上,使之转变为高级的社会形态。

1882年1月21日,马克思与恩格斯在《共产党宣言》俄文第二版序言中指出:"假如俄国革命将成为西方无产阶级革命的信号而双方互相补充的话,那末现今的俄国土地公社所有制便能成为共产主义发展的起点"②。但作为专制的东方帝国——俄国光有这已被西方资本主义不断侵蚀的原始的土地公社所有制形式所体现的法律及其制度、体系和价值追求是不能自发地不经过资本主义阶段而跨越资本主义的"卡夫丁峡谷"——直接进入更高一级——共产主义阶段的,必须进行俄国的社会革命,建立起能保障其中有益成分的政权和法律制度体系。

1894年俄国的国内形势已很清楚:处于革命前夜、作为"西欧整个反动势力的最后一根有力支柱"③的俄国,一方面,财政已经混乱到了极点,行政机构腐败透顶,官吏们贪污受贿和敲诈勒索成风,这一切是靠对西方社会来说无法想像的专制主义作支撑的。另一方面,随着俄国国内资本主义的发展和壮大,资产阶级在俄国的势力愈来愈大,这对俄国直接进入

---

① 恩格斯:《"论俄国的社会问题"跋》,《马克思恩格斯全集》第22卷,人民出版社1965年版,第500页。

② 马克思、恩格斯:《"共产党宣言"俄文第二版序言》,《马克思恩格斯全集》第19卷,人民出版社1963年版,第326页。

③ 恩格斯:《"论俄国的社会问题"一书导言》,《马克思恩格斯全集》第18卷,人民出版社1964年版,第642页。

更高一级——共产主义阶段不利。因为当其势力达到一定程度时,"俄国资产阶级就把国家完全掌握在自己的手中。国家在所有重要的经济问题上都不得不屈从于它的意志"①。同时,俄国的资产阶级还有可能与沙皇专制统治在某些方面达成相互妥协,不仅会从沙皇专制统治者那儿得到益处,且可能比"资产阶级自由主义式的改变所能提供的还要多,而在俄国国内当时的情况下,进行改变的后果是谁也不能预测的。俄国就这样以愈来愈快的速度转变为资本主义工业国,很大一部分农民愈来愈快地无产阶级化,旧的共产主义公社也愈来愈快地崩溃"②。从而也就不可能产生有益于向高级阶段过渡的法律及其制度、体系和价值追求。

但俄国要是能有效地借助于西方无产阶级革命的势头和所具备的物质条件来引导和助推本国的社会革命的话,就有可能取得俄国的社会革命的胜利——成功地跨越资本主义"卡夫丁峡谷"——直接进入共产主义社会,即强调借助于"西欧的无产阶级革命"③的作用的重要性。也就是俄国的"农村社会是俄国社会新生的支点;可是要使它能发挥这种作用,首先必须肃清从各方面向它袭来的破坏性影响,然后保证它具备自由发展所必需的正常条件"④。所以,要使俄国跨越资本主义"卡夫丁峡谷"直接进入高一级的共产主义社会成为可能,就必须在借助于西方无产阶级革命力量的前提下进行本国的社会革命,取得政权,进行有力的法律变革,确立新的法律价值定位,制定新的法律制度,构建新的法律体系。当然,"要想从这种公社保全点什么东西下来,就必须首先推翻沙皇专制制度,必须在俄国进行革命。俄国的革命不仅会把民族的大部分即农民从构成他们的世界、他们的宇宙的农村的隔绝状态中解脱出来,不仅会把农民引到一个广阔的天地,使他们认识外部世界,同时也认识自己,了解自己的处境和摆脱目前贫困的方法,——俄国的革命还会给西方的工人运

---

① 恩格斯:《"论俄国的社会问题"跋》,《马克思恩格斯全集》第 22 卷,人民出版社 1965 年版,第 509 页。

② 恩格斯:《"论俄国的社会问题"跋》,《马克思恩格斯全集》第 22 卷,人民出版社 1965 年版,第 509～510 页。

③ 恩格斯:《流亡者文献》,《马克思恩格斯全集》第 18 卷,人民出版社 1964 年版,第 620 页。

④ 马克思:《给维·伊·查苏利奇的信》,《马克思恩格斯全集》第 19 卷,人民出版社 1963 年版,第 269 页。

动以新的推动,为它创造新的更好的斗争条件,从而加速现代工业无产阶级的胜利;没有这种胜利,目前的俄国无论是在公社的基础上还是在资本主义的基础上,都不可能达到对社会的社会主义改造"①。不过要达到上述目的,还必须彻底消除将这一"变革纳入安静的立宪的轨道"②的虚想。也就是说,无论俄国通过怎样的路径而达到进入共产主义社会的阶段的目标,如果不建立俄国的无产阶级合法政权,不建立自己的法律及其制度、体系和价值追求,仅通过"立宪"的方式达成妥协是不可能达到目标的,且一切均为空话。

在进行俄国社会革命的过程中,必然会遇到如何面对本国的原有的农村公社所有制的问题,必然会面对西方代表当时的社会生产力发展方向的对俄国社会革命有益的成分,必然会面对如何处理好两者之间的关系等一系列的问题。为处理好这些问题,是要利用好俄国的农村公社这一制度的优势,但不是直接利用,而是通过革命的方式对农村公社的生产方式和运行机制进行改造,即在辩证否定的基础上利用好俄国当时尚存在于农村公社中对向高级社会形态过渡有益的成分,使俄国有能吸收西方社会对俄国直接跨越或经历资本主义后进入共产主义社会的社会基础。必须通过有效措施吸收西方社会已创造的革命条件,以达到**外部的推动**③的目的,因为沙皇帝国的"复灭④绝不能从外部引起,而外部战争只可能大大加速它的复灭。沙皇帝国内部具有在大力促进它灭亡的因素"⑤。也就是"不仅可能而且毋庸置疑的是,当西欧人民的无产阶级取得胜利和生产资料转归公有之后,那些刚刚踏上资本主义生产道路而仍然保全了氏族制度或氏族制度残余的国家,可以利用这些公社所有制的残余和与之相适应的人民风尚作为强大的手段,来大大缩短自己向社会

---

① 恩格斯:《"论俄国的社会问题"跋》,《马克思恩格斯全集》第 22 卷,人民出版社 1965 年版,第 510 页。

② 恩格斯:《流亡者文献》,《马克思恩格斯全集》第 18 卷,人民出版社 1964 年版,第 623 页。

③ 恩格斯:《致尼古拉·弗兰策维奇·丹尼尔逊(1893 年 2 月 24 日)》,《马克思恩格斯全集》第 39 卷,人民出版社 1974 年版,第 39 页。

④ 依现在的用词范式,应为"覆灭"而非"复灭",然原文即如此,其他亦然。特注。——笔者

⑤ 恩格斯:《"论俄国的社会问题"一书导言》,《马克思恩格斯全集》第 18 卷,人民出版社 1964 年版,第 642 页。

主义社会发展的过程,并可以避免我们在西欧开辟道路时所不得不经历的大部分苦难和斗争"①。但要达到此目的,必不可少的条件是西方能对东方予以一定程度的支撑,只有当资本主义经济在自己故乡和在它达到繁荣昌盛的国家里被战胜的时候,只有当落后的东方国家能够悟出其中的奥秘,认清怎样把现代工业的生产力作为社会财产来为整个社会服务的时候,也只有当东方国家挣脱了传统的"人治"、"专制"主义的法律及其制度、体系和价值追求的禁锢的时候,那些落后的国家才能走上缩短的发展过程的道路。这实现的条件不仅适用于俄国,而且适用于处在资本主义以前的发展阶段的一切国家。不过比较起来,在俄国将最容易做到,因为俄国的一部分本地居民已经吸取了资本主义发展的文明成果,因而在革命时期这个国家可以几乎与西方同时完成对社会的改造。② 俄国已吸纳了一定的西方资本主义的对本国进入高级阶段有益的成分,这有益成分之中包括法律及其制度、体系和价值追求,也就是说在自觉不自觉中利用了外力。当然,能否达到目标,只能通过俄国社会的自身来实现。后来的俄国革命的成功,以及由此而建立的无产阶级政权,为其法律的变革及其后续发展创造了条件。

　　小　结　作为一个极端落后的、具有悠久专制主义传统、在 16 世纪西欧农奴制已彻底崩溃之时才刚刚建立农奴制的俄国,经过近四个世纪的发展,其村社制度不仅保存完好,而且向有益于促进社会变迁的方向有所转化,这是一个很好的基础。加之,俄国在遇到西方资本主义的强大冲击时,能及时抓住机遇、积极主动地激活自身的社会力量和积极而充分地应对,少走了不少弯路,充分利用了资本主义所创造的条件和吸纳西方资本主义的对本国进入高级阶段的包括法律及其制度、体系和价值追求在内的有益部分,通过社会革命而在较短的时间内跨越了资本主义"卡夫丁峡谷",成功地建立了无产阶级政权,并使体现无产阶级和广大人民意志的法律及其制度、体系和价值追求得已确立。这不仅是人类社会社会变

---

　　① 恩格斯:《"论俄国的社会问题"跋》,《马克思恩格斯全集》第 22 卷,人民出版社 1965 年版,第 502 页。

　　② 参见恩格斯:《"论俄国的社会问题"跋》,《马克思恩格斯全集》第 22 卷,人民出版社 1965 年版,第 502～503 页。

迁史上的一大创举,也是人类社会法律发展史上的一大创举,由此人类社会的社会变迁与法律发展展开了新的一页。

第七节 变革时代的印度法律发展状态概述

印度是世界上四大文明古国之一。印度的最早文明是哈拉巴文明,其存续时间为公元前 2300~前 1750 年左右。从出土的文物来看,哈拉巴文明已达到了相当高的水平,其城市建筑、生产工具等远比中国夏、商两代进步得多。总之,印度曾具有较高的文明,并在其尚处于较高阶段时对其他文明的征服具有相应的同化作用。诚如马克思在《不列颠在印度统治的未来结果》一文中写道:"相继征服过印度的阿拉伯人、土耳其人、鞑靼人和莫卧儿人,不久就被当地居民**同化**了。野蛮的征服者总是被那些他们所征服的民族的较高文明所征服,这是一条永恒的历史规律。"[①]阿拉伯人、土耳其人、鞑靼人和莫卧儿人等民族的生产力水平不如印度,因而文明程度不比印度高。然至近代,由于不列颠人的文明程度高于印度人,在受英国殖民主义者入侵的冲击之下,使得印度变革时代的到来。"不列颠人是第一批发展程度高于印度的征服者,因此印度的文明就影响不了他们"[②],不列颠人的文明反而"消灭了印度的文明"[③]。这其中也包括法律文明,从而开始了印度变革时代的法律变革与发展的历史进程。

传统印度法律的基本特征 传统印度最主要的法律构成为印度教法(古称"婆罗门教法")。它在印度延续了两千余年,对印度社会产生了极为深远的影响。虽自中世纪后期因受穆斯林统治,且伊斯兰法亦成为印度的一种重要的属人法,但并未实质性影响其地位。就本质而言,印度教法是印度教教义的制度化、法律化,是印度教教徒在宗教、世俗生活中一切行为规范的总称。正因此,传统印度法律具有诸多独特性,概括起来

---

① 马克思:《不列颠在印度统治的未来结果》,《马克思恩格斯全集》第 9 卷,人民出版社 1961 年版,第 247 页。

② 马克思:《不列颠在印度统治的未来结果》,《马克思恩格斯全集》第 9 卷,人民出版社 1961 年版,第 247 页。

③ 马克思:《不列颠在印度统治的未来结果》,《马克思恩格斯全集》第 9 卷,人民出版社 1961 年版,第 247 页。

主要体现在以下几个方面。

（一）以印度教义为精神内核

印度是一个宗教性国家，一直占统治地位的以《梨俱吠陀》为最高经典的印度教，"吠陀天启"、"祭祀万能"、"婆罗门至上"三大纲领是其精神内核。主张善恶有因果、业力有轮回和一个人的现世行为决定其转世形态，认为唯有达到"梵我一如"的境界才可获得最后的解脱，从而免除现世和来世的一切痛苦。传统印度正是在这种教义的基础上构建起宗教性法律体系，并以宗教教义为判准去解释现实世界中各种社会现象之间的相互关系，规制不同等级者的行为。总之，传统印度的法律是极其忠实地贯彻印度教教义的，以至于《摩奴法典》等一些著名法典的体例均是依其所规定的内容而制定出来的。纵观人类历史发展过程中不同国家和地区的特点可知，像印度这样以法律规范的体例来诠释宗教教义的做法是极为鲜见的，它不仅显示了传统印度的法律与印度教教义之间的融合是何等的贴切而充分，也表明了印度教教义的影响力之大。也正因此，使得印度在变革时代的法律变革与发展状态不可能不多少受其左右。

（二）以种姓制度为基本内涵

种姓制度是一种以种族、姓氏为基础的社会等级制度。可以说它不仅是传统印度最显著的标志之一，而且直至现今仍左右着印度以及东南亚许多国家的政治、经济、社会和文化的发展的境况。古代东方各国虽曾不同程度地存在过等级制度，但均未达至如此森严、根深蒂固的程度。印度种姓制产生的确切年代虽至今尚无定论，不过在公元前 1000 年所制定的重要典籍《梨俱吠陀》中就已有明确的规定。[①] 自婆罗门教产生后，这种划分又成为一种宗教制度在法律中固定下来，许多法典甚至将维护种姓制当做立法的主要目的，且随着由社会生产力水平的提高所导致的社会分工的不断细化和更多的部落被印度教所教化，及相对独立的职业集团日益增多，又出现许多亚种姓，从而导致他们与原始种姓之间形成互相排斥的局面。为确立谁为主宰性种姓及妥善处理好相互间共存关系，十分有必要使之遵循不同的行为准则，从而自然要求和决定了所制定的法律必须对不同地位者的权利义务作出详细规定。总之，在传统印度，种姓制借助于法律得以巩固和完备，法律则在维护种姓制的过程中得到相应的发展。

---

① 参见陈君峰主编：《印度社会述论》，中国社会科学出版社 1991 年版，第 157 页。

（三）以村社制度为其存在的社会基础

传统东方各国是曾普遍存在过村社制度，但如印度那样封闭稳定、存续时间长久且对社会发展产生巨大影响与种姓制一样是极为鲜见的。村社、种姓及宗教间极为繁复地交织在一起形成了传统印度法律的又一大特点。就传统印度而言，以农业为本兼营手工业的村社是社会的基本生产单位。所导致的结果是典型的自给自足的自然经济运行模式。土地的所有权与我们在前面所论述的传统东方所共有的实质上属于国家一样，村社仅拥有管理权和分配权，其成员仅拥有占有权和使用权。作为最基层的行政单位的村社，除组织、管理社员进行农业、手工业生产外，还行使着征收赋税、遣派徭役及处理社员间的法律纠纷的职能。① 由此，其能同在这一社会基础上产生的法律形成互动，一方面村社制度为法律的实施提供了坚实的社会经济基础，并能在封闭而稳定的社会经济环境中存续和发展千余年而极少变化；另一方面，法律的实施又反过来促使这种村社制度更为封闭和稳定。当然，宗教是村社、种姓、法律之间形成有机联系的重要和根本的纽带，若无印度教徒对印度教的坚定信仰，村社便不会实施以宗教为精神内核的法律，种姓的划分也就没有相应的生存基础，从而不仅其封闭性和稳定性大为削弱，而且与其他东方国家间的差异也就不会如此之大。

（四）以宗教、伦理及法律规范的结合体为表征

如前所述，传统印度的法律实质是宗教法，它既是宗教规范和法律规范的有机融合，也是受宗教所左右的伦理规范的法律化，从而表现为是伦理、宗教及法律的有机结合体。当然，我们不可否认在传统东方其他国度也会存在这一情形，但传统印度的法律则将这种特征发挥到极致，无论西方的基督教会法或东方的伊斯兰法，均未达此地步。从法律与宗教的关系而言，可以说，没有哪一种宗教法比印度教法更缺乏独立性。西方教会法虽与基督教的教义和组织密不可分，但它最起码不仅以独立于《圣经》之外的《教会法大全》作为重要法律渊源，而且有组织严密的教会法院系统。可传统印度的名目繁多的经典从不区分宗教、伦理或法律，往往在法律规范中夹杂着宗教戒规、道德说教甚至神话传说和宗教言论。这也就使得真正属于法律规范的内容十分有限。此外，印度的法律概念也带有强烈的综合性，如将法称为"达摩"（darma），并将之定性为"是神的命令，

---

① 这一点也是传统东方所共有的，就此，笔者已在第三章中作了详述。

是永恒不变的自然法则,是自然秩序在人类社会中的反映"①。然事实上,"达摩"只不过是宗教、伦理及法律等各种行为规范的结合体,是传统印度有关人的行为规范的总称。② 由此,我们说,以宗教、伦理及法律规范的有机结合是传统印度法律的又一基本特征。

印度法律变革与发展的动因 传统印度法律在相对封闭的社会环境中占据统治地位千余年以后,至中世纪中后期,印度的法律发展遇到了来自异族法律的强大挑战。1206 年,随着德里苏丹国的建立,伊斯兰法正式成为北印度的最高法律,1526 年,莫卧儿帝国的建立更使伊斯兰法影响大半个南亚次大陆,并使印度原有的受印度教所左右的印度教法降为习惯法。当然,它并不同于一般意义上的习惯法,而是还处于印度社会的最高法律地位,印度教教徒之间有关财产、婚姻、家庭、继承纠纷以及各种姓的权利义务等问题仍以其作为唯一依据,只不过随着其作为印度国教地位的丧失,而无法保持其国法地位罢了。当然,伊斯兰法虽为国法,但因穆斯林毕竟是人数远不及印度教徒的外来者,其影响力远比在穆斯林占多数的国家要小得多。再说,伊斯兰法和印度教法同属宗教属人法,穆斯林征服者既然无法使多数印度教徒改信伊斯兰教,伊斯兰法自然不能取代印度教法。更重要的是,在穆斯林统治印度期间,印度教徒的生活方式并无任何改变,所以印度教法的发展并未遇到致命的冲击。然而,随着 1600 年英国东印度公司的建立,英国势力开始介入印度事务。东印度公司由最初单纯的贸易机构,逐渐深化为涉及政治、经济、军事、文化和社会生活各个领域的英王在印度的殖民机构。该公司在印度的殖民活动及19 世纪中叶以后英王对印度的直接统治,使印度的社会状况发生了根本性变化。由此才对印度法律的原有地位产生决定性影响,印度的原有法律在业已发生变化的社会环境中显示出种种不适应性,而统治者与被统治者各阶层的利益又都需要法律加以明确界定和维护,从而导致印度的法律变革势在必行。那么,为何传统东方其他国家同受西方文明的冲击,而唯独印度被最为彻底地征服了呢? 这主要与印度自身的以下几方面的

---

① 王云霞、何戍中:《东方法概述》,法律出版社 1994 年版,第 50 页。
② 参见王云霞:《东方法律改革比较研究》,中国人民大学出版社 2002 年版,第 109 页。

特殊性有关:第一,在传统东方社会,那些"田园风味的农村公社不管初看起来怎样无害于人,却始终是东方专制制度的牢固基础;它们使人的头脑局限在极小的范围内,成为迷信的驯服工具,成为传统规则的奴隶,表现不出任何伟大和任何历史首创精神"①。传统印度由于这一特点又特别突出,从而无法在原有文明的基础上充分利用一切积极因素而能有一个勃发的后劲。第二,在印度"那种不开化的人的利己性,他们把自己的全部注意力集中在一块小得可怜的土地上,静静地看着整个帝国的崩溃、各种难以形容的残暴行为和大城市居民的被屠杀,就像观看自然现象那样无动于衷;至于他们自己,只要某个侵略者肯来照顾他们一下,他们就成为这个侵略者的无可奈何的俘虏"②。第三,"这种失掉尊严的、停滞的、苟安的生活,这种消极的生活方式,在另一方面反而生产了野性的、盲目的、放纵的破坏力量,甚至使惨杀在印度斯坦成了宗教仪式"③。第四,"这些小小的公社身上带着种姓划分和奴隶制度的标记;它们使人们屈服于环境,而不是把人提升为环境的主宰;它们把自动发展的社会状况变成了一成不变的由自然预定的命运,因而造成了野蛮的崇拜自然的迷信"。④ 第五,传统印度是一个专制主义统治极为盛行的国度,就如同传统中国一样,"普天之下,莫非王土;率土之滨,莫非王臣"既作为一种政治信条被臣民所信奉,也成为其法律及其制度、体系和价值追求的精神所在。如《摩奴法典》规定国王"是国家的保护者,也是土地的主人"⑤。佛教典籍《长阿含经》也说国王就是"田地之主"。国王直接占有包括山林、水源、矿藏、荒地和可耕地⑥等在内的一切土地。第六,社会主体间的交

---

① 马克思:《不列颠在印度的统治》,《马克思恩格斯全集》第9卷,人民出版社1961年版,第148页。

② 马克思:《不列颠在印度的统治》,《马克思恩格斯全集》第9卷,人民出版社1961年版,第149页。

③ 马克思:《不列颠在印度的统治》,《马克思恩格斯全集》第9卷,人民出版社1961年版,第149页。

④ 马克思:《不列颠在印度的统治》,《马克思恩格斯全集》第9卷,人民出版社1961年版,第149页。

⑤ 《摩奴法典》,Ⅷ,第39页。

⑥ 国王可耕地的经营,包括两种类型,一种是移民开垦的土地,生产者为农民,按照《政事论》的说法,这类农民只需向国王纳税,就可终生使用土地。另一种是国王的农庄,生产者既有佃农、囚徒,也有部分奴隶。(参见《政事论》,Ⅱ,第24页)

往甚少,封闭性程度极高。在传统印度,农村公社是一个典型的自给自足的封闭性很强的自然经济单位,它的规模大小不等,大者有上千家,小者只有几十家。公社的四周常筑有土墙和篱笆,围子的外面是耕地、山林或牧场,各个公社互相很少往来。在这里,人们几乎无需奴隶,凭着自己和家庭其他成员的劳动力就可以耕种好自己的份地。诚如麦伽斯提尼记载的"农民是印度人数量最多的一个等级。他们不使用武器,不打仗,只管种地。他们向国王或自治城市交纳赋税。如果在印度人之间发生内战,打仗的人也不干扰这些农民,也不毁坏他们的庄稼地。往往有这样的情景:一边有人正在打仗,正在砍杀前来的对手;而他们身边的农民却在平平安安地耕地、摘菜、摇果树或收庄稼。"①正是因为上述原因,印度在西方殖民主义的冲击之下没遇多大阻力就迅速瓦解,英国殖民者破坏了印度的农村公社的原有格局,摧毁了本地的工业,夷平了印度社会中原有的伟大和突出的一切,从而消灭了印度的文明——当然地包括法律文明,出现这一结局是因印度自身的不足而具有历史的必然性。也因此,东方变革时代到来之后,受冲击最大的是印度。英国殖民主义者在印度推行殖民主义政策时所遇阻力极小,也从一侧面回答了为何印度在变革时代到来后其所进行的法律的变革与发展同中、俄等东方其他国家有很大差别,产生了不同的结果的主要原因所在。就变革时代印度法律变革与发展的动因而言,我们认为主要体现为:

(一)西方殖民主义行径摧毁了传统印度法律赖以生存的社会经济基础

虽然,传统印度公社的自给自足的自然经济格局是随着中世纪末期简单商品经济的出现而被逐渐打破的,但这并不足以从根本上改变其自然经济的运行机制。而自东印度公司以强大的军事和经济实力为后盾,攫取了印度的许多国土,并在从莫卧儿皇帝手中获得征税权后,为能从印度搜刮到更多的财富,东印度公司对印度各地的土地田赋制度进行了相应的调整。1793年,东印度公司颁布了《永久租佃法》,在孟加拉、贝拿勒斯、比哈尔、奥里萨、德里、亚格拉、阿拉哈巴德以及马德拉斯北部地区推行永久租佃制,承认包税人柴明达尔为永久的土地占有者。不过,东印度公司为使自身的利益不受损害而规定了柴明达尔每年应缴纳固定的田

---

① 阿庇安:《亚历山大远征记》,Ⅷ,第11页。

赋，否则其土地将被拍卖。在永久租佃制实施过程中，土地实际上被确认为是柴明达尔的私有财产，其可随意按对己有益的方式处理。农民从此失去了世代拥有的土地占有权，成为一无所有的佃户。随着时间的推移和各种矛盾的不断激化，自古形成的村社制度终于被彻底瓦解。村社制度的瓦解进一步促使土地私有制的发展，农村经济与市场的联系愈为密切，劳动力市场逐渐形成，商业高利贷资本日益积累，从而为印度民族资本主义的产生和发展创造了相应的有利条件。但此时由于印度社会经济基础已发生了巨大的变化，致使失去了生存土壤的印度传统法律除非以适应新的社会经济条件而变革与发展外，别无选择。

（二）殖民统治改变了对印度传统法律起制约作用的政治秩序

由于东印度公司充分利用从英王手中获得的垄断东方的贸易权，并拥有武装、宣战以及司法审判等特权，它以马德拉斯、孟买、加尔各答三个管区为基地，迅速向印度全境扩张，并建立各种殖民统治机构，导致大大小小的穆斯林和印度教封建主甚至王公贵族都失去了原有的政治特权，被迫接受殖民者强加给他们的各项制度。农民失去他们世代拥有的土地后，不仅或者成为佃农，或者成为殖民者的雇佣，而且被剥削的程度均较以前进一步加深。殖民者为巩固这种政治秩序，维护其既得利益，也为使其统治更有效并更为印度各阶层所接受，必然要对印度社会的法律秩序作相应的调整，制定、实施对其推行殖民主义政策有益的法律。总之，正因为英国殖民者的统治改变了印度的政治秩序，使得印度的法律不得不作相应的变革与发展。

（三）思想观念的变化否定了传统印度法律的价值旨归

传统印度法律的精神内核是印度教教义，它令人更关注来世的幸福而非今生的权利，重视神与人的关系远胜于人与人的关系，其指导思想是人们在尘世所做的一切都是为了来世的享受。在这种教义控制下的社会是一个出世的社会，没有人在乎如何运用法律手段来维护自己的应然权益，没有人在乎谁来以及用什么方法统治他们，没有人在乎别人如何对待自己。① 再说，印度的种姓制占绝对的统治地位，若认为在推行自然经济运行机制下、相对封闭的社会环境中维持以社会分工为基础的种姓区别

---

① 参见王云霞：《东方法律改革比较研究》，中国人民大学出版社 2002 年版，第 113～114 页。

还有一定意义的话,那么,在因西方殖民主义政策的冲击而导致自然经济
遭到彻底的破坏、村社制度业已瓦解的境况下,继续维护各种姓的不同权
利和地位、维持种姓间的隔绝和排斥则是不能容忍的,各方要求彻底摧毁
原有的社会结构及制度的愿望越来越强烈,而要达到这一目标的根本途
径之一就是变革法律。所以,我们说它是导致印度在变革时代法律变革
与发展的另一因素。

（四）社会中间力量的壮大予法律变革与发展以动力

就本质而言,当印度步入被殖民化时期后,要求改造印度社会的绝不
仅仅是英国人,也是印度由一大批受过开明教育、具有社会责任感的宗教
改革家、社会改革家所构成的特殊的社会中间力量的愿望。19 世纪初,
虽印度的资本主义逐步发展起来,但传统宗教及受其制约的法律仍束缚
着人们的行动与思维,与发展资本主义和建立国内统一市场的要求极相
矛盾。这一缺陷被一批受过开明教育的知识分子所清醒地洞识,他们猛
烈抨击传统宗教以及受其制约的法律的腐朽性,积极倡导宗教改革和社
会变革。在这一运动的推动之下,伊斯兰教和锡克教也创建了自己的宗
教改革组织和教育机构,履行广泛推进宗教改革和近代教育的职责。由
此唤醒了印度人的民族意识,促进了大批以推广近代科学文化、争取民族
独立、推行以政治制度改革和经济制度改革为宗旨的如土地所有者协会、
英属孟加拉协会和印度协会等的民族主义社团的诞生,他们运用报刊、出
版物等媒介宣传民族主义思想,制造改革舆论,组织群众集会、请愿,要求
参与国家管理,主张法律面前人人平等和建立民主的立法、行政、司法体
制。① 这些活动和主张为印度变革时代法律的变革与发展奠定了雄厚的
社会基础。所以说,变革时代的印度社会中间力量的壮大是印度法律变
革与发展的动因之一。当然,其中间力量的构成既不同于东方其他国家,
也与西方有别。

印度法律变革的范式　在变革时代,印度社会形成了极为尖锐的
两类矛盾:一类是印度的民族独立与英国殖民统治之间的矛盾,另一类是
印度广大贫困的人民群众与极少数剥削阶级之间的矛盾。英国的殖民主

---

① 参见王云霞:《东方法律改革比较研究》,中国人民大学出版社 2002 年版,第 115
页。

义者在亚洲式的专制统治的基础上建立起欧洲式的专制统治,并把两者结合起来给印度民众带来了极为深重的灾难。印度所面临的首要任务是反对殖民主义统治,争取民族独立和政治统一。其次是力求使印度民众摆脱村社制度中存在的种姓划分、奴隶制和前资本主义不甘落后的剥削方式。当然,由于印度是在身不由己的状态之下被迫进入西方的历史发展进程的,导致其在当时的情形下包括法律变革与发展在内的一切只能听命于殖民主义者。就总体而言,变革时代印度的法律变革与发展的任务是较为艰巨的,步伐虽较大,但反复也特多,就其起主导性的动力而言,是源于英国殖民主义者而非印度自身。透视印度法律变革与发展的运行状况可知,英国人在统治印度之初,并无彻底改革印度法律的打算,而是允许印度教徒适用印度教法、穆斯林适用伊斯兰法,以便达到通过取悦印度被征服者而有益于自身殖民主义统治的目的。然而,随着殖民统治的逐步深入,英国人逐渐意识到进行对自身有益的法律变革与发展的必要性,于是有步骤地开展了各项工作。具体来说主要体现在以下几点。

(一)曲解属人法的精义

英国殖民主义者在印度逐步建立的法律体系,所导致的结果最为突出的是在司法方面。英国殖民主义者企图通过对印度教法和伊斯兰法的有限适用而整理出一批判例来,构建起印度化的英国式的判例法体系,以便适应英国式司法体制的要求。由于英国殖民主义者允许原印度法律的适用,使得无法准确理解印度法内在精神的英国法官们在审理案件时不得不求助于婆罗门博学者和伊斯兰教法解释官。然而,作为印度法律重要组成部分的无论印度教法还是伊斯兰教法都是宗派林立,渊源众多,各派学者皆有不同标准和主张,尤其是印度教法,其既渊源十分古老、庞杂又缺乏较为统一的汇编,学者们的意见很难一致。这就使得如何权衡和取舍学者们的意见成为英国法官审理案件的主要任务。再者,英国法官中懂梵文或阿拉伯文者极少,从而使得他们在取舍印度学者意见时无形之中以自己所熟悉的英国法律原则作唯一判准。而随着越来越多的印度古代法典被译成英文,以及众多印度法律教科书和法律评论集的出版,自以为已掌握了印度法律的真谛的英国法官们,越来越感到采用原求助于婆罗门博学者和伊斯兰教法解释官的做法已显得多余。至19世纪60年代以后,英国法官们便逐渐解除了所有婆罗门博学者和伊斯兰教法解释官的职务,完全以自己对印度法律的理解来审理案件。这一做法虽在一定程度上使印度教法和伊斯兰法在适用上有了较为统一的标准,但因英国法官是以自身的标准而不可能完全解读透印度法律的内涵,导致因从根本上曲解了印度法律的本意而使其失去了原有的面貌。① 诚然,因受英国普通法和衡平法观念的影响而导致了他们对印度属人法的曲解,致使他们整理印度化判例的努力收效甚微。与此同时,印度教法和伊斯兰法的顾问也不能不受到英国法的限制与影响,以致他们在适用本规定得很严格的宗教法律规范时作出灵活性很大的变通裁决。凡此,所导致的结果为:一面是英国人曲解印度属人法,一面是印度人的教法顾问变通印度属人法;一面是英国人不能容忍印度属人法的近似混乱的巨大弹性而要求通过统一立法来改变这种局面;一面是印度人不能容忍英国人任意曲解印度属人法而要求实行立法改革来废止印度的现行法。于是采用英国方式编纂印度化的法典就成为英国法印度化与印度法英国化的共同归宿和英国人与印度人的共同选择。至此,印度的古老的法律传统,伴随着它的经济基础——村社制度一起消失了。当然,就这一做法的影响和实效而言,对印度当时及此后的法律变革与发展并不一定就是坏事,甚至还可以说它具有历史和时代的进步意义。因为它为无形之中为印度法律在变革时代能冲破自身的禁锢而适应社会变迁的内在要求的变革与发展打下了必要的基础。

(二)适用英国法

印度在莫卧儿帝国时期,全国通行伊斯兰法,没有成文立法和真正的法典,印度教王公贵族在领地内实行印度教法。历代皇帝颁布的法律性文件有《阿克巴则例》、《贾汉吉尔敕令》和《阿拉姆吉尔法典》。《阿克巴则例》主要规定军阶等级制和村社治安、司法权等。《贾汉吉尔敕令》主要是授予东印度公司的殖民经商的特权和部分地区的财税管辖权。《阿拉姆吉尔法典》是伊斯兰法的汇编,是伊斯兰法学家根据伊斯兰法在印度的实践所作的解释及变通规则的总集。公元1600年,英国人建立东印度公司,十余年后根据《贾汉吉尔敕令》获得了贸易特权和建立永久代理站的权利。英国殖民主义者在用武力控制了全印度以后,又于公元1765年通过莫卧儿帝国皇帝敕令取得孟加拉等地的财税管理权。公元1773年,

---

① 参见王云霞:《东方法律改革比较研究》,中国人民大学出版社2002年版,第116～117页。

英国国会通过了《东印度公司管理法》,开始了英国对印度殖民地的直接管理,该法任命了英属印度的总督,赋予总督以印度殖民地的最高权力,设立参事会和最高法院。

就实际情况而言,适用英国法律的状况在印度各地并不平衡。在英国直接统治下的孟买、加尔各答和马德拉斯管辖区内,1726 年建立的各皇家法院均适用当年通行的英国法律。自此之后所颁布的英国法律,除非某一项法律条款有明确的规定外,原则上不适用于印度。皇家法院的管辖权最初仅限于涉及英国人的诉讼或当事人及印度教徒和穆斯林的民事上诉时,法院视具体情况按属人法裁决。在非英国直接管辖的莫非西尔地区,印度属人法被允许继续发挥效力。但由于各种属人法既都相当古老又缺乏统一的规范,且在许多重要的社会关系上甚至并未涉及,故自1772 年以后,印度属人法的适用就被限制在继承、婚姻、种姓以及与宗教有关的习惯或制度方面,而其他领域的纠纷则根据"正义、公平和良心"的原则进行裁决,这其实是在间接地适用英国法律。对于印度教徒和穆斯林以外的宗教信徒和那些越来越多地涌入印度的无宗教信仰者则直接适用英国法律。通过对英国法律的适用,英国法律的许多原则和制度逐渐为印度人所熟悉,甚至当他们可以选择属人法来处理他们之间的纠纷时,有些人也宁愿选择英国法律,因为在他们看来英国法律更可靠。①

(三)导入英国法律原则

被引入印度的最重要的英国法律原则当数"正义、公平和良心"原则。1774 年,《加尔各答高等法院条例》宣布,该法院应该是一所衡平法院,当拥有类似英国大法官法院的权力并以类似的规则和程序办案,从而使得"正义、公平和良心"原则的适用有了法律依据。1781 年,殖民当局又出台了一项法律,规定在所有案件中,如果缺乏特定的法律依据,法官应根据"正义、公平和良心"原则来判决。② 至 19 世纪中期,这一原则已被各地法院所广泛采用。该原则之所以能在印度广为应用,究其原因而

---

① 参见王云霞:《东方法律改革比较研究》,中国人民公安大学出版社 2002 年版,第 118 页。

② See J. K. Mittal, Indian Legal History, Allahabad Law Agency, 1984, p. 282。转引自王云霞:《东方法律改革比较研究》,中国人民公安大学出版社 2002 年版,第 118 页。

言是多方面的。除英国人占据统治者之利和英国法律原则比较接近印度发展资本主义之需外,很重要的一点就是这一原则与古代印度流行的依圣人的"内心满足"判案的原则有一定程度相通之处,使得它的推行有一自然的融合基础。当然,尽管这种相通是多么的肤浅,但它仍然是印度人接受这项英国法律原则的一个重要因素。通过"正义、公平和良心"原则的适用,英国法律的各项制度源源不断地被嫁接到印度法律中去,甚至连英国枢密院都不得不承认,这一原则的内容可以"一般地解释为英国法的规定,如果它们适应印度社会状况的话"①。此外,"遵循先例"原则也被移植到印度的各级法院,并共同产生相应的效果。

（四）对属人法加以适度改造

如前所述,印度属人法是存在诸多不尽如人意之处。虽然在英国人入侵印度之初为便于其推行殖民主义政策曾表示过尊重印度的属人法,然随着其殖民统治的深入,逐渐意识到属人法固有的分散性、落后性业已成为推进印度法律变革与发展进程的严重障碍,于是通过限制属人法的适用范围、修改属人法的内容、对属人法进行编纂和整理等措施着手对属人法进行大胆改造,并产生了一定的成效。作为宗教法的印度各种属人法的内容大都侧重于与人的身份有关的私法,涉及公法的内容极少,且即便是在私法领域,它们所关注的也多半是与信仰、伦理及个人修养有关的部分,对于和经济发展有密切关系的方面甚少涉及。英国人统治印度以后,不仅首先排除了属人法在公法领域的作用,颁布了大量有关土地、税收、国防及国家机关的组织管理等方面的法规,而且在私法领域仅允许在婚姻、继承、租赁、商品以及当事人之间各种契约、种姓以及与宗教有关的习俗和制度方面可以适用。如印度教法是传统印度的法律构成之中影响最大的属人法,但其中的诸如种姓歧视、萨蒂制、童婚制及多妻制等,早已为印度一些有识之士所坚决反对。为使印度的原有法律能发挥适应时代发展要求的作用,英国殖民主义者自统治印度之后,从有益于自身的角度出发,对之进行了相应的改造。这项工作又得到了印度宗教界改革家们的大力支持。殖民当局于1892年颁布法令,禁止举行萨蒂,规定凡怂恿或强迫寡妇殉夫者皆以杀人罪论处。1850年,殖民政府颁布了《排除种

_____

① 　J. K. Mittal, Indian Legal History, Allahbad Law Agency, p. 284。转引自王云霞:《东方法律改革比较研究》,中国人民公安大学出版社2002年版,第118页。

姓无能力法》,明确宣布种姓权利必须服从于政府法令,不得因宗教信仰和种姓原因剥夺某些印度居民的财产及其继承权。1856 年,殖民当局又颁布了《印度教寡妇再嫁法》,禁止种姓会议对寡妇再嫁进行干涉。1872年颁布的《特别婚姻法》,不仅明确禁止童婚和多妻制,而且承认那些逾越种姓鸿沟的婚姻为合法婚姻。诚然,就实际成效而言,虽这些法令的颁布未能最终消灭种姓歧视、萨蒂制、童婚制和多妻制,但毕竟是对印度传统法律的重大变革,使其在通向现代化的道路上迈出了可喜的一步。此外,经过一系列的努力,又使得《土著改宗者婚姻法》、《印度教遗嘱法》、《印度教继承法》、《限制童婚法》、《印度教知识收益法》、《印度教妇女财产权法》、《阿亚婚姻有效法》、《印度教已婚妇女分居及扶养法》等法律相续颁布实施。至 20 世纪初,殖民当局又开始编纂穆斯林法,其中重要的法规有:《穆斯林瓦克夫有效法》、《穆斯林瓦克夫法》、《穆斯林属人法(沙里阿)适用法》和《穆斯林婚姻解除法》等。上述这些法规虽只是在某一方面对印度教法或穆斯林属人法进行改造而成,但它们不仅在形式和内容上都与传统印度法律具有本质差异,而且因是以英国的法律原则和立法技术与印度传统法律的有机结合,因而它们又分别被称为"盎格鲁—印度教法"和"盎格鲁—穆斯林法"。①

(五)编纂属地法典

在英国人统治印度早期,曾颁布过一些有关税收、土地管理、司法及国家机关组织等少量的公法方面的属地法规。但因其不但涉及面狭窄,而且各地差异很大,无法达到应有的效果。为改变这一状态,英国殖民者于 1833 年颁布了《特许状法》,明确编纂属地法典的计划,并由此掀起一场大规模的法典编纂运动。根据该法设立的第一届法律委员会于 1840年提出的属地法报告虽未被采纳,但 T. B. 麦考莱等人起草的刑法典、民事诉讼法典、刑事诉讼法典和时效法等草案却是以后法典编纂的基础。立法工作的实质性进展是在 1857 年民族大起义以后所进行的宪政改革的基础上推开的,第二、三、四届法律委员会(分别设于 1853 年、1861 年、1879 年)最终完成了大批被称作"盎格鲁—印度法典"的编纂工作。至1882 年,相继颁布了《民事诉讼法典》、《刑法典》、《刑事诉讼法典》、《契

---

① 参见王云霞:《东方法律改革比较研究》,中国人民公安大学出版社 2002 年版,第119~121 页。

约法》、《证据法》、《特别履行债法》、《流通票据法》、《财产转让法》、《地役权法》和《信托法》等重要法典和法律。这些法典和法律的颁布标志着印度的法律变革与发展在当时的历史条件下已达到巅峰状态，并取得了重大成就，它不仅使印度摆脱了法制混乱局面，而且将印度法制完全纳入普通法系的轨道；它不仅构成了现代印度和巴基斯坦法制建设的基础，同时也为英国在苏丹、尼日利亚等其他殖民国家的法制建设提供了范本。19 世纪末以后，殖民当局又对这些法律中的一部分又作了修改，如《刑事诉讼法典》已为 1898 年的法典所取代，《民事诉讼法典》为 1908 年的法典取代，《继承法》为 1925 年的法律取代。此外，英国殖民当局为适应印度社会发展的需求，还颁制了《货物买卖法》、《合伙法》、《仲裁法》等新的法律法规，使得印度的法律体系得到进一步完善。①

印度法律变革的特点　变革时代印度的法律变革与发展是一个艰难而漫长的历程。相对于其他东方国家而言，它起步较早，手法多样，涉及面广泛。从理论上说，其法律变革与发展是卓有成效的，但从社会效果来看并未达到本应起到更大的作用的目的，这一尴尬局面的出现与其所具的独特风格有关。从总体而言，变革时代印度的法律变革与发展具有如下特征：

（一）受宗教为主体的社会力量状态的牵制较大

传统印度社会是一个宗教的社会，如传统东方其他国家一样法律只不过是整个社会的调控机制的辅助手段，不仅无西方那样具有独立的地位，而且受宗教力量牵制甚重。当然，这也是包括法律在内的传统东方的"共同特征"②。不过，既然法律是印度宗教制度的重要组成部分，它的变革与发展当然会牵动控制着整个印度社会的宗教，更何况印度宗教成分的繁复程度又是其他东方国家无法比拟的。尤其在变革时代到来之后，教派的对立不仅造成国家的分裂，而且直接影响了法律变革与发展的历史进程和方向。

---

① 参见王云霞：《东方法律改革比较研究》，中国人民大学出版社 2002 年版，第 121 ~ 122 页。

② 马克思：《中国纪事》，《马克思恩格斯全集》第 15 卷，人民出版社 1963 年版，第 545 页。

（二）受英国法律影响极深

变革时代印度的法律变革与发展不仅是在英国的殖民统治下开始的，而且是在英国殖民统治下完成了其大部分使命，确定了其基本方向和原则。在这一过程中所颁布的绝大部分法律均出自英国人之手，尤其是"盎格鲁—印度法典"，完全是英国法学家所创制，甚至可以说是英国法学家根据自身的情况在英国为其编纂的。此外，印度法院的英国法官们长期实施英国法律，使印度人对英国法的原则和制度非常熟悉，由此印度的法律变革与发展以英国法律为模式就极为自然。从总体上说，变革时代印度的法律的变革与发展受英国法律影响的结果主要表现为：接受英国的法律观念和原则、建立了以英国法律为基础的法律体系这两个方面。

（三）并非完全英国化

法律的生命维系于社会，法律只有适应社会的基本特征，满足社会的内在需求，才不至于不成为具文。变革时代的印度的法律变革与发展虽是在英国殖民主义者以有益于其殖民统治的原则下进行的，但这一规律同样起作用。判析变革时代的印度法律变革与发展的许多迹象可知，它虽深受英国法律的影响，但并非完全英国化。如其宗教属人法与世俗属地法的并存状态就是有力的佐例。除此之外，它还在法律渊源上有普通法与衡平法之分和在属地法中亦有不少独创性两个方面的表现。总之，变革时代印度的法律变革与发展的特点之中包含着并非完全英国化的一面。

印度法律变革的历史后果　印度的变革时代的到来，是由西方殖民主义运动所导引的，并由此引发了自身的法律变革与发展，也取得了相应的成效、产生了相应的后果。当然不列颠人"在印度的全部统治是肮脏的"①，其"毁灭性作用是显而易见的，而且是令人吃惊的"②。但是"不管是干出了多大的罪行，……毕竟是充当了历史的不自觉的工具"③。英

---

①　《马克思致恩格斯(1853 年 6 月 4 日)》，《马克思恩格斯全集》第 28 卷，人民出版社 1973 年版，第 271 页。

②　马克思：《不列颠在印度统治的未来结果》，《马克思恩格斯全集》第 9 卷，人民出版社 1961 年版，第 252 页。

③　马克思：《不列颠在印度的统治》，《马克思恩格斯全集》第 9 卷，人民出版社 1961 年版，第 149 页。

国在印度的殖民统治,对于打破其长期停滞不前的状态,消灭旧式社会经济结构和转换原有的国家角色,摧毁其传统的法律及其制度、体系和价值追求,为适应符合生产力水平不断提高的历史发展方向的法律变革与发展的时代的到来及所形成的持续期,还是起到了一定程度的历史性的积极作用的。对具有数千年宗教法律文化传统的印度而言,变革时代到来之后法律所发生的变革无疑是史无前例的,它不仅改变其法律神启的传统观念,使法律成为实实在在的人定法,成为保护人们切身利益、维护正常社会秩序的有力武器,而且还给印度带来了全新的法律结构、渊源、概念、术语、原则和制度,从而使印度加入普通法系的行列。就变革时代印度法律变革与发展的历史后果而言,我们认为主要体现在以下几点:

(一)促使宪政观念及其制度的初步确立

就印度而言,宪政观念及其制度均是舶来品,在英国殖民主义者入侵之前,"自由"、"权利"、"权力"和"制衡"等概念和原则在印度人看来既亵渎神灵也毫无用处。然伴随英国殖民统治的加深而带来的西方文明的传播和冲击,传统经济社会结构最终被彻底打破,加之印度的反抗殖民化的民族解放运动的不断推进,西方式的宪政观念及其制度在印度渐渐得到确立。

印度推行宪政大体经历以下几个阶段:1858年,英国国会迫于1857年印度民族大起义的压力而颁布了《改善印度管理法》,该法在确立英王对印度的直接统治的同时,出于安抚印度封建上层人士的目的,表示"尊重当地王公的权利、尊严和荣誉"、"不干涉臣民中任何人的宗教信仰或崇拜"。就实质而言,虽该法是确认了印度完全沦为英国殖民地的事实,但因英国殖民主义者在认为不危及其殖民统治地位和利益的限度内已允许印度民众的部分权利和自由,由此对印度推进宪政还是具有一定的历史进步意义的。之后,英国国会又于1861年和1892年先后颁布了两项法律,为印度推进宪政又进一步创造了条件。1919年,英国国会又制颁了《印度政府组织法》,但因该法令规定的总督和省督权力过大而遭到国大党的反对和抵制。1935年,英国国会再次通过第二项《印度政府组织法》,该法规定印度联邦由英属印度各省和土邦组成,土邦可自愿加入联邦;总督统领联邦立法权和行政权;中央政府实行的是外交、国防和宗教事务等重要部门作为保留部门受总督直接控制,不受印度议会监督,其他部门则是作为移交部门向议会负责的被称之为"两头政治"的运行模式。

319

在各省则推进的是省立法议会由民选产生,其多数党组成省政府,省政府向省立法议会负责,省督对省立法议会的决议享有否决权的另一种模式。尽管从本质而言,由于该法规定英国国会仍操纵着印度的政治经济大权而被国大党指责为"奴隶宪法",及其中关于联邦的部分内容因遭印度各政党的抵制而未能实施,但不仅其中关于省自治的部分为各党派所接受,而且其基本原则和框架成为1950年《宪法》的基础。仅从这一点而言,还是具有历史进步意义的。

(二)助推了民商法律体系的构建

在印度历史上与其他传统东方国家一样长期实行土地国有制,商品经济极不发达。其法律内容大都与私人身份密切相关,即基本是关于婚姻、家庭和身份的法律规范,而真正涉及财产流转关系的民商领域的不仅极少,而且规范及其观念又与宗教信仰紧紧纠缠在一起,因而在变革时代到来之后要进行合乎当时以及对以后社会发展确系有益的法律变革与发展的阻力之大可以想像。不过,随着殖民化的深入和经济社会的内在结构的不断调整,民商法领域还是进行了广泛而深刻的变革。因为印度在沦为英国殖民地以后,传统的自给自足生产方式及其运行机制遭到严重破坏,逐步建立起商品经济的运行模式,由此必然要求法律能及时做出反应和调整,在英国殖民者的直接参与下,引入许多相关的英国法律原则,开始制定具有现代意义上的民商法。19世纪后期启动的法典编纂运动,给印度社会带来了一系列以普通法为基础的民商法律。这批法律不仅名称与英国相应的法律相同,而且原则和精神也一致。不过因编纂这批法律的英国法学家们并没有完全照搬英国现成的法律制度,而是兼采普通法和大陆法的有关原则,在吸收19世纪英国法律改革的成果和精神、借助大陆法的法典编纂技术并适当照顾印度传统与现实需求的基础上精心编纂而成。因此,这批法律不仅是变革时代的印度法律变革与发展的重大成果,也是对普通法系的重要发展。可见,印度变革时代到来后,通过法律变革与发展,大大推进了民商法体系构建的进程。

(三)促进了刑事法律观念及其制度的创新

1860年,英国殖民当局以19世纪英国刑法为基础,借助大陆法的法规编纂技术,并适度考虑印度传统刑法观念,结合实际需要编纂而成的印度《刑法典》相当引人注目。从其功能的角度而言,这部刑法典不再以种姓为基础,除个别条文外,①基本上确立了法律面前一律平等的原则,体现着刑罚的基本目的在于预防犯罪这一宗旨,不再体现神对犯罪者的惩罚的精神。这部法律虽是印度历史上第一部刑法典,但由于有英国刑法及其司法实践和改革的雄厚基础,加上以 T. B. 麦考莱爵士为首的英国法学家的不懈努力,而成为 19 世纪全球较为符合社会变迁要求的刑法典之一。诚然,应清楚的是,现实之中印度传统法律因素并没有彻底消失,从而使得其中存在一定程度的对传统印度教刑法妥协的情形。如其第 15 章专门规定了"有关宗教的犯罪",对各种侵犯宗教权利的行为规定了监禁、罚金等刑罚。从某种意义而言,也正因受宗教的强烈影响,导致一些早已禁止的源于宗教习俗的野蛮行为屡禁不止。这不能不说是一件令人遗憾的事。当然,这一情形的存在,也从另一侧面告诫我们不仅不可忽略传统的作用,更为重要的是要谋划如何引导传统之中有益的成分在现实之中发挥作用。

（四）催化了司法制度改革

就法律变革与发展的社会成效而言,对司法制度的影响是不可忽视和否定的一方面。就此,变革时代的印度主要体现在以下两个方面。

1. 司法权与行政权的分离

在传统印度,法律只不过是宗教的附属物,司法只是保证神启的法律得到遵守的手段之一,从而使得法官的职位自然非僧侣莫属。传统印度正因政教合一的互动,司法也就不得不依附于行政。同时,由于印度教的精神内核是出世观又导致不健全的司法组织机构所履行的实际上只是国王政府的附带工作,而且有资格成为法官的婆罗门僧侣除了应承担相应的司法职责以外,还有许许多多宗教活动要主持,从而不可能履行好司法机构的应然之职。印度的司法独立的尝试始于 18 世纪。由于传统的司法机构很不健全,英国殖民者在直接管辖区内建立了英国式的法院组织,赋予法官独立的审判权;管辖区以外的地区则进行了司法改革,逐渐改变了司法权附属于税收行政权的传统做法。此外,英国人在印度殖民地还采用通过司法手段统一法制的办法加大司法改革的力度,使得司法逐步获得独立地位。当然,在整个殖民主义统治时期,英国殖民主义者为便于

---

① 如第 56 条原规定判处欧美人徒刑时,不得超过 10 年。这一条文体现了当时印度的殖民地背景;从而于 1949 年被删除。

自身统治,不可能使立法、行政、司法三权真正分裂与制衡,采取的形式是不仅以总督为首的行政部门在很大程度上控制了立法,而且对司法的影响也极大。这一状态一直持续到印度独立之时。

2. 导入英国的诉讼制度

在传统印度,由于司法受制于宗教、行政,诉讼制度也极不受重视,并具有强烈的宗教色彩和专制主义倾向。如证据制度严重缺乏科学性,偏重证人的作用和当事人的誓言,广泛采用神明裁判;诉讼程序也过于简单,甚至缺乏正常的上诉制度。在变革时代,伴随其法律及其制度、体系和价值追求的变革与发展,印度在实体法领域建立各种法律制度的同时,通过司法与行政、宗教的分离等方式建立起具有现代意义的法院体系,并在对传统的诉讼制度进行相应变革的同时,发展适应时代特征和符合社会内在需求的新的内容,从而使得英国的诉讼制度能越来越多地被引入印度。如在 19 世纪中后期印度编纂的大批法律之中,只有三部被冠以"法典"之名,而《民事诉讼法典》(1859 年)和《刑事诉讼法典》(1861 年)便是其中的两部。虽然由于法院体系的不断调整,这两部诉讼法典后来均被新的法典所取代,但诉讼原则本身并无实质性的变化。《民事诉讼法典》除未采用民事陪审以外,所确立的诉讼原则、方式、程序等都明显来自英国。它分为基本规则和程序规则两部分,民事诉讼以对抗制为基础,并以书面诉状为起点;审理程序一般基于英国的程序规则,但未设民事陪审团。判决的复审程序的复杂性又体现了普通法对司法程序的倚重。刑事诉讼也以对抗制为基础,每个被告都有接受律师辩护的权利,以无罪推定为基本原则,不得强迫任何人自证有罪,同一罪名不得受一次以上控诉及处罚,非依法律程序不得剥夺任何人的生命或自由,轻罪与重罪分别由不同法院以不同程序审理。① 凡此显示,变革时代的印度,在其法律变革与发展的过程之中,大量导入了英国的诉讼制度,这一措施的实施还是具有十分重要的意义的,并发挥令人可喜的功用。

小 结 印度是印度法律文化圈的核心成员,其传统法律文化具有很强的宗教精神的民族特色。对于印度这样的社会,单靠自身的力量是

---

① 参见王云霞:《东方法律改革比较研究》,中国人民大学出版社 2002 年版,第 150 ~ 151 页。

不可能汇入世界历史一体化的洪流之中的,因为它"没有希望社会进步的意向,没有推动社会进步的行动"①。要想使它进步,必须借助于外力,而这种外力,诚如马克思所认为的,只能来自西方。只有通过资本主义血与火的洗礼,才能破坏印度社会那种封闭的村社制度和破坏村社自给自足的自然经济,从而在东方形成"一场最大的、老实说也是亚洲历来仅有的一次社会革命"②。也就是说英国的殖民统治虽然给印度带来了灾难,但却是势所必然,并具有历史的进步意义。——这其中当然地包括法律的变革与发展。变革时代到来之后,在英国殖民主义者的统治之下,印度逐步开始了大规模的法律变革与发展活动,结果是不仅在法典编纂运动中产生了大批被称为"盎格鲁—印度法典"的以英国法为模式的属地法律,而且结合英国法的原则和精神对印度教法及伊斯兰法两种主要属人法进行一定的改革,由此形成了"盎格鲁—印度教法"和"盎格鲁—穆斯林法",为自身以后的法律的进一步发展打下了一个较为坚实的基础。当然,由于时代和自身固有的局限性,以及受英国殖民主义者所操控而存在的问题也不少,使得印度变革时代的法律未能全面发挥其应有的社会功效,许多源于传统法律的恶习虽已被废除或遭禁止,却依旧顽固地阻碍着当时印度的法律变革与发展的成效及社会变迁的进程。诚然,因传统因素所导致的这一状态在东方其他国家也程度不同的存在着,只不过不如印度这么独特!③

①　马克思:《不列颠在印度统治的未来结果》,《马克思恩格斯选集》第 2 卷,人民出版社 1972 年版,第 72 页。

②　马克思:《不列颠在印度的统治》,《马克思恩格斯选集》第 2 卷,人民出版社 1972年版,第 67 页。

③　学者王云霞就印度因西方殖民主义入侵,而拉开变革时代的序幕,并由此而导致对自身法律的运动状态所产生的深远影响等问题的论述相当透彻,笔者深表感佩。通过研读相关内容,对笔者就本节内容的阐述引发了诸多有益的启迪。于此,深表谢忱! ——笔者

结语　关于社会变迁与法律
发展的理论总结

马克思主义法律观不仅认为法律源于社会,而且还认为法律发展对社会变迁具有反作用。法律不仅能够影响社会现实,而且在一定条件下能够成为左右社会历史发展的决定性力量。在这由社会与法律所构成的一对特殊的矛盾统一体之中,形成了如下几方面的关系:一方面,"法律的产生和存在具有一定的历史必然性,在特定的历史发展时期和社会经济条件下,法律就是社会现象中的一个极为积极的、活跃的、不可缺少的组成部分"[1]。法律必须维护自身赖以生成的社会状态,而这种社会状态如果符合社会生产力发展的总体要求,建立在此基础之上并反映社会内在需求的法律就能够对社会变迁的历史进程起到积极的推动作用;相反,就会产生负面效应。另一方面,由于法律的特质还要受国家等其他因素所制约,因此,这些制约因素必然也对法律产生相应的影响。而这些因素如果能对法律产生正面作用或影响,就能够通过法律而对社会产生积极的作用,相反,就会导致阻却效应。再一方面,法律作为一种社会历史现象,其是不可能有中断的,即不可能割断自身的历史,从而必定要吸纳原有的法律及其制度、体系和价值追求中的有益成分,但任何一种新的法律及其制度、体系和价值追求均不可对旧的法律及其体系、制度和价值追求抱有幻想,因为任何法律及其制度、体系和价值追求的存在都具有其深刻的社会经济根源及由此而决定的社会结构和社会关系,"旧法律是从这些旧社会关系中产生出来的,它们也必然同旧社会关系一起消亡"[2]。如果社会

---

[1]　葛洪义:《法律与社会理论的批判意识——略论马克思社会理论中的法律思想》,载于《法律科学》2000 年第 2 期,第 13 页。

[2]　马克思:《对民主主义者莱茵区域委员会的审判》,《马克思恩格斯全集》第 6 卷,人民出版社 1961 年版,第 292 页。

现实已经发生变化,但还依赖于旧的法律规范,那么它就会成为社会变迁的掣肘因素,由此而不具备其本应具有的历史和时代的价值,也已不能算是良法。"法律的历史价值是永恒的,即适应社会发展进步、人类文明进程的法律,才算得上是'良法'。"①为此,我们认为很有必要探究法律发展对社会变迁的影响。这对我们研究如何通过适时的法律发展来反推社会的变迁具有相当重要的意义。

社会变迁这一社会进步的基本渠道通过法律形式能为自己在哪些方面开辟道路呢?主要矛盾何在?对这些问题的把握和解决确实是要有综合性条件的,但在各种条件之中最为重要的一点,我们认为是应有与当时的社会状态相匹配的法律。而要使所实施的法律能对社会变迁产生积极的影响,就必须从这一角度去努力。

马克思主义认为,现实是一个事物本质的实现过程,在这个过程之中,所有的存在物都是矛盾的统一体。法律是人类社会历史长河之中某一时期社会内部客观需求的一定程度的反映,只不过反映的程度由社会内部各种矛盾相互作用所致。社会内部矛盾运动是促进了法律的发展,但作为社会历史发展到一定阶段的产物的法律也在社会变迁规律的作用之下使得自身也在发展,"法律发展本身乃是社会发展的一个重要组成部分,甚至在一定意义上是社会文明进程的指示器。法律作为一种社会规范及价值体系,乃是社会生活本身发展所不可或缺的。法律以其特有的形式,标志着社会文明的发展进程及其阶段"②。

法律与社会之间总是构成一对特殊的矛盾统一体。就法律发展而言,其内质的嬗变应与社会变迁的历史阶段同步,也就是说从不同的法律内质可以反观当时的社会状态及其价值追求所在,但这只能算是法律与社会所构成的矛盾统一体的一方面表征。从另一方面讲,某一社会历史发展时期的法律的状态对社会又具有反作用,如果能利用好法律与社会所构成的矛盾统一体的积极性一面,就可以促进和推动社会的变迁,并达到意想不到的成效,反之就可能成为社会变迁的掣肘,扼制着社会变迁的潜能的激发,使社会在那些与其内在需求极不适应的法律及其制度、体系

---

① 张仁善:《中国法律社会史的理论视野》,载于《南京大学法律评论》2001 年(春季号),第 98 页。

② 公丕祥:《东方法律文化的历史逻辑》,法律出版社 2002 年版,第 6 页。

和价值追求的框架内停滞不前,甚至倒退,根本达不到"法律效用最终应体现在它对整个社会的影响上"①的目的和要求。这就诚如弗里德曼所认为的,一般而言,法律发展反映并取决于社会变迁,但运用法律变革社会的实践也具有十分重要的意义。依法变革社会主要表现为对变更或破坏一定的行动方式和行动期待的"否定",以及制定规制社会活动的规范,②从而从总体上推动社会变迁。

当然,对于相对静止的社会来说,刚刚制定实施的法律往往具有超前性,在某一历史时段,它可以有效地适应社会变迁的内在需求和总的发展方向。而相对静止的社会又处于绝对的运动之中,面对不断变迁的社会,法律发展在保持自身的严肃性和尊严以及在其他因素的制约之下,就显得僵化、缓慢,必须作相应的调整才能不至于成为阻却社会变迁的历史进程的掣肘。而社会诸多要素如社会结构、社会生活、社会心态等等的变化一般都不会直接通过法律条文的变化反映出来。"要使法律发生变化,通常需要形成社会的和政治的压力,甚至这种压力出现之后也可能受到抵制和阻止,除非它们的力量强大并且具体。"③此外,行使社会所让渡的公权力的国家的性质、特征、状态等发生变化,所实施的法律必定要发生变化,但是如果社会的价值追求、社会力量没有达到实质性改变的程度,就必然使所制定和实施的法律不会发生本质的变化。④ 正如伯尔曼所认为的:"法律既是从整个社会的结构和习惯自下而上发展而来,又是从社会中的统治者们的政策和价值中自上而下移动。法律有助于这两者的整合。"⑤也就是说,法律既是社会的基础构成部分,又是社会发展的结果,更为重要的是它能够独立地参与和影响社会变迁的历史进程。法律对社会内部需求的反映与社会变迁之间的关系主要表现为两个方面:一是迟

---

① 张仁善:《中国法律社会史的理论视野》,载于《南京大学法律评论》2001 年春季号,第 97 页。

② 参见[美]弗里德曼:《法律制度——从社会科学角度观察》,中国政法大学出版社1994 年版,第 315 页。

③ [美]埃尔曼:《比较法律文化》,生活·读书·新知三联书店 1990 年版,第 9 页。

④ 传统东方的法律及其制度、体系和价值追求为何长期处于相对固定或曰稳定的范式,就是因为社会本身没有实质性的变化,即使有也只是微小的量的变化,只有当社会的价值追求和社会力量由量变达到质变的时候才有大的变化。

⑤ [美]伯尔曼:《法律与革命——西方法律传统的形成》,中国大百科全书出版社1993 年版,第 665 页。

缓性表现。总体而言,当法律对社会的内在法律需求有迟缓性表现时就会阻碍社会变迁的速度和质量。"因为法律较之大多数其他政治制度的变化更为缓慢,人们便通常不去设想一种法律制度的迅速和巨大变化。"①从这一角度而言,我们也就明白为何传统东方的法律发展更为缓慢的根源。法律发展缓慢的最根本的原因有:一方面是就内部而言,较为重要的原因是社会力量的变化小,导致社会变迁缓慢,进而对法律的需求量小。另一方面是就外界表现而言,就是法律的社会需求的量的变化比政治制度变化更为缓慢,而为何政治力量变化同样比较缓慢,但其结果却比法律的变化快呢? 这是因为国家是凌驾于社会之上,且国家的变化其自身即能完成,而法律的发展虽是社会的需求,但需要通过国家这一中介,并还要受社会与国家的互动性关系和社会自身力量及状态所制约。即需经过社会变迁而形成的新的法律最终体现其目标的实现程度和标志变迁的成功程度,相对应的如果法律不能及时地发展,表明它不能敏捷地回应社会正在发生的变革,必定阻却社会的变迁。二是超前性体现。这种状态又有正反两方面的效应:正面效应就是能加速推进社会的变迁。负面效应是也可能因过于超前反而脱离了社会变迁的应然轨道导致社会倒退。所以,为使法律能真正起到为社会变迁服务的积极作用,就必须使其在准确反映社会变迁的内在规律性的基础上,具有适度的超前性。这是必要的和明智的。

　　就法律的效用而言,其在清除社会变迁的障碍的同时,也同样可以设置障碍。关键在于如何将其导向符合有益于社会变迁的内在要求的轨道上,使其在当好"清道夫"的同时,能起到积极而良性地推动社会变迁的作用。当然,诚如柯勒所坚持的:即使在整个人类社会文明领域出现了因偶然性因素而导致的社会倒退,但社会文明本身的潮流却并不因此而逆转。不过,我们还是应该通过各种有效的措施预防、阻止、纠正法律可能给社会变迁所带来的负面影响。作为能在一定程度上表征人类社会文明发展的历史进程的法律也将在此进展中得以施展应有的力量且同时进化自我,即使法律不能排除阻碍社会文明发展的偶然性因素,但却能改变或分散这些不良因素对整个社会的危害影响的程度。因此,一个健全的文

_____

　　① 〔美〕伯尔曼:《法律与革命——西方法律传统的形成》,中国大百科全书出版社1993年版,第18页。

明社会应当同时具有一个符合社会变迁内在要求的合理而健全的法律秩序,但健全而合理的法律秩序又必须依赖于能及时体现社会内在需求的法律作基础和后盾。既然社会存在的形态是随着必然性和偶然性因素而不断演化着的,因此,源于其中的法律也同样应当随着这种演化而主动地积极地影响社会文明的历史进程,换句话说,法律应当以其特有的规制功能去扼制那些可能对社会文明发展不利的因素,进而培育、扶持符合社会文明发展历史进程内在规律和要求的各项有益要素。"特别是在一个急剧变革的社会里,法律必然要发生变化,并且成为促进和支持新的政治、社会与经济现实的重要手段。如果法律传统不能依靠自身来支持这一新的现实,那么新的法律就必须被创制出来,或者必须由外部世界引进。在这种情况下,对待法律的新的态度与价值观念,常常成为社会变革的推进力量。"①所以,我们要通过利用各种有利的社会条件,充分发挥法律的能动性,不仅要高度重视对整个法律及其制度、体系和价值追求在社会中的功能的培养和挖掘,从而充分发挥特别是与社会变迁的内在要求相适应的法律的作用;而且更应在法律自为系统运动的基础上再进一步通过人类文明这一渠道充分发挥社会能动性去促进法律的良性生成、变革和发展。"法律过去是一种自发地促进文明事业的发达,而现在则应当由人类本身以社会性的活动包括政治经济思想活动,去对之加以引导。"②使法律能在自身的发展过程之中最大限度地推进社会的变迁,促进社会的飞速发展。

现代社会正力图实现自我变革,简而言之,就是思考和实施如何使自身能够在一定的和谐秩序下和最大限度内变迁。为此,不仅要有建立这种秩序所必需的制度,而且还要有使这种制度得以有效实施并成为现实的法律来体现和保证。不同的法律及其制度、体系和价值追求产生于不同的社会机体;同样,不同的法律及其制度、体系和价值追求对不同特质的社会变迁产生相异的反作用。一个社会稳定与否,关键之处不在于国家相对于社会是多么的强大,而要视在去除国家的强制力后会不会乱?稳定的社会必须具备自我免疫功能,作为符合社会内在需求的法律及其制度、体系和价值追求就是合成这种免疫功能的必需之"物",而"法治"

---

① 公丕祥:《东方法律文化的历史逻辑》,法律出版社 2002 年版,第 8 页。
② 张文显:《二十世纪西方法哲学思潮研究》,法律出版社 1996 年版,第 175 页。

又是重中之重。单靠国家的强制力来形成所谓的"法治"氛围的设想的时代早已过去了,且也从未实现过。一部体系完整、内容翔实的法律易得,而要使之符合社会变迁的内在要求并在实施的过程中能与社会产生共鸣,形成国家与社会良性互动的合力却不是一件易事,也可以说是相当困难的事,不具备相应的"内功"是不可能达到的。我们要建立的正是一种社会能依法自律的高效机制。要达到这一目标,不研究社会所要求的法律是不行的,必须正视的是法律发展对社会变迁的反作用,所以说应花大力气去研究如何将符合社会内在要求的法律及其制度、体系和价值追求导向积极有效地推动社会变迁的方向,并力求产生实效,这是历史和时代的重要课题。

传统专制性东方,国家所操持的法律就其实质而言是愚昧和非民主性的,虽说东西方的每个国家或民族在其历史发展的过程中都不可避免地出现这一状态,但我们决不能重复它,至少说要随本国的社会变迁和全球化进程的加快与深入而力图实质性改变。现代法律是在近现代西方社会变迁的基础上产生的,也正因此而使全球整体性的"法治"状态达到现今的程度,可以说,西方法律发展是人类社会法律发展史中的非常重要的一笔。但我们不可因此忽视或否定东方还有可能为人类社会法律发展作出重大贡献的潜能,这潜能虽确实是不容否定地存在着,但关键在于如何挖掘和导引。当然,要想充分挖掘和理性导引,还必须认真探究如何采取符合自身特点和历史运动规律的措施,并能充分利用好历史、传统中的有益成分。

不过"一个社会即使探索到了本身运动的自然规律,……它还是既不能跳过也不能用法令取消自然的发展阶段。但是它能缩短和减轻分娩的痛苦"①。由于传统东方法律具有其传统性和规律性,只不过到了近现代与社会变迁的内在要求不一致的成分没能被及时去除而越来越成为自身法制现代化或融入全球化以及社会变迁的羁绊。为彻底摧毁东方传统法律及其制度、体系和价值追求的禁锢,让我们凭借自己的理性,充分认识、利用、进而驾驭自身和人类社会的法律发展,从而反推社会变迁的历史进程,为人类社会的发展作出应有的贡献。

---

① 马克思:《资本论》第一卷,《马克思恩格斯全集》第23卷,人民出版社1972年版,第11页。

当然,面对社会变迁的迫切的内在要求,在法律存续期内,如何使其发展确是任何一个国家、任何社会、任何时候都无法回避的问题,即怎样废除旧的不合时宜的法律及其制度、体系和价值追求并以新的取而代之?因为法律的确定性决定了它既可以把一种新的法律置于一种社会、文化、价值旨趣之中,也可以通过社会、文化秩序的重组及价值追求的再定位而巩固和加强旧的法律体系。① 破除一种旧法律,必须同时创建一种更适合时宜、社会环境、文化氛围乃至政治秩序的新法律,只有在新法律的灵活性、进步性力量压倒旧法律的僵化性、保守性势力之后,旧法律才会逐渐退出历史的舞台,新法律才会通行社会,获得社会的广泛认同和支持。否则的话,"破旧立新"就成了"空中楼阁"。而我们所要努力做到的正是应将一类新的法律及其制度、体系和价值追求置于现代化的社会——全球化背景下的传统底蕴深厚的东方社会——之中,并研究相应的规律,避免重蹈覆辙,从而真正为自身的社会变迁助力。

总而言之,研究法律发展对社会变迁的推动作用,对于如何使法律发展同社会变迁形成良性互动具有十分重要的历史和时代意义。与此同时,还将有助于我们探寻法律发展的历史轨迹,并在此基础上,揭示本国法制现代化步伐迟滞的真正的深层缘由,思考整治对策。因此,对法律发展的内在本质及其对社会变迁的反作用的探究必须把法律放到社会大背景中加以考察,唯此,才能找到答案,才能把握其脉搏,也才能充分发挥其功用。

---

① 参见[美]埃尔曼:《比较法律文化》,生活·读书·新知三联书店1990年版,第9、69页。

主要参考文献

马克思主义经典作家著作

〔1〕马克思:《评普鲁士最近的书报检查令》,《马克思恩格斯全集》第1卷,人民出版社1956年版。

〔2〕马克思:《关于出版自由和公布等级会议记录的辩论》,《马克思恩格斯全集》第1卷,人民出版社1956年版。

〔3〕马克思:《关于林木盗窃法的辩论》,《马克思恩格斯全集》第1卷,人民出版社1956年版。

〔4〕马克思:《黑格法哲学批判》,《马克思恩格斯全集》第1卷,人民出版社1956年版。

〔5〕马克思:《摩塞尔记者的辩护》,《马克思恩格斯全集》第1卷,人民出版社1956年版。

〔6〕马克思:《对民主主义者莱茵区域委员会的审判》,《马克思恩格斯全集》第6卷,人民出版社1961年版。

〔7〕马克思:《东印度公司,它的历史与结果》,《马克思恩格斯全集》第9卷,人民出版社1961年版。

〔8〕马克思:《土耳其战争问题。——"纽约论坛报"在下院。——印度的管理》,《马克思恩格斯全集》第9卷,人民出版社1961年版。

〔9〕马克思:《中国革命和欧洲革命》,《马克思恩格斯全集》第9卷,人民出版社1961年版。

〔10〕马克思:《荷兰情况。——丹麦。——不列颠国债条款变更。——印度。——土耳其和俄国》,《马克思恩格斯全集》第9卷,人民出版社1961年版。

〔11〕马克思:《俄国的欺骗。——格莱斯顿的失败。——查理·伍德的东印度改革》,《马克思恩格斯全集》第9卷,人民出版社1961

年版。

〔12〕马克思：《不列颠在印度的统治》，《马克思恩格斯全集》第9卷，人民出版社1961年版。

〔13〕马克思：《不列颠在印度统治的未来结果》，《马克思恩格斯全集》第9卷，人民出版社1961年版。

〔14〕马克思：《印度问题。——爱尔兰的租佃权》，《马克思恩格斯全集》第9卷，人民出版社1961年版。

〔15〕马克思：《俄土纠纷。——不列颠内阁的诡计和诡辩。——涅谢尔罗迭最近的照会。——东印度问题》，《马克思恩格斯全集》第9卷，人民出版社1961年版。

〔16〕马克思：《战争问题。——议会动态。——印度》，《马克思恩格斯全集》第9卷，人民出版社1961年版。

〔17〕马克思：《坎宁的公告和印度的土地占有问题》，《马克思恩格斯全集》第12卷，人民出版社1962年版。

〔18〕马克思：《鸦片贸易史》，《马克思恩格斯全集》第12卷，人民出版社1962年版。

〔19〕马克思：《政治经济学批判》，《马克思恩格斯全集》第13卷，人民出版社1962年版。

〔20〕马克思：《对华贸易》，《马克思恩格斯全集》第13卷，人民出版社1962年版。

〔21〕马克思：《粮食价格。——欧洲金融状况和备战。——东方问题》，《马克思恩格斯全集》第15卷，人民出版社1963年版。

〔22〕马克思：《中国纪事》，《马克思恩格斯全集》第15卷，人民出版社1963年版。

〔23〕马克思：《给"祖国纪事"杂志编辑部的信》，《马克思恩格斯全集》第19卷，人民出版社1963年版。

〔24〕马克思：《给维·伊·查苏利奇的复信草稿——初稿》，《马克思恩格斯全集》第19卷，人民出版社1963年版。

〔25〕马克思：《给维·伊·查苏利奇的复信草稿——二稿》，《马克思恩格斯全集》第19卷，人民出版社1963年版。

〔26〕马克思：《给维·伊·查苏利奇的复信草稿——三稿》，《马克思恩格斯全集》第19卷，人民出版社1963年版。

〔27〕马克思:《给维·伊·查苏利奇的信》,《马克思恩格斯全集》第 19 卷,人民出版社 1963 年版。

〔28〕马克思:《资本论》第一卷,《马克思恩格斯全集》第 23 卷,人民出版社 1972 年版。

〔29〕马克思:《资本论》第二卷,《马克思恩格斯全集》第 24 卷,人民出版社 1972 年版。

〔30〕马克思:《资本论》第三卷,《马克思恩格斯全集》第 25 卷,人民出版社 1974 年版。

〔31〕马克思:《资本论》第四卷,《马克思恩格斯全集》第 26 卷(Ⅰ、Ⅱ、Ⅲ),人民出版社 1974 年版。

〔32〕马克思:《马克思致恩格斯(1953 年 6 月 14 日)》,《马克思恩格斯全集》第 28 卷,人民出版社 1973 年版。

〔33〕马克思:《马克思致恩格斯》,《马克思恩格斯全集》第 29 卷,人民出版社 1972 年版。

〔34〕马克思:《马克思致恩格斯》,《马克思恩格斯全集》第 32 卷,人民出版社 1974 年版。

〔35〕马克思:《马克思致维拉·伊万诺夫娜·查苏利奇》,《马克思恩格斯全集》第 35 卷,人民出版社 1971 年版。

〔36〕马克思:《马克思致维拉·伊万诺夫娜·查苏利奇》,《马克思恩格斯全集》第 36 卷,人民出版社 1974 年版。

〔37〕马克思:《马·柯瓦列夫斯基〈公社土地占有制,其解体的原因、进程和结果〉一书摘要》,《马克思古代社会史笔记》,人民出版社 1996 年版。

〔38〕马克思:《路易斯·亨·摩尔根〈古代社会〉一书摘要》,《马克思古代社会史笔记》,人民出版社 1996 年版。

〔39〕马克思:《亨利·萨姆纳·梅恩〈古代法制史讲演录〉一书摘要》,《马克思古代社会史笔记》,人民出版社 1996 年版。

〔40〕马克思:《约·拉伯克〈文明的起源和人的原始状态〉一书摘要》,《马克思恩格斯全集》第 45 卷,人民出版社 1985 年版。

〔41〕马克思:《经济学手稿(1857—1858 年)》,《马克思恩格斯全集》第 46 卷(上),人民出版社 1979 年版。

〔42〕马克思:《政治经济学批判(1857—1858 年草稿)》,《马克思恩格斯

全集》第46卷(上),人民出版社1979年版。

〔43〕马克思:《约翰·菲尔爵士〈印度和锡兰的雅利安人村社〉一书摘要》,《马克思古代社会史笔记》,人民出版社1996年版。

〔44〕马克思、恩格斯:《德意志意识形态》,《马克思恩格斯全集》第3卷,人民出版社1960年版。

〔45〕马克思、恩格斯:《共产党宣言》,《马克思恩格斯全集》第4卷,人民出版社1972年版。

〔46〕恩格斯:《土耳其问题》,《马克思恩格斯全集》第9卷,人民出版社1961年版。

〔47〕恩格斯:《波斯和中国》,《马克思恩格斯全集》第12卷,人民出版社1962年版。

〔48〕恩格斯:《流亡者文献》,《马克思恩格斯全集》第18卷,人民出版社1964年版。

〔49〕恩格斯:《"论俄国的社会问题"一书导言》,《马克思恩格斯全集》第18卷,人民出版社1964年版。

〔50〕恩格斯:《法兰克时代》,《马克思恩格斯全集》第19卷,人民出版社1963年版。

〔51〕恩格斯:《反杜林论》,《马克思恩格斯全集》第20卷,人民出版社1971年版。

〔52〕恩格斯:《家庭、私有制和国家的起源》,《马克思恩格斯全集》第21卷,人民出版社1965年版。

〔53〕恩格斯:《恩格斯致马克思(1853年6月6日)》,《马克思恩格斯全集》第28卷,人民出版社1973年版。

〔54〕恩格斯:《致尼古拉·弗兰策维奇·丹尼尔逊》,《马克思恩格斯全集》第38卷,人民出版社1972年版。

〔55〕恩格斯:《致卡尔·考茨基》,《马克思恩格斯全集》第39卷,人民出版社1974年版。

当代中国相关学术著述

〔1〕公丕祥:《法哲学与法制现代化》,南京师范大学出版社1998年版。

〔2〕公丕祥:《法制现代化的理论逻辑》,中国政法大学出版社1999年版。

〔3〕公丕祥:《东方法律文化的历史逻辑》,法律出版社 2002 年版。

〔4〕公丕祥主编:《中国法制现代化进程》(上卷),中国人民公安大学出版社 1991 年版。

〔5〕公丕祥主编:《法律文化的冲突与融合》,中国广播电视出版社 1993 年版。

〔6〕公丕祥主编:《当代中国市场经济法制研究》,南京师范大学出版社 1998 年版。

〔7〕公丕祥主编:《当代中国的法律革命》,法律出版社 1999 年版。

〔8〕公丕祥主编:《法理学》,复旦大学出版社 2002 年版。

〔9〕李光灿、吕世伦主编:《马克思恩格斯法律思想史》,法律出版社 2001 年版。

〔10〕沈宗灵:《比较法总论》,北京大学出版社 1998 年版。

〔11〕沈宗灵主编:《法理学》,高等教育出版社 1994 年版。

〔12〕刘军宁、王焱、贺卫方主编:《市场逻辑与国家观念》,生活·读书·新知三联书店 1995 年版。

〔13〕刘军宁、王焱、贺卫方主编:《市场社会与公共秩序》,生活·读书·新知三联书店 1996 年版。

〔14〕武树臣:《中国传统法律文化》,北京大学出版社 1994 年版。

〔15〕何勤华:《法律文化史论》,法律出版社 1998 年版。

〔16〕邓正来:《国家与市民社会》,中央编译出版社 2002 年版。

〔17〕韩延龙主编:《法律史论集》第 1 卷,法律出版社 1998 年版。

〔18〕韩延龙主编:《法律史论集》第 2 卷,法律出版社 1999 年版。

〔19〕朱苏力:《法治及其本土资源》,中国政法大学出版社 1996 年版。

〔20〕梁治平:《寻求自然秩序中的和谐》,中国政法大学出版社 1997 年版。

〔21〕季卫东:《法治秩序的建构》,中国政法大学出版社 1999 年版。

〔22〕张中秋:《中西法律文化比较研究》,南京大学出版社 1998 年版。

〔23〕韩大元:《东亚法治的历史与理念》,法律出版社 2000 年版。

〔24〕刘永佶:《社会剧变中的经济与政治》,河南人民出版社 1993 年版。

〔25〕毛信庄:《〈资本论〉法律思想研究》,生活·读书·新知三联书店 1992 年版。

〔26〕江丹林:《马克思晚年的反思》,北京出版社 1992 年版。

〔27〕付子堂:《法律功能论》,中国政治大学出版社1999年版。

〔28〕谢鹏程:《基本法律价值》,山东人民出版社2000年版。

〔29〕徐远和:《儒学与东方文化》,人民出版社1994年版。

〔30〕陈弘毅:《法治启蒙与现代法的精神》,中国政法大学出版社1998年版。

〔31〕张晋藩:《中国法律的传统与现代转型》,法律出版社1997年出版。

〔32〕张晋藩主编:《二十世纪中国法治回眸》,法律出版社1998年版。

〔33〕杨仁寿:《法学方法论》,中国政法大学出版社1999年版。

〔34〕赵震江主编:《法律社会学》,北京大学出版社1999年版。

〔35〕张冠梓:《论法的成长》,社会科学文献出版社2000年版。

〔36〕卓泽渊:《法的价值论》,法律出版社1999年版。

〔37〕钱勤发:《超越国界的法律大冲突》,珠海出版社1998年版。

〔38〕黄思骏:《印度土地制度研究》,中国社会科学出版社1998年版。

〔39〕曹锡仁:《中西文化比较导论》,中国青年出版社1992年版。

〔40〕鲍绍霖主编:《西方史学的东方回响》,社会科学文献出版社2001年版。

〔41〕谢霖:《东方社会之路——马克思关于东方社会非资本主义发展的理论》,中国社会科学出版社1992年版。

〔42〕朱坚劲:《东方社会往何处去》,上海社会科学出版社1996年版。

〔43〕许章润、徐平:《法律:理性与历史》,中国法制出版社2000年版。

〔44〕张晋藩:《当代中国法学文库:中国法律的传统与近代转型》,法律出版社1997年版。

〔45〕刘启良:《马克思东方社会理论》,学林出版社1994年版。

〔46〕金耀基:《从传统到现代》,广州文化出版社1989年版。

〔47〕钱乘旦主编:《现代文明的起源与演进》,南京大学出版社1991年版。

〔48〕刘学灵:《东方社会政治形态史论》,上海远东出版社1995年版。

〔49〕马长山:《国家、市民社会与政治》,商务印馆2002年版。

〔50〕王云霞:《东方法律改革比较研究研究》,中国人民大学出版社2002年版。

〔51〕公丕祥:《市民社会与政治国家:社会主体权利的理论逻辑——从黑格尔到马克思的思想轨迹》,载于《法制现代化研究》(第一卷),南

京师范大学出版社 1995 版。

〔52〕公丕祥:《国际化与本土化:法制现代化的时代挑战》,载于《法学研究》(京)1997 年第 1 期。

〔53〕公丕祥:《政府与法律:东西方法律发展的政治机理》,载于《学习与探索》(哈尔滨)1999 年第 4 期。

〔54〕公丕祥:《传统东方社会司法的特殊机理——马克思的理论阐释》,载于《法商研究》(武汉)2001 年第 3 期。

〔55〕公丕祥:《传统东方法律文化的价值取向——马克思的理论分析》,载于《法律科学》(西安)2002 年第 1 期。

〔56〕公丕祥:《全球化与中国法制现代化》,载于《法学研究》(京)2000 年第 6 期。

〔57〕许倬云:《中国古代社会与国家之关系的变动》,载于《文物季刊》(太原)1996 年第 2 期。

〔58〕田丰:《全球化趋势与马克思的方法论》,载于《学术研究》(广州)2000 年第 6 期。

〔59〕赵浩、王复三:《论马克思东方社会思想及方法论力量》,载于《马克思主义研究》(京)1997 年第 4 期。

〔60〕杨煌:《马克思恩格斯晚年对东方社会发展道路的探索与落后国家走向社会主义道路的实践》,载于《当代思潮》(京)2000 年第 5 期。

〔61〕张怀承:《试论中国传统文化三教互补的伦理精神》,载于《湖南社会科学》(武汉)2000 年第 4 期。

〔62〕冯卓慧:《法律移植问题探讨》,载于《法律科学》(西安)2001 年第 2 期。

〔63〕吴波:《论马克思晚年走向人类学的动因》,载于《马克思主义研究》(京)2000 年第 3 期。

〔64〕荣剑:《马克思的国家和社会理论》,载于《中国社会科学》(京)2001 年第 3 期。

〔65〕张云飞:《马克思社会发展理论的结构向度》,载于《中国人民大学学报》(京)2000 年第 6 期。

〔66〕杨耕、李雅儒:《关于马克思东方社会理论的再思考》,载于《学习与探索》(哈尔滨)1998 年第 2 期。

〔67〕王莉:《论马克思关于东方社会发展理论的现实意义》,载于《沈阳

教育学院学报》(哈尔滨)2000 年第 1 期。

〔68〕张金成:《马克思的"全球化"思想及其现实意义》,载于《甘肃社会科学》(兰州)2001 年第 4 期。

〔69〕李正东:《论国家与法的关系》,载于《华东政法学院学报》(沪)2000 年第 4 期。

〔70〕朱继萍:《法治、宪政和依法行政》,载于《法商研究》(武汉)1999 年第 4 期。

〔71〕马淮聪:《国家行为的法律化》,载于《学术探索》(昆明),1999 年第 4 期。

〔72〕王军:《法律的成本效益分析导论》,载于《甘肃社会科学》(兰州)1999 年第 5 期。

〔73〕李宏斌:《中西方社会控制体系比较》,载于《江汉论坛》(武汉)1999 年第 10 期。

〔74〕陈晓枫、柳正权:《法制现代化成本分析》,载于《法律科学》(西安)2000 年第 6 期。

〔75〕杜承铭:《国家、社会与现代法治》,载于《广东行政学院学报》(广州)2000 年第 5 期。

〔76〕韩国莉、孙树志:《中国传统宗法伦理下的法律意识》,载于《兰州大学学报》(社会科学版)(兰州)2000 年第 5 期。

〔77〕任强:《西方法律传统的类型研究及其局限——韦伯法律思想述评》,载于《中山大学学报》(社会科学版)(广州)1998 年第 5 期。

〔78〕郭道晖:《法治国家与法治社会》,载于《政治与法律》(沪)1995 年第 1 期。

〔79〕杨学功、孙伟平:《从马克思的"世界历史理论"看全球化》,载于《教学与研究》(京)2001 年第 4 期。

〔80〕付子堂、胡仁智:《论法律的社会功能》,载于《法制与社会发展》(长春)1999 年第 4 期。

〔81〕卞利:《国家与社会的冲突和整合——论明清民事法律规范的调整与农村基层社会的稳定》,载于《荆门职业技术学院学报》(荆门)2000 年第 4 期。

〔82〕李景治、李鑫炜:《全球化进程对国家的影响》,载于《教育研究》(京)1998 年第 11 期。

〔83〕李金:《从国家与民间力量的关系看中国社会的整合问题》,载于《探索》(重庆)2000 年第 3 期。

〔84〕陈国新:《恩格斯对东方理论的贡献》,载于《云南教育学院学报》(昆明)1992 年第 1 期。

〔85〕吴家清:《国家与社会:法治的价值选择》,载于《法律科学》(西北政法学院学报)(西安)1999 年第 2 期。

〔86〕王淑梅:《试述中国封建国家政权对经济的法律干预》,载于《中共山西省委党校学报》(太原)1999 年第 4 期。

〔87〕启良:《东方国家社会转型研究三题》,载于《湘潭大学学报》(哲学社会科学版)(长沙)1997 年第 6 期。

〔88〕倪正茂:《中西法律文化传统比较与宪政发展之大趋势》,载于《上海社会科学院学术季刊》(沪)1997 年第 1 期。

〔89〕李蕊:《谈国家法律的权威——从法律运行的典型实例看》,载于《山东大学学报》(哲学社会科学版)(济南)2001 年第 3 期。

〔90〕徐显明:《社会转型后的法律体系重构》,载于《文史哲》(济南)2000 年第 5 期。

〔91〕龙大轩:《法・权・情——中西传统法律文化比较研究之一》,载于《宁夏社会科学》(银川)1994 年第 5 期。

〔92〕唐宏强:《私法关系的历史运动法则》,载于公丕祥主编:《法制现代化研究》(第二卷),南京师范大学出版社 1996 年版。

〔93〕唐宏强:《社会需求:法律生命之源》,载于《江西社会科学》(南昌)2003 年第 3 期。

〔94〕唐宏强:《社会变迁:法律变革与发展之源》,载于《江苏社会科学》(南京)2002 年第 5 期。

〔95〕唐宏强:《社会内部矛盾的特殊性:法律多元化之源》,载于《甘肃社会科学》(兰州)2003 年第 1 期。

〔96〕唐宏强:《法律变革与发展:社会变迁催化之源》,载于《四川师范大学学报》(社会科学版)(成都)2003 年第 1 期。

〔97〕唐宏强:《全球化背景下中国法律变革与发展所面临的挑战》,载于《理论探讨》(哈尔滨)2003 年第 1 期。

〔98〕唐宏强:《恩格斯东方社会观的法理解读》,载于《河北法学》(石家庄)2003 年第 2 期。

〔99〕唐宏强:《传统东方国家的法律价值取向论》,载于《江苏教育学院学报》(南京)2003 年第 3 期。

〔100〕唐宏强:《国家同法律变革与发展关系论》,载于《学术交流》(哈尔滨)2003 年第 4 期。

〔101〕唐宏强:《全球化背景下中国法律变革与发展关系论》,载于《南京大学学报》(哲学、人文科学、社会科学版)(南京)2003 年第 3 期。

〔102〕唐宏强:《国家与社会互动中的法律发展探析》,载于《学术交流》(哈尔滨)2006 年第 7 期。

〔103〕唐宏强:《变革时代的东方国家与法律发展》,载于《甘肃社会科学》(兰州)2007 年第 5 期。

〔104〕唐宏强:《传统东方影响法律发展的国家因素探析》,载于《江苏社会科学》(南京)2007 年第 5 期。

〔105〕唐宏强:《"国家—社会"两分架构及其方法论意义——就研究法律发展问题论之》,载于《浙江大学学报》(哲学、人文科学、社会科学版)(杭州)2007 年第 6 期。

国外相关学术著述

〔1〕[美]伯尔曼:《法律与革命——西方法律传统的形成》,中国大百科全书出版社 1993 年版。

〔2〕[美]E. 博登海默:《法理学——法哲学及其方法》,华夏出版社 1987 年版。

〔3〕[美]E. 希尔斯:《论传统》,上海人民出版社 1991 年版。

〔4〕[美]塞缪尔·P. 亨廷顿:《变化社会中的政治秩序》,生活·读书·新知三联书店 1989 年版。

〔5〕[美]彼德·布劳:《社会生活中的交换与权力》,华夏出版社 1988 年版。

〔6〕[美]R. 庞德:《通过法律的社会控制、法律的任务》(上、下),商务印书馆 1984 年版。

〔7〕[美]C. E. 布莱克等编:《日本与俄国的现代化———份经比较的研究报告》,商务印书馆 1983 年版。

〔8〕[美]C. E. 布莱克:《比较现代化》,上海译文出版社 1996 年版。

〔9〕〔美〕吉尔伯特·罗兹曼主编:《中国的现代化》,上海人民出版社 1989 年版。

〔10〕〔美〕Roberto.M.昂格尔:《现代社会中的法律》,中国政法大学出版社 1994 年版。

〔11〕〔美〕C.E.布莱克:《现代化的动力》,浙江人民出版社 1994 年版。

〔12〕〔美〕德沃金:《法律帝国》,中国大百科全书出版社 1996 年版。

〔13〕〔美〕罗尔斯:《正义论》,中国社会科学出版社 1988 年版。

〔14〕〔美〕王国斌:《转变的中国——历史变迁与欧洲经验的局限》,江苏人民出版社 1998 年版。

〔15〕〔美〕马克斯·韦伯:《儒教与道教》,江苏人民出版社 1997 年版。

〔16〕〔美〕D.布迪等:《中华帝国的法律》,江苏人民出版社 1998 年版。

〔17〕〔美〕贝勒斯:《法律的原则——一个规范的分析》,中国大百科全书出版社 1996 年版。

〔18〕〔美〕劳伦斯·M.弗里德曼:《法律制度——从社会科学角度观察》,中国政法大学出版社 1994 年版。

〔19〕〔美〕诺内特:《转变中的法律与社会:迈向回应型法》,中国政法大学出版社 1994 年版。

〔20〕〔美〕布莱克:《法律的运作行为》,中国政法大学出版社 1994 年版。

〔21〕〔美〕塞缪尔·亨廷顿:《文明的冲突与世界秩序重建》,新华出版社 1999 年版。

〔22〕〔美〕爱德华·W.萨义德:《东方学》,生活·读书·新知三联书店 1999 年版。

〔23〕〔美〕理查德·A.波斯纳:《超越法律》,中国政法大学出版社 2001 年版。

〔24〕〔美〕亚当·斯密:《国民财富的性质和原因的研究》(上卷),商务印书馆 1972 年版。

〔25〕〔美〕亚当·斯密:《国民财富的性质和原因的研究》(下卷),商务印书馆 1974 年版。

〔26〕〔美〕奥处弗·温德尔·霍姆斯:《法律的道路》,《南京大学法律评论》2000 年秋季号。

〔27〕〔日〕川岛武宜:《现代化与法》,中国政法大学出版社 1994 年版。

〔28〕〔日〕穗积陈重:《法律进化论》,中国政法大学出版社 1997 年版。

〔29〕〔英〕洛克:《政府论》(下),商务印书馆 1989 年版。

〔30〕〔英〕梅恩:《古代法》,商务印书馆 1959 年版。

〔31〕〔英〕约翰·斯图亚特·穆勒:《政治经济学原理》(上卷),商务印书馆 1991 年版。

〔32〕〔英〕摩尔根:《古代社会》,商务印书馆 1977 年版。

〔33〕〔英〕爱德华·泰勒:《原始社会》,上海文艺出版社 1992 年版。

〔34〕〔英〕哈特:《法律的概念》,中国大百科全书出版社 1996 年版。

〔35〕〔英〕戴维·赫尔德:《全球大变革:全球化时代的政治、经济与文化》,社会科学文献出版社 2001 年版。

〔36〕〔英〕拉德克利夫·布朗:《社会人类学方法》,华夏出版社 2002 年版。

〔37〕〔英〕R.科特威尔:《法律社会学导论》,华夏出版社 1989 年版。

〔38〕〔法〕孟德斯鸠:《论法的精神》上、下册,商务印书馆 1982 年版。

〔39〕〔法〕卢梭:《论人类不平等的起源和基础》,商务印书馆 1962 年版。

〔40〕〔法〕莱昂·狄骥:《公法的变迁·法律与国家》,辽海出版社/春风文艺出版社 1999 年版。

〔41〕〔法〕亨利·莱维·布律尔著:《法律社会学》,上海人民出版社 1987 年版。

〔42〕〔德〕G.A.柯亨:《卡尔马克思的历史理论》,重庆出版社 1989 年版。

〔43〕〔德〕黑格尔:《历史哲学》,生活·读书·新知三联书店 1956 年版。

〔44〕〔德〕尤尔根·哈贝马斯:《交往与社会进化》,重庆出版社 1989 年版。

〔45〕〔德〕康德:《法的形而上学原理》,商务印书馆 1991 年版。

〔46〕〔德〕茨威格特:《比较法总论》,贵州人民出版社 1992 年版。

〔47〕〔德〕弗里德里希·卡尔、冯·萨维尼:《法律冲突与法律规则地域和时间范围》,法律出版社 1999 年版。

〔48〕〔德〕马克斯·韦伯:《新教伦理与资本主义精神》,生活·读书·新知三联书店 1987 年版。

〔49〕〔德〕贡德·弗兰克:《白银资本——重视经济全球化中的东方》,中央编译出版社 2000 年版。

〔50〕〔德〕马克斯·韦伯:《经济与社会》(上卷),商务印书馆 1997 年版。

〔51〕〔德〕马克斯·韦伯:《文明的历史脚步》,上海三联书店 1988 年版。

〔52〕[德]沃尔夫冈·查普夫:《现代化与社会转型》,社会科学文献出版社2000年版。

〔53〕[德]诺贝特·埃利亚斯:《文明的进程:文明的社会起源和社会起源的研究》,生活·读书·新知三联书店1999年版。

〔54〕[德]威廉·冯·洪堡:《论国家的作用》,中国社会科学出版社1998年版。

〔55〕[德]弗兰茨·奥本海:《论国家》,商务印书馆1994年版。

〔56〕[罗马]查士丁尼:《法学总论——法学阶梯》,商务印书馆1997年版。

〔57〕[古罗马]西塞罗:《国家篇 法律篇》,商务印书馆1999年版。

〔58〕[古希腊]亚里士多德:《政治学》,商务印书馆1965年版。

〔59〕[俄]B.B.拉扎列夫主编:《法与国家的一般理论》,法律出版社1999年版。

〔60〕《摩奴法典》,商务印书馆1982年版。

外 文 资 料

〔1〕F·W·Maitland 1999

English Law and The Renaissance. Beijing, China Social Sciences Publishing House.

〔2〕J·Austin 1999

Lecture On Jurisprudence. Beijing, China Social Sciences Publishing House.

〔3〕N·Luhmann 1999

A Sociological Theory of Law. Beijing, China Social Sciences Publishing House.

〔4〕E·Ehrlich 1999

Fundamental Principles of the Sociology Law. Beijing, China Social Sciences Publishing House.

〔5〕H·Kelory 1999

Pure Theory of Law. Beijing, China Social Sciences Publishing House.

〔6〕R·Dworkin 1977

The Philosophy of Law. Oxford University Press.

〔7〕David M·Wallker,The *Oxford Companion To Law*,1980.

〔8〕Mancur Jr·Olson, The Logic of Colletive Action, Harvard University Press,1995.

〔9〕Joseph Raz,*The Authority of Law*,C1aredon Press,1979.

〔10〕Emile Durkheim, *In Anthony Giddens*: *Durkheim on Politics and the State*,Cambridge, Polity Press,1986.

〔11〕Britannica,1993 by *Encyclopedia Britannica*,Inc. V. 1. 16.

〔12〕S. N. Eisenstadt,"The Cultural Programme of Modernity and Democracy:Some Tensions and Problems",载《中国社会科学季刊》(Chinese Social Sciences Quarterly Summer,1995.)

〔13〕R. C. Van . Caenegem,*A Historical Introduction to Western Constitutional Law*,Cambrige University Press,1995.

〔14〕Kenichi Ohmae,*The End of the Nation State*:*The Rise of Regional Economics*,Harpercollins,1995.

〔15〕H. F. Jolowicz,*Historical Introduction to the Study of Roman Law*,Cambridge University Press,1952.

〔16〕De Ruggiero, *The History of European*, Oxford University Press,1927.

后　记

　　1995年秋,当我毅然放弃舒适的工作准备进入"象牙塔",不,应是"罗陀斯岛"①之时,有人曾关切地问我:你是法律学科的门外汉能学好吗? 学法有何用? 为何不利用大好时机先多挣点钱?② 没想到时隔短暂数月,"依法治国"的宏伟方略即已出台,且随着社会的急剧转型,全球化进程不断推进所带来的挑战和机遇,法律在当下中国的重要性已越来越得以彰显,所有这些无疑为我当初义无反顾的抉择③注入极为令人欣慰的一剂。

　　我很信"命",而且自认是"苦命",因为我是不知足、不安分和不甘寂寞之人,总希望在大家的指导或帮助下能不断有新的突破,常常暗自要求自己尽己所能学习别人之长和通过不懈努力而不断跃上新的台阶;做事追求一种完美,有时为那么一丁点的所谓的"完美"而要花费比别人多几倍的精力。说实在的,我事后也时常扪心自问:如此做是否有必要? 意义何在? 然因无法改变的秉性导致我每每在具体操作时不能自拔。不过,更为重要的是我的"命"还不错,因为当我企盼着再次深造时,公老师准

---

　　① 人们常把高校喻为"象牙塔"。公老师对"罗陀斯岛"一词解释为藏有无数宝藏的地方。高校对每一位学生来说,所获得的收益正是无法估量的终身受用的宝藏,故笔者称之为"罗陀斯岛"。

　　② 对金钱的积累不外乎两种形式:一种是将有形价值简单地代数叠加;另一种是先将有形价值转化为无形价值,然后再将无形价值转化为有形价值,这一转化过程的结果是最终所得总额不是简单的代数之和,而是几何级数的递增,且这几何级数的大小与其所付出的努力和所拥有的智慧成正比。第一种形式是人的本能在发挥作用,它伴人一生并谁都能做到;第二种形式是人的智慧在理性的激发下并需用勤奋作助燃剂才能实现,这既不是每个人都能做到,也不是同一个人随意就能做到。

　　③ 面对自己所要抉择的事情,每个人均希望有最佳的方案,这本无可厚非,但有一点可能应该清楚地认识到,最佳的方案并非就是最优的选择,只有最符合实际且适合自己的才是上上之策,唯此才有可能有效地发挥自己的长处,并可望最终达到预期的目标。

许我进入法学领域的大门,使我可在正规而较系统的研究氛围下被雕刻和自塑,品尝其甘汁,吸收其营养,从而有了向神圣的法学殿堂纵深处进军的可能。我深深地感谢公老师给了我这一难得的良机。

回顾这十余年来的求学生涯,过得可谓很不轻松,因为我十分清楚地知道自己的学术含量实在让人汗颜,时常感到愧对公老师和师母。我总时刻提醒自己应多读些书,唯有多掌握些知识,才能不负公老师和师母对我的严格要求及关心和慈爱。正基于此,我没有理由不尽力求索,正如马克思所言:"从石头中可以打出火来,但是不打就不会有火。同样地,人也需要推动力。"①对我来说,这"推动力"就是上述所言而产生的压力。②这些年来,得益于公老师和师母的悉心指教和关心,花费了他们诸多宝贵的时间和心血,虽我或许尚不属"不可雕"的"朽木"之列,但因本人能力的局限、方法的不当和毅力的欠缺,加之藏宝繁多的"罗陀斯岛"上山峰陡峭、荆棘载道,在"登山寻宝"的过程中虽偶拾微不足道而自以为是的"财宝",可从不敢窃喜,因为我清楚地知道我的"产出"与公老师和师母在我身上所"投入"的心血远不成比例。用十余年时间未能在公老师筚路蓝缕、呕心沥血所架构的法制现代化研究体系之中和对马克思主义经典作家就传统东方法律文化问题的阐述精髓的研究框架之下取得一点令人满意的"亮点"成绩,这使我感到甚为惶然和负疚。

在我的书桌上放着一张伴随我十八年之久、书有"顺境最易现败行逆境最可见美德"的卡片,当初在书店见到它那一瞬间的感悟时常在我脑际浮现,催我自励。我十分清楚地知道一个人的事业成败与其所具备的良好品行成正比,没有良好的品行作后盾,其他一切均为空话,水平再高,能力再强,皆不能发挥社会所要求的作用;相反,却很可能成为被社会所

---

① 马克思、恩格斯:《德意志意识形态》,《马克思恩格斯全集》第3卷,人民出版社1960年版,第434页。

② 压力和动力是相伴而生的,没有压力就无所谓动力,动力不足很难有新的压力,适度的压力可促进动力有效、经济地发挥作用。当然,这适度压力的施加要与自身所拥有的潜能相匹配。犹如一个人按其潜能可跑步三圈,其所定目标不同,施加的压力相异,产生的结果必然有别。就此可分三种类型:第一种类型是所定目标为三圈,结果是其最多只会跑三圈,正常情况下是跑小于等于三圈而大于等于零圈;第二种类型是所定目标小于三圈,那么,绝对不可能跑到三圈,且跑的实际距离比第一种类型要短得多;第三种类型是依"量力而行"、"尽力而为"之原则所定目标为四圈,因适度加压,最终所跑的距离一定是大于三圈,发挥得好还有可能跑五圈,甚至更多。

摒弃的高智商的"垃圾"和"害群之马"。不过,虽我始终要求将自己放在逆境①的位置上去看待自我,去面对问题、思考问题、处理问题,时刻注重净化自身;但因自律性差,在老师、领导、同学、同事、友人等对我多方面关爱的顺境之中,我的"败行"难免流露出来,在这方面又辜负了公老师和师母"为人"和"为学"的无声影响。②

　　本书是我的博士学位论文,其立论的最初的思想火花迸发自我 1996 年冬研读公老师关于马克思主义经典作家对传统东方法律文化问题论述的研究成果,进一步发展于我参加公老师组织的"马克思主义法律思想通史"课题的研究。主题的确定、框架的制定及内容的阐述等均是在公老师的悉心指导之下完成的,我从内心深处甚为感激;可因我悟性不足而占用了公老师大量的宝贵时间,花费了公老师诸多心血,使我又感到甚为愧疚。在研究思路确定之后,甚望自己能在公老师的整体研究框架下研究出一点成果来,虽其中部分内容碰巧已被相关期刊所采用,但我从未敢奢望自己拙浅的笔墨能起到几多作用。如果说我所作的研究并不仅仅是"滥竽充数"的话,那么就是我最大的快慰了。一幅技法再高的名画,乍看很好,但看久了,还是会发现存在不少问题的。更何况我才疏学浅,文中拙笔陋见必绝非"难免挂一漏万",恭请专家学者们斧正。

　　由衷感谢人民出版社编辑李春林先生,对本书编辑出版付出了许多艰辛劳动,也正因此才使得我这几年的学术生涯能有一小结。

　　此外,在三年的读博旅程中我还得益于很多人的指教、关心或帮助。

----

　　① 真正的生活不会一帆风顺,一帆风顺不是真正的生活。一帆风顺的人生不是完整的人生,是没有韵味的人生。要使人生能更具韵味、更完整,就要有勇气、能力和胆识去勇敢地面对现实生活中的任何不测,不求每一步都能留下脚印,但应通过每一步的行走将自己锻炼好。在逆境中更能显现人格的魅力,美好的人生或需逆境来打造。当自己通过努力而拥有了在原有条件下极想拥有的一切时,千万不要不把它当一回事,因为产生如此意识之时,便是将要失去它的开始。

　　② 人的一生是一个自我雕塑的过程,在这过程之中,善于通过反思、感悟而找出自身的缺点和不足固然可贵,但更为可贵的是能敢于将之汰剔掉,唯有不断地割舍生命中多余的"石屑"或"塑泥",这样的人生才能凸显生命的质感。人的一生存在缺点或不足并不可怕,可怕的是坦然地允许其存在,甚或竭力用一个缺点或不足去掩盖另一个缺点或不足。没有缺点和不足的人生是不存在的,一个人若无缺点和不足的出现怎能体悟到自身所存在的短处,又怎能有所创新? 个人的发展、社会的进步可以说正是在不断克服创新过程中所出现的缺点和不足所致。

由衷感谢孙国华教授、吕世伦教授、林仁栋教授、钱大群教授、王超教授、陈弘毅教授、郝铁川教授、朱景文教授、张千帆教授、刘作翔教授、李晏墅教授、王梅仙研究员、文晓明教授、蔡林慧教授、夏锦文教授、刘旺洪教授、龚廷泰教授、李力教授、李浩教授、李玉生教授、李建明教授、张国平教授、黄和新教授、缪蒂生博士、贲国栋博士、王小锡教授、王建华教授、周成平教授、张淳教授、蒋伏心教授、盛宇华教授、姜国定副研究员、许兰凤副研究员、傅康生教授等对我的教导和关心。由衷感谢谈镇、眭鸿明、刘敏、蔡道通、张清、张策华、曹也汝、奚庆、薛龙春、王立新、宋辉、黄永忠、蔡宝刚、程德文、汪汉斌、季金华、高峰、李大林等学长所给予的帮助。

由衷感谢江苏省人事厅赵永贤厅长、周广侠副厅长、徐文宝副厅长及老领导王时中厅长、梁昆义副厅长、芮明春副厅长、陈允丰副厅长对我的关心和指导；由衷感谢蔡爱华部长、蔡振康书记、刘小群处长、李刚处长、朱从明主任、钱进主任、张永民处长、宦瑞甲处长、黄鹤飞副主任、王凤祥处长、白伟处长、陈志超处长、张永祐处长、孙淮斌处长、李志宇处长、鞠剑虹副秘书长、余强处长、张路主任、姚莉局长、史晓宁副书记、朱广林副处长、张宏伟副处长、周伟副主任、范宜科长、张笑梅女士等同事对我所从事的工作和为完成学业曾给予的关心和帮助。①

三年的读博旅程虽已结束，但令我感慨万端，要是这生活能从头开始那该多好。若然，到结束时呈现在眼前的或将是一幅令人满意的画面，至少要比现时色彩斑斓得多。虽有些缺憾是无法补救的，但我还将尽力而

---

① 助人既是人生的一大快事，更是人生的一大责任。虽然助人的表象不一，目的相异，结果有别，可是就其实质而言，不外乎两种情形：一是锦上添花，一是雪中送炭。"锦上添花"易，"雪中送炭"难。想"锦上添花"者众，愿"雪中送炭"者少。"雪中送炭"哪怕所送"炭"量甚微，也能激起受助者毕生不忘的情怀。"雪中送炭"既是人性真善美的真实体现，也是人生光辉的显现，光彩的人生需要更多的"雪中送炭"来充实。当别人需要帮助且自己有能力相助时，不宜以自己已是"泥菩萨过河"为由推托，要知道自己虽为"泥菩萨"，但毕竟已属"菩萨"之列，远具备助"人"的有利条件；再说，"泥菩萨"能有过河的意识和胆量本身就已向外界展示了自己可助"人"的实力。

知识、汗水、灵感、机会是人生获得成功不可或缺的四大要素，光有知识、汗水、灵感，而机会不光临，成功只是空想。所以，能够及时抓住机遇相当重要。人的一生既会有得到别人给予机会的时候，也存在给予别人机会的情形。不过，一个人要想得到更多的属于自己的机会，关键是看自己是否在别人渴求得到掌握在自己手中的机会的时候能毫无保留地给予。只有给予别人的机会愈多，得到自身所需机会的可能性才愈大。甘露更胜浊酒，若仅想着自我，不愿给别人机会的人可能很难得到真正的机会。

为之,它已成为鞭策我奋进的动力。我非常留恋向神圣的法学殿堂纵深处挺进的读博历程,我深深地感谢公老师和师母所给予的严格要求、谆谆教诲和无微不至的关怀!两位老师的关爱凝成了我最终坚持下来的信心、决心和意志。

　　我的读博旅程是十分清苦的。虽多年的求学生涯和独立生活使我早已习惯了艰苦的生活,但回味自备考至完成学业这四年的紧张生活,内心充盈了无尽的酸楚。毫不夸张地说,之所以能一直坚持下来,非意志支撑不能达也。① 它给我以力量、信心与企盼。无论将来怎样,这几年的工作、学习、生活历程,在我的脑海中留下了无法逝去的记忆。在这几年之中,我既不能懈怠自己所承担的工作,也不敢延误学业。完成学业是需必要时日的,对我而言,唯可利用的时间是每天夜晚和节假日,除了出差和生病实在不能坚持之外,从未享受过在深夜1点钟以前休息的"优厚待遇"。当别人在尽情地享受生活的快乐时,我却依然在紧张地查阅资料、苦思冥想所要研究的问题或校对文稿。我没有体验过在地狱中的感受——如果用这词是绝对虚假的,但这几年之中,我确实终日如芒刺背,虽然如此学习是一件痛苦的事,但我须臾不敢"遵从基督教的戒律:'如果你的牙使你难受,就将它拔掉'"②。期间,我从未看过一场电影、打过一次牌,生活近乎成办公室、图书馆、家中书房三点一线,懒惰的我以方便面、面包充饥是家常便饭。当然,请不要误会,我绝对无意乞求任何丝毫同情,但我真切地希冀能对不是仅仅为拿一张文凭而是发愤读书以便将来更好地工作者多一点理解。③ 从"现实"的角度而言,我真无需如此清

────────────

　　① 没有不屈不挠的努力行动,再好的理想仅是七彩的肥皂泡,不管你怎么呵护,最终总要破灭。任何事关键不在于怎么想而在于怎么做。无论什么理想都不可能不经过努力就能实现,也时常不可能经过努力就能完全实现,但自己想走的且是正确的路一定要走下去。人生无常,有时根本无法预料前面将要发生的一切,但是不沿着自己预定的目标而不懈地努力就永远不能体验成功的喜悦。理想和现实是不同的,就是变成了现实也时有走样,甚至已是变了质的,有些事本是隆重登场,但结果却是一场闹剧;有些事本是喜剧,可结果却是一场悲剧。可以说理想和现实之间的夹角往往是大于零而小于三百六十度。

　　② 《马克思致恩格斯(1857年4月21日)》,《马克思恩格斯全集》第29卷,人民出版社1972年版,第120页。

　　③ "同情"与"理解"各自的内涵是迥然相殊的。"同情"意识的流露通常情况之下并非是换位思考所致,它带有很大程度上的人格等方面的不平等性;而"理解"则是深层地理性解读使然,是在平等基础上的换位思考。美好的生活需要更多的"理解"来点睛。

苦,也许就可基本达到要求。见我时常甚为疲惫和无暇顾及八小时之外的生活,有人数次"劝导"我完全不必如此,书要"会"读;也有人"提醒"我"设法"向学校研究生管理部门提出对自己降低要求的申请。但愚钝的我一直没有花费任何心思去解读这些"提醒"和"关心",更不可能照之去做,而是极不识时务地、自以为是地以生命为承诺,将学习当事业,以青春和透支身体为赌注,倾己所能走好读博期间的每一步,①力求无愧于这几年的人生之旅。② 诚然,即便如此,本性浮躁的我在此过程中没能将自己调适至心如止水、③"行到水穷处,坐看云起时"④的境域,以至于成效不高,没能取得几多令人满意的成绩,这也是令我深感羞愧和痛苦的。⑤

不过,这几年的工作、学习、生活对我来说又是充满快乐的。这种快乐不仅仅是掌握了一定的知识,写了一丁点刊于全国核心期刊的拙作,更为重要的是,让我进一步提高了自己观察问题、认识问题、处理问题的能力,⑥进一步增强了自己的韧性,进一步磨炼了自己的毅力,进一步修炼

---

① 做事应首先注重过程而不是结果,过程和结果同等重要。太注重结果因带有急功近利性而往往没有好的结果。过程走得越好,结果也就越好,只有践履努力的过程才有可能到达成功的彼岸。经过努力就是不成功也无悔,因为已努力了,不成功是因自身的能力或外部环境不具备使然。同时,通过努力,还可为自己及别人积累一定的经验和教训,这本身已向预期目标接近,且也是一种成功。

② 人生的为事信条应是"做一天和尚撞一天钟"。"和尚"是一种职业;"撞钟"是其职责;"撞钟"的目的一是提醒"神"有人进香应注意自身的言行,二是要求"香客"严格按照规范要求和程序行事;"撞钟"的目标就是要撞得准、撞得响。谁哪一天已不符合扮演"和尚"这一角色的要求或不愿再扮演"和尚"这一角色,还是应尽己所能将作为"和尚"这一角色的一天工作认真做完,第二天走向新的岗位。

③ 复杂的社会使人时刻面对无常的生活,关键是以何种心态去应对,最能体现人生光彩的莫过于"心如止水"的境界,做到每临大事有静气,用平常心面对任何不平常的事。遇有成功和喜悦保持低调,得意而不忘形;碰到失意而不气馁,坚信好日子总是在前头。

④ 王维:《终南别业》。

⑤ 人常常会被用惯性打造的枷锁所束缚,一个人成功与否很大程度上与其是否有能力打破常规,辩证地否定现状成正比。

⑥ 对所遇到的问题的思考角度可能因人而异,但对任何事应该是看透而不是看穿或看破。看穿或看破,带有消极性,是非理性的,仅能认识问题的某一点和表象,不能把握其全面和实质,因而也就不易确定切实可行的解决措施或方案。相反,看透是积极性的,是在理性的基础上对问题实质的全面而深刻地操持,能有效地处理所面对的问题。

尽可能地找出问题,是为了更好地解决问题。事实上,存在问题并不可怕,最可怕的是不知道问题出在哪里。在寻找问题的过程中,不可有疏忽心理,要知道大的灾难往往由小的隐患引起,而小的隐患又是因疏忽所致的。

了自己的品行,进一步净化了自己的灵魂。而且,也为自己以后的人生历程提供一点可资借鉴,使我进一步认识到虽现实社会"不是基于某一个蛰居书斋的学者的关于正义和非正义的观念"①,但我还必须要求自己一向秉持是非分明的良知,以弘毅任重的抱负自期,以谋道不谋食的气节自励,进一步用良好的道德品行这一透镜来观看人生,发扬踔厉,谦逊敦厚待人,"取人之长,以补吾之短"②。凡此"快乐",均来自这几年的"痛苦"的工作、学习、生活之中,它们构成一个矛盾的统一体,"快乐"源于"痛苦","痛苦"生产"快乐",就"正如吃了半个苹果以后就再不能有一个整苹果一样,没有矛盾的另一面,就不可能有矛盾的这一面"。③"既然痛苦是快乐的源泉"④,那么,我"又何必因痛苦而伤心"⑤!!!

在公老师的悉心指导下,我通过认真解读马克思主义经典作家对东方问题论述的精髓,在本书中就传统东方法律的运动机理作了相应的揭示,提出了一些肤浅的观点。我虽非常希望通过本课题的研究能为我以后对现实问题的思考及未来问题的探讨打下相应的基础,但我十分清醒地认识到对所涉及问题的阐述距公老师及其他专家学者们的要求还相去甚远,这使我感到极为汗颜。谁若想问我以后有何打算的话,除我自己可操持的范围之外的其他设想或打算也许因为不确定因素太多,我确乎不能说什么。不过,就学习或研究方面而言,倒是有点设想,即在尽己所能努力做好本职工作的同时,结合这些年的实践与思考,并进一步深化,第一步对硕士学位论文作相应的修改,拟出一本题为《当代中国市场经济与国家角色的定位机理——一种法理学分析》的小册子,第二步拟出一本题为《全球化背景下中国法律发展的社会机理》的小册子。从而形成一个以"传统"、"当下"和"将来"为时间跨度,以法理学为思考问题、阐述问题的视角,以"机理"为精神内核,以阐述中国推行民主与法治和如何在市

---

① 恩格斯:《反杜林论》,《马克思恩格斯全集》第20卷,人民出版社1971年版,第172页。

② 沈家本:《寄簃文存》卷六《监狱访问录序》。

③ 恩格斯:《家庭、私有制和国家的起源》,《马克思恩格斯全集》第21卷,人民出版社1965年版,第79~80页。

④ 马克思:《不列颠在印度的统治》,《马克思恩格斯选集》第2卷,人民出版社1972年版,第68页。

⑤ 马克思:《不列颠在印度的统治》,《马克思恩格斯选集》第2卷,人民出版社1972年版,第68页。

场经济体制不断完善的大背景下政府行为及国家角色定位为研究目标的系列成果。我也不知道这是否是异想天开、痴人说梦，但我不否认有那么一丁点冲动，并"怀着坚定而强烈的信念"①前行。无论这"冲动"有多大，"信念"有多坚实和强烈，有一原则我必须把握，那就是绝不急于求成——哪怕是十年或更长时间磨一剑。我十分清楚，才疏学浅的我自己是很难使之成为现实的。于此，我恳望在以后的日子里能进一步得到公老师及其他专家学者们的教诲，不断调整我后天的营养配方，以使我将来无愧于曾涉足的我一直敬其为神圣的法学领域。

在未来尚未书写的人生旅程中，我当加倍努力，认真学习，踏实做人，不懈求索，走好每一步，做好每件事，过好每一天，不辜负公老师和师母多年来对我的教诲、关心和慈爱。

唐宏强

二〇〇七年十二月十八日夜于沭阳寓所

---

① ［美］富兰克林·罗斯福：《坚定而强烈的信念》，《美国历届总统执政与告别演说》，江西人民出版社2002年版，第326页。

责任编辑:李春林
封面设计:肖 辉
版式设计:程凤琴
责任校对:李毅夫

图书在版编目(CIP)数据

国家与社会:传统东方法律的运动机理/唐宏强 著.
-北京:人民出版社,2008.2(2009.8 重印)
ISBN 978 - 7 - 01 - 006472 - 7

Ⅰ.国… Ⅱ.唐… Ⅲ.法理学 Ⅳ.D90

中国版本图书馆 CIP 数据核字(2008)第 134936 号

国家与社会:传统东方法律的运动机理
GUOJIA YU SHEHUI:CHUANTONG DONGFANG FALÜ DE YUNDONG JILI

唐宏强 著

人民出版社 出版发行
(100706 北京朝阳门内大街 166 号)

北京新魏印刷厂印刷 新华书店经销

2008 年 2 月第 1 版 2009 年 8 月北京第 2 次印刷
开本:710 毫米×1000 毫米 1/16 印张:22.5
字数:405 千字 印数:3,001-6,000 册

ISBN 978 - 7 - 01 - 006472 - 7 定价:48.00 元

邮购地址 100706 北京朝阳门内大街 166 号
人民东方图书销售中心 电话 (010)65250042 65289539